21世纪全国高等学校物流管理专业应用型人才培养系列规划教材

编 委 会

主　任：（以姓氏笔画排序）

王　玉：教育部高等学校高职高专工商管理类专业教学指导委员会副主任委员
　　　　上海财经大学教授　博士生导师

张良卫：教育部高等学校物流类专业教学指导委员会委员
　　　　中国物流师职业资格认证培训专家委员会委员
　　　　广东外语外贸大学教授

张晓华：广州市广播电视大学校长

姚和芳：教育部高等学校高职高专工商管理类专业教学指导委员会委员
　　　　湖南铁道职业技术学院院长、党委副书记　教授

黄中鼎：教育部高等学校高职高专工商管理类专业教学指导委员会委员
　　　　上海第二工业大学物流研究所所长　教授

执行编委：黄安心

委　员：（以姓氏笔画排序）
　　　　龙丁玲　孙定兰　孙　鸿　运乃通　邬星根　李济球　何开伦
　　　　陈代芬　吴东泰　宋建阳　张　弦　何　柳　周任重　周艳军
　　　　赵中平　赵艳俐　高慧云　谢卓君　缪兴锋

21世纪全国高等学校物流管理专业
应用型人才培养系列规划教材

物流设施设备应用与管理

◉ 主　编　张　弦
◉ 副主编　吴东泰　李济球
◉ 主　审　黄中鼎

Application and management of logistic facilities and equipment

华中科技大学出版社
http://www.hustp.com
中国·武汉

内容提要

　　现代物流通常是由运输、装卸搬运、仓储、配送、包装和流通加工、信息等环节组成的。为实现高效、快捷、准确、安全的物流服务,要求各个环节必须实现高度的机械化、自动化和信息化。物流设施设备是贯穿于物流系统全过程、深入到各个作业环节、实现物流各项作业功能的物质基础和手段,因此没有现代物流设施设备的支撑,就没有现代物流的实施和运作。物流设施设备作为生产力要素,对于发展现代物流,改善物流状况,促进现代化大生产、大流通,强化物流系统能力,具有十分重要的作用。

　　本书着重介绍了运输、装卸搬运、仓储、配送、包装和流通加工、信息技术等设施设备的作用、类型、功能、技术性能参数以及配置与管理等内容。本书内容比较全面翔实、信息量大,可以作为高等院校本科、高等职业技术教育的物流管理、物流设备及相关专业的教学用书,也可以作为相关物流专业培训和自学参考用书。

总 序

"物流业是融合运输业、仓储业、货代业和信息业等的复合型服务产业,是国民经济的重要组成部分,涉及领域广,吸纳就业人数多,促进生产、拉动消费作用大,在促进产业结构调整、转变经济发展方式和增强国民经济竞争力等方面发挥着重要作用。"当前,虽然有全球性金融危机的深刻影响,但国务院颁发的《物流业调整和振兴规划》却给我们物流行业带来振奋和欣喜:物流业——危机和机遇同在,危机中蕴涵着更多的发展机遇。

21世纪是知识经济的时代,是人才竞争的时代,对于蓬勃发展的物流行业更是如此。为了培养高素质创新型物流人才,必须建立高水平的人才培养体系和高质量的教材建设体系,这既是时代的召唤,也是历史的必然。

正是在这样的时代背景下,华中科技大学出版社于2008年初组织全国数十所高校物流专业正式启动了"21世纪高等学校物流管理专业应用型人才培养系列规划教材"建设项目。其实早在2006年初,华中科技大学出版社就有了"21世纪高等学校物流管理专业应用型人才培养系列规划教材"选题的构想,按照物流管理专业基础课、专业主干课和实训课设置的思路,结合应用型人才培养要求进行了选题规划工作,同时开始依此原则着手对全国物流专业课程设置、院校数量及招生人数等方面资料进行了搜集整理,顺利完成系列选题的策划、市场调研、院校联系工作。经过华中科技大学出版社三年多的具体组织和策划,在总结过去教材建设经验和突出物流行业应用性特点的基础上,经过反复研究论证和精心写作,本套系列规划教材现已陆续出版。

这套系列教材主要体现了以下特色。

第一,基础性。立足中国高校物流教育的现实需求,在内容上,注重理论联系实际,注重吸收物流行业发展的新成果、新案例和新知识。同时"西学为体,中学为用","立足国情,博采众长",注重结合中国物流行业的发展阶段,既吸收国外优秀的、成熟的物流发展成果,又面对国内物流行业发展实践收集资料、数据和案例。

第二,实用性。在体系上,注重实用性和适用性,虽然不要求理论体系的完整性,但要求其有较强的针对性,以能力培养为主旨。同时强调技能培养与训练,侧重实践操作知识介绍,强调技能与方法介绍的系统性、完整性与模块化,侧重提高学生运用物流知识解决现实物流实务问题的能力。

第三，创新性。在形式上开拓创新，体例新颖，教材中设计了形式新颖的各种栏目，如知识库、资料库、典型案例、情景模拟、文化长廊、背景资料、实际操作、练习与思考等内容，有助于拓展学生学习视野，调动学生学习的积极性。

华中科技大学出版社组织编写的这套物流管理应用型人才培养系列教材，凝结着编写教师和出版者的辛勤劳动和汗水，是他们多年丰富的教学实践经验和出版经验的结晶。相信这套实用性很强的教材，对我国物流管理应用型人才的培养工作定是一个有力的推动和贡献。

中国物流与采购联合会副会长
教育部高等学校物流类专业教学指导委员会秘书长
2009 年 4 月 30 日

目录 contents

第一章　物流设施设备应用与管理概述 / 1
第一节　物流设施设备的概念和应用 / 1
一、物流基础设施概述 / 1
二、物流设备概述 / 2
第二节　物流设施设备的地位、作用和发展趋势 / 5
一、物流设施设备在现代物流中的地位和作用 / 5
二、物流设施设备的现状及发展趋势 / 6
第三节　物流设备的配置与管理 / 9
一、物流设备配置的总体原则 / 9
二、物流设备配置、选择的前期准备工作 / 11
三、物流设备管理 / 12
四、物流设备的保养与维护 / 14
五、物流设备的检查和修理 / 14
六、物流设备的保养 / 16

背景知识　金融危机对物流装备业的影响 / 18
本章综合练习题 / 19

第二章　公路运输设施设备的应用与管理 / 21
第一节　公路运输概述 / 21
一、公路运输的特点和功能 / 21
二、公路运输的发展前景 / 23
第二节　公路运输设施 / 24
一、道路 / 24
二、公路客、货运站 / 25
三、我国道路交通网的现状和前景展望 / 27
第三节　公路运输车辆 / 28
一、汽车的分类 / 28
二、我国国产汽车产品型号编码规则 / 30
三、汽车的主要性能 / 31
第四节　公路运输设施与设备的运用与管理 / 33

一、公路运输设施的维护和管理/ 33
二、公路运输车辆的配置/ 34
背景知识　燃油税对公路运输的影响/ 39
本章综合练习题/ 39

第三章　铁路运输设施设备的应用/ 41

第一节　铁路运输概述/ 41
一、铁路运输的特点和功能/ 41
二、铁路运输的发展趋势/ 42
第二节　铁路运输技术设施/ 44
一、铁路线路/ 44
二、铁路站场/ 46
三、信号设备/ 50
四、我国铁路交通网的现状/ 50
第三节　铁路运载设备/ 53
一、机车/ 53
二、铁路车辆/ 54
背景知识　建设京沪高速铁路的重要意义/ 59
本章综合练习题/ 60

第四章　水路运输设施设备的应用/ 61

第一节　水路运输概述/ 61
一、水路运输的特点和功能/ 61
二、水路运输的分类/ 62
三、水路运输的发展趋势/ 63
第二节　水路运输技术设施/ 64
一、港口的类型/ 65
二、港口系统的组成/ 66
三、我国水路交通网的现状/ 69
第三节　水路运输运载工具/ 72
一、船舶构造/ 72
二、船舶的吨位/ 72
三、船舶的航速与载重线/ 73
四、船籍和船旗/ 75
五、船级/ 75

六、船舶种类/ 75
背景知识　洋山深水港介绍/ 82
本章综合练习题/ 83

第五章　航空运输设施设备的应用/ 85
第一节　航空运输概述/ 85
一、航空运输的特点/ 85
二、我国民用航空运输的现状和前景/ 86
第二节　航空运输技术设施/ 87
一、航空港/ 87
二、航路和航线/ 89
三、航班/ 90
第三节　航空运输运载设备/ 91
一、民航飞机的分类/ 91
二、飞机的组成/ 92
三、民航飞机的主要参数/ 92
四、主要民航机型介绍/ 94
第四节　航空集装箱运输设备/ 99
一、航空集装箱设备/ 99
二、航空集装箱搬运与装卸设备/ 101
第五节　航运组织与管理/ 102
一、航空市场分析/ 102
二、航运组织与管理/ 102
背景知识　我国航空货运市场竞争格局分析/ 103
本章综合练习题/ 104

第六章　管道运输设施设备的应用/ 106
第一节　管道运输概述/ 106
一、管道运输的特点/ 106
二、管道运输的发展概况/ 107
三、我国现有油气管道运输存在的主要问题/ 109
四、中国油气管道运输发展的前景与趋势/ 111
第二节　输油管道设施/ 112
一、输油管道的组成/ 112
二、输油管道的类型/ 113

第三节 输气管道设施/114
　一、输气管道的组成/115
　二、输气管道运输设备及其工作原理/115
第四节 浆体管道运输设施/116
　一、浆体管道运输的特点/117
　二、浆体管道运输系统/117
第五节 特种物料管道/119
　一、膏体管道运输/119
　二、密封容器的管道运输/120
背景知识　垃圾气力管道运输系统应用现状及前景/122
本章综合练习题/123

第七章　物流装卸搬运设备的应用与管理/124

第一节 物流装卸搬运的基本内容与特点/124
　一、装卸与搬运的概念/124
　二、物流装卸与搬运设备的特点/125
第二节 物流装卸搬运设备的分类/127
第三节 物流装卸搬运设备的选型/128
　一、装卸搬运设备的选择/128
　二、装卸搬运设备的指标体系的选择/129
第四节 装卸搬运设备的管理/133
第五节 港口装卸搬运设备的使用/136
　一、使用的原则/136
　二、维护和检修/136
背景知识　云南双鹤医药的装卸搬运环节分析/138
本章综合练习题/139

第八章　起重机械的配置与选择/140

第一节 起重机械概述/140
　一、起重机械的分类/140
　二、起重机的组成及其作用/140
第二节 轻小型起重设备/143
　一、千斤顶/143
　二、滑车/143
　三、手拉葫芦、手扳葫芦和电动葫芦/144

四、卷扬机/ 145
　第三节　桥架式起重机/ 145
　　一、梁式起重机/ 145
　　二、桥式起重机/ 146
　　三、门式起重机与装卸桥/ 148
　第四节　臂架式起重机/ 149
　　一、固定转柱式悬臂起重机/ 150
　　二、定柱式悬臂起重机/ 150
　　三、浮式起重机/ 150
　　四、移动式起重机/ 151
　第五节　起重机械的属具/ 152
　　一、起重机的常用索具/ 153
　　二、起重机的常用吊具/ 154
　第六节　起重机械的配置与选择/ 155
　　一、起重机械的主要性能参数/ 155
　　二、起重机械的选择/ 158
　背景知识　国外起重机发展现状/ 160
　本章综合练习题/ 161

第九章　集装箱装卸搬运设备的应用与配置/ 163

　第一节　集装箱装卸搬运设备概述/ 163
　第二节　集装箱装卸的基本知识/ 166
　　一、集装箱的定义和运输特点/ 166
　　二、标准集装箱的种类/ 167
　　三、集装箱的分类/ 168
　　四、集装箱的结构/ 170
　第三节　集装箱吊具/ 171
　　一、集装箱吊具的类型/ 171
　　二、集装箱吊具的主要部件/ 174
　第四节　集装箱装卸搬运设备/ 176
　　一、集装箱装卸搬运系统/ 176
　　二、集装箱装卸搬运设备的主要类型/ 177
　第五节　集装箱前沿码头机械的主要技术参数/ 180
　第六节　集装箱的港口装卸作业方式/ 183
　　一、吊上吊下作业方式/ 183

二、滚上滚下作业方式／185
背景知识　集装箱轨道门式起重机／186
本章综合练习题／187

第十章　连续输送设备的应用／189

第一节　连续输送设备概述／189
　一、连续输送设备的概念／189
　二、连续输送设备的特点／189
　三、连续输送机械的分类／190
　四、连续输送设备在现代物流系统中的作用／190
第二节　带式输送机／190
第三节　链式输送机／197
　一、链板输送机／197
　二、刮板输送机／197
　三、埋刮板输送机／198
　四、悬挂式输送机／199
第四节　辊道式输送机／200
第五节　螺旋输送机／201
　一、水平螺旋输送机／201
　二、垂直螺旋输送机／202
　三、弯曲螺旋输送机／203
第六节　斗式提升机／204
第七节　其他连续输送设备／206
　一、气力输送机／206
　二、空间输送机／207
第八节　连续输送设备的选择／208
背景知识　三一重工推出自主研发的国内首台胎带机／209
本章综合练习题／210

第十一章　搬运车辆的应用与管理／212

第一节　搬运车辆概述／212
第二节　搬运车／213
　一、人力搬运车／213
　二、动力搬运车／215
第三节　叉车／216

一、叉车的特点、作用及其分类/216

二、叉车的主要组成部分/219

三、叉车的主要技术参数、型号及其性能/223

四、叉车的选用与管理/227

第四节　自动导引小车/228

一、自动导引小车概述/228

二、自动导引小车的主要技术参数/229

三、自动导引小车的基本结构和工作原理/230

四、自动导引小车的应用/232

第五节　搬运车辆的配置、选择与管理/232

一、根据指标体系进行配置、选择/232

二、根据使用条件进行配置、选择/234

三、物流中心搬运车辆的选用/235

四、搬运车辆使用中的安全问题/237

背景知识　"永恒力"平衡重叉车的应用/237

本章综合练习题/238

第十二章　储存设备的应用与管理/240

第一节　储存设备概述/240

第二节　物流容器与物流容器的标准化/241

一、物流容器/241

二、物流容器的种类/241

三、物流容器的标准化/242

第三节　托盘与托盘标准化/243

一、托盘/243

二、托盘的种类/243

三、托盘的标准化/246

第四节　仓储货物的集装单元化/247

一、集装/247

二、仓储货物的集装单元化/248

三、有托盘货体加固/248

四、无托盘货物集装单元化/249

第五节　仓储货架技术/251

一、货架的作用/251

二、货架的分类方法/251

三、固定货架/ 252

四、移动货架/ 257

五、旋转货架/ 258

六、其他特殊货架/ 260

第六节　储存设备的选用与管理/ 262

背景知识　欧洲标准托盘简介/ 264

本章综合练习题/ 265

第十三章　垂直提升机械的应用/ 266

第一节　载货电梯/ 266

第二节　液压升降机/ 267

第三节　板条式提升机/ 268

第四节　巷道式堆垛机/ 269

一、巷道式堆垛机的用途和分类/ 270

二、巷道式堆垛机的基本构造/ 270

三、巷道式堆垛机的主要技术参数及选择/ 271

第五节　装卸机器人/ 272

一、装卸机器人的用途和作业特点/ 272

二、装卸机器人的类型/ 273

三、装卸机器人的结构组成/ 274

四、装卸机器人的主要技术参数/ 275

背景知识　双货叉有轨巷道堆垛起重机的应用/ 276

本章综合练习题/ 279

第十四章　分拣设备的分类及选型/ 280

第一节　分拣设备概述/ 280

第二节　分拣设备的基本构成与工作过程/ 281

一、分拣设备系统的构成/ 281

二、分拣设备系统的工作过程/ 282

第三节　分拣设备的主要类型/ 283

一、带式分拣机/ 283

二、托盘式分拣机/ 284

三、浮出式分拣机/ 287

四、悬挂式分拣机/ 288

五、横向推出式辊道分拣机/ 288

第四节　分拣设备的选型原则／289
背景知识　国产扁平邮件分拣机系统／291
本章综合练习题／292

第十五章　流通加工设备的应用／293

第一节　流通加工概述／293
　一、流通加工的作用／293
　二、流通加工作业的类型／294
　三、流通加工设备的种类／295

第二节　包装机械／296
　一、包装概述／296
　二、包装机械概述／298
　三、常用包装机械／300

第三节　其他流通加工机械／304
　一、金属加工机械／304
　二、玻璃加工机械／305
　三、混凝土搅拌机械／306
　四、木材加工机械／309

背景知识　联合利华茶叶产品的软包装／310
本章综合练习题／311

第十六章　物流信息技术设备的应用／313

第一节　条形码技术设备／313
　一、条形码技术概述／313
　二、条形码技术设备和原理／314
　三、条形码技术的应用／317

第二节　射频识别技术设备／318
　一、射频识别技术及标准／318
　二、射频识别技术的应用／320

第三节　GPS和GIS设施与设备／322
　一、全球卫星定位系统（GPS）／322
　二、地理信息系统（GIS）／326

第四节　通信与网络技术设备／329
　一、计算机网络概述／329
　二、局域网、广域网的组成及特性／331

三、传输介质的选择/ 331
　　四、电子数据交换技术/ 334
　背景知识　联华超市与光明乳业之间的自动要货系统/ 336
　本章综合练习题/ 337

参考文献/ 339
后记/ 341

第一章 物流设施设备应用与管理概述

> **学习目的**
>
> 通过本章的学习,应熟悉物流设施设备的概念和应用范围,了解物流设施设备在物流系统中的作用,了解物流设施设备的发展趋势,掌握物流设施设备配置和管理的原则和一般方法。

第一节 物流设施设备的概念和应用

现代物流通常是由运输、装卸搬运、仓储、分拣配送、包装与流通加工、信息等基本环节组成的。随着全球经济的一体化,现代物流正在发展成为能覆盖全球任何角落的基于企业动态联盟的集成化网络体系,以实现高效、快捷、准确、安全的物流服务。物流设施设备是指进行各项物流活动和物流作业所需要的设施设备的总称。它既包括各种机械设备、器具等可供长期使用,并在使用中基本保持原有实物形态的物质资料,也包括运输通道、货运站场和仓库等基础设施。物流设施设备是组织物流活动和物流作业的物质技术基础,是物流服务水平的重要体现。现代物流网络体系中的任何节点、任何环节都必须实现高度的机械化、自动化和信息化,因此可以说,没有现代物流设施设备的支撑,就没有现代物流的实施与运作,所以物流设施设备在现代物流实施中具有重要的地位和不可替代的作用。

一、物流基础设施概述

物流基础设施一般是指铁路、公路、港口、机场、管道等规模庞大的建设工程,其中铁路、公路还是跨省、跨地区甚至跨国界的。现代物流跨地区、跨国界的特点以及全球化的发展趋势决定了基础设施在物流中的重要地位。

1. 公路运输设施

公路运输是指使用公路设施运送物品的一种运输方式,其特点是机动、灵活,投资少，受自然条件限制小，能够实现"门到门"的运输。公路运输设施主要包括公路及其交通服务设施、桥梁、隧道、公路站场等。

2. 铁路运输设施

铁路运输是一种大运量、现代化的陆上运输方式，它是利用机车、车辆等技术设备沿已铺设轨道运送旅客和货物的一种运输方式。铁路运输设施主要由线路、铁路通信信号设施、车站及其辅助设施等组成。

3. 水路运输设施

水路运输是指利用船舶，在江、河、湖、海上运送旅客和货物的一种运输方式。水路运输生产过程相当烦琐，具有点多、线长、面广、分散流动、波动大等特点。水路运输设施主要包括港口设施、码头设施、港口导航设施及其他辅助设施等。

4. 航空运输设施

航空运输由于其突出的高速直达性，在整个交通大系统中具有特殊地位并且拥有很大的发展潜力。航空运输设施主要是指航空港及其附属设施。航空港内通常配有以下设施：跑道、滑行道、停机坪、指挥塔（管制塔）、导航系统、公共辅助设施等。

5. 管道运输设施

管道运输多用来运输流体，如原油、成品油、天然气及固体煤浆等。它与其他运输方式的主要区别在于，其驱动流体的运输工具是静止不动的泵机组、压缩机组和管道。泵机组和压缩机组给流体以压力能，使其沿管道不断地向前流动，直至输到指定地点。管道运输设施由管道线路设施、管道站库设施和管道附属设施三部分组成。

6. 仓库/配送中心公用设施

仓库/配送中心的公用设施主要包括各类建筑物、安全及监控、消防、照明、通风及采暖、动力等系统，它们为保证仓库/配送中心的正常运营起到了重要作用。

二、物流设备概述

物流过程包括运输、装卸搬运、仓储、包装与流通加工、分拣配送等多个环节，其中每一环节中都包含信息的获取与处理过程。图 1.1 所示为支撑各物流环节的主要物流技术设备。

如图 1.1 所示，货物运输要依靠铁路、公路、水路、航空和管道等多种运输方式或多式联运，其中包括：货物的运送要依靠货物列车、公路货车、船舶、飞机、长距离输送管道等输送设备，以及铁路、公路、港口、机场、管道工程等基础设施；货物的中转、移位要依靠机械化、自动化的物料装卸搬运输送设备；货物的存取要依靠仓储技术和自动化仓库；货物的配送要依靠分拣技术、车辆调度技术、全球卫星定位技术（GPS，global positioning system）和地理信息技术（GIS，geographical

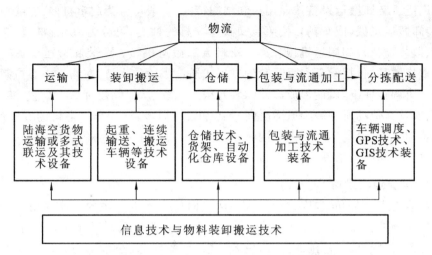

图 1.1 支撑物流各环节的主要物流技术设备

information system);货物的高效、安全流通要依靠流通加工与包装技术及设备。所有上述各物流环节涉及的技术设备又都离不开信息技术和物料装卸搬运技术,它们是更为基础的技术,而信息技术的应用更是现代物流的最主要特征。

1. 物流信息技术设备

在现代物流系统中,广泛应用了现代信息技术设备,如在自动化立体仓库中就广泛应用了条码信息系统。条码信息系统是指由条形码生成及扫描识读等信息设备组成的自动识别系统。它可以利用条形码阅读器迅速、准确地把商品或货物储存单元上的条形码信息输入计算机,实现信息的自动登录、自动控制、自动处理等功能。现代物流系统中常用的物流信息技术设备主要有条形码技术设备、射频识别(RFID,radio frequency identification)技术设备、电子数据交换(EDI,electronic date interchange)技术设备、GPS 技术设备和 GIS 技术设备等。

2. 物流装卸搬运设备

装卸是指将物品在指定地点以人力或机械装入运输设备或从物流设备上卸下;搬运是指在同一场所内,对物品进行以水平移动为主的物流作业。装卸搬运设备主要是指用于搬移、升降、装卸和短距离输送物料的机械。它是物流系统中使用频度最大、使用数量最多的一类机械设备,是物流机械设备的重要组成部分。在物流系统中,装卸搬运作业是将各环节相互连接起来的必不可少的作业步骤,产品从出厂到被送至用户手中,往往要经过多次周转,其中每经过一个流通终端、每转换一次运输方式,都必须进行一次装卸搬运作业。装卸搬运的工作量和所花费的时间,耗费的人力、物力在整个物流过程中都占有很大的比重。因此,合理配置装卸搬运设备对物流效率和物流成本均有很大的影响。装卸搬运设备主要配置在工厂、中转仓库、配送中心、物流中心及车站货场和港口码头等,其所涉及的设备类别非常广泛。装卸搬运设备按照用途和结构特征,一般可分为起重机械、连续输送机械、装卸搬运机械(或车辆);按照装卸搬运物料的种类,可分为单元物料装卸搬运机械、散装物料装卸搬运机械和集装物料装卸搬运机械。为装卸搬运设备配以适当的取货属具(包括索具和吊具),依靠现代通信手段的支持,在物流中心控制系统的统一协调指挥下,就能形成高效的装卸搬运系统,从而缩短货物在车站、港口、货场、仓库及其他场所的装卸搬运时间,加快车、船周转,增加车站港口的吞吐能力,降低装卸成本,提高运输效率。同时,装卸搬运机械化和自动化程度的提高,能够大大改善装卸搬运条件,节约人力,保证安全生产。

3. 物流运输设备

运输是用设备和工具,将物品从一地点向另一地点运送的物流活动。运输是整个物流链的主体,贯穿物流始终。物流运输设备与物流搬运设备的区别是:前者为跨地区、长距离、大范围的运输,后者是就近、短距离、小范围的搬运。货物运输的基本类型有公路运输、铁路运输、水路运输、航空运输和管道运输等五种运输方式,它们在运输工具、路线、速度,以及运输量等方面都各不相同,其技术经济特征也有较大差别,因而有不同的使用范围,如表1.1所示。

表1.1 各种运输方式的比较

运输方式	运输路线	运输工具	运输价格	运输量	运输速度
水路运输	江河湖海	船舶	最低	最大	最慢
公路运输	公路	汽车	居中	居中	居中
铁路运输	铁路	火车	居中	居中	居中
管道运输	管道	管道	居中	居中	居中
航空运输	航线	飞机	最高	最低	最快

4. 仓储技术设备

仓储技术设备是指在储存区进行作业活动所需要的设备器具,主要包括各种类型的货架、托盘、起重堆垛机、商品质量检验器具和商品保管维护工具等。仓储在物流系统中起着缓冲、调节、集散和平衡的作用,是物流系统的另一个中心环节。

5. 包装与流通加工设备

在物流过程中为了便于物料的装卸搬运、储存和运输,往往需要对物料进行"化整为零"或"化零为整"的加工,这就是所谓的包装与流通加工。包装既是一种保护物品在流通过程中不受损伤、实现物流安全性的重要措施,又是美化商品、以利于销售的有效手段,同时也是流通加工领域的重要加工方式。包装与流通加工设备的种类繁多,涉及各行各业的众多专业技术领域。包装技术包括包装材料和包装设备。包装材料有纸、木材、玻璃、金属材料、塑料以及复合材料等,将这些材料做成包装容器（袋、盒、箱、罐、瓶等）后即可用来包装物品。包装材料的性能，一方面取决于包装材料本身的性能，另一方面还取决于各种材料的加工技术。随着科学技术的发展，新材料、新技术的不断出现，包装材料的性能会不断地完善，以满足商品包装的更高要求。包装与物流加工设备有打包机、封口机、捆扎机、装箱机、灌装机、充填机等，这些设备大多实现了自动化或半自动化，其他的还有各类切割机械、印贴标记条形码设备、拆箱设备、混凝土加工设备等。

第二节　物流设施设备的地位、作用和发展趋势

一、物流设施设备在现代物流中的地位和作用

物流设施设备在现代物流中的地位和作用可概括为如下几方面。

1）物流设施设备是物流系统的物质技术基础

不同的物流系统必须依靠不同的物流设施设备的支持才能正常运行，因此，物流设施设备是实现物流功能的技术保证，是实现物流现代化、科学化、自动化的重要手段。物流系统的正常运转离不开物流设施设备，正确、合理地配置和运用物流设施设备是提高物流效率的根本途径，也是降低物流成本、提高经济效益的关键。

2）物流设施设备是物流系统的重要资产

物流设施设备的投资比较大，在物流设备技术含量和技术水平日益提高的情况下，现代物流技术装备既是技术密集型的生产工具，也是资金密集型的社会财富，配置和维护这些设施设备需要大量的资金和相应的专业知识。正确使用和维护现代化物流设施设备，对物流系统的运行效益至关重要，一旦设备出现故障，将会使物流系统处于瘫痪状态。

3）物流设施设备涉及物流活动的各个环节

在整个物流过程中，从物流功能看，物料或商品要经过包装、运输、装卸、储存等作业环节及其他辅助作业环节，各个环节目标的实现，都离不开相应的设施设备，这些设施设备的性能和配置直接影响着各环节的作业效率。

4）物流设施设备是物流技术水平的主要标志

高效的物流系统离不开先进的物流技术和先进的物流管理。先进的物流技术是通过物流设施设备体现的，而先进的物流管理也必须依靠现代高科技手段来实现。如在现代化的物流系统中，自动化仓库技术集成了自动控制技术、计算机技术、现代通信技术（包括计算机网络和无线射频技术等）等高科技技术，使仓储作业实现了半自动化甚至自动化。在物流管理过程中，信息从自动采集、处理到发布可以完全实现智能化，依靠功能完善的高水平监控管理软件可以实现对物流各环节的自动监控，依靠专家系统可以对物流系统的运行情况进行及时的诊断，对系统的优化提出合理建议。因此，物流设施设备的现代化水平是物流技术水平高低的主要标志。

二、物流设施设备的现状及发展趋势

1. 物流基础设施情况

改革开放以来,我国的各种物流基础设施建设得到了快速发展。以铁路、公路和港口基础设施建设为例:到 2007 年年底,全国(不含我国香港、澳门和台湾地区,以下均同)铁路营运里程已达到 7.8 万千米左右,居世界第三、亚洲第一;到 2007 年年底,全国公路总里程已达 358.37 万千米,其中高速公路 5.39 万千米,位居世界第二。全国公路"五纵七横"的交通主框架系统已基本形成,全国的公路运输网络已初具规模,路网结构和布局进一步优化,使路网逐步发挥出自身的规模效益,为公路客货运输向网络化和纵深方向发展奠定了良好的基础。2007 年,全国港口完成货物吞吐量 64.10 亿吨,港口集装箱吞吐量突破 1 亿 TEU,达 1.14 亿 TEU。我国港口吞吐量和集装箱吞吐量已经连续三年位居世界第一,共有 14 个港口跻身世界亿吨大港行列,其中上海港 2007 年的货物吞吐量达 4.92 亿吨,已成为世界第一大港。

2. 物流设备制造业情况

从世界范围看,现代物流业快速发展的国家和城市,物流装备制造业起步都很早,发展也比较成熟。在欧洲、美国和日本,有一批物流装备制造企业,其无论是规模还是产值,都已具有相当水平。如以生产包装设备、分选设备、搬运设备为主的英国 FKI PLC 公司,以生产工作母机、自动化系统、通信设备为主的日本著名物流业设备公司村田公司(Murata Machinery,Ltd)等。这些著名的物流装备企业不断完善技术,并依靠高科技不断开发、推出新型产品,使其生产向系统化和信息化、全球化方向不断发展。

我国的物流装备制造业在技术水平和生产数量方面也取得了很大进步。近年来,我国的物流装备制造业的发展速度明显高于机械工业的平均水平,目前已有各类物流装备及附属配件制造厂 3 000 余家。与一般机械制造企业相比,物流装备市场前景广阔,物流装备制造业的产品无论是从质量还是从品种上来说都有很大进步,特别是高新技术产品的制造能力在不断提高。目前,我国一些物流装备制造企业已可以独立制造自动仓库、自动导引小车(AGV,automated guided vehicle)、搬运机器人等物流设备产品。如太原刚玉仓储设备公司引进国外生产线,能制造出高质量的组装货架,而货架是我国出口物流设备中最有实力的产品。以生产辊子输送机及其元器件为主的湖州德玛公司的产品已远销日本和欧美。我国的集装箱生产能力和国际市场份额都已居世界首位。国外物流技术设备厂商也纷纷进入中国市场:日本大福公司在上海建立了分公司,日本鬼头公司和中国机械工程学会合作在北京建立了合资公司,欧美的跨国物流装备公司在市场上也很活跃。

3. 物流设施设备的发展趋势

物流设施设备作为现代物流的物质基础表现出了以下几个方面的发展趋势。

1) 物流基础设施

在完成大规模的交通基础设施建设以后,物流基础设施正向着现代化管理方向发展,如充分利用现代化的网络技术、通信技术、智能运输系统(ITS)等技术手段,提高服务水平,为物流服务构建一个现代化的基础服务平台。

2) 物流机械设备

(1) 大型化　大型化指设备的容量、规模、能力越来越大。大型化是实现物流规模效应的基本手段。物流机械设备的大型化趋势表现在两个方面。一是海运、铁路运输、公路运输等的运输设备为弥补自身速度很难提高的缺陷而呈现的大型化趋势。目前,世界上油轮最大载重量已达到 563 000 t,集装箱船最大载重量为 8 500TEU;在铁路货运中出现了可装载 716 000 t 矿石的列车;管道运输的大型化体现在大口径管道的建设上,目前管道口径最大为 1 220 mm。这些运输设备的大型化基本满足了基础性物流量大、连续、平稳的需求。二是航空货机的大型化。目前正在研制的最大货机可载 300 t,一次可装载 30 个 40 ft(1 ft=0.304 8 m)标准箱,比现在的货机运输能力(包括载重量和载箱量)高出 50%～100%。

(2) 高速化　高速化指设备的运转速度、运行速度、识别速度、运算速度大大加快。提高运输速度主要体现在对"常速"极限的突破上。高速铁路有三种类型:一是传统的高速铁路,以日本和法国的技术最具商业价值,目前营运的高速列车最快商业速度已达 275 km/h;二是摆式列车,以瑞典的为代表,最快商业速度已达 250 km/h;三是磁悬浮铁路,1998 年在日本实现了 539 km/h 的实验速度。德国、法国的高速货运列车最快速度已达到 200 km/h。随着各项技术的逐步成熟和经济的逐步发展,普通铁路最终将会被高速铁路所取代。在公路运输中,高速化表现在高速公路的发展上,目前各国都在努力建设高速公路网,并将其作为公路运输的骨架。在航空运输中,高速化表现在超音速飞机的发展上。客运的超音速已由法国协和飞机实现;货运双音速(亚音速和超音速)民用飞机正在研制中,超音速化将是民用货机的发展方向。在水运中,水翼船的速度已达 70 km/h,气垫船速度最快。此外,新型的飞翼船的速度可达 170 km/h 以上。在管道运输中,高速化表现为高压力化,美国阿拉斯加原油管道的最大工作压力可达到 8.2 MPa。

(3) 实用化和轻型化　以仓储设备为例,由于仓储物流设备是在通用的场合中使用的,工作并不很繁重,因此应好用、易维护、操作,具有耐久性、无故障性和良好的经济性,以及较高的安全性、可靠性和环保性。这类设备批量较大、用途广,考虑到综合效益,可减小外形高度、简化结构、降低造价,同时也可减少设备的运行成本。

(4) 专门化和通用化　随着物流的多样性,物流设备的品种越来越多且仍在不断更新。物流活动的系统性、一致性、经济性、机动性、快速化,要求一些设备向专门化方向发展,一些设备向通用化方向发展。

物流设备专门化是提高物流效率的基础,主要体现在两个方面:一是物流设备的专门化,二是运输方式的专门化。物流设备专门化是以物流工具为主体的物流对象专门化,如从客货混载到客货分载,出现了专门运输货物的飞机、轮船、汽车以及专用车辆等设备和设施。运输方式专门化比较典型的是海运,几乎在世界范围内放弃了客运,而主要从事货运;管道运输就是为输送特殊货物而发展起来的一种专门化运输方式。

通用化以集装箱运输的发展为代表。国外研制的公路、铁路两用车辆与机车,可直接实现公路与铁路运输方式的转换,公路运输用大型集装箱拖车可以运载海运、空运和铁路运输的所有尺寸的集装箱。客货两用飞机、水空两用飞机及正在研究中的载客管道等也属于通用化的运输设备。通用化的运输工具为物流系统供应链保持高效率提供了基本保证。通用化设备还可以实现物流作业的快速转换,极大地提高物流作业效率。

(5) 自动化和智能化　将机械技术和电子技术相结合,将先进的微电子技术、电力电子技术、光缆技术、液压技术、模糊控制技术应用到机械的驱动和控制系统中,实现物流设备的自动化和智能化将是今后的发展方向。例如,大型高效起重机的新一代电气控制装置将发展为全自动数字化控制系统,从而使起重机具有更高的柔性,提高单机综合自动化水平。如自动化仓库中的送取货小车、自动导引小车、公路运输智能交通系统(ITS)的开发和应用已引起各国的广泛重视。此外,卫星通信技术及计算机、网络等多项高新技术结合起来的物流车辆管理技术正在逐渐被应用。

(6) 成套化和系统化　只有当组成物流系统的设备成套、匹配时,物流系统才是最有效、最经济的。在物流设备单机自动化的基础上,通过计算机把各种物流设备集成为一个系统,通过中央控制室的控制,形成不同机种的最佳匹配和组合,使各设备发挥最佳效用。成套化和系统化物流设备具有广阔发展前景,其中工厂生产搬运自动化系统、货物配送集散系统、集装箱装卸搬运系统、货物自动分拣与搬运系统等将得到重点发展。

(7) 绿色化　"绿色"就是要达到环保要求,这涉及两个方面:一是牵引动力的发展以及制造、辅助材料等,二是设备的使用。牵引力的绿色化要求有效利用能源,减少污染排放,使用清洁能源及新型动力;设备使用的绿色化,包括对各物流设备的维护、合理调度、恰当使用等。

4. 推进我国物流设备发展的应对措施

借鉴国外物流设备发展的先进经验,结合我国物流发展的实际情况及存在的主要问题,可以采取如下措施来加快我国物流设备的发展。

(1) 加快物流设备标准制定工作。物流设备标准化对于提高物流运作效率起着至关重要的作用,制定统一的标准有利于各种设备之间的相互衔接配套,有利于物流企业之间的业务合作,从而缩短物流作业时间,提高生产效率,改善物流服务质量,进而减少物流成本在生产总成本中所占的比重。

(2)加大对物流设备的投资力度,注重多元化投资。对物流设备的实际应用情况进行调查研究,注重发展技术含量高的物流设备,有意识地淘汰陈旧、落后、效率差、安全性能低的物流设备,配置先进的物流机械设备,如运输系统中的新型机车、车辆、大型汽车、特种专用车辆,仓储系统中的自动化立体仓库、高层货架,搬运系统中的起重机、叉车、集装箱搬运设备、自动分拣和监测设备等。

(3)引导物流设备供应商的经营行为,鼓励其扩大经营规模,提高技术水平和设计能力,从而为物流企业提供更好的物流设备。

(4)引导物流企业在选择物流设备时,不仅注重设备的价格,还要注重设备的质量、安全性能以及对整个系统的作用,结合自身实际需要选择合适的物流设备,使整个系统效益达到最优。

(5)强化物流企业以及各级政府对物流设备在物流发展中重要性的认识,使他们在进行物流设备系统的规划、设计时能通盘考虑,避免使用不便和浪费资源。

(6)无论是物流企业还是各级政府都要把物流设备管理纳入物流管理的内容。物流设备是物流成本的一部分,应重视对物流设备的管理和研究,提高物流设备的使用效率,尽量减少物流设备的闲置时间。同时应注重对物流设备安全性能的检测和维修,减缓设备磨损速度,延长其使用寿命,防止设备非正常损坏,保障其正常运行。

第三节 物流设备的配置与管理

物流设备一般投资较大,使用周期较长。在配置和选择时,一定要进行科学决策和统一规划。正确地配置和选择物流设备,为物流作业选择出最优的技术设备,可以使有限的资本发挥最大的技术经济效益。

一、物流设备配置的总体原则

配置和选择物流机械设备应遵循技术上先进、经济上合理、生产作业上安全适用、无污染的原则。

1. 系统化原则

系统化就是在物流设备配置、选择中用系统的观点和方法,对物流设备运行所涉及的各个环节进行系统分析,把各个物流设备与物流系统总目标、物流设备之间、物流设备与操作人员、物流设备与作业任务等有机、紧密地结合起来,使物流设备的配置、选择最佳,发挥的效能最大,并使物流系统整体效益最优。

2. 适用性原则

适用性是指物流设备满足使用要求的能力，包括适应性和实用性。应使所配置和选择的设备适应物流作业的实际需要和发展规划，符合货物的特征及货运量的需要，适应不同的工作条件和多种作业性能要求，操作使用灵活、方便。因此，在配置和选择物流设备时，首先应根据物流作业特点，找到必要功能，再选择相应的物流设备。这样的物流设备才有针对性，才能充分发挥其功能。

3. 技术先进性原则

技术先进性是指所配置和选择的物流设备能反映当前科学技术的先进成果，在主要技术性能、自动化程度、结构优化、环境保护、操作条件、现代新技术的应用等方面具有技术上的先进性，并且在时效性方面能满足技术发展的要求。先进的物流设备技术是实现物流现代化所必备的技术基础。但先进性是以物流作业适用为前提，以获得最大经济效益为目的的，绝不是不顾现实条件和脱离物流作业的实际需要的片面的先进性。

4. 低成本原则

低成本是指物流设备的寿命周期费用低，不仅是一次购置费用低，更重要的是物流设备的使用费用低。任何先进的物流设备的使用都受到经济条件的制约，低成本是衡量机械设备技术可行性的重要标志和依据之一。在多数情况下，物流设备的技术先进性与低成本可能会发生矛盾。但在满足使用的前提下，应对技术先进与经济上的耗费进行全面考虑和权衡，作出合理的判断，这就需要做好成本分析，全面考查物流设备的价格和运行成本，选择寿命周期费用低的物流设备，以取得良好的经济效益。

5. 可靠性和安全性原则

可靠性是指物流设备在规定的使用时间和条件下完成规定功能的能力，它是物流设备的一项基本性能指标。如果物流设备可靠性不高，无法保持稳定的物流作业能力，也就失去了其基本功能。物流设备的可靠性与物流设备的经济性是密切相关的。从经济上看，物流设备的可靠性高就可以减少或避免因发生故障而造成的停机损失与维修费用的支出。但可靠性并非越高越好，这是因为提高物流设备的可靠性需要在物流设备研发、制造中投入更多的资金。因此，应全面权衡提高可靠性所需的费用开支与物流设备不可靠造成的费用损失，从而确定最佳的可靠度。

安全性是指物流设备在使用过程中保证人身和货物安全以及环境免遭危害的能力。它主要包括设备的自动控制性能、自动保护性能以及对错误操作的防护和警示装置等。

随着物流作业现代化水平的提高，可靠性和安全性日益成为衡量设备好坏的重要因素。在配置与选择物流设备时，应充分考虑物流设备的可靠性和安全性，以提高物流设备利用率,防止人身事故,保证物流作业顺利进行。

6. 一机多用原则

一机多用是指物流设备具有多种功能,能适应多种作业要求的能力。用途单一的物流设备,使用起来既不方便,又不利于管理。因此,应发展一机多用的物流设备,配置和选择一机多用的物流设备,将一台机器用于多种作业环境下连续作业,有利于减少作业环节,提高作业效率,并减少物流设备的数量,便于物流设备的管理,从而充分发挥物流设备的潜能,确保以最低投入获得最大的效益。如叉车具有装卸和搬运两种功能,因此其应用极为广泛。

此外,还有环保性原则,要求物流设备噪声低、污染小,具有较好的环保性。

二、物流设备配置、选择的前期准备工作

1. 了解设备规划的要求

设备规划是企业根据生产经营发展总体规划和本企业设备结构的现状制订的用于提高企业设备结构合理化程度和机械化作业水平的指导性计划。科学的设备规划能减少购置设备的盲目性,将企业的有限投资用于重要项目,从而提高投资效益。

设备规划主要包括设备更新规划、设备现代化改造规划、新增设备规划等。

设备规划的编制依据主要有:企业经营发展的需求;现有设备的技术状况;有关安全、环境保护、节能等方面法规的要求;国内外新型设备的发展和科技信息;可筹集的用于设备投资的资金。

在确定设备配置方案之前,要根据设备规划确定需更新的物流设备,然后再进行物流设备的配置。

2. 收集有关资料并进行详细分析比较

(1)经济资料　货物的种类及其特性、货运量、作业能力、货物流向等是最主要的经济资料,它们直接影响着物流设备的配置与选择。因此,必须多渠道、正确地收集这些资料。在收集有关经济资料时,不仅要掌握目前和近期的情况,而且还需要摸清未来的发展或变化趋势。对调查所得的资料应加以必要的整理、审查、核实、分析研究,并做出有关的统计分析表。

(2)技术资料　包括物流设备技术性能现状及发展趋势,主要生产厂家的技术水平状况,使用单位对设备的技术评价等。根据这些重要的数据和资料可以从整体上把握物流设备技术状况。

(3)自然条件资料　主要包括货场仓库条件、地基的承受能力、地基基础、作业空间等资料。

3. 拟订物流设备配置的初步方案

对于同一类货物、同一作业线、同一作业过程,可以选用不同的物流机械设备,

因而在拟订初步方案时,就可能提出多个具有不同程度优缺点的配置方案。然后,按照配置原则和作业要求确定配置物流设备的主要性能,分析各个初步方案的优缺点,并进行初步选择,最后保留2~3个较为可行的、各具优缺点的初步方案,并估算实现各方案需要的资金,计算出物流设备生产率或作业能力以及初步需要的设备数量。

4. 物流设备配置方案的技术经济评价与方案的确定

为了比较各种配置方案,从经济上分析哪些方案较为有利,必须进行技术经济评价,以便选择一个有利方案。在确定配置方案时,如出现不可比因素,要将不可比因素做一些换算,尽量使其具有可比性。

5. 选择物流设备的步骤

物流设备的配置方案确定后,接下来就要全面衡量各项技术经济指标,选择合理的机型。其选型的步骤如下。

(1) 预选 应在广泛收集物流机械设备市场供货情报的基础上进行预选。供货情报主要来源包括产品样本、产品目录、产品广告、展销会,以及销售人员收集的其他情报等,应对其进行分类汇编,从中筛选出可供选择的机型和厂家。

(2) 细选 对预选出来的机型和厂家进行调查、联系和询问,详细了解以下内容:物流设备的各项技术性能参数、质量指标、作业能力和效率;生产厂商的服务质量和信誉,使用单位对其设备的反映和评价;货源及供货时间;订货渠道、价格、随机附件及售后服务情况等。将调查结果填写在"设备货源调查表"上,并经分析比较,从中选择符合要求的厂家作为联系目标。

(3) 选定 与选出的厂家联系,必要时可派专人作专题调查和深入了解,针对有关问题,如力学性能状况、价格及优惠条件、交货期、售后服务条件、附件、图纸资料、配件的供应等与厂家进行协商谈判,并做详细的记录。然后由企业有关部门进行可行性论证,选出最优的机型和厂家作为第一方案,同时准备第二、第三方案以防订货情况变化,经主管领导及部门领导批准后定案。

三、物流设备管理

现代物流设备管理是以物流设备的寿命周期为研究范围,以追求设备寿命周期费用最经济和设备综合效率最高为目标,动员全员参加的综合管理。

在现代设备管理中,出现了一些新概念,如设备寿命周期、设备寿命周期费用等,其中:设备寿命周期是指从最初的调查研究开始到设备报废为止的整个过程;设备寿命周期费用是指设备在寿命周期内所产生的总费用,即在设备的研究、设计、制造、安装、调试、使用、维修、改造,直至设备报废的整个过程中所产生的费用的总和。将设备管理的范围扩大到设备的全寿命周期,把设备管理的各个环节当作一个整体来管理以求得整体效益最优是现代设备管理的重要观点。对设备实行全过程管理是按照系统论的观点组织设备管理的基本方法,是避免设备积压、浪费的重要措施,它有利于从整体上保证和提高设备的可靠性、维修性和经济性,也是有效提高企业和国家技术装备水平,实现技术装备现代化的重要保证。

现代设备管理中的综合效率包括六个方面,即设备管理要完成六个方面的任务和目标,可以归纳为六个英文字母。

P——产量:要完成产品产量的任务,设备的效率要高。

Q——质量:保证生产高质量的产品。

C——成本:生产成本最低。

D——交货期:保证合同规定的交货期。

S——安全:保证生产安全。

M——环境和人机匹配关系:要减少污染,保证环境卫生,文明生产;要使工人保持旺盛的干劲和良好的劳动情绪,这是行为科学在设备管理中的应用。

1. 设备的前期管理

设备的前期管理涉及从规划到投产这一阶段的全部工作,包括以下内容:参与设备方案的构思、调研、论证和决策;设备市场货源情报的收集、整理和分析;标书的编制、费用预算、实施程序;设备的选型、采购、订货、合同管理;设备的安装、调整和试运转;设备初期使用的效果分析和信息反馈等。

在前期管理中,关键在于选型或设计环节,这是前期管理的决策点。决定选用何种机型或方案后,85%左右的设备寿命周期费用就已确定,如果决策有误,可能造成难以挽回的损失,因此前期管理是非常重要的。

我国机械工业部颁发的《机械工业加强设备管理和维修工作要点》中明确指出:"设备管理工作要抓前期管理,设备部门要参与外购设备的合理选型、择优购置、检查验收和自制设备的设计、制造等工作,把买、造、用、修结合起来。"

在设备试运转及初期投产阶段,设备的管理最好由设计、制造和使用部门参加的集成化工作小组来负责进行。这样可以较快地排除初期故障,确定合理的操作规程,使设备早日投入正常生产。

2. 设备使用阶段管理

设备使用阶段的管理主要包括以下两方面的工作。

(1) 采用合理的维修方式。对各种设备的不同故障采用不同的维修方式,以降低维修费用,提高设备的有效利用率,减少停机时间和停机损失。

(2) 完善维修所需的技术文件。在采购设备时,必须重视维修所需的技术文件及资料的收集整理工作;对关键设备,更需要对设计和操作情况作更深的了解。有了齐全的技术文件和详细的技术档案资料,可使维修工作脱离经验性而转向技术性。因此,在向制造商订货时,应要求其提供所有维修所需的资料。

四、物流设备的保养与维护

1. 设备的正确使用

设备的使用过程同时也是设备工作能力下降的过程,影响这一过程的有使用方法、工作规范、连续工作时间和环境条件等因素。控制这一阶段的设备技术状态就是要掌握设备的正确使用方法,选用设计允许的工作规范,不允许设备超出容许范围的连续工作,创造适合设备工作的环境条件(温度、湿度、含尘量、振动等)。在这一阶段最重要的是要重视人的因素,因为是使用设备的人在操作设备、确定工作规范,而且只有操作者最熟悉设备的工作能力、最了解设备的耗损情况。设备效能的发挥、设备能否持久工作而不出或少出故障,与人的素质(熟练程度、责任感、劳动兴趣和生理状况等)有直接关系。因此,正确使用设备是控制设备技术状态变化和控制故障的关键,这不仅是企业连续生产的需要,也是开展计划修理的前提,因为不正确使用所造成的设备损坏将导致计划外的紧急修理,从而打乱正常的生产秩序。

2. 保证设备被正确使用的措施

(1)严格按规程操作设备。设备操作规程规定了设备的正确使用方法和注意事项,以及对异常情况应采取的行动和报告制度。

(2)实现使用设备的各级技术经济责任制。要求操作者按规程操作,按规定交接班,按规定进行设备的维护保养。班组、车间、生产调度部门和企业领导都应对设备正确使用承担责任,不允许安排不合设备规范和操作规程的工作。

(3)严格使用程序的管理。应对重要设备制定定人定机、技能培训、操作考试、持证上岗、交接班及设备事故处理等制度。

(4)实行设备维护的奖励办法。要把提高操作者的积极性同物质奖励结合起来。

五、物流设备的检查和修理

1. 物流设备的点检制度

检查设备的目的是判断和确定设备的技术状态是否在规定范围内,据此作出继续使用、采取预防措施或停机修理的结论。设备点检是指对预先规定的设备关键部位或薄弱环节,通过经验判断或运用检测的手段进行检查,及时准确地获取设备部位(点)的技术状况或劣化的信息,及早预防和维修。进行设备点检能够减少设备维修工作的盲目性和被动性,及时掌握故障隐患并予以消除,从而掌握主动权,提高设备完好率和利用率,提高设备维修质量,并节约各种费用,提高总体效益。

1) 设备点检的类别

设备点检可以分为以下几类。

(1) 日常点检　每日通过感官检查设备运行中的关键部位的声响、振动、温度、油压等,并将检查结果记录在点检卡中。

(2) 定期点检　定期点检时间周期按设备具体情况划分,有一周、半月、一月、数月不等。定期点检除凭借感官外还要使用专用检测仪表工具。定期点检主要针对重要设备,检查设备的性能状况、缺陷、隐患以及劣化程度,为设备的大修、项修方案提供依据。

(3) 专项点检　专项点检是有针对性地对设备某特定项目进行的检测。需使用专用仪器工具,在设备运行中进行。

2) 设备点检的方法

设备点检的方法主要有以下几种。

(1) 运行中检查。

(2) 停机检查,其中包括停机解体检查和停机不解体检查。

(3) 凭感官和经验检查。

(4) 使用仪器检查。

设备的点检方法一经确定,点检人员就不能随意自行改变。

3) 设备点检的步骤

(1) 确定设备的检查点。设备的检查点往往是设备的关键部位或薄弱环节,检查点一经确定,轻易不要变动,并要长期积累历次检查的数据和资料。

(2) 确定点检路线。检查点确定后,要根据设备的布置和类型等具体情况组成一条点检路线,并明确点检前后顺序。点检路线一旦确定后,也不要轻易变动。

(3) 确定点检标准。设备的点检标准要根据设备的各种资料并结合实际经验来制订,其标准要定量化,以便于检查。

(4) 确定点检周期。设备的性能、特点、寿命各不相同,点检周期也不同。因此需根据实际情况,分别确定各设备的点检周期,以保证设备按时接受检查。

设备点检人员必须有高度的责任心和技术水平,切实做好点检工作,点检人员对检查的信息记录要准确、简明、全面、规范。设备点检工作完成后,必须妥善保存、归档,以便于今后的工作。

4) 设备点检工作的检查和考核

做好设备的点检工作,对其后的设备修理工作会起到重要作用,因此要加强领导、定期检查、考核,杜绝不负责任的点检,使点检工作真正起到成效。

2. 物流设备的修理

修理的作用是使物流设备重新具备工作能力,并恢复到良好的技术状态。设备工作能力的下降和设备技术状态的劣化是逐渐发生的过程,而设备的修理却是间断发生的过程。根据修理内容和工作量的不同,修理作业可以划分为不同类别。

1) 大修

设备的大修是旨在全面恢复设备工作能力的修理工作。其特征为全部或大部分拆卸分解、修理基准件,更换或修理所有不宜继续使用的零件,整新外观,使设备精度、性能等达到或接近出厂水平。对原有设备的现代化改装,也可以结合大修同时进行。

2) 项目修理

项目修理简称项修或中修,这里的项目是指设备部件、装置或某一项设备输出参数。项目修理是指在设备技术状态管理的基础上,针对设备技术状态的劣化程度,特别是在已判明故障的情况下,所采取的有针对性的修理活动。项目修理的特点是修理内容明确、针对性强,可节省修理的时间、人力、物力和费用,效果较好。

3) 小修

小修是指工作量较小的修理。小修除日常保养和定期保养外,还包括根据物流设备的磨损规律,进行机、电检修,对需要修理的部分进行分解检查、修理,更换磨损件,对磨损部位进行加工等。小修属于局部修理,目的在于排除故障,恢复局部功能。

物流机械设备的大修、项修和小修都是以技术状态监测为基础的,由此可提高修理的计划性、准确性和经济性,减少不必要的拆卸或过剩修理。大修、项修、小修都具有恢复物流设备技术性能和使用性能的作用,但三者具体的工作内容和范围各不相同:大修是整机全面性恢复修理,项修是局部性调整与恢复修理,小修是排除故障性的局部修理。

六、物流设备的保养

设备从投入使用到报废这一过程中故障的发展变化遵循一定的规律。设备故障的典型曲线如图1.2所示,其形似浴盆,故又称浴盆曲线。

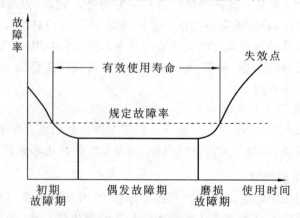

图1.2 设备故障曲线

浴盆曲线可以分为三个阶段。第一阶段为初期故障期，这一阶段的故障率较高，发生的故障一般是由于设计上的疏忽、制造质量欠佳或操作不协调引起的。第二阶段为偶发故障期，这一阶段设备已进入正常运转阶段，故障率较低，基本上为一常数，大部分故障属于维护不好和操作失误而引起的偶发性故障。第三阶段为磨损故障期，这一阶段设备的某些零件已经老化，因而故障率剧增。

物流设备的保养工作主要在第二阶段，其作用就在于使设备技术状态缓慢变化，使浴盆曲线更趋水平，并使磨损故障期尽可能晚点出现，即无故障工作时间尽可能长些。经过长期的设备维修实践，以预防为主的观点已逐渐为世界各国普遍接受，我国也一贯强调这一观点，以维护保养为基础就是这一观点的体现。

物流设备的维护保养可以采用日常保养和定期保养的二级保养制度。

1. 物流设备的日常保养

物流设备的日常保养是全部维护工作的基础，它的特点是经常化、制度化。一般日常保养包括班前、班后和运行中维护保养。

参加日常维护保养的人员主要是操作人员。要求操作人员严格按操作规程操作，集中精力工作，注意观察设备和仪器、仪表的运转情况，通过听声音、闻气味等发现异常情况。设备不能带病运行，如有故障，应及时停机排除，并做好故障排除记录。

日常保养工作大部分在设备外部进行，其具体内容有：搞好清洁卫生；检查设备的润滑情况，定时、定点加油；紧固易松动的螺丝和零部件；检查设备是否有漏油、漏气、漏电等情况；检查各防护、保险装置及操纵机构，如变速机构是否灵敏可靠，零部件是否完整等。

2. 物流设备的定期保养

物流设备的定期保养是指在物流设备运行一段时间后，由操作人员和保养人员按规范有计划地对其进行强制性保养。定期保养是对物流设备的全面性的维护工作，是物流设备运行管理和状态维修管理的重要组成部分，是使物流设备经常保持良好技术状态的预防性措施。

1）定期保养的特点

定期保养具有三大特点，具体如下。

（1）定期保养采用状态维修方式。物流搬运装卸机械在使用过程中，由于存在运动、摩擦、内部应力等物理、化学变化过程，技术状态必然会不断劣化，并通过机械零部件松动、温升异常、异响等现象表现出来。通过点检、保养、检测等手段及时采集上述信息，经分析作出维修决策，实施有针对性的维修可延长设备修理周期、减少修理工作量。定期保养是推行状态维修的基础，没有保养的基础保证，也就无法推行状态维修管理模式。

(2)定期保养具有强制性。定期保养贯穿于设备运行的全过程,其目的是使设备运转状态得到及时改善,消除可以避免的磨损和损坏。定期保养不是可有可无的作业行为,是必须进行的强制性行为。

(3)定期保养应有全面性。物流设备是由许多零部件组合而成的,各零部件的运转状态直接影响整机的技术状态,所以必须对物流设备实施全面的定期保养。实施全面、定期保养的项目不宜过多,应根据具体设备的复杂程度和结构特点,以相互关联的部件及影响安全的部件装置为重点,抓住重点、兼顾全面,达到对设备全面保养的目的。

2)定期保养的基本内容

(1)对设备进行清洁和擦洗。

(2)检查、调整、紧固各操纵、传动、连接机构的零部件。

(3)对各润滑点进行检查、注油或清洗、换油。

(4)更换已磨损的零部件。

(5)使用相应的检测仪器和工具,按规范对主要测试点进行检测,并做好检测记录。

背景知识

金融危机对物流装备业的影响

2006年春天开始显现的美国次贷危机,逐渐累积能量,终于在2008年9月爆发,发展为金融危机并迅速波及全球,使许多国家的实体经济受到重创。受其连累,五年来一直保持两位数高速增长的中国经济也未能独善其身,预计2009年GDP增长率将下降到10%以下。毋庸置疑,受到全球金融危机以及中国经济发展面临重要转折的双重影响,服务于整体经济发展的物流装备业必然也受到一定冲击,也许不能再继续保持近年来20%以上的较快发展速度了。最先尝到金融危机之苦的是叉车企业和一些外向型企业,现在,包括货架、托盘、输送分拣设备、单元化产品,以及系统集成、物流信息化等行业在内的几乎整个物流装备业都明显地感觉到金融危机带来的影响正日益加重。

据了解,在金融危机的冲击下,叉车行业承受的压力比较大。从销售情况看,2006年以来,我国叉车年销量和出口量均以30%以上的速度迅猛增长。2008年上半年我国叉车销量达到93 632台,与上年同期相比增长23.93%,其中叉车出口31 287台,同比增长51%。而7月份之后,叉车销量尤其是出口量呈现出下降趋势。

与叉车行业相比,目前货架、单元化产品、输送设备、系统集成、物流信息化和自动识别等行业受到金融危机的影响还比较小。

以货架行业为例,2008年上半年,货架产品仍供不应求,货架生产企业订单排得满满的,对小额订单干脆不接。但是由于钢材成本非常高,企业的利润微薄,甚至出现亏损。2008年下半年,为了完成上半年的订单,货架企业的产量依然很高,并且随着钢材价格大幅下跌,企业利润增加了。但2009年1—3月,我国货架的生产和销售出现了一定的负增长,企业订单减少了1/3以上。

输送机行业与货架行业类似,由于合同执行周期较长,输送设备生产企业受到的影响并不太明显。也有部分企业反映,目前一些客户取消了合同,或者将合同延期执行。

物流信息化和自动识别行业受到的影响也已开始显现。以某知名自动识别企业情况来看,今年下半年的订单较往年有所减少,产品销售价格下降。因为其客户生意不如以前,一般性的订单基本被取消,重要的订单也在推后。

阅读并思考

1. 导致此次金融危机的主要原因是什么?
2. 我国物流装备企业应如何应对此次金融危机?

本章综合练习题

名词解释

物流设施设备　　物流设备管理

填空题

1. 现代物流通常是由_____、_____、_____、_____、包装、流通加工、信息等基本环节组成的。
2. 物流机械设备的发展趋势是_____、_____、_____、_____、_____、_____和绿色化。
3. 物流设备配置的原则包括_____、_____、_____、_____、_____和环保性原则。
4. 物流设备的修理可以分为_____、_____和_____三个类别。
5. 物流设备的维护保养可以采用_____和_____的二级保养制度。

简答题

1. 现代物流系统中的物流技术装备主要有哪些？
2. 简述物流设施与设备在现代物流中的地位和作用。
3. 简述物流设备配置选型的一般流程和原则。
4. 简述物流设备管理的任务和目标。
5. 简述物流机械设备的修理类别。
6. 物流设备保养有哪些制度？简述各种保养制度的基本内容。

部分练习题参考答案

填空题

1. 运输　物料搬运　仓储　配送
2. 大型化　高速化　实用化和轻型化　专用化和通用化　自动化和智能化　成套化和系统化
3. 系统化原则　适用性原则　技术先进性原则　低成本原则　可靠性和安全性原则　一机多用原则
4. 大修　项修　小修
5. 日常保养　定期保养

第二章 公路运输设施设备的应用与管理

学习目的

通过本章的学习应了解公路运输的概念、特点和功能，了解公路运输的发展前景和国家干线公路（国道）网规划，掌握我国公路的分级方法，掌握汽车的分类方法、类别代号和主要的性能指标，掌握公路运输车辆的选型和维护管理方法。

第一节 公路运输概述

随着我国城乡交通设施的改善和高等级公路的迅速发展，公路运输已经成为我国物流活动的主要渠道之一，也是实现"门到门"运输中唯一不可替代的现代化运输方式，在国民经济和综合运输体系中占有重要地位。公路运输是指主要使用汽车或者其他车辆（如人力、畜力车）在公路上进行客、货运输的一种方式。由于汽车已经成为公路运输的主要运载工具，因此现代公路运输主要指的是汽车运输。

一、公路运输的特点和功能

1. 公路运输的特点

公路运输是所有运输方式中影响最为广泛的一种运输方式，其主要优点如下。

1）灵活、方便

汽车运输具有机动灵活、运输货物方便的特点。汽车运输既可以成为其他运输方式的衔接手段，又可以自成体系。由于我国公路网的分布较广，尤其是城市道路的密度很大，因而汽车可去的地方很多，运输的范围广且实施方便。汽车运输在运输时间方面的机动性也比较大，各运输环节之间衔接时间较短。此外，汽车的载重量可大可小，可运载几百千克的货物，也可牵引上千吨的货物。

汽车运输对货物批量的大小具有很强的适应性,既可以单车运输,又可以拖挂运输。

2) 快速

汽车运输的运送速度比较快。据资料统计,一般中短途运输中汽车运输的平均运送速度要比铁路快 4~6 倍,比水路运输快约 10 倍。运送速度快,不仅可以加快资金周转速度、提高货币和客、货时间价值,而且还有利于保持货物质量。这一点对于贵重物品、鲜货及需要紧急运输的物资和人员等的运输特别重要。

3) 直达运输

汽车运输可以把旅客从居住地门口直接运送到目的地门口,也可以将货物从发货方仓库门口直接运送到收货方仓库门口,实现"门到门"运输。其他运输方式一般需要中途倒运、转乘才能将客货运达目的地,而汽车在运输途中不需要中转,因此汽车运输在直达性方面有明显的优势。

4) 投资少、效益高

汽车运输不像铁路运输那样需要铺设铁轨、设置信号设备或配置其他价格昂贵的固定设施,而且车辆的购置费用也比较低,原始投资回收期短。一般公路运输投资每年可以周转一至两次,铁路运输投资 3~4 年才周转一次,而飞机、轮船运输投资的周转速度更慢。由于汽车运输资金周转快,因而汽车运输容易实现扩大再生产。

5) 操作人员容易培训

汽车驾驶技术比较容易掌握,培训汽车驾驶员一般需要 3~6 个月的时间,而培养火车、轮船和飞机的驾驶员需要一年甚至几年的时间,并且需要花费大量的费用。

正因为汽车运输具有上述优点,因此得以迅速发展。但是,汽车运输也存在一些问题,主要是装载量少、运输成本高、安全性差、污染环境等。在交通不发达的地区,公路运输的通达性仍受到限制。

2. 公路运输的功能

基于上述特点,汽车运输的功能如下。

1) 主要承担中、短途运输

我国规定 50 km 以内的为短途运输,50~200 km 的为中途运输。由于我国高速公路网的逐步形成,汽车运输将会形成短、中、远程运输并举的局面。长途运输也将会有更广阔的市场。

2) 补充和衔接其他运输方式

当其他运输方式承担主要运输任务时,可由汽车担负其起点和终点的短途集散运输,完成其他运输方式到达不了的区段的运输任务。

二、公路运输的发展前景

综观西方发达国家公路运输业的发展,以及汽车技术的更新历程,公路运输表现出了发展的广阔前景。

1) 快捷运输发展潜力巨大

高速公路网的迅速发展、高速公路里程的不断延伸,为快捷运输提供了广阔的发展空间。实际上,高速公路运输、干线公路运输和一般公路运输作为大交通构架的组成部分,已直接成为参与重要物资的运输和城市间客货运输的主力。

2) 大吨位汽车运输将得到加强

汽车运输有着向大型化和小型化两端发展的趋势,中型车比重逐渐下降。资料显示,在运距大于120 km的条件下,载重量为16 t以上的汽车和载重量为4 t的汽车相比,运输效率可提高3～4倍,运输成本可下降80％～85％,随着运距的增加,大吨位汽车的优越性更加明显。因此,合理调整车辆构成、提高汽车载重量,是汽车运输企业提高车辆运输经济效益的有效途径。

3) 专用汽车货运发展迅速

为了有效地发挥高等级公路的效益和功能,高等级公路专用车辆如汽车列车、集装箱运输车、大型罐式车、大型厢式车、大型冷藏车、轿车运输车等的发展很快,特别是专用车辆的大型化、专用化发展更快。

4) 拖挂运输将迅速普及

汽车拖挂运输即汽车列车可以提高汽车载重量、节约燃料和降低运输成本,因此得到了广泛应用。近年来,汽车列车不断向大吨位方向发展,目前一车一挂的汽车列车总载重量一般为32～42 t,一车二挂或三挂以上的汽车列车总载重量达60 t以上。

5) 环保货运的意识大大加强

汽车在运行过程中会产生大气污染和噪声污染。在城市大气环境污染中,汽车的分担率已达75％以上。因此,注重环境保护,推动环保型汽车的发展受到各国的普遍重视,如采用柴油机的共轨喷射技术、涡轮增压器、后处理装置、高品质燃油、混合动力等,在一定程度上可解决汽车运输的环境问题。

6) 智能交通系统蓬勃发展

智能交通系统(ITS)利用先进的信息通信技术,形成人、车、路三位一体,从而大大提高了汽车运输的安全性、运输效率和舒适性且有利于环保。智能交通系统在美国、日本和欧洲正处于开发试验阶段,其功能和规模在不断扩大。智能交通系统的相关技术也已在有关领域得到了应用,如采用电子自动收费(ETC),无须停车即可实现收费功能,可大大提高道路的通行效率。

第二节 公路运输设施

公路运输设施主要指的是道路及其附属设施,它是汽车运输的物质基础。道路(包括城乡道路)是指主要供车辆行驶的工程结构物,由路基、路面、桥梁、涵洞和隧道以及沿线附属设施等组成。路基、路面、桥梁、涵洞和隧道是道路工程的主体构造物,需通过设计、修筑和养护来保证其在设计使用期内安全而耐久地承受行车载荷的功能。沿线附属设施包括交通安全、服务、绿化、照明、道路等管理设施。

一、道路

在我国,根据公路的作用及使用的性质将其划分为国家干线公路(国道)、省级干线公路(省道)、县级干线公路(县道)、乡级公路(乡道)以及专用公路。不同类型和等级的公路组成了整个道路网,各种公路在道路网中担负不同的使命,起着不同的作用。

根据我国公路技术标准规定,将公路划分为五个等级。

1) 高速公路

高速公路为专供汽车分向、分道行驶,并全线控制出入的干线公路。四车道高速公路一般能适应按照各种汽车折合成小客车的远景设计年限年平均昼夜交通流量为25 000~55 000辆;六车道高速公路一般能适应按照各种汽车折合成小客车的远景设计年限年平均昼夜交通流量为45 000~80 000辆;八车道高速公路一般能适应按照各种汽车折合成小客车的远景设计年限年平均昼夜交通流量为60 000~100 000辆。

2) 一级公路

一般能适应按照各种汽车折合成小客车的远景设计年限年平均昼夜交通流量为15 000~30 000辆,为连接高速公路、大城市结合部、开发区以及边远地区干线,可供汽车分向、分道行驶,并部分控制出入的公路。

3) 二级公路

一般能适应按照各种汽车折合成中型载货车的远景设计年限年平均昼夜交通流量为3 000~7 500辆,为连接中等城市的干线公路或通往大工厂和矿区、港口的公路,或运输繁忙的城郊公路。

4) 三级公路

一般能适应按照各种汽车折合成中型载货车的远景设计年限年平均昼夜交通流量为1 000~4 000辆,为沟通县及城镇的集散公路。

5) 四级公路

一般能适应按照各种汽车折合成中型载货车的远景设计年限年平均昼夜交通

流量为 1 500 辆以下,为沟通乡、村等地的地方公路。

公路等级不同,对路线的行车道宽度、停车视距、最小平面曲线半径、最大纵坡、凸形及凹形竖曲线半径等参数要求也不同。这些路线参数的取值是在保证设计车速的前提下,考虑到汽车行驶的安全性和舒适性、驾驶员的视觉和心理反应等因素进行选取的。公路等级越高,条件就越优越,汽车的运行性能和运行效率也就越能得到充分的发挥和提高。

公路路面按公路等级可以分为高级、次高级、中级和低级路面四级,如表 2.1 所示。

表 2.1 公路路面分级

公路等级	路面等级	面层类型	设计年限(年)
高速公路	高级	沥青、混凝土	15
一级公路	高级	沥青、混凝土	12
二级公路	次高级	热拌沥青碎石混合料 沥青贯入式	10
三级公路	次高级	乳化沥青碎石混合料 沥青表面处治	8
四级公路	中级	水结碎石、泥结碎石	5
	低级	半整齐石块路面 粒料改善土	

我国的城市道路也分为四类:快速路、主干路、次干路和支路。快速路为仅供汽车行驶的道路;主干路为连接城市各分区的干路,采用机动车和非机动车分隔行驶的形式;次干路承担主干路与各分区间的交通集散作用;支路为次干路与街坊路(小区路)的连接线。对于后三类道路,按照城市的规模、交通量和地形等因素,设计标准分为Ⅰ、Ⅱ、Ⅲ三级,大城市采用Ⅰ级,中等城市采用Ⅱ级,小城市采用Ⅲ级。

道路的等级应该根据路网规划、道路功能、承担任务和使用要求,以及远景交通流量的大小综合论证后确定。

二、公路客、货运站

公路运输站场是公路运输办理客货运输业务及仓储保管、车辆保养修理及为用户提供相关服务的场所,是汽车运输产业的生产与技术基地。根据其经营主体和经营方式的不同,公路运输站场可分为公用型站场和运输企业自用型站场。

(一) 公路客运站的类型

公路客运站是客运车辆和旅客集散的场所。在旅客运输过程中,客运站起着组织、协调、指挥、服务的重要作用。公路客运站的主要功能是进行旅客运输的组织和管理。我国公路客运站的分类方法有两种。

1) 按人、财、物三权隶属关系分类

按人、财、物三权隶属关系,公路客运站可以分为两种。

(1) 公用型车站,又称开放型车站,这类车站一般由国家投资或车站所在交通管理部门筹措资金建设而成。它具有法人地位,自主经营,独立核算。其本身无从事营运的自备车辆,而专门为各种经济成分的营运者提供站务服务。

(2) 自用型车站,它又可以分为自办站和代办站。自办站由汽车运输企业自筹资金兴建,专门为自有车辆或与本企业签订有协议的经营者提供站务服务的客运站。代办站一般是业务量不大、任务单一、尚不具备建站条件的旅客集散地,一般采用协商条件、委托代办的方式设站。

2) 按业务经营范围分类

按业务经营范围,公路客运站可以分为三种。

(1) 客运站　客运站是专门经营旅客运输业务的车站,主要设置在客流密集的大、中城市。

(2) 客货兼营站　客货兼营站是指既办理旅客运输业务,又办理公路零担货运业务的车站,主要设置在县城或乡镇。

(3) 停靠站(招呼站)　停靠站是供客运班车往来停靠、上下旅客的站点,一般没有站房,只设有站牌标志,主要设置在路口附近。

(二) 公路货运站场

货运站场是指货物集结、待装运或转运的场所。

公路货运站按其功能可以分为三种。

(1) 集装箱货运站,是拼箱货物拆箱、装箱、办理交接业务的场所。

(2) 配载中心,是为空车和轻载车寻找合适货物的场所。

(3) 零担货运站,是经营零担货物运输的服务单位和零担货物的集散场所。

随着市场的需要,公路货运站场的功能从简单的货物集结、转运拓展到配送、流通加工和信息服务,有的配载中心、零担货运站已经成为了配送中心。作为物流过程的连接点,公路货运站场是连接长途运输和短途配送的中转基地,必须具有接单、拣货、分装、倒装、运输配送等综合功能。作为生产厂家、批发商和零售商之间的连接点,有的公路货运站场还具有保管、库存调节、流通加工等功能。

三、我国道路交通网的现状和前景展望

截至 2007 年底,我国公路总里程达 358.37 万千米(不含我国香港、澳门和台湾地区)。其中:按公路类别分组,有国道 13.71 万千米、省道 25.52 万千米、县道 51.44 万千米、乡道 99.84 万千米、专用公路 5.71 万千米、村道 162.15 万千米;按公路技术等级分组,有高速公路 5.39 万千米、一级公路 5.01 万千米、二级公路 27.64 万千米、三级公路 36.39 万千米、四级公路 179.10 万千米、等外公路 104.83 万千米。

公路运输能力增长较快。至 2007 年底,我国公路营运汽车达 849.22 万辆,其中载客汽车 164.73 万辆、载货汽车 684.49 万辆。公路运力结构进一步优化,公路运输总量在各种运输方式中稳居首位。公路交通运输在沟通城乡间的客货交流、繁荣地区经济、提高人民物质和文化水平、促进市场经济发展和开发西部地区等方面发挥了巨大作用。2007 年,全国完成公路客运量 205.07 亿人、旅客周转量 115 06.77 亿人千米。公路货运增势强劲,完成公路货运量 163.94 亿吨、货物周转量 11 354.69 亿吨千米。

自 20 世纪 90 年代以来,我国公路交通运输有了较快的增长,但由于以往较长时期内对公路的作用和认识不足,重视不够,因而出现了经济上升过程中运输资源紧张的矛盾,对国民经济的发展产生了制约作用,主要表现在以下几个方面:

(1) 公路里程少,路网密度低,东西部发展不平衡;
(2) 公路整体状况较差,高等级公路比例较低;
(3) 汽车保有量低,性能差,配置结构不合理;
(4) 一般公路上混合交通严重,车速低,事故多;
(5) 技术水平、管理水平和服务水平等有待提高。

为适应经济发展的需要,交通部在组织各方面专家论证的基础上,研究制订了我国公路、水路交通实现现代化的三个发展阶段目标:第一阶段从瓶颈制约、全面紧张走向"两个明显",即交通运输紧张状况有明显缓解,对国民经济发展的制约状况有明显改善;第二阶段目标从"两个明显"到基本适应国民经济和社会发展需要;第三阶段从基本适应国民经济和社会发展需要到基本实现交通运输现代化,达到中等发达国家水平。第三阶段的目标将在 21 世纪中叶全面实现。实现我国公路、水路交通现代化的目标的关键是在 2020 年前后,努力完成公路主骨架、水运主航道、港站主枢纽和交通运输支持保障系统的建设。

公路主骨架是根据国家干线公路(国道)网规划,包括首都放射线、南北纵线、东西横线,并考虑其他相关因素确定的。公路主骨架总长约为 3.53 万千米,总体布局为"五纵七横"共 12 条线路,将人口在 100 万以上的所有特大型城市和人口在 50 万以上的大城市的 93% 连接在一起,贯通和连接城市超过 200 个,覆盖人口约 6 亿。

"五纵"国道主干线有以下几条:

（1）同江——三亚线　自同江经哈尔滨、长春、沈阳、大连跨渤海湾,经烟台、青岛、连云港、上海跨杭州湾,经宁波、福州、深圳、广州、湛江、海安跨琼州海峡,经海口至三亚,总长约5 700千米。

（2）北京——珠海线　自北京经石家庄、郑州、武汉、长沙、广州至珠海,总长约2 310千米。

（3）北京——福州线　自北京经天津、济南、徐州、合肥、南昌至福州,总长约2 540千米。

（4）重庆——湛江线　自重庆经贵阳、南宁至湛江,总长约1 280千米。

（5）二连浩特——河口线　自二连浩特经集宁、大同、太原、西安、成都、昆明至河口,总长约3 610千米。

"七横"国道主干线有以下几条。

（1）上海——成都线　自上海经南京、合肥、武汉、重庆至成都,总长约2 970千米。

（2）上海——瑞丽线　自上海经杭州、南昌、长沙、贵阳、昆明至瑞丽,总长约4 090千米。

（3）青岛——银川线　自青岛经济南、石家庄、太原至银川,总长约1 610千米。

（4）丹东——拉萨线　自丹东经沈阳、唐山、北京、集宁、呼和浩特、银川、兰州、西宁至拉萨,总长约4 590千米。

（5）绥芬河——满洲里线　自绥芬河经哈尔滨至满洲里,总长约1 280千米。

（6）连云港——霍尔果斯线　自连云港经徐州、郑州、西安、兰州、乌鲁木齐至霍尔果斯,总长约3 980千米。

（7）衡阳——昆明线　自衡阳经南宁至昆明,总长约1 980千米。

根据交通部的部署,我国"五纵七横"国道主干线系统已在2007年全面建成。

第三节　公路运输车辆

汽车是公路运输的主要运载工具,是指由本身的动力驱动(不包括人力、畜力),装有驾驶承载装置的在固定轨道以外的道路或自然地域上运输客、货或牵引其他车辆的车辆。

一、汽车的分类

我国于2001年制定了有关汽车分类的标准(GB 3730.1—2001),标准依据国际标准(ISO 3833)制定,以与国际通行标准相衔接。该标准将汽车分为两大类:乘用车和商用车。

乘用车(不超过9座)分为普通乘用车、活顶乘用车、高级乘用车、小型乘用车、敞篷车、仓背乘用车、旅行车、多用途乘用车、短头乘用车、越野乘用车、专用乘用车等十一类。

商用车分为客车、货车和半挂牵引车等三类。客车又分为小型客车、城市客车、长途客车、旅游客车、铰接客车、无轨客车、越野客车、专用客车。货车又分为普通货车、多用途货车、全挂牵引车、越野货车、专用作业车、专用货车。

汽车还有多种不同的分类方法,可以按照用途分类,或按照动力装置类型(如内燃机汽车、电动汽车、燃气轮机汽车等)分类,或按照行驶道路条件分类(如公路用车和包括越野汽车和机场、矿山等场地用车在内的非公路用车等)。

按照用途分类,汽车有运输汽车和特种用途汽车两大类。

1. 运输汽车

运输汽车可以分为轿车、客车、载货车和牵引汽车等,并可进一步按照汽车的主要特征参数分级,即轿车按照发动机工作容积(发动机排量)、客车按照车辆总长度、载货车按照汽车总质量分级。

1) 轿车

轿车是可乘坐2~9个乘员(包括驾驶员)的汽车。轿车又可以根据发动机工作容积分为五种:

(1) 微型轿车,指发动机工作容积为1 L以下的轿车;
(2) 普及型轿车,指发动机工作容积为1.0~1.6 L的轿车;
(3) 中级轿车,指发动机工作容积为1.6~2.5 L的轿车;
(4) 中高级轿车,指发动机工作容积为2.5~4 L的轿车;
(5) 高级轿车,指发动机工作容积为4 L以上的轿车。

前三种级别的轿车的主要特点是尺寸较小,机构紧凑,其前排是较舒适的乘坐位置,而后排通常供辅助使用,因此,这些轿车宜作为家庭用车。

后两种级别的轿车的主要特点是尺寸大、装备齐全考究、性能优良,其较舒适的座位设置在后排,因此,这些轿车适宜于在商务活动中使用。

2) 客车

客车是可乘坐9个以上乘员,主要供公共服务使用的汽车。按照服务方式不同,客车可以分为城市公共客车、长途客车、团体客车、游览客车等。

按照车辆长度,客车还可以分为以下五种:

(1) 微型客车,指长度在3.5 m以下的客车;
(2) 轻型客车,指长度为3.5~7 m的客车;
(3) 中型客车,指长度为7~10 m的客车;
(4) 大型客车,指长度为10~12 m的客车;
(5) 特大型客车,包括铰接式客车(车辆长度大于12 m)和双层客车(长度为10~12 m)两种。

3）载货车

载货车是指用于运载各种货物，在其驾驶室内还可以容纳2~6个乘员的汽车。由于所运载的货物的种类繁多，载货车又可以分为普通货车和专用货车两大类型。

载货车还可以按其总质量分级为：

（1）微型载货车，指总质量小于1.8 t的货车；

（2）轻型载货车，指总质量为1.8~6 t的货车；

（3）中型载货车，指总质量为6~14 t的货车；

（4）重型载货车，指总质量大于14 t的货车。

4）牵引汽车

牵引汽车是指专门和主要用于牵引挂车的汽车，通常可分为半挂牵引汽车和全挂牵引汽车等类型。半挂牵引汽车后部设有牵引座，用来牵引和支承半挂车前端。全挂牵引汽车本身带有车厢，其外形虽与货车相似，但其车辆长度和轴距较短，而且尾部没有拖钩。

2．特种用途汽车

这种汽车根据特殊的使用要求设计和改装而成，主要用于执行运输以外的任务。配备有装甲和武器的军用作战车辆不属于此类。

1）娱乐汽车

随着人民物质生活水平的不断提高，对汽车的需求也趋于多样化。人们要求汽车不仅能满足运输需要，而且还能满足精神生活的需要，因此，设计师们推出了专供假日娱乐消遣的汽车，如旅游汽车、高尔夫球场专用汽车、海滩游玩汽车，以及装备卧具和炊具并具有流动住房功能的旅游汽车等。运输已不再是此种汽车的主要任务。

2）竞赛汽车

竞赛汽车是按照特定的竞赛规范而设计的汽车。著名的竞赛规范有一级方程式竞赛（F1）、拉力赛（WRC）等。由于竞赛过程中汽车的各种零部件及其性能都需要经受极其严峻的考验，在竞赛汽车上往往集中使用了大量的高新技术，因此，举办汽车竞赛对促进汽车科技发展具有重要的作用，也是汽车制造厂商及其赞助者展开竞争和进行广告宣传的好时机。

3）特种作业汽车

特种作业汽车是指在汽车上安装各种专用设备，可以进行特种作业的汽车，如商业售货车、环卫环保作业车、市政建设工程作业车、农牧副渔作业车、石油地质作业车、医疗救护车、公安消防车、机场作业车、冷藏货物运输车等。

二、我国国产汽车产品型号编码规则

我国汽车的产品型号由企业名称代号、车辆类别代号、主参数代号、产品序号、企业自定代号组成，代号排列顺序如下所示。

第二章　公路运输设施设备的应用与管理

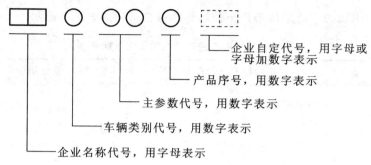

车辆类别代号和主要参数代号的数字含义,如表 2.2 所示。

表 2.2　车辆类别代号和主要参数代号的含义

车辆类别代号	车辆类别代号的含义(表示车辆种类)	主参数代号数字的含义
1	载货汽车	数字表示以吨位为单位的汽车的总质量
2	越野汽车	
3	自卸汽车	
4	牵引汽车	
5	专用汽车	
6	客车	数字×0.1 m 表示汽车的总长度
7	轿车	数字×0.1 L 表示汽车发动机的工作容积
8	(暂空)	
9	半挂车及专用半挂车	数字表示以吨位为单位的汽车的总质量

例如型号 CA1092:"CA"是我国第一汽车集团公司的企业名称代号;"1"是车辆类别代号,表示载货汽车;"09"是主参数代号,表示汽车的总质量为 9 t;"2"是产品序号,表示其是在原车型 CA1091 的基础上改进的新车型。

此外对于专用汽车,在产品序号后还有专用汽车分类代号,分为三格。第一格为类型代号,其中 X 代表厢式汽车、G 代表罐式汽车、C 代表仓栅式汽车、T 代表特种结构汽车等,第二、三格为表示其用途的两个汉字的第一个拼音字母。

三、汽车的主要性能

汽车的使用条件一般较为复杂,运输任务和运输性质又各不相同。为适应各种使用条件,使运输工作效率高、成本低,要求汽车的结构特性和使用性能也各不相同。汽车的使用性能是指车辆在一定使用条件下以最高效率工作的能力。为了评价汽车结构特性能否满足使用要求,即评价车辆在给定使用条件下得到有效利用的可能性,必须制定汽车使用性能的量化指标。

目前我国较为广泛采用的汽车使用性能量化指标如表 2.3 所示。

表 2.3 汽车的使用性能量化指标

使用性能		量化指标和评价参数	使用性能		量化指标和评价参数
使用方便性	容量	额定装载质量(t) 单位装载质量(t/m³) 货厢单位有效容积(m³/t) 货厢单位面积(m²/t) 座位数/可站人数	速度性能		动力性(输出功率、最大扭矩) 平均技术速度(km/h)
	操纵方便性	每 100 km 平均操纵作业次数 操作力(N) 驾驶员座位可调程度 照明、灯光、视野、信号	越野性和机动性		汽车最低离地间隙 接近角 离去角 纵向通过半径 前后轴载荷分配 轮胎花纹和尺寸 轮胎对地面的单位压力 前后轮辙的重合度 低速挡的动力性 驱动轴数 最小转弯半径
	出车迅速性	汽车启动暖车时间			
	乘客上、下车和货物装卸的方便性	车门和踏板尺寸及位置 货厢地板高度 货厢栏板可倾翻度数 有无随车装卸机具			
	可靠性和耐久性	大修间隔里程(km) 主要总成的更换里程(km) 可靠度、故障率 故障停车时间(h)	安全性	稳定性	纵向倾覆条件 横向倾覆条件
				制动性	制动效能 制动效能恒定性 制动时方向稳定性
	维修性	维修和修理工时 每 1 000 km 维修费用 对维修设备的要求		平顺性	振动频率 振动加速度及变化率 振幅
	防公害性	噪声级 CO、HC、NO$_x$、颗粒物排放量		设备完备性	车身类型 空气调节指标 车内噪声指标 座椅结构 其他安全装置
	燃料经济性	最低燃料消耗量(L/100 km) 平均燃料消耗量(L/100 km)			

表 2.3 列出的使用性能,对于各种不同型号、不同用途的汽车具有不同意义。汽车的用途不同,对汽车使用性能要求的侧重点也不相同。各类不同用途的汽车的主要使用性能如表 2.4 所示。

表 2.4 各类型汽车的主要使用性能

汽车类型	主要使用性能
轿车	速度性能、乘坐舒适性、安全性、使用方便性、可靠性
载货车	容量、经济性、可靠性、维修方便性、安全性、动力性
公共汽车	容量、使用方便性、耐久性、可靠性、维修方便性、安全性、经济性
大型客车	容量、使用方便性、乘坐舒适性、速度性能、安全性、可靠性、维修方便性
越野车与特种车	使用方便性、安全性、速度性能、可靠性、维修方便性、越野性

第四节 公路运输设施与设备的运用与管理

一、公路运输设施的维护和管理

公路运输设施维护和管理的主要内容是道路的养护。一般来讲,道路的等级越高,路面的质量就越好。汽车在良好的道路上行驶可以获得较高的平均技术速度和较低的运行消耗,这不仅可以提高汽车的运用效率,同时也有助于汽车使用寿命的延长。但如果道路的养护工作不及时,养护质量不好,道路路面的质量就会越来越差。即使是高等级公路,如果养护不及时,也会使路面的质量变得很差。当汽车在路面质量较差的道路上行驶时,不仅平均技术速度低、运行消耗大,而且凹凸不平的路面对车辆产生的冲击振动将会影响车辆行驶的平顺性和乘坐的舒适性,加剧车辆行驶机构的损伤和轮胎的磨损。同时由于行驶中换挡、制动的次数增加,将使离合器、变速器和制动装置等的磨损加剧,造成车辆过早损坏。

道路的养护可以分为以下几种类型。

1) 日常路况巡查

日常路况巡查的目的在于及时发现、上报和处置路况病害。

2) 预防性养护

预防性养护是对公路及其附属设施进行预防性保养,修补其轻微损坏部分,使之经常性保持完好状态。

3) 养护专项工程

养护专项工程是对公路及其附属设施的一般性磨损、局部损坏及不可抗拒的异常情况进行的修理、加固、更新和完善。

4) 大修

养护大修工程是对已达到服务周期的公路及其附属设施进行的应急性、预防性、周期性的综合修理,以全面恢复到或接近原设计标准。

道路养护的主要工作目标如下:

(1) 路面平整、无明显凹凸,路况病害处置及时、快捷、质优;

(2) 路容路貌整洁、美观,绿化植物长势良好;

(3) 沿线设施规范、齐全,恢复及时;

(4) 路基边坡稳定,排水设施完善、畅通;

(5) 桥梁、隧道等构造物保持完好状态;

(6) 抢险、除雪防滑预案完善,措施到位,效果明显;

(7) 养护作业规范,现场管理有序;

(8) 尽可能采用机械化作业,提高养护质量和工作效率;

(9) 应用公路养护管理系统,建立规范的养护管理档案和科学的评价、决策系统。

二、公路运输车辆的配置

(一) 普通货运车辆的配置

汽车货运企业所承运的货物,大多数为普通货物,因此其车辆配置也以普通车辆为主。在配置普通载货车时,多数汽车货运企业是依据车辆制造厂家所提供的车辆说明书所示的规格来选定车种的。

为了选择符合企业使用条件的车种,汽车货运企业首先要全面了解汽车市场上该类型车辆的基本信息,如品牌、销售价格、配件价格、服务网点等。汽车货运企业选用的多是轻型载货车和中型载货车。在考虑具体样式时,要特别重视企业自身必需的项目,如车厢底板的尺寸和高度、载重量、发动机的性能(功率、扭矩、油耗)、车厢板的结构等。

汽车货运企业车辆配置的重点在于车辆台数的配置。若货运企业拥有的车辆台数过少,则运量多时会出现车辆不足的现象;反之,则会出现车辆闲置现象。因此,对汽车货运企业来说,配置多少台车辆是十分重要的决策。由于每日的运输量是变化的,通常不能完全实行计划管理,需根据运量的多少进行配置。

(二) 牵引车的配置

牵引车是集装箱运输的主要工具,它本身一般不具备载货平台,必须与挂车连接在一起使用。挂车本身没有发动机驱动,它必须通过拖挂装置与牵引车或其他车辆组合,才能构成一个完整的运输工具,即汽车列车。

1. 牵引车的选择

牵引车有多种分类方法,主要有以下几种。

(1) 牵引车按头部的形式可以分为平头式和长头式两种。

平头式牵引车(见图2.1)的优点是车头短、司机的视野好、轴距短、转弯半径小;缺点是发动机布置在驾驶室下部,司机易受到发动机振动的影响,舒适性较差。

长头式牵引车(见图2.2)的优点是发动机室位于驾驶室前部,司机的舒适性较好、发动机维修方便、碰撞安全性较高;缺点是车身较长、回转半径较大。

图2.1 平头式牵引车

图2.2 长头式牵引车

由于各国对道路、桥梁、涵洞和隧道的尺寸都有严格的规定,因此,车身短的平头式牵引车的装备数量较多。但在北美,长头式牵引车的装备更为广泛。

(2) 牵引车按驱动形式可以分为 4×2 与 6×4 两种类型,也有少量 4×4 与 6×6 形式的。

牵引车驱动形式的表示方法为车轮数×驱动轮数。牵引车的驱动形式不同,其鞍座允许的载重量有较大区别。后轴允许载重量为10 t级的 4×2 牵引车,其鞍座允许载重量为12~12.5 t;后轴允许载重量为10 t级的 6×4 牵引车,其鞍座允许载重量为18 t左右。

(3) 牵引车按用途可以分为高速牵引车、重型货物牵引车和场地牵引车等。

高速牵引车主要用于牵引厢式半挂车、平板式半挂车和集装箱半挂车,适用于高速长距离运输,一般配置有大功率发动机;重型货物牵引车主要用于牵引阶梯式半挂车、凹梁式半挂车,适用于牵引重型货车;场地牵引车主要用于码头堆场和其他集装箱集散地的短距离运输,行驶速度较慢,牵引力大,摘挂较为方便。

此外,牵引车还可以按照其车轴的数量分为单轴、两轴、多轴驱动牵引车等,按照牵引方式还可以分为全挂牵引车和半挂牵引车两种。

牵引车虽不是独立的运输工具,但其传动系统和悬架系统基本与载货车相同。牵引车拖挂后所需的发动机输出功率要大,传动系统所传递的扭矩也相应增加。对有的牵引车,为了使其能适应更严酷的使用条件,采用了独立悬架或更宽更厚的钢板弹簧。在选择牵引车时,应注重牵引车的发动机功率、传动系统数和速比、车轴比、载荷以及主要尺寸参数。目前国内牵引车的生产厂家和品牌很多,主要有一汽的解放系列、二汽的东风系列、中国重汽集团的斯太尔系列等。

2. 挂车的配置

挂车有全挂车、半挂车、拖架挂车以及重载挂车等类型。

(1) 全挂车,如图 2.3 所示,由全挂式牵引车或一般汽车牵引。

(2) 半挂车,如图 2.4 所示,与半挂式牵引车配合使用,其部分质量由牵引车的底盘承受。具有较好的整体性,广泛地应用于各种货物的运输中。

图 2.3　全挂车

图 2.4　半挂车

近年来,半挂车发展很快,主要是因为半挂车的运输经济效益好。另外,半挂汽车列车是甩挂运输(用一辆牵引车轮流牵引多辆半挂车,以达到高效率运输)、区段运输(半挂汽车列车到达指定区段站,半挂车换上另外的牵引车继续向目的地行驶,原牵引车可牵引其他半挂车)、滚装运输(集装箱半挂车直接装船及卸下运输)的最好车型。

半挂车的装载质量主要取决于轮胎、轴、架的允许负荷,所以车轮部分的变化决定了挂车的装载质量。半挂车根据车轴的配置(见图 2.5)及其数量变化,载重由轻到重,从一轴到四轴顺次排列。

半挂车除了通用型的外,还有平板车、自卸车、冷藏车、集装箱专用车、厢式车、液罐车(见图 2.6)、汽车运输专用车和木材运输专用车等专用半挂车等。

(3) 拖架挂车,如图 2.7 所示(图中带车头),主要用于运输长、大货物。

(4) 重载挂车,如图 2.8 所示,主要用于运输特重、特大货物,它可以是全挂车,也可以是半挂车。

3. 专用运输车辆的配置

虽然普通型货物运输车辆对货物品种适应性较强,但有些特殊的货物,如鲜活货、流体状粉粒状物质及易燃、易爆、易腐蚀、有毒的物资,只能使用专用汽车运输,才能满足物流对运输服务"质"的要求,即保证货物的物理状态、质量及安全性,同时缩短装卸时间,降低工人劳动强度,提高劳动生产率和企业的经济效益。专用运输车辆是指配有专用设备,具备专用功能,用于承担专门运输任务或专项作业的汽车或汽车列车。

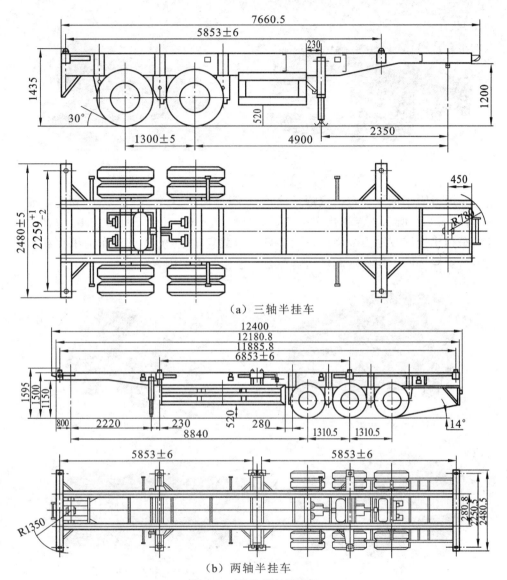

(a) 三轴半挂车

(b) 两轴半挂车

图 2.5 半挂车车轴配置

厢式半挂车

罐式半挂车

图 2.6 专用半挂车

图 2.7　拖架挂车　　　　　　　图 2.8　重载挂车

专用运输车辆主要包括液罐运输车、粉罐运输车、自卸车、冷藏车、轿车运输车等等，如图 2.9 所示。专用汽车由于要满足特殊要求，且生产批量较小，与普通载货汽车相比价格较高。专用汽车大多只能装载规定货物，因此汽车的里程利用率也不高。在选购专用运输车辆时需综合考虑相关影响因素。

(a) 油罐车　　　　　　　　　　(b) 自卸车

(c) 冷藏车　　　　　　　　　　(d) 轿车运输车

图 2.9　专用运输车

我国专用汽车的生产是从 20 世纪 60 年代开始，在军用、消防改装汽车的基础上逐步发展起来的。进入 21 世纪后，我国的专用汽车得到了较大的发展，主要表现在三个方面：

(1) 专用汽车厂家增多、产量增长、品种增加；

(2) 重点企业通过技术改造和技术引进，具备了一定的产品开发能力和有效的产品测试手段；

(3) 各大汽车集团都很重视专用汽车的发展。

第二章　公路运输设施设备的应用与管理

随着公路运输的迅速发展，世界各国专用汽车也在逐渐发展，并已成为世界汽车工业中不可缺少的组成部分。资料表明，国外专用汽车的出现和发展是汽车保有量增大到一定程度后的必然产物，也是公路运输朝着高效率、高效益发展的必由之路。从国外汽车工业的发展来看，载货汽车专用化的发展趋势比较明显。20世纪70、80年代，主要发达国家的专用车保有量占载货汽车保有量的50%左右，现已增至80%，但我国目前还低于40%。

背景知识

燃油税对公路运输的影响

随着我国燃油税的开征，公路运输、物流运输等行业的成本压力因此增大。按2008年养路费征收标准，客车养路费每月征费为200元每计量吨，以8吨大客车为例，每月需缴1 600元，一年共计19 200元。以一辆大客车每天平均行驶800 km、油耗0.3 L/km计算，燃油费加上客运附加费等费用，一辆车一年费用约5万元。而实行燃油税改革后，一辆大客车一年的成本就要增加1万多元。尽管在燃油税费改革的同时，国家将取消公路养路费等6项收费，但运输企业对这项减负措施并不看好。由于公路长途客运企业是用油大户，运营车辆里程高、油耗大，需交的燃油税多，因此进行燃油税改革会增加运输企业的成本压力。有客运企业坦言："如果成本大增，只好通过提高运价的方式来解决，最直接的就是提高票价。"受燃油税改革影响更大的还有物流企业。由于多数物流公司的车辆都选择走高速公路，取消政府还贷二级公路的收费对货运企业而言，没有实质性的意义。如从广州到武汉，一辆货车需缴过路费约1 500元，需油费1 200元左右。开征燃油税后，即便减免养路费，也不能抵消这项新增的成本。

阅读并思考

1. 燃油税改革对物流及运输企业可能产生的影响主要有哪些？

本章综合练习题

名词解释

公路运输　　道路　　汽车　　汽车的使用性能

填空题

1. 道路是由_____、_____、_____、_____和隧道以及沿线附属设施等组成的。
2. 在我国,根据公路的作用及使用的性质划分为_____、_____、_____、_____以及_____。
3. 根据我国公路技术标准规定,将公路划分为五个等级,它们是_____、_____、_____、_____和_____。
4. 我国于2001年制定了有关汽车分类的标准(GB 3730.1—2001),标准依据国际标准(ISO 3833)制定,以与国际通行标准相衔接。该标准将汽车分为两大类:_____和_____。
5. 我国汽车的产品型号由_____、_____、_____、_____、_____组成。

 简答题

1. 简述公路运输的主要特点和功能。
2. 简述我国公路分类的方法。高速公路有何特点?
3. 简述我国国道主干线系统的组成。
4. 载货车的主要性能参数和使用性能有哪些?
5. 厢式汽车与普通载货车相比有何特点?
6. 为什么说公路物流运输中挂车运输将会普及?
7. 试分析影响汽车技术状况的主要因素。

部分练习题参考答案

填空题

1. 路基 路面 桥梁 涵洞
2. 国家干线公路(国道) 省级干线公路(省道) 县级干线公路(县道) 乡级公路(乡道) 专用公路
3. 高速公路 一级公路 二级公路 三级公路 四级公路
4. 乘用车 商用车
5. 企业名称代号 车辆类别代号 主参数代号 产品序号 企业自定代号

第三章 铁路运输设施设备的应用

学习目的

通过本章的学习,应掌握铁路运输的概念、特点和功能,了解我国铁路运输的地位和发展趋势,了解铁路运输技术设施的基本组成,熟悉铁路运输、运载设备的概况和适用范围。

第一节 铁路运输概述

铁路运输是现代化货物运输方式之一,是适宜于担负远距离的大宗客、货运输任务的重要运输方式,在我国国民经济中占有重要地位,在我国对外贸易货物运输起着非常重要的作用。我国地域广阔、人口众多,铁路运输不论在目前还是在未来,都是综合交通运输网络中的骨干和中坚。铁路交通运输系统是由内燃机、电力或蒸汽机车牵引的列车在固定的重型或轻型钢轨上行驶而构成的系统,可以分为城市间的铁路交通运输系统与区域内和城市内的有轨交通运输系统两种。

一、铁路运输的特点和功能

铁路运输和其他运输方式相比,具有以下优点:
(1) 运输能力大,价格低,适合于中、长距离运输;
(2) 受气候和自然条件的影响较小,能保证运行的经常性、持续性和准时性;
(3) 计划性强,运输能力可靠,比较安全;
(4) 可以方便地实现背驮运输、集装箱运输及多式联运。
铁路运输也具有以下缺点:
(1) 原始投资大,建设周期长,占用固定资产多;
(2) 受轨道线路限制,灵活性较差,难以实现"门到门"运输,通常需要其他运输方式配合才能完成运输任务;

(3) 始发和终到的作业时间较长,不利于运输距离较短的运输业务。

基于上述特点,铁路运输担负的主要工作如下:

(1) 大宗低值货物的中、长距离运输,包括散装货物和罐装货物,如煤炭、矿石、谷物、化工产品、石油产品等的运输;

(2) 大批量旅客的中、长途运输;

(3) 货物的集装箱运输。

二、铁路运输的发展趋势

1. 铁路旅客运输再度得到重视

铁路运输发展至今已有一百七十多年的历史,由于它具有诸多优点,在19世纪末及20世纪初得到了大发展。凡经历了铁路大发展的国家,其现代经济也得到了大发展,并成为当今的发达国家。第二次世界大战后,由于航空和汽车工业的发展,尤其是高速公路的崛起,一些国家把交通运输的重点转向了公路和民航。这一举措较为成功,但同时也带来了诸多负面影响,如公路交通拥挤不堪,事故发生频繁。尤其是大城市,尽管周边公路纵横、市区遍地高架桥,但汽车仍不能畅行。这使得人们不得不重新正视铁路运输的优越性,把大通道上的客货运输方式的主要发展目标再度转向铁路运输,尤其是在城市及市郊旅客运输方面提倡采用城市铁路或轨道交通方式。铁路旅客运输再度受到各国政府的重视。

2. 合理提高客、货运列车的运行速度

速度是交通运输现代化最重要的体现。客货的运送速度是铁路运输的重要的技术经济指标,也是主要的质量指标。从货物运输的角度来看,提高运输车辆的运行速度,可以有效地缩短货物的在运时间,增强铁路运输与公路、航空运输的竞争力。因此,各国都大幅度地提高了列车运行速度,如表3.1所示为部分国家2000年铁路干线客、货运列车的速度配置情况(最近几年国外铁路发展基本停滞)。

表3.1 部分国家2000年铁路干线客、货运列车的速度配置

国 别	客运速度/(km/h)		货运速度/(km/h)	
	特快	快车	特快	快车
美国	200	130~170	140	100~120
俄罗斯	160~200	100~130	—	120
法国	200	140~160	140~160	100~120
德国	160	120~140	120	100
英国	160	—	—	90
中国	140	120	90	75

为适应国民经济持续、快速、协调发展的迫切需要,自1997年4月1日起至2004年4月18日,我国铁路共实施了五次大面积提速,部分干线旅客列车运行时速达到了160 km。我国铁路从2007年4月18日起还实施了第六次大面积提速,部分提速干线旅客列车时速可达200 km,相当于发达国家既有线路提速的目标值。由于我国铁路采用的是客、货混跑的运输组织模式,货运列车的运行速度明显与旅客列车的运行速度不相匹配,在一定程度上影响了线路的运输总能力。

3. 发展高速铁路已成为世界潮流

为适应旅客运输高速化的需要,在20世纪60年代日本率先建成了时速210 km的东海道铁路新干线,它的成功运营使铁路焕发出新的活力,在世界范围内掀起了修建高速铁路的浪潮。法国、德国、英国、瑞典、西班牙等国家都修建了高速铁路,至今世界新建和改建的高速铁路总里程已超过了15 000 km,平均运行时速已经普遍提高到了300 km左右。1999年8月16日,我国第一条客运专线铁路秦沈线开始动工,该线西起秦皇岛,东至沈阳北站,全长404.64 km,总投资157亿元,于2004年6月全线铺通。试验最高时速达到321 km,设计运营时速200 km。目前,我国京沪高速铁路的建设已经全面展开。高速铁路是传统铁路产业现代化的重要标志,发展高速铁路也是改善铁路旅客运输服务质量的新契机。

4. 重视发展重载运输

铁路重载技术始创于20世纪20年代的美国,后来得到世界各国的重视。实践证明,重载运输是扩大运输能力、提高运输效率、加快货物输送和降低运输成本的有效方法。重载列车所能承载的重量,在一定程度上反映了一个国家铁路重载运输技术综合发展的水平。各国在列车重量标准上存在着较大差异,基本上都是根据各自的铁路机车车辆特性、线路条件和运输实际需要来确定列车重量标准的。为了充分利用铁路线路的能力,我国铁路运输要求货运列车牵引重量不得小于2 600 t,实际牵引重量一般在3 000~4 000 t。2003年,京沪线单机牵引重量提高至5 000 t。在大秦线扩能工程中,还顺利开行了万吨重载试验列车。但是,高速和重载不可兼得,当货物列车速度提高后,应对牵引重量予以重新规定。

5. 应用新型大功率机车

为适应重载列车重量大和列车编组长的特点,世界各国都在积极采用开发新型大功率机车,以增加轮周牵引力、提高车辆轴重、减轻其自重,采用刚性结构以增加载重量,以及采用装设性能可靠的制动装置、高强度车钩和大容量缓冲器等措施。

6. 增加行车密度

在大力提高列车重量和运行速度的同时,也要强调积极增加行车密度。因此,必须尽可能压缩追踪间隔时间,以最大限度地增加行车密度。目前,先进国家已经普遍实行5 min的运行间隔;一些国家的个别区段铁路运输间隔已经缩短到4 min。我国铁道部 2000 年 8 月也已发布相关技术政策,要求全国普遍提高行车密度,具体为:以客运为主的快速铁路,列车追踪间隔时间按 5 min 设计,繁忙干线双线区段按 6 min 设计。

7. 采用先进的信息控制技术和指挥系统

研制和采用先进的信息控制技术和通信信号设备,在营运中实现管理自动化、货物装卸机械化和行车调度指挥自动化等,同时也对与技术站、装车站和卸车站配套的自动化设备进行改造。

第二节 铁路运输技术设施

铁路运输技术设施主要由铁路线路、站场和附属设施三部分组成。铁路线路是列车行驶所需的轨道式通道。站场是旅客和货物出入铁路运输系统的交接点或界面,也是列车进行准备、检查、解体、编组等作业的场所。附属设施包括通信、信号、电力供应和给排水等交通控制、营运管理和供给设施。本节主要介绍铁路线路、站场和信号设施。

一、铁路线路

铁路线路是由轨道结构及支撑它的路基、涵洞、桥梁、隧道等建筑物组成的。它承受机车、列车和货物的重量,并且引导它们的行走方向,是铁路运输的运行基础。

1. 铁路线路的等级

铁路线路等级是铁路的基本标准,主要用于城市间铁路。铁路设计分为远、近两期,远期为交付营运后第十年,近期为交付营运后第五年。依据铁路在路网中的作用和性质及其所承担的远期年客货运量的大小,将普通铁路划分为三个等级,如表 3.2 所示。通常一条铁路线应选定一个统一的等级,但对长距离的铁路线路,其中当有些区段的货运量或工程难易程度有较大差别时,可以对这些区段选用不同等级。

表 3.2 普通铁路线路的等级和主要技术标准

等级	路网中的作用	远期年客货运量/GN	最高行车速度/(km/h)	限制坡度/(‰)			最小曲线半径/m	
				平原	丘陵	山区	一般地段	困难地段
I	骨干	≥150	80～140	4～6	9～12	12～15	500～1 600	450～1 200
II	骨干联络、辅助	<150 ≥75	80～120	6	12～15	15～25	450～1 000	450～800
III	地区性	<75	80～100	6	12～18	18～25	400～600	350～500

各等级铁路相应有不同的技术标准要求,其中,最主要的是旅客列车最高行车速度。在客运专线中,速度可以更高。目前,我国骨干铁路旅客列车运行时速达到了 160 km。

城市轨道交通分为初、近、远三个设计年限。初期为交付营运后第五年,近期为第十年,远期为第二十五年。根据远期预测的线路高峰小时单向最大断面流量,城市轨道交通分为三级:Ⅰ级为 5 万人/h 以上(高运量),Ⅱ级为 3 万～5 万人/h(大运量),Ⅲ级为 1 万～3 万人/h(中运量)。

2. 正线数目

为了实现高密度发车,城市轨道一般初期一次建成双线,即线路的正线数目为两条,列车分上下单向行驶。

为了较经济地适应城市间交通运输需求的发展,依据初期运量大小和远期运量增长情况,分别按单线、双线或预留双线设计铁路线路。一条单线铁路的通行能力,按照目前常用的半自动闭塞情况计算,最多可以达到每天发送 42～48 对列车。建设双线铁路的投资要比建两条单线的投资小,但其通行能力要比两条单线的能力之和大得多。双线铁路配备有自动闭塞设备,列车间隔时间按 8 min 计,则通行能力可达每天 180 对。同时,双线铁路的列车运行速度比单线高,且营运费用也低。

3. 轨道

轨道起着引导车辆行驶方向,承受由车轮传下来的压力,并把它们扩散到路基的作用。轨道由钢轨、轨枕、连接零件、道床、防爬设备和道岔等部分组成,如图3.1所示。轨道的强度和稳定性,取决于钢轨的类型、轨枕的类型和密度、道床的类型和厚度等因素。

图 3.1 铁路轨道

1) 钢轨

采用稳定性良好的"工"字形断面、宽底式钢轨,它必须具有足够的刚度、韧度和硬度。我国生产的标准钢轨有每米质量大于或等于 75 kg/m、60 kg/m、50 kg/m、

43 kg/m 等数种,标准长度有 25 m 和 12.5 m 两种,两条钢轨间的标准轨距为 1 435 mm。为减少钢轨接头对行车舒适性的不利影响,可采用无缝钢轨,即将若干根标准长度的钢轨焊接成每段为 800~1 000 m 的长钢轨,再在铺轨现场焊接成更长的钢轨。无缝线路具有钢轨接头少、行车平稳、轮轨磨损小和线路养护维修工作量小等优点,是轨道现代化的主要技术表现之一。

2) 轨枕

轨枕位于钢轨和道床之间,是钢轨的支座,承受由钢轨传来的压力并将其扩散给道床,同时还起着保持钢轨位置和轨距的作用。轨枕有木枕、钢筋混凝土枕两种。木枕弹性好,易于加工、运输和铺设,但其需消耗大量木材、需进行防腐处理,使用寿命短。目前我国大量采用的是钢筋混凝土轨枕,其耐久性好,使用寿命长,主要的缺点是重量大、弹性差、损坏后难于修补。轨枕的长度一般为 2.5 m,每千米铺设的数量随运量的增大而增多,一般为 1 520~1 840 根/km。

3) 连接零件

连接零件有接头连接零件和中间连接零件两种。接头连接零件用于连接钢轨,由鱼尾板(夹板)、螺柱、螺帽和弹性垫圈等组成;中间连接零件用于连接钢轨和轨枕,分为钢筋混凝土枕用和木枕用两种。

4) 防爬设备

列车运行时会产生作用于钢轨上的纵向水平力,造成钢轨沿着轨枕甚至带动轨枕作纵向移动,使轨道出现爬行现象。爬行现象会导致钢轨接缝不均匀、轨枕歪斜。为了防爬,除需加强中间扣件的扣压力和接头夹板的夹紧力外,还应设置防爬器和防爬撑。

5) 道床

道床是指铺设在路基顶面上的道砟层,其作用是把由轨枕传来的车辆载荷均匀地传递到路基上,防止轨道在列车作用下产生位移,缓和列车运行的冲击作用,同时还便于排水,保持路基面和轨枕的干燥。道床一般采用碎石道砟,碎石道床具有坚硬、稳定性好和不易风化等优点。

6) 道岔

道岔是铁路线路和线路间连接及交叉设备的总称,其作用是使列车由一条线路转向另一条线路,或者越过与其相交的另一条线路。道岔一般都设在车站区。

二、铁路站场

站场是铁路运输的基本生产单位,包括各种铁路车站和作业场。车站按等级可以分为特等站和一至五等站,按技术作业性质可分为中间站、区段站和编组站,按运输对象可分为客运站、货运站和客货运站。随站场类型和作业要求的不同,站场需要设置各种相应的设施。

1. 中间站

一条铁路通常分为若干个区段，在区段间的分界点上设置的车站称为中间站。设置中间站的目的是为了提高铁路区段的通行能力。中间站的主要任务是办理列车会让、越行和客货运输业务，具体有：

（1）列车的接发、通过、会让和越行；

（2）旅客的乘降、行李和包裹的收发与保管；

（3）货物的承运、交付、装卸和保管；

（4）本站作业车的摘挂作业和向货场甩挂车辆的调车作业。

此外，对于客运量较大的中间站，还包括始发和终到的客货列车的作业。

为了完成上述作业，除了有与区间直接连通的正线外，中间站还应设有以下设备：

（1）站内线路，包括办理列车接发、会让、待避和摘挂作业的到发线、牵出线、存车线和装卸作业的货物线等；

（2）客运设备，包括站台、跨线设施（天桥或地道）、候车室、站前广场等；

（3）货运设备，包括货物站台、货物仓库、站房和装卸机械等；

（4）信号与通信设备，包括各种信号标志和信号机等；

（5）机车整备设备，包括旅客列车、蒸汽机车的给水设备等。

中间站的布置，按到发线的相互位置可分为横列式和纵列式两种。

2. 区间站

区间站一般都靠近中等规模以上的城市，设置在铁路网机车牵引区段的分界点处。区间站的主要任务是办理通过列车的技术作业（即机车的更换、整备和修理等）、编组区段列车和摘挂列车等，其承担的具体业务有：

（1）旅客运转业务，包括旅客的乘降及行李、包裹和邮件的收发与保管等，乘客数量较多的区段站还办理旅客列车的始发和终到作业；

（2）货运运转业务，包括货物列车的接发，整车和零担货物的承运、交付、装卸和保管，区段和摘挂列车的编组作业，向货场及专用线的取送作业等；

（3）机车业务，包括更换客货列车的机车和乘务组，机车的整备、检查和修理等；

（4）车辆业务，主要是列车日常技术检查和车辆检修业务等。

为完成上述作业，区间站一般需配置以下设备：

（1）站内线路，包括列车的到发线、牵出线、存车线、编组线、货物装卸线和站修线等；

（2）客运设备，包括站台、跨线设施（天桥或地道）、候车室、站前广场等，规模较大；

（3）货运设备，包括货物站台、货物仓库、堆放场、站房和装卸机械等，设备数量较多、占地面积较大；

(4)机务设备,主要是指机务段(配机车)或机务折返段(不配机车)和整备设施;

(5)车辆设备,包括车辆检修所、站修所、车辆段等;

(6)信号与通信设备,包括各种信号标志和信号机等。

根据上、下货物列车到发线和客货转运设备的相互位置,区间站的布置形式可以分为横列式、纵列式和客货纵列式三种。

3. 编组站

编组站(见图3.2)是铁路网上办理大量货物列车的解体、编组作业的专业技术站,一般不办理客货运业务。

图3.2 编组站

编组站的主要作业有:

(1)运转作业,包括列车到达作业、列车解体作业、列车编组作业和列车出发作业等;

(2)整备、检修机车,货车的日常技术保养。

为完成上述作业,编组站一般需配置以下设备:

(1)改编列车到发设备,包括到达场、出发场或兼办改编列车到达和出发的到发场;

(2)改编列车调车设备,包括驼峰、牵出线、调车场和调机等;

(3)无改编通过列车设备,主要是指通过场;

(4)机车设备,主要是供机车进行整备作业和检修用的设备,以及各种配线;

(5)车辆设备,主要是指供到发车辆进行检查和修理的设备;

(6)站内线路,包括进出站线路、站内联络线、机车行走线等。

编组站可以划分为三类:

(1)路网性编组站,是在整个铁路网上具有重大作用的编组站,它分布在若干主要铁路干线的交会点上,其间距一般在1 000 km左右;

(2)区域性编组站,是在局部铁路网上具有重大作用的编组站,它分布在路网性编组站间的主要铁路干线的交会点上,其间距或与路网性编组站之间的距离一般在 600 km 左右；

（3）地方性编组站，分布在大宗货物集散地附近，主要为当地工矿、港口、过境交接车辆服务，其与相邻编组站直接的距离一般在 300 km 以内。

4. 客运站

客运站一般位于客流量较大的大城市，专门办理旅客运输业务和旅客列车的到发、通过作业。客运站通常配置以下设施：

（1）站内线路，包括到发线、机车行走线、待机线和车辆停留线等；

（2）旅客候车室；

（3）旅客站台和跨线设备（天桥和隧道）；

（4）行李和邮件装卸设备；

（5）站前广场；

（6）客车整备场。

客运站根据客流量的大小和性质、铁路枢纽总布置、地形条件、城市规模和车站附近的布局等，可以布置为尽头式、通过式和混合式三种。

5. 货运站

货运站是专门办理货物装卸和货物联运或换装作业的站场，大多设在大城市或工业区，主要办理货物的接收、交付、装卸、保管、换装和联运等作业。图 3.3 所示为铁路货运站平面布置图。

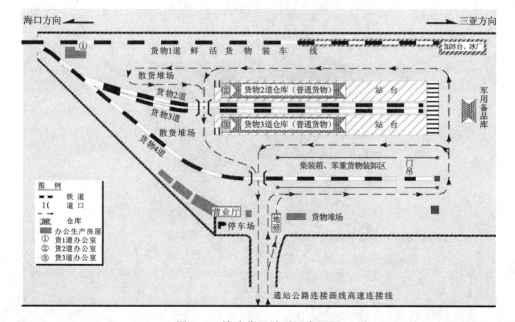

图 3.3 铁路货运站平面布置图

货运站的主要设施有：

（1）站内线路，包括到发线、编组线、牵出线、行走线、货物线、存车线和起重机行走线等；

（2）货运设备，包括货物堆场和仓库，货物站台、站房、货物装卸设备等。

三、信号设备

铁路信号设备是信号、联锁、闭塞设备的总称。信号是对行车和调车等有关人员发出的指示；联锁设备是在车站范围内用以保证行车和调车安全的设备；闭塞设备是用以保证区间行车安全的设备。先进的信号设备不仅能够保证行车安全，而且还能提高调车作业效率，并大大提高运输通过能力。

铁路上的信号都是采用的视觉信号。视觉信号用颜色、形状、位置及信号显示的数目来表示，主要有地面上设置的固定信号（见图3.4）和机车上设置的机车信号。在凡是危及行车和调车安全的地点，都应设置地面固定信号来保证机车车辆的运行安全。信号的显示方式有色灯显示和臂板显示两种。

在铁路行车中，色灯显示基本采用以下三种颜色：红色——要求停车；黄色——要求注意或减速；绿色——准许按规定速度运行。臂板信号白天用臂板状态表示，夜间用灯光显示。

图3.4　铁路信号灯

四、我国铁路交通网的现状

到2008年底，我国铁路营运里程达到8万千米左右（不含我国香港、澳门和台湾地区),其中复线率达 36.2%,电气化率达 34.6%。2008 年,全国铁路完成旅客发送量 14.62 亿人,货物发送量 33.03 亿吨,换算周转量 32 884 亿吨千米。

我国铁路系统所承运的货物,主要是煤炭、冶炼物资、粮食、石油,即铁路货运的主要对象是能源、原材料和粮食等大宗散装货物。由于我国煤炭产量主要集中在山西、河南等地,因此煤炭运输的主要流向是由西向东和由北向南。我国的钢铁企业主要分布在华东和东北地区,因此钢铁产品的主要流向是由北向南和由东向西。

在铁路客运方面,由于农民工外出打工、学生寒暑假探亲和民众长假旅游,铁路旅客运输的高峰主要出现在春节、寒暑假和国庆长假等几个时段。

依据货运和客运的主要流向,我国铁路系统形成的主要运输通道为"八纵八横"共十六条。

"八纵"铁路通道如下。

(1) 京哈通道　自北京经天津、沈阳、哈尔滨至满洲里,全长 2 344 km。由既有的京秦线、京山线、沈山线、沈哈线、滨州线和正在规划中的京沈哈客运专线构成,是东北与其他地区客货交流的主要通道,也是东北地区的交通命脉,为促进东北经济振兴起到了积极作用。

(2) 京沪通道　自北京经天津、济南、徐州、南京至上海,全长 1 463 km,由既有的京沪铁路和在建的京沪高速铁路构成,是东北、华北地区与华东地区客货交流的主要通道。

(3) 京广通道　自北京经石家庄、郑州、武汉、长沙、衡阳至广州,全长 2 265 km,由既有的京广铁路和将于 2010 年年底竣工的京广客运专线组成。该通道纵贯南北,连接京津唐、环渤海经济区和珠江三角洲经济区,是东北、华北、西北地区通往华南的主要通道。

(4) 京九线　自北京经聊城、商丘、南昌、龙川至九龙,全长 2 403 km。该通道是我国东北、华北地区与华东、中南地区客货交流的主要通道之一,对京广、京沪两大通道起重要的分流作用。

(5) 沿海通道　自沈阳经大连、烟台、胶州、新沂、长兴、杭州、宁波、温州、福州、厦门、广州至湛江,全长 4 019 km,由既有的沈大线、蓝烟线、新长线、宣杭线杭长段、萧甬线、鹰厦线厦门至漳平段、梅坎线、广梅汕线、三茂线、黎湛线、胶新线,以及在建的烟大轮渡线、宁温线、温福线、福厦铁路构成。该通道沟通了环渤海、长江三角洲和珠江三角洲地区。

(6) 大湛通道　自大同经太原、洛阳、襄樊、石门、益阳、永州、柳州、黎塘、湛江至海口,全长 3 108 km,由既有的北同蒲线、太焦线、焦柳线、石长线、湘桂线、黎湛线、益阳至永州段、粤海通道组成,是我国煤炭南运的主要通道,也是我国内地通往南部港口城市的主要出海通道。

(7) 包柳通道　自包头经西安、重庆、贵阳、柳州至南宁,全长 3 011 km,由既有的包神线、神延线、西延线、西康线、湘渝线、川黔线、黔桂线、湘桂线构成。该通道是我国西部南北向的一条重要铁路通道。

(8) 兰昆通道　自兰州经宝鸡、成都至昆明,全长 2 261 km,由既有的陇海线宝兰段、宝成线和成昆线构成,是西部地区南北向的一条重要铁路通道,也是沟通西北和西南地区以及西部和东中部地区客货交流的重要纽带。

"八横"铁路通道如下。

(1) 京兰(拉)通道　自北京经大同、呼和浩特、包头、银川、兰州、西宁至拉萨,全长 3 943 km。由既有的丰沙线、京包线、宝兰线、兰青线和青藏铁路构成,该通道是横贯我国东西的重要通道。

(2) 煤运北通道　由大同至秦皇岛、神朔至黄骅港的两条运煤专用铁路构成,其中大秦铁路全长 658 km,具备开行万吨级重载列车的能力;神黄铁路全长 855 km,由神朔和朔黄铁路构成。

(3) 煤运南通道　由太原至青岛、侯马至日照港的两条铁路构成,是晋中、晋南、晋东南地区煤炭外运的主要通道之一。

(4) 陆桥通道　自连云港经徐州、郑州、西安、宝鸡、兰州、乌鲁木齐至阿拉山口,全长 4 120 km。该通道由陇海、兰新、北疆铁路构成,是横贯我国东、中、西部的最主要的客货交通纽带。该通道西端与哈萨克斯坦土西铁路接轨,构成了连接亚欧的大陆桥。该通道东起我国的连云港,西至荷兰的鹿特丹,途径哈萨克斯坦、乌兹别克斯坦、吉尔吉斯斯坦、俄罗斯、白俄罗斯、波兰、德国、荷兰等国,全长 11 000 km。该陆桥通道为亚欧开展国际多式联运提供了一条便捷的通道。

(5) 宁西通道　自启东经南京、合肥、潢川、南阳至西安,全长 1 558 km。该通道建成后将是我国东西走向的主要铁路通道,为分流陇海线流量,减轻陆桥通道中段压力,推动沿线经济的发展有着重要的意义。

(6) 沪昆(成)通道　自上海经杭州、株洲、怀化、贵阳、昆明(至重庆、成都),全长 2 653 km,由既有的沪杭线、浙赣线、湘黔线、桂昆线、达成线、渝怀线、遂渝线构成,是华东、中南、西南客货交流的重要通道。

(7) 沿江通道　自重庆经荆门、武汉、九江、芜湖至南京(上海),全长 1 893 km。该通道由既有的宁芜线、芜铜线、武九线、长荆线、达万线、铜九线及即将竣工的宜万铁路等构成。该通道横跨西南、华中、华东三个经济区,对促进长江经济带的发展和西部大开发都有重要的作用。

(8) 西南出海通道　自昆明经南宁至湛江,全长 1 770 km。该通道由南昆线、黎南线和黎湛线构成,是我国西南内陆各省出海的快捷通道。

近年来,我国铁路在不断扩展路网的同时,铁路装备技术水平、服务质量等均有显著提高。但是我国铁路发展的整体水平与发达国家相比仍有相当大的差距,货物积压和旅客乘车拥挤的现象仍时有发生。为适应国民经济发展的需要,我国还应从运输生产实际出发,以"高速、重载、信息化、安全控制技术"为主攻目标,积极修建新路、加密路网,改善现有装备和路况,提高服务和管理水平。

第三节 铁路运载设备

铁路运载设备主要是指沿着固定轨道行驶，由电力、内燃机和蒸汽作动力的各种车辆。在铁路系统中，通常把有动力配置的车辆称为机车（动车），把没有动力配置的车辆称为车辆（挂车或拖车）。

一、机车

机车，俗称火车头，是铁路运输的基本动力。列车的运行和机车车辆在车站作有目的的移动均需要机车的牵引或推送。

从原动力来看，机车可分为蒸汽机车、内燃机车和电力机车三种，如图 3.5 所示。

（a）蒸汽机车　　　　（b）内燃机车　　　　（c）电力机车

图 3.5　机车类型

1. 蒸汽机车

蒸汽机车是通过蒸汽机，把燃料的热能转换为机械能，用来牵引列车的一种机车。由于其热效率低、能耗高、污染严重，因此在现代铁路运输中，蒸汽机车已经逐渐被其他类型的机车所取代。

2. 内燃机车

内燃机车是以内燃机（柴油机）为动力的一种机车。其整备时间比蒸汽机车短，启动和加速快，单位功率重量轻，劳动条件好，因而配备数量较多，是我国铁路运输的主力机型。

3. 电力机车

电力机车依靠其顶部升起的受电弓从接触网上获取电能，并将电能转变为机械能来牵引列车运行。电力机车功率较大，因而具有能高速行驶、牵引较重的列车、启动和加速快、爬坡性能好、环境污染小等优点，但电气化线路投资较大。

蒸汽机车、内燃机车和电力机车由于能量来源及工作原理上的差别，其机车工作指标也有所区别，具体如表 3.3 所示。

表 3.3 各类机车工作指标比较表

工作指标	蒸汽机车	内燃机车	电力机车
热效率	5%～9%	20%～30%	火力发电15%～18%,水力发电60%
水耗率	100%	0.05%	—
加燃料距离/km	150～200	800～1 200	—
加水距离/km	70～100	1 500～2 000	—
运营费用	100%	约50%	50%
制造成本	100%	200%～300%	200%～240%
铁路投资	100%	140%	300%
机动性	较差	较好	差

二、铁路车辆

铁路车辆是运送旅客和货物的工具。车辆一般不配置动力装置,需要联挂成列车后由机车牵引运行。根据其用途,铁路车辆可分为客车和货车两大类。

1. 客车

根据旅客旅行生活的需要和长、短途旅客的不同要求,常见的客车有硬座车(YZ)、软座车(RZ)、硬卧车(YW)、软卧车(RW)、餐车(CA)、行李车(XL)、邮政车(UZ)、双层软座车(SRZ)等(括号内字母为车辆的基本型号),如图3.6所示。

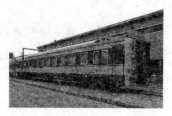 

(a) 硬卧客车　　　　　(b) 双层软座客车

图 3.6 铁路运输用客车

2. 货车

为了适应不同货物的运送要求,货车的种类很多,主要有如下七种。

(1) 平车　如图3.7所示,平车是铁路上大量使用的通用车型,无车顶和车厢挡板,装卸方便,主要用于运输大型机械、集装箱、钢材等,必要时可以装运超宽、超长的货物。

(2) 敞车　如图3.8所示,敞车是铁路上使用的主要车型,无车厢顶,但设有车厢挡板,主要用于运输建材、木材、钢材、袋装、箱装杂货和散装矿石、煤炭等货物。

（a）100t专用铁路平车　　　　　　（b）集装箱平车

（c）铁块专用平车　　　　　　（d）ZD240型铸锭车

图3.7　铁路运输用平车

（a）C64型敞车　　　　　　（b）双浴盆式铝合金敞车

图3.8　铁路运输用敞车

（3）棚车　如图3.9所示，棚车是铁路运输用主要的封闭式车型，多采用侧滑开门式，也有采用活动顶棚的，主要适用于运输防雨、防潮、防丢失、防散失等较贵重的货物或家畜等活畜产品。

（a）P64型棚车　　　　　　（b）J6型家畜棚车

图3.9　铁路运输用棚车

（4）罐车　如图3.10所示，罐车是铁路运输中用于运输气、液、粉等货物的专用车，主要采用的是横卧圆筒形，可分为轻油罐车、黏油罐车、酸碱类罐车、水泥罐车、压缩气体罐车等多种类别。

(a) G60型轻油罐车

(b) U62W型卧式水泥罐车

(c) GH11型磷酸运输罐车

图 3.10　铁路运输用罐车

(5) 漏斗车　如图 3.11 所示,漏斗车主要用于粮食等散装货物的机械化装卸,或用于铺设铁路新线及老线维修时铺设道砟。

(a) K13型漏斗车

(b) 粮食漏斗车

图 3.11　铁路运输用漏斗车

(6) 保温及冷藏车　保温及冷藏车是指能保持一定温度,并可进行温度调控及冷冻的铁路车辆,适用于冬夏季节的生、鲜食品的运输。

(7) 特种车　特种车是指运输特殊货物或有特殊用途的铁路车辆。

3. 其他轨道运输车辆

1) 轨道交通列车

城市轨道交通列车简称轻轨,如图 3.12 所示。轻轨是利用现代科技对传统的有轨电车进行改造后的各种现代有轨电车的总称。国际公共交通联合会(UITP)于 1978 年在比利时布鲁塞尔召开的会议上统一其名称为轻轨(LRT, light rail transit)。轻轨在市中心运行时多采用高架或地下形式,在市郊多采用高架或地面

(a) 北京轻轨车辆　　　　　　　　(b) 上海明珠线2期轻轨车辆

图 3.12　城市轨道交通车辆

形式。这种交通工具有车轴轻、转弯半径小、车身结构合理、乘坐舒适性好、旅客输送能力大的优点。虽然初期投资高,但对于客流量大而集中的城市,其边际费用较其他公共交通要小。

2) 高速铁路列车

高速铁路列车由高功率机车牵引若干挂车,或者同若干带动力的车辆一起组成的列车。这种列车的平均运行速度已经在 300 km/h 以上,最高车速纪录为 515 km/h。由于其车速快、运量大、舒适性好、对环境的污染小、经济效益好,因而成为一种中长途高速客运手段。世界上高速铁路技术最发达的国家是日本、法国和德国。图 3.13 所示分别为日本、法国和德国的高速铁路列车。日本的高速铁路列车新干线诞生于 1964 年。当时的东京至大阪东海道线仅用 8 年时间就收回全部投资。虽然新干线的速度优势不久之后就被法国的 TGV(traina grande vitesse 的简称,法语"高速公路")超过,但是日本新干线仍拥有目前最为成熟的高速铁路商业运行经验——近 40 年没有出过任何事故。第一条 TGV 是 1981 年开通的巴黎至里昂线。在 1972 年的试验运行中,TGV 创造了 318 km 的高速轮轨时速。从此 TGV 一直牢牢占据高速轮轨速度第一位的宝座,目前的纪录是 2007 年创下的 574.8 km/h。法国 TGV 的最大优势是在传统轮轨领域的技术领先。1996 年,欧盟各国的国有铁路公司经联合协商后确定采用法国技术作为全欧高速火车的技术标准。TGV 技术因此被出口至韩国、西班牙和澳大利亚等国,是应用最广泛的高速轮轨技术。德国的 ICE 则是目前高速铁路中起步最晚的项目。ICE(inter city express 的简称)

(a) 日本新干线列车　　　　(b) 法国TGV列车　　　　(c) 德国ICE列车

图 3.13　高速铁路列车

的研究开始于1979年,其内部制造原理和制式与法国TGV有很大相似之处,目前的最高时速是1988年创下的409 km。

3)磁悬浮列车

磁悬浮的构想是由德国工程师赫尔曼·肯佩尔于1922年提出的。世界上第一列磁悬浮列车小型模型于1969年在德国出现,日本则是在1972年研制成功的。磁悬浮列车利用电磁力将列车浮起而取消轮轨,采用长定子同步直流电动机将电供至地面线圈,驱动列车高速行驶,从而取消了受电弓。磁悬浮列车主要依靠电磁力来实现传统铁路中的支承、导向、牵引和制动功能。磁悬浮列车分为常导型和超导型两大类。

常导型也称常导磁吸型,以德国高速常导磁浮列车TRANSRAPID为代表,它利用普通直流电磁铁电磁吸力的原理将列车悬起,悬浮的气隙较小,一般为10 mm左右。常导型高速磁悬浮列车的速度可达400～500 km/h,适合于城市间的长距离快速运输。

超导型也称超导磁斥型,以日本MAGLEV为代表。它利用超导磁体产生强磁场,列车运行时与布置在地面上的线圈相互作用,产生电磁斥力将列车悬起,悬浮的气隙较大,一般为100 mm左右,速度可达500 km/h以上。日本MLX01型磁悬浮列车(见图3.14(a))在2003年12月的一次试验中创造了时速581 km的新纪录。

常导型和超导型磁悬浮列车各有其优缺点和经济技术指标。德国青睐前者,正集中精力研究常导型高速磁悬浮技术;日本则看好后者,全力投入到超导型高速磁悬浮技术之中。

世界上第一条高速磁悬浮铁路商业运行线是2001年3月1日开工建设的上海磁悬浮列车示范线,它是从德国引进的技术,采用的是最新的TR8型磁悬浮列车(见图3.14(b))。该示范线西起上海地铁2号线龙阳路车站南侧,东到浦东国际机场一期航站楼东侧,线路总长31.17 km,设计时速和运行时速分别为505 km和430 km,总投资89亿元。

(a)日本MLX01型磁悬浮列车

(b)上海TR8型磁悬浮列车

图3.14 磁悬浮列车

背景知识

建设京沪高速铁路的重要意义

经过十多年的论证、研究,被称为仅次于三峡工程的"巨无霸"工程——京沪高速铁路经国务院批准立项,目前正处在紧锣密鼓的工程建设中。

京沪高速铁路是《中长期铁路网规划》中投资规模最大、技术含量最高的一项工程,也是我国首条具有世界先进水平的高速铁路,正线全长约 1 318 km,设计时速 350 km,预计 2010 年完成。

京沪高速铁路连接我国两个最大的城市。京沪高速铁路的建成将使二者之间的"时间距离"大大缩短,经济生活节奏加快,带来人流、物流的速度大跨越。

目前,京沪线承担了全国 10.2% 的铁路客运量和 7.2% 的货物周转量,能力利用率已经达到 100%,运输密度是全国铁路平均水平的 4 倍,一直处于超负荷运行和限制运输状态,严重制约了沿线的经济发展。近两年来,由于运力紧张,形成了煤电油全线紧张的恶性循环。京沪高速铁路全程运行时间只需 5 小时,比目前京沪间特快列车运行时间缩短 9 小时左右,年输送旅客单方向可达 8 000 余万人,高峰期将实现 3 分钟一列,将大大释放既有京沪铁路的运能,使现有京沪线单向年货运能力达到 1.3 亿吨以上,成为大能力货运通道,真正实现"人便其行、货畅其流"。

铁路的修建给人们带来的裨益要远远超过一条铁路本身。正如北京交通大学交通运输学院教授纪嘉伦所说:"对一条铁路长度,它的影响并不是铁路本身,从我们研究的角度看,它的影响区域能够达到铁路本身的五倍,一条铁路 1 000 公里,它的影响能达到 5 000 公里,铁路附近 5 000 公里的货物和旅客都向这条铁路集聚。"

京沪高速铁路不仅连接着我国两个最大的城市,更连接了我国两个最大的经济区——环渤海经济圈和长三角经济圈,同时其沿途还有许多节点,长三角的先发优势和环渤海经济圈的崛起,必将带来二者区域之间人流、物流的增加,为其提供广阔的市场前景,创造良好的利润空间。其线路节点本身都是重要的交通枢纽。在日本就是先形成城市群、城市节点,再形成高速铁路,继而形成区域经济圈的。我国城市群正日益增多,通过高速铁路的建设,必将形成新的经济圈,并带动经济的发展。

京沪高速铁路只是我国未来铁路建设的重要一步,根据国务院审议通过的《中长期铁路网规划》,未来五年我国将投资 1.25 万亿元建设 19 800 km 的新铁路线。铁路运输作为国民经济发展的一个瓶颈,在国家的大力发展下,必将给全社会带来巨大的经济效益和商业机会。

阅读并思考

1. 修建京沪高速铁路将会对我国经济建设带来哪些影响？
2. 试分析沪杭磁悬浮项目对长三角经济圈的影响。

本章综合练习题

名词解释

铁路运输　铁路站场　铁路运载设备

填空题

1. 铁路运输技术设施主要由_____、_____和_____三部分组成。
2. 站场是铁路运输的基本生产单位，包括各种_____和_____。车站按等级可以分为_____和_____，按技术作业性质可分为_____、_____和_____，按运输对象可分为_____、_____和_____。
3. 从原动力来看，铁路机车可分为_____、_____和_____。

简答题

1. 简述铁路运输的特点和功能。
2. 试介绍铁路货运站的功能和主要设施。
3. 简述我国铁路运输的主要通道。
4. 简述铁路运输车辆的类型和适用范围。

部分练习题参考答案

填空题

1. 铁路线路　站场　附属设施
2. 铁路车站　作业场　特等站　一至五等站　中间站　区段站　编组站　客运站　货运站　客货运站
3. 蒸汽机车　内燃机车　电力机车

第四章 水路运输设施设备的应用

学习目的

通过本章的学习,应熟悉水路运输的概念、特点、功能和分类,了解水路运输的发展趋势,了解水路运输技术设施的基本组成,熟悉港口的分类方法,熟悉常用的水路运输运载工具。

第一节 水路运输概述

水路运输是指利用船舶及其他航运工具,在江、河、湖、海及人工水道上运送旅客和货物的一种运输方式,是交通运输的重要组成部分。水路运输具有点多、面广、线长的特点,主要承担长距离的大宗、散装货物和进出口货物的运输,旅客运输所占的比例较少,而且限于短距离。国际货物运输大部分依靠水路运输。

一、水路运输的特点和功能

1. 水路运输的优点

从技术性能上来看,水路运输的主要优点表现在以下方面。

(1)运输能力大。船舶可供货物运输的舱位及装载量比陆地和空中运输庞大。以石油运输为例,现有的超大型油轮每次运载的原油数量可以高达56万吨。而在长江干线,一只拖驳或推驳船队的运载能力就可超过万吨。

(2)在运输条件良好的航道,船舶的通过能力几乎不受限制。江、河、湖、海及人工水道,已将内陆经济腹地与世界连通。因此,一般来说,水运系统综合运输能力主要由船队的运输能力和港口的通行能力所决定。

(3)通用性能好,可以运输各种货物。水路运输的主要货物,以煤炭及其制品、石油天然气及其制品、矿石、建筑材料、粮食和钢铁材料为主,特别适用于大宗货物的运输。

从经济指标上来看,水路运输的主要优点表现在以下方面。

(1) 运输投资少。水路运输可利用天然水道,除必须投资的各种船舶、港口设施外,沿海航道几乎不需投资,且水运航道几乎不占用土地,节约了国家的土地资源。

(2) 运输成本低。水路运输是所有运输方式中最为经济的运输方式。运输 1 t 货物至同样的距离,水运尤其是海运所消耗的能源最少,其运输成本约为铁路运输的 1/25～1/20、公路运输的 1/100。

(3) 续航能力大。一艘大型船舶出航,所携带的燃料、食物和淡水,可供数十日的消耗,这是其他运输方式无法可及的。而且,现代化的船舶还具有可供人独立生活的种种设备,如发电、淡水制造设备等,使船舶的续航能力、运输距离大大延长。

2. 水路运输的缺点

水路运输和其他运输方式相比,主要有以下缺点。

(1) 运输速度较慢。船舶的平均航速较低,一般为 15～50 km/h。在运输途中的时间长,会增加货主的流动资金占有量。

(2) 受气候和商港的限制,可及性较低。水路运输生产过程由于受自然条件影响较大,特别是受气候、季节条件的影响较大,船舶遇暴风雨需及时躲避以防损害,遇枯水季节无法通行,因此呈现较大的波动性和不平衡性。水路运输受河流通航条件及海岸和港口条件的限制,其普遍性不如公路、铁路运输。此外,水路运输过程往往需要公路、铁路运输系统的配合才能完成。

(3) 船舶投资和港口建设投资巨大。航运公司订造或购买船舶需要花费大量的资金,回收期较长,且船舶一般没有移作他用的可能。港口基础设施的修建费用巨大,船舶大型化和装卸自动化的趋势使港口设施建设的投资费用进一步提高。例如,上海洋山深水港区一期工程总投资为 143.1 亿元,工程主要包括港区工程、东海大桥、港城等,港区一期工程建设五个集装箱泊位,岸线长 1 600 m,码头通过能力为 220 万标准箱,于 2005 年底建成。

3. 水路运输的功能

根据水路运输的上述特点,水路运输的主要功能是:
(1) 承担长距离、大宗货物,特别是集装箱的运输;
(2) 承担原料、半成品等散装货物的运输;
(3) 承担国际货物运输,是国际商品贸易的主要运输方式。

二、水路运输的分类

水路运输按船舶的航行区域,一般可以分为内河运输、沿海运输和远洋运输三大类。内河运输是指利用船舶或其他浮运工具,在江、河、湖及人工水道上从事的运输;沿海运输是指国内沿海区域各港口之间的运输;远洋运输是指国际各港口之间的运输。

水路运输按照贸易种类,可以分为外贸运输和内贸运输两大类。外贸运输是指本国与其他国家和地区之间的贸易运输;内贸运输是指本国内部各地区之间的贸易运输。内河运输一般以内贸运输为主,但如果是流经数国的河流,例如欧洲的多瑙河、莱茵河等,在这种河流上也存在外贸运输。沿海运输以内贸运输为主,远洋运输以外贸运输居多。

水路运输按照运输对象不同,可以分为旅客运输和货物运输两大类。旅客运输有单一客运(包括旅游)和客货兼运之分,货物运输有散货运输和杂货运输两类。散货运输是指无包装的大宗货物如石油、煤炭、粮食等的运输,杂货运输是指批量小、件数多的零星货物运输。

水路运输按照船舶营运组织形式,可以分为定期船运输、不定期船运输和专用船运输。定期船运输是指选配适合具体营运条件的船舶,在规定的航线上,定期停靠若干固定港口的运输;不定期船运输是指船舶的运行没有固定的航线,按运输任务或按租船合同所组织的运输;专用船运输是指企业自置或租赁船舶从事本企业自有物资的运输。

三、水路运输的发展趋势

水路运输既是一种古老的运输方式,又是一种现代化的运输方式。在历史上,水路运输的发展对工业的布局和发展影响很大。由于地理上的因素,水路运输也是不能被其他运输方式所替代的。水路运输业不仅是服务部门,而且是国民经济的基础产业。水路运输是联系全球性经济贸易的主要方式,承担着全球性、区域间的货物运输,成为为世界经济全球一体化和区域化服务的重要运输纽带,具有资本密集、技术密集、劳动密集和信息密集的特征。

近些年来,水路运输业得到了蓬勃的发展,主要体现在以下几个方面。

(1) 运输功能的拓展与运输方式的变革。现代运输强调物流的系统观念,在拓展港口功能、充分发挥港口集疏运作用的前提下,建立以港口为物流中心的由公路、铁路、水路、航空、管道等多种运输方式优化组合的多式联运系统,使整个物流渠道更加通畅。海陆联运是国际多式联运的主要组织形式,这种组织形式以航运公司为主体,通过签发联运单,与航线两端的内陆运输部门开展联运业务,与大陆桥运输展开竞争。此外,海空联运的组织形式也得到了发展,这种组织形式以海运为主,最终交货运输区段由空运承担,充分发挥了海运和空运各自的优点。

(2) 转变航运经营方式,提高竞争能力。在航运市场竞争激烈的形势下,航运公司和港口的经营观念从单纯追求利润转变为追求低成本和高服务质量。这就要求航运公司和港口所提供的服务必须从单一的运输、装卸、仓储等分段服务,向原材料、制成品到消费者全过程的物流服务转变,如为用户提供报关、流通加工、包装、配送等增值服务,运用"一票到底"的多式联运模式,以最简方式、最佳运距、最短时间完成运送程序,使物流的效率与效益得到最大限度的发挥。同时,服务价格策略也朝着更加弹性化、多样化、组合化的公开价格策略转变。所有这些,只有通过调整企业内部经营结构,建立完善的港口物流管理系统,提高物流服务功能和效率,降低服务成本,才能真正实现,以切实提高航运企业的竞争力。

(3) 船运专业化与运输全球化的发展。在经济贸易全球化的现实下,运输全球化是必然的趋势,长距离的海上运输促进了船舶的大型化和专业化发展。从全球船型构成来看,油轮和散装船舶等专业化船舶占有很大的比例。随着集装箱运输的发展,杂货集装箱化的比重不断提高,集装箱船舶得到了迅速发展。

(4) 泊位深水化、码头专用化、装卸自动化的发展。船舶大型化的趋势对港口航道、水域和泊位前沿的水深提出了更高的要求。例如,随着 5 500～6 500 TEU 的超巴拿马型集装箱船成为干线运输的主流船型,就必然要求港口能够提供水深达 15 m 以上的深水泊位,以满足大型集装箱船舶运营的需要。针对流量大而稳定的货物,如散货、石油及其制品和集装箱的运输,出现了专用码头泊位。为了提高港口装卸的经济效益,专用的自动化装卸机械得到了广泛应用。以上这些都大大提高了港口的通行能力。因此,泊位深水化、专用化和装卸机械化成为现代化港口的发展趋势。

(5) 信息化、网络化的发展。信息化、网络化是现代港口发展的重要特征。没有稳定高效的计算机物流系统,就没有港口集装箱运输系统的高效运作。现代物流管理和配送技术中大量使用着先进的信息技术和商品物流技术。应用先进技术手段,可实现物流全过程的可视化、自动化、无纸化和智能化,并可将包装、运输、装卸、仓储、配送、流通加工及物流信息处理等有机地结合在一起,作为一个系统来管理。港口建立和完善电子数据交换中心,可实现电子通关和贸易无纸化,建立公共交易平台,充分利用物流能力,扩大增值服务,增强港口辐射能力。

(6) 国际海运市场的重心将向亚太地区转移。近几年来,在新技术的应用与推广、资本的积累、区域内贸易量的增长等方面,亚太地区一直保持着强劲的态势。世界船队的主要运力,如油轮、散装货轮、集装箱船等,目前已有 40% 由亚太地区控制。以日本、韩国和中国为首的亚太地区造船业已成为世界造船中心。在世界散货进口量和世界集装箱吞吐量方面,亚太地区也占绝对优势。据统计,世界前 20 大集装箱班轮公司和集装箱港口中有 2/3 在亚洲。

第二节 水路运输技术设施

水路运输技术设施主要是指港口及其附属设施。港口是货物和旅客由陆路进入水路运输系统或由水路转向陆路运输系统的接口。港口和物流的发展是相辅相成、互相促进的。物流涉及综合运输,外贸货物的物流更以港口为最好的交汇点。

现代港口是具有仓储运输、商业贸易、工业生产和社会服务功能的现代化、综合性的工商业中心和集海陆空运输为一体的立体交通运输枢纽。

一、港口的类型

港口是运输网络中水陆运输的枢纽,是旅客和货物的集散地。图 4.1 所示为我国的上海港局部图。港口类型的划分方法有多种,主要有以下三种。

1. 按照港口的使用目的划分

根据使用目的的不同,港口可以分为以下类型。

(1) 综合性商港,是供商船出入和客货运输及为国内外贸易服务的港口,如我国的上海港和天津港、德国的汉堡港、日本的神户港等。

图 4.1　上海港一角

(2) 专业港,是以单一货物的运输为主,为大型工矿企业运输原材料或制成品的港口,如我国秦皇岛煤码头、宁波北仑港、大连新港等。

(3) 渔港,是专供渔船停泊、补给、出海作业和进行水产鱼品加工的基地,如我国浙江沈家门港等。

(4) 军港,是为军用舰艇提供停泊地、补给和修理的基地,如我国的旅顺港、日本的横须贺港。

(5) 避风港,是供船舶在航运途中躲避风暴之用的港口,这类港口往往具有良好的天然地势,如日本九州的六连岛。

2. 按照港口的地理条件划分

根据港口地理条件的不同,港口可以分为以下类型。

(1) 海港,是指沿海修建,为远洋轮和各种海船服务的港口,如我国的大连港、北仑港等。

(2) 河口港,是指位于河流入海口处的港口。世界上很多大港口都是河口港,如我国的上海港、荷兰的鹿特丹港等。

(3) 河港,是指沿河修建的港口,如我国长江沿岸的南京港、武汉港等。

(4) 湖港,是指沿湖边或水库边修建的港口,如我国的岳阳港、丹江港等。

(5) 运河港,是指沿运河修建的港口,如我国的常州港、济宁港等。

3. 按照国家贸易政策划分

根据国家贸易政策,港口可以分为以下类型。

(1) 国际贸易港,是指政府规定的对外开放的航运贸易港,有外交关系国家的船舶可以自由进出,无外交关系的经批准也可通行。进出这类港口需经港监、海关、边防、商检、动植物检验检疫机构办理有关手续。我国大部分沿海港口都属于国际贸易港。

（2）国内贸易港,是专供本国船舶出入,外国船舶原则上不得驶入的港口。

（3）自由港,是指可在港内自由装船和卸船,不用缴纳关税的港口,如我国的香港港、澳门港,以及新加坡港等。自由港也包括有些国家港口开辟的作为自由贸易区的部分港区,如我国的上海外高桥保税区港口也属于自由港的范畴。

二、港口系统的组成

根据港口运输作业的主要内容,港口系统可以划分为三个部分,如图4.2所示。

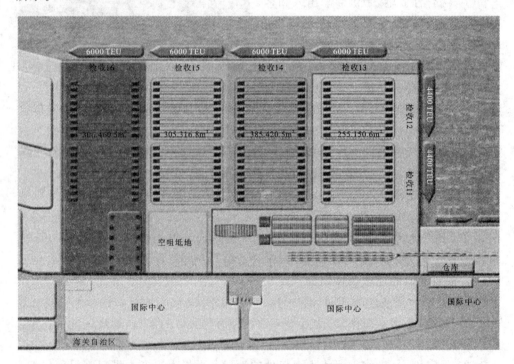

图4.2 某集装箱码头的平面示意图

1. 港口水域设施

港口水域设施主要包括港内航道、锚地、船舶回转水域、码头前水域、防波堤、护岸以及港口导航设施等。

（1）航道 航道是供船舶通行的水道,需要有一定的宽度和深度,并配有航标以便安全航行。航道的宽度指船底处的断面净宽,如图4.3所示。一般单向航道的宽度约为5倍船体宽度,双向航道的宽度约为8倍船体宽度。

第四章 水路运输设施设备的应用

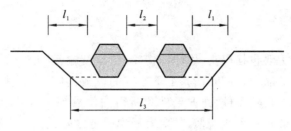

图 4.3 航道宽度示意图

l_1—岸距；l_2—船距；l_3—航道宽度

(2) 港口水深　港口水深是指航道和码头前沿的水深,应能保证满载的船舶在最低水位时安全航行和停泊。港口所要求的水深与使用该港口的船舶的满载吃水深度有关,同时也和为保证安全航行所要求的船舶龙骨到水底的富余水深有关。在港内和受风浪影响较小的航道水深,一般为不小于船舶满载吃水深度的 1.1 倍。以上海港长江口航道为例,其经过长江口二期工程,到 2005 年水深才达到 10 m 以上。这种水深的航道,即使 1 700 TEU 左右的第二代集装箱轮,也只有在涨潮时才能进来,而那些第五代、第六代集装箱轮只得减载进出上海港长江水道。

(3) 锚地　锚地是船舶抛锚停泊之处,可分为外锚地、内锚地及其他特殊用途锚地,如检验锚地、驳船锚地等。锚地一般采用锚泊或设置系船浮筒、系船缆桩等设施。锚地的位置应选择在船舶作业和船舶往来区域以外的水域。

(4) 船舶回转水域　为便于船舶在港内运转,应在有足够水深的水域布置船舶回转水域。所需的面积随港口当地的风、浪、水流条件和港口拖轮的配备情况而定。船舶回转水域的直径一般为 1.5～3 倍船长。有些集装箱船所需的回转水域直径可达 6～8 倍船长。

(5) 港池　为便于船舶直接靠离码头、装卸货物,码头前沿应有一定范围的水域,这部分水域称为港池。港池的布置形式主要有顺岸式、突堤式和挖入式三种,如图 4.4 所示。

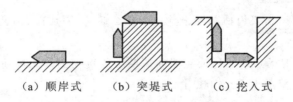

(a) 顺岸式　　(b) 突堤式　　(c) 挖入式

图 4.4 港池布置形式

(6) 防波堤　防波堤主要用于防止风浪和海流的侵袭,使港内水域平稳,保证船舶能在港内安全停泊和作业。同时,防波堤对于保护港内码头和护岸等构筑物也起着重要作用。

(7) 港口导航设施　港口导航设施主要有航道标志、信号设施、照明设备、通信设备等。

2. 码头构筑物

码头构筑物主要包括码头、主体结构物、系靠设施、码头前沿装卸作业设备等。

码头是供船舶靠泊,装卸货物,上下旅客的设施,包括岸壁、护舷木、系船桩等。码头是依据岸线的自然条件、作业条件和所需泊位数等因素沿岸布置的。码头的平面布置和港池的布置形式相似,主要有顺岸式、突堤式、挖入式和离岸式等四种。

(1) 顺岸式码头　顺岸式码头是顺着天然岸线建造的码头。按这种形式布置的码头前水域较宽敞,船舶进出靠离码头比较方便,建筑工程量较少,投资费用省。

(2) 突堤式码头　突堤式码头的部分前沿突出天然岸线。采用这种布置形式可以在占用岸线少的情况下增加泊位数,但会过多地占用河道,影响河道的通航,因而这种布置方式主要适用于海港。

(3) 挖入式码头　挖入式码头是指向河岸的陆地内侧开挖出港池水域并修建的码头。采用这种布置形式可以人为地增加岸线的长度和码头的泊位数。但修建这种形式的码头土方开挖工程量大,投资费用较高。

(4) 离岸式码头　离岸式码头(见图4.5)布置在离岸较远的深水区。这种布置形式是为了适应大型油轮的需要而发展起来的,我国宝钢矿石码头采用的即是这种布置形式。

码头前沿的装卸设备主要有岸壁集装箱装卸桥、门式起重机、轮胎起重机、浮式起重机、驳船、叉车、拖车等。

图 4.5　离岸式码头

3. 港口陆域设施

港口陆域设施主要包括堆场、仓库、集疏运通道、客运站、调度控制中心及其他辅助生产设施。

(1) 堆场　堆场是卸船后或装船前短期堆放货物的露天场地。通常一个万吨级泊位的堆场面积不小于 10 000 m^2。

(2) 仓库　仓库是储存货物的构筑物。

(3) 集疏通道　集疏通道主要包括港区道路、港口铁路、码头铁路等。

(4) 调度控制中心　调度控制中心是港口各项作业的调度中心,其作用是监督、调整和指挥码头作业计划的执行,一般设置在码头操作或办公楼的最高层。控制室内配置有计算机系统、气象预报系统、监控系统、无线通信系统等设备。

(5) 其他辅助生产设施　其他辅助生产设施主要包括门禁、给排水、供电、给油、救生、消防和船舶修理设施等。

三、我国水路交通网的现状

1. 水路运输量

水路交通运输包括内河、沿海和远洋三部分。我国水路货运量呈增长趋势，2007年全国(除我国香港、澳门和台湾地区外，以下均同)完成水路货运量28.12亿吨，货物周转量64 284.85亿吨千米，如表4.1所示。我国水路客运量也稳步上升，2007年全国完成水路客运量2.28亿人，旅客周转量77.78亿人千米。

表4.1 我国2007年水路运输量

水运类型	货运量/亿吨	货运量所占比例	货物周转量/亿吨千米	货物周转量所占比例
内河	12.99	46.2%	3 553.12	5.5%
沿海	9.24	32.9%	12 045.83	18.7%
远洋	5.89	20.9%	48 685.89	75.8%
合计	28.12	100%	64 284.84	100%

2. 水路运输基础设施

我国河流总长约430 000 km，其中可以通航的河流有5 800多条。截至2007年底，全国内河航道通航里程123 495 km，其中各等级内河航道通航里程分别为：一级航道1 407 km，二级航道2 538 km，三级航道4 877 km，四级航道6 943 km，五级航道8 586 km，六级航道18 401 km，七级航道18 445 km。全国内河航道通航里程超过10 000 km的省份有四个，分别是江苏(24 336 km)、广东(11 844 km)、湖南(11 495 km)、四川(10 720 km)。截至2007年底，全国拥有内河运输船舶19.18万艘，净载重量11 881.46万吨，载客量102.69万客位，集装箱箱位$1.259\ 6 \times 10^6$ TEU。

我国内河主要的通航航道为"三江两河"，其分布如下。

(1) 长江水系　它是我国内河运输的主干线。长江水系有大小通航支流3 600多条，通航里程超过7 000 km。长江干线长2 913 km，重庆以下可通航1 000 吨级船舶，宜昌以下可通航1 500 吨级船舶，武汉以下可通航5 000 吨级船舶，南京以下可通航1.5万吨级船舶。沿江分布着25个主要港口(不包括上海港)，其中南京港为最大。

(2) 珠江水系　珠江水系主要分布在广东和广西境内，有通航河流近千条，通航里程13 000 km，由珠江主干、西江、东江、北江和珠江三角洲五部分组成。珠江水系的主要港口有肇庆港、梧州港、南宁港、广州港、黄埔港和江门港等。

(3) 黑龙江水系　黑龙江水系由黑龙江、松花江和乌苏里江组成，通航里程

4 696 km,沿江的主要港口有哈尔滨港、佳木斯港、黑河港等。

(4) 淮河水系　淮河水系包括淮河干流、颍河、涡河等支流,通航里程约1 300 km。淮河水系的港口分布在江苏和安徽境内,以蚌埠和淮南为主要港口。

(5) 京杭运河　京杭运河全长1 794 km,可通航里程为1 044 km,沿线主要港口有徐州港、淮阴港、扬州港、苏州港、无锡港、常州港和济宁港等。

截至2007年底,全国港口拥有生产用码头泊位35 947个,其中万吨级及以上泊位1 337个。沿海港口拥有生产用码头泊位4 701个,其中万吨级及以上泊位1 078个;内河港口拥有生产用码头泊位31 246个,其中万吨级及以上泊位259个,内河港口万吨级泊位分布在长江水系和珠江水系,分别为255个和4个。港口码头泊位继续向大型化、专业化方向发展。我国万吨级泊位的数量见表4.2所示。全国万吨级及以上泊位中,通用件杂货泊位309个、通用散货泊位190个、专业化泊位754个。专业化泊位中原油泊位63个、成品油及液化气泊位110个、煤炭泊位151个、粮食泊位31个、集装箱泊位253个。

表4.2　我国2007年港口万吨级泊位的数量

港口级别	沿海港口泊位数量	港口级别	内河港口泊位数量
1～3万吨级(＜3万)	522	1～3万吨级(＜3万)	124
3～5万吨级(＜5万)	183	3～5万吨级(＜5万)	81
5～10万吨级(＜10万)	263	5～10万吨级(＜10万)	52
10万吨级以上	110	10万吨级以上	2
合计	1078	合计	259

截至2007年底,我国拥有沿海运输船舶9 322艘,净载重量2 450.58万吨,载客量14.75万客位,集装箱箱位12.11万标准箱;拥有远洋运输船舶2 284艘,净载重量4 164.64万吨,载客量1.73万客位,集装箱箱位106.98万标准箱。

我国海岸线长达18 400 km,沿海航线分为北方和南方两个航区。北方航区以上海和大连为中心,南方航线以广州为中心,分别向沿海各港口开辟航线。以沿海港口为起点,我国开辟了100多条近洋和远洋航线,可通达100多个国家和地区,形成了环球的交通运输网络。以上海港为例,在海运方面,上海港拥有16条国际航线,它同时与各个国家的500多个港口建立了联系。

3. 港口吞吐量

我国港口吞吐量的发展体现在以下三个方面。

(1) 港口货物吞吐量持续增长。2007年全国港口完成货物吞吐量64.10亿吨,其中沿海港口完成40.42亿吨,内河港口完成23.68亿吨,全国港口完成外贸货物吞吐量18.49亿吨。

• 第四章 水路运输设施设备的应用 • 71

(2) 综合性大型枢纽港发展加快。2007年全国货物吞吐量超过亿吨的港口已上升到14个,其中上海港以4.92亿吨的货物吞吐量,跃居为世界第一大港。2007年我国沿海港口货物吞吐量排名情况如表4.3所示。

表 4.3 我国 2007 年沿海港口货物吞吐量排名

名 次	港 口	吞吐量/亿吨	名 次	港 口	吞吐量/亿吨
1	上海港	4.92	8	深圳港	2.00
2	宁波-舟山港	4.73	9	苏州港	1.84
3	广州港	3.43	10	日照港	1.31
4	天津港	3.09	11	南通港	1.23
5	青岛港	2.65	12	营口港	1.22
6	秦皇岛港	2.49	13	南京港	1.09
7	大连港	2.23	14	烟台港	1.01

(3) 集装箱吞吐量继续快速增长。2007年全国港口完成集装箱吞吐量1.14亿标准箱,其中沿海港口完成1.05亿标准箱,内河港口完成974万标准箱。2007年集装箱吞吐量超过100万标准箱的港口由2006年的14个上升为16个。如表4.4所示为2007年我国沿海港口集装箱吞吐量排名情况。

表 4.4 我国 2007 年沿海港口集装箱吞吐量排名

名次	港 口	集装箱吞吐量/万标准箱	名次	港 口	集装箱吞吐量/万标准箱
1	上海港	2615	9	连云港	200
2	深圳港	2110	10	苏州港	190
3	青岛港	946	11	营口港	137
4	宁波-舟山港	943	12	中山港	127
5	广州港	926	13	烟台港	125
6	天津港	710	14	福州港	120
7	厦门港	463	15	南京港	106
8	大连港	381	16	泉州港	102

4. 港口吞吐的主要货物

我国港口吞吐的主要货物量情况如下。

(1) 集装箱和干散货吞吐量增幅较大。2007年全国港口完成干散货吞吐量35.65亿吨、液体散货6.34亿吨、件杂货8.82亿吨、集装箱吞吐量(按重量计算)10.95亿吨、滚装吞吐量2.35亿吨。干散货、件杂货、液体散货、集装箱和滚装车辆在港口货物吞吐量中所占比重分别为55.6%、13.8%、9.9%、17.1%和3.7%。

(2) 煤炭及其制品、石油天然气及其制品、金属矿石、钢铁和矿建材料在港口货物类中占较大比重,其吞吐量持续较快增长。2007年,全国规模以上港口完成货物吞吐量52.64亿吨,其中煤炭及其制品吞吐量10.63亿吨、石油天然气及其制品5.00亿吨、金属矿石7.89亿吨、钢铁2.86亿吨、矿建材料6.10亿吨、机械电器设备2.50亿吨。

(3) 港口旅客吞吐量略有回落。2007年全国港口完成旅客吞吐量2.06亿人,其中沿海港口旅客吞吐量7518万人,内河港口旅客吞吐量1.31亿人。

第三节　水路运输运载工具

水路运输工具也称为浮动工具,主要包括船、驳、舟、筏等。船与驳是现代水路运输工具的核心。船装有原动机,有动力驱动装置,而驳一般是没有动力驱动装置的。船有多种分类方式,可按用途、航行区域、航行状态、推进方式、动力装置和船体数目等分类。按用途分类,船可以分为军用和民用船舶两大类。本节主要介绍民用船舶。

一、船舶构造

船舶是水上运输的工具。船舶虽有大小之分,但其船体结构大同小异,均主要由以下五个部分构成。

(1) 船壳　船壳即船的外壳,由多块钢板铆钉或电焊结合而成,包括龙骨翼板、弯曲外板及上舷外板三部分。

(2) 船架　船架是指为支撑船壳所用各种材料的总称,分为纵材和横材两部分。纵材包括龙骨、底骨和边骨;横材包括肋骨、船梁和舱壁。

(3) 甲板　甲板是铺在船梁上的钢板,将船体分隔成上、中、下层。大型船甲板数可多至六、七层,其作用是加固船体结构和便于分层配载及装货。

(4) 船舱　船舱是指甲板以下的作各种用途的空间,包括船首舱、船尾舱、货舱、机器舱和锅炉舱等。

(5) 船面建筑　船面建筑是指主甲板上面的建筑,供船员工作起居及存放船具,它包括船首房、船尾房及船桥。

二、船舶的吨位

船舶吨位是船舶大小的计量单位,可分为重量吨位和容积吨位两种。

1. 船舶的重量吨位

船舶的重量吨位又可以分为排水量吨位和载重吨位两种。

1) 排水量吨位

排水量吨位指船舶在水中所排开水的吨数,也是船舶自身重量的吨数。排水量吨位又可分为轻排水量、重排水量和实际排水量三种。

(1) 轻排水量　轻排水量又称空船排水量,是船舶本身加上船员和必要的给养物品三者重量的总和,是船舶最小限度的重量。

(2) 重排水量　重排水量又称满载排水量,是船舶载客、载货后吃水达到最高载重线时的重量,即船舶最大限度的重量。

(3) 实际排水量　实际排水量是船舶每个航次载货后实际的排水量。

排水量吨位可以用来计算船舶的载重吨;在造船时,依据排水量吨位可知该船的重量。

2) 载重吨位

载重吨位表示船舶在营运中能够提供的载重能力,分为总载重吨和净载重吨。

(1) 总载重吨　总载重吨是指船舶根据载重线标记规定所能装载的最大限度的重量,它包括船舶所载运的货物、船上所需的燃料、淡水和其他储备物料重量的总和,

$$总载重吨 = 满载排水量 - 空船排水量$$

(2) 净载重吨　净载重吨是指船舶所能装运货物的最大限度重量,又称载货重吨,即从船舶的总载重量中减去船舶航行期间需要储备的燃料、淡水及其他储备物品的重量所得的差数。

2. 船舶的容积吨位

船舶的容积吨位是表示船舶容积的单位,又称注册吨,是各海运国家为船舶注册而规定的一种以吨为计算和丈量的单位,以 100 ft^3 或 2.83 m^3 为一注册吨。容积吨又可分为容积总吨和容积净吨。

1) 容积总吨

容积总吨又称注册总吨,是指船舱内及甲板上所有关闭的场所的内部空间(或体积)的总和,是以 100 ft^3 或 2.83 m^3 为一吨折合所得的商数。容积总吨的用途很广,它可以用于国家对商船队的统计,用于表明船舶的大小,用于船舶登记,用于政府确定对航运业的补贴或造舰津贴,用于计算保险费用、造船费用以及船舶的赔偿等。

2) 容积净吨

容积净吨又称注册净吨,是指从容积总吨中扣除那些不供营业用的空间后所剩余的吨位,也就是船舶可以用来装载货物的容积折合成的吨数。容积净吨主要用于船舶的报关、结关,或作为船舶向港口交纳各种税收和费用的依据,以及船舶通过运河时交纳运河费的依据。

三、船舶的航速与载重线

1. 船舶的航速

船舶的航速以"节(kn)"表示,1 kn = 1.852 km/h。船舶的航速依船型不同而

不同,其中干散货船和油轮的航速较慢,一般为13～17 kn;集装箱船的航速较快,可达20 kn以上,客船的航速也较快。

2. 船舶的载重线

载重线是指船舶满载时的最大吃水线。它是绘制在船舷左右两侧船舶中央的标志,以指明船舶入水部分的限度。载重线标志包括甲板线、载重线圆盘和与圆盘有关的各条载重线,如图4.6所示。各条载重线含义如下。

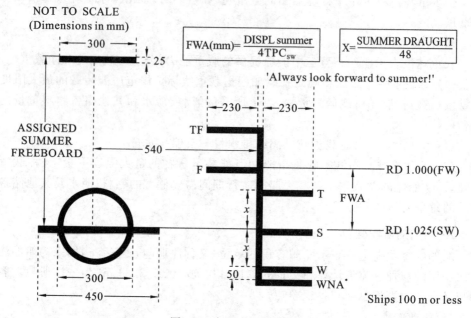

图4.6 船舶载重线标志

(1) TF——热带淡水载重线(tropical fresh water load line)。船舶航行于热带地区淡水中,总载重量不得超过此线。

(2) F——淡水载重线(fresh water load line)。船舶在淡水中航行时,总载重量不得超过此线。

(3) T——热带海水载重线(tropical load line)。船舶在热带地区海水中航行时,总载重量不得超过此线。

(4) S——夏季海水载重线(summer load line)。船舶在夏季航行时,总载重量不得超过此线。

(5) W——冬季海水载重线(winter load line)。船舶在冬季航行时,总载重量不得超过此线。

(6) WNA——北大西洋冬季载重线(winter north atlantic load line)。长度在100.5 m以下的船舶,在冬季月份航行于北大西洋区域(北纬36度以北)时,总载重量不得超过此线。

此外，标有 L 的表示木材载重线。

我国船舶检验局对上述各条载重线，规定分别以汉语拼音字母为符号表示。即以 RQ 代替 TF、以 Q 代替 F、以 R 代替 T、以 X 代替 S、以 D 代替 W、以 BDD 代替 WNA。

四、船籍和船旗

(1) 船籍　船籍指船舶的国籍。商船的所有人向本国或外国有关管理船舶的行政部门办理所有权登记，取得本国或登记国国籍后才能取得船舶的国籍。

(2) 船旗　船旗是指商船在航行中悬挂的其所属国的国旗。船旗是船舶国籍的标志。按国际法规定，商船是船旗国浮动的领土，无论在公海或在他国海域航行，均需悬挂船籍国国旗。船舶有义务遵守船籍国法律的规定并享受船籍国法律的保护。

(3) 方便旗船　方便旗船是指在外国登记、悬挂外国国旗并在国际市场上进行营运的船舶。第二次世界大战以后，方便旗船迅速增加，挂方便旗的船舶主要属于一些海运较发达的国家和地区如美国、希腊、日本、韩国和我国香港地区的船东。他们将船舶转移到外国去进行登记，以图逃避国家重税和军事征用、自由制订运价而不受政府管制、自由处理船舶与运用外汇、自由雇佣外国船员以支付较低工资、降低船舶标准以节省修理费用、降低营运成本以增强竞争力等。而公开允许外国船舶在本国登记的所谓"开放登记"(open register)国家，主要有利比里亚、巴拿马、塞浦路斯、新加坡、百慕大等国，通过这种登记可为登记国增加外汇收入。

五、船级

船级是表示船舶技术状态的一种指标。在国际航运界，凡注册总吨在 100 t 以上的海运船舶，必须在某船级社或船舶检验机构监督之下进行建造。在船舶开始建造之前，船舶各部分的规格须经船级社或船舶检验机构批准。每艘船建造完毕，由船级社或船舶检验局对船体、船上机器设备、吃水标志等项目和性能进行鉴定，颁发船级证书。证书有效期一般为 4 年，期满后需重新予以鉴定。

船舶入级可保证船舶航行安全，有利于国家对船舶进行技术监督，便于租船人和托运人选择适当的船只，以满足进出口货物运输的需要，便于保险公司决定船、货的保险费用。

世界上比较著名的船级社有：英国劳埃德船级社(LR)、德国劳埃德船级社(GL)、挪威船级社(DNV)、法国船级局(BV)、日本海事协会(NK)、美国航运局(ABS)、中国船级社(中华人民共和国交通部所属的船舶检验局 CCS)。

六、船舶种类

物流领域使用的客、货运输船舶的种类繁多，主要有如下一些类别。

1. 客船和客货船

专运旅客的船舶称为客船，游船也属客船；我国沿海和长江中下游运送旅客的船舶大多利用下层船舱装载货物，因而称为客货船。如图4.7所示。对客船的设计有快速性、安全性、耐波性和操作性等方面的要求。

（a）长江客轮

（b）豪华游轮

图 4.7 客船

2. 杂货船

杂货船（见图4.8）一般是指定期航行于货运繁忙的航线，以装运零星杂货为主的船舶。杂货船又可分为普通杂货船和多用途杂货船，排水量从几吨到几万吨不等。这种船航行速度较快，货舱的甲板上配有舱口和吊杆，船舱被多层甲板分隔成多层货柜，以适应装载不同货物的需要。多用途杂货船既可以装杂货，又可以装散货、集装箱等，具有较好的揽货能力和营运经济性。

（a）千吨级近海杂货船

（b）3万吨多用途船

图 4.8 杂货船

3. 散货船

散货船（见图4.9）是用于运输粮谷、矿石、煤炭、散装水泥等大宗散装货物的船舶，具有运载量大、运价低的特点。依所装货物的种类不同，又可分为粮谷船、煤船和矿砂船。散货船通常可以分为四个级别。总载重量为10万吨级以上的，称为好望角型船；总载重量为6万吨级的，称为巴拿马（Pananmax）型；总载重量为3.5万～4万吨级的，称为轻便型散货船；总载重量为2万～2.7万吨级的，称为小型散货船。散货船大都为单甲板，舱内不设支柱，但设有隔板，用以防止在风浪中运行的舱内货物错位。

图 4.9 散货船

图 4.10 万吨级冷藏船

4. 冷藏船

冷藏船(见图 4.10)是专门用于装载冷冻易腐货物的船舶,船上设有冷藏系统,能调节至多种温度以适应各舱货物的需要。普通冷藏船的货舱为冷藏舱,具有多层甲板,船壳多漆为白色,以减少船体吸收阳光的辐射。

5. 油轮

油轮(见图 4.11)是用于装运液态石油类货物的船舶,油轮一般可以分为原油船和成品油船两种。油轮运输的特点是运量大,运距长,因而油轮大多是大型船舶,总载重量在 5 万吨以上的十分普遍,大型油轮在 20 万~30 万吨,超大型油轮已达 60 万吨。油轮上的货物是通过油泵和输油管道进行装卸,因此油轮上不需设置吊杆等起货设备。油轮一般只有一层甲板,甲板上无大的舱口。出于安全和防止污染的要求,国际海事组织规定 1996 年 6 月 6 日以后交付使用的载重吨为 5 000 t 以上的油轮,必须具有双壳和双层底。

(a) 65 000 吨级油轮

(b) 中国最大的超级油轮——"远大湖"号

图 4.11 油轮

6. 液化气船

液化气船(见图 4.12)分为液化石油气(LPG)船、液化天然气(LNG)船、液化化学气(LCG)船。液化气船用来运输液化石油气、液化天然气、氨水、乙烯和液氨等。采用常温加压方式运输液化气体时,通常将液化气体装载于固定在船上的球形或圆筒形的耐压容器中;采用冷冻方式运输液化气体时,通常在大气压力下将气体冷却至液态温度以下并装入耐低温的合金钢制成的薄膜式或球式容器中,外面包有绝热材料,船上设有温度和压力控制装置,此种方式适用于大量运输液化气体。此外还有一种采用低温压力式液化气船。

（a）液化石油气船　　　　　　　（b）液化天然气船

图 4.12　液化气船

7. 液体化学品船

液体化学品船（见图 4.13）是专门用于运载各种散装液体化学品如甲醇、硫酸、苯等的船舶。这类船舶对防火、防爆、防毒、防腐蚀、防渗漏等有很高的要求。船体除采用双层底外，其货舱区均为双层壳结构。根据所运载货物的危害性，国际上将这类船分为三级。Ⅰ级船用于最危险货物的运输，Ⅲ级船用于运载危害性较小的液体化学品。

（a）20 200 m³电力推进化学品船　　　　　　（b）5 340 m³乙烯运输船

图 4.13　液体化学品船

8. 集装箱船

集装箱船是运载规格统一的标准货箱的船舶，如图 4.14 所示。集装箱船的货舱尺寸按载箱的要求规格化，具有装卸效率高、经济效益好等优点。集装箱运输的发展是交通运输现代化的重要标志之一。集装箱船可分为部分集装箱船、全集装箱船和可变换集装箱船三种。

（a）28 000 t多用途干货/集装箱船　　　　　（b）中远集团第五代5250TEU集装箱船

图 4.14　集装箱船

1) 部分集装箱船

部分集装箱船又称集装箱两用船,是一种既可以装普通杂货,又同时可以装载集装箱的两用船舶。其特点是采用大舱口、平舱盖,舱盖上也可以装载集装箱。目前世界上的多用途杂货船大都可以装集装箱,因此也可以称为集装箱两用船。

2) 全集装箱船

全集装箱船指专门用于装运集装箱的船舶。其货舱内有格栅式货架,装有垂直导轨,便于将集装箱沿导轨放下,四角有格栅制约,可防倾倒。集装箱船的舱内可堆放三至九层集装箱,甲板上还可堆放三至四层。全集装箱船一般都依靠港口内的装卸桥装卸,因此不设置装卸设备。

3) 可变换集装箱船

可变换集装箱船货舱内装载集装箱的结构为可拆装式的,因此,它既可装运集装箱,必要时也可装运普通杂货。

集装箱船的载货量以运载 20 ft 标准集装箱(TEU)的数量来表示船只的大小。国际上常以集装箱船载箱量的多少进行分代,如表 4.5 所示。据克拉克森统计数据表明,截至 2006 年 7 月 1 日,世界全集装箱船舶共 3 784 艘,运力达 871.0 万标准集装箱。其中,3 000TEU 及 3 000TEU 以上的为 437 艘,达 277.1 万标准集装箱,占总运力的 31.8%。随着船舶的大型化,集装箱船的尺寸也越来越大。为提高经济效益,集装箱船的航速也得到了进一步提高。我国中海集装箱运输股份有限公司新装备的"中海亚洲"号是目前国内载箱量最大、具有世界领先水平的第六代超级集装箱船,该轮总长 334 m,宽 42.6 m,吃水深度 15 m,航速 25.2 kn,可装载 8 468 个标准集装箱,并配有 700 个冷藏箱插座,堪称海上集装箱运输的"航空母舰"。目前世界最大的集装箱船为"伊夫林·马士基"号轮,其最大载箱量为 11 660TEU。

表 4.5 全集装箱船的代别

代 别	年 份	船长/m	船宽/m	吃水/m	载箱量/TEU	载重量/t	航速/kn
第一代	1966 年以前	～170	～25	～8	700～1 000	～10 000	～22
第二代	1967—1970 年	～225	～29	～11	1 000～2 000	15 000～20 000	～18
第三代	1971—1983 年	～275	～32	～12	2 000～3 000	～30 000	～22
第四代	1984—1996 年	～295	～32	>12	3 000～4 000	40 000～50 000	～24
第五代	1996 年以后	～280	～40	>14	4 000 以上	60 000～80 000	～26
第六代	1996 年以后	>300	>40	>15	8 000 以上	>100 000	～26

9. 滚装船

滚装船是在汽车轮渡的基础上发展起来的,又称滚上滚下船。滚装船主要用来运载汽车和集装箱,如图 4.15 所示。这种船本身无须装卸设备,而是采用尾斜跳板,装卸货物时,将汽车或者装有集装箱的拖车直接开进或开出船舱,即可将船舶垂直方向装卸改为水平方向装卸。滚装船具有多层甲板,甲板间舱高度较大,适于装车;舱内设斜坡道或升降机,便于车辆在多层甲板间行驶;从侧面看,水上部分很高,没有舷窗。这种船的优点是不依赖码头上的装卸设备,装卸速度快,可加速船舶周转;缺点是造价高、货舱利用率低。

(a)"沃尔夫斯堡"号滚装船　　　　(b)中远公司汽车专用滚装船"富康口"轮

图 4.15　滚装船

10. 载驳船

载驳船又称"子母船"。载驳船本身为"母船",驳船为"子船"。载驳船的运输方法是先将各种货物装载到统一规格的驳船里,再将驳船装到载驳船上,到达中转港后,卸下驳船,然后用拖轮或推轮将驳船拖带或顶推到目的港。载驳船的主要优点是不受港口水深限制,不需要占用码头泊位,装卸货物均在锚地进行,装卸效率高;主要缺点是船舶造价高,货驳的组织复杂。目前较常用的载驳船主要有拉希(LASH)型和西比(SEAFE)型两种,如图 4.16 所示。拉希型是载驳船中最典型的一种船型,它与全集装箱船一样,是一种采用分格结构的船,其船舱被分成许多驳格,每个驳格内可堆装多层。有的拉希型船的舱盖上还可以堆装集装箱。该类驳船是利用母船上设置的驳船起重机进行装卸的,从图中可看到拉希型载驳船尾部有伸出的两根带有起重机导轨的悬臂梁。西比型载驳船的主要特点是没有舱口,舱内设有多层全通甲板,驳船的装卸靠船尾升降井内设置的升降平台进行。

(a)拉希型载驳船　　　　　　　　(b)西比型载驳船

图 4.16　载驳船

11. 半潜船

半潜船又称半潜式甲板驳,如图 4.17 所示。它集潜艇与货船的特性于一身,拥有一个大型的装货平台,可在海上垂直下潜至一定深度,先进的半潜船装有360°全回转螺旋桨,能有效地保证其航行和潜水操纵的灵活性与稳定性。半潜船主要用于海洋托运大型钢结构件、海上石油开采平台、潜艇、军舰等。由于半潜船采用下潜的方式装运大型的货物,所以又享有"海上叉车"的美称。

(a) 中远集团的半潜船"泰安口"轮　　　　(b) 半潜船"康盛口"轮

图 4.17　半潜船

12. 拖船和顶推船

拖船是用于拖带其他船只或浮动建筑物的船舶,如图 4.18(a)所示。其船身较小,而功率较大,自身并不载运货物或旅客。拖曳设施包括拖钩、拖柱、系缆绞车等。拖船有海洋拖船、内河(长江)拖船和港作拖船之分。海洋拖船又可分为远洋拖船和沿海拖船,可在相应的航区进行拖曳运输作业,并可执行救援任务。内河拖船主要在内河进行拖曳作业。港作拖船主要在港内作业,如协助大型船舶靠离码头、出入船坞等。

顶推船是用于顶推非自航货船的船舶,如图 4.18(b)所示。顶推运输时驳船在前,推船在后,整个船队有较好的机动性,与采用拖船时相比,阻力有所减小,航速也有所提高,不再需要驳船上的舵设备和操舵人员,从而降低了运输成本。

(a) 10 000 kW 远洋拖船　　　　　　　(b) 顶推船

图 4.18　拖船和顶推船

13. 驳船

驳船是我国内河运输的主要工具,如图 4.19 所示。一般不设动力装置、由拖轮或顶推船拖带或顶推的称为驳,带有动力装置的称为机驳船。

(a) 驳　　　　　　　　　　　　(b) 机驳船

图 4.19　驳船

14. 其他船舶

除了以上几种常用船舶外，气垫船、水翼船（见图 4.20）等，在高速、短途客货运输方面也有应用。气垫船是介于车、船和飞机之间的一种特殊的船，船体常用铝合金制造，靠气垫把船从水面或陆地上托起来，并通过船尾螺旋桨不断向后鼓风，产生反作用力使船前进。由于所受阻力小，气垫船的最高速度近 300 km/h。水翼船是一种采用常规船体的海上小艇。水翼船采用水螺旋桨或喷水装置来推进，航速一般为 30～50 kn。在高速航行时，其船体下部类似机翼的水翼表面产生升力，可支撑小艇脱离水面航行。为了减轻船身的重量，水翼船的船体通常采用铝合金制成，水翼采用高强度的钛合金，其主机为大功率轻型柴油机或燃气轮机。

(a) 气垫船　　　　　　　　　　(b) 水翼船

图 4.20　其他船舶

背景知识

洋山深水港介绍

上海国际航运中心洋山深水港区位于杭州湾口，距离南汇芦潮港 27.5 km，距离国际航线仅 104 km，是离上海最近的具备 15 m 以上水深的合理港址。其优点具体来说有四点。一是具备建设深—15 m 的深水港区和航道的优越条件。洋山海域潮流强劲，泥沙不易落淤，海域海床近百年来基本稳定。二是能确保船舶航行及靠离泊安全。通过模型试验对港区工程方案进行的反复论证表明，工程实施后对自然条件基本无影响，能维持原有水深，而且大小洋山岛链形成天然屏障，停泊条件良好。三是工程技术经济可行。工程水域地质条件良好，具备建港条件；另外，建设长距离跨海大桥世界上也有先例。四是符合世界港口向外海发展的规律。

洋山港一期工程包括港区工程、东海大桥、芦潮港辅助配套工程三个部分。其中，港区工程建设五个 70 000～80 000 吨级泊位，可停靠当今最新一代超巴拿马型集装箱船舶。码头岸线长 1 600 m，年吞吐能力在 300 万标准箱以上；东海大桥总长约 32.5 km，按双向六车道高速公路标准设计；芦潮港辅助配套工程位于东海大桥登陆点附近，主要功能是为洋山深水港区提供配套服务。

洋山保税港区是经国务院正式批准设立的我国第一个保税港区。它由规划中的小洋山港口区域、东海大桥和与之相连的陆上特定区域组成，其中小洋山港口区域面积为 2.14 km²，位于芦潮港的陆地区域面积为 6 km²。洋山保税港区实行封闭管理，它集目前国内保税区、出口加工区、保税物流园区三方面的政策优势于一体。保税港区将充分发挥深水港区的区位优势，大力发展国际中转、配送、采购、转口贸易和出口加工等业务，拓展相关功能，从而为深水港区营造优良的软环境，有利于洋山深水港在高起点上实现跨越式发展。至 2012 年，洋山深水港可形成十多千米的深水岸线，可布置 30 多个泊位，年吞吐能力在 1 500 万标准箱以上。

洋山深水港区一期工程的建成开港、保税港区的封关启用，标志着上海国际航运中心建设取得了重大突破，为加快确立东北亚国际航运中心地位，推进我国由航运大国迈向航运强国创造了更好的基础条件。

阅读并思考

1. 试分析洋山深水港工程对构建长江物流大通道的重要意义。

本章综合练习题

名词解释

　　水路运输　　港口　　码头　　船舶的排水吨位和载重吨位

填空题

1. 水路运输按船舶的航行区域，一般可以分为_____、_____和_____三大类。水路运输按照贸易种类，可以分为_____和_____两大类。水路运输按照运输对象不同，可以分为_____和_____两大类。水路运输按照船舶营运组织形式，可以分为_____、_____和_____三种。

2. 按照港口的使用目的不同，港口可以分为_____、_____、_____、_____和_____。

3. 根据港口运输作业的主要内容，港口系统可以划分为_____、_____和_____三个组成部分。

4. 集装箱运输的发展是交通运输现代化的重要标志之一。集装箱船可分为_____、_____和_____三种。

简答题

1. 水路运输具有哪些特点和功能？
2. 水路运输的发展趋势如何？
3. 港口的分类方法有哪几种？上海港属于哪种类型的港口？
4. 港口码头的平面布置形式有哪几种？它们各有什么特点？
5. 船舶的主要技术指标有哪些？
6. 货运船舶主要有哪些类型？各有什么特点？

部分练习题参考答案

填空题

1. 内河运输　沿海运输　远洋运输　外贸运输　内贸运输　旅客运输　货物运输　定期船运输　不定期船运输　专用船运输

2. 综合性商港　专业港　渔港　军港　避风港

3. 港口水域设施　码头构筑物　港口陆域设施

4. 部分集装箱船　全集装箱船　可变换集装箱船

第五章 航空运输设施设备的应用

学习目的

通过本章的学习,应掌握航空运输的概念、特点,了解我国航空运输的发展现状和前景,熟悉航空运输技术设施的主要组成,熟悉飞机的主要类型,掌握航空集装箱的基本知识。

第一节 航空运输概述

航空运输是交通运输体系的一个重要组成部分,它促进了全球经济、文化的交流和发展。由于其突出的高速直达性,航空运输在整个交通运输体系中具有特殊的地位,并拥有很大的发展潜力。它与其他交通运输方式分工协作、相辅相成,共同满足社会对运输的各种需求。

航空运输是指利用航空器及航空港进行的空中客货运输。由于在各种航空器中,飞机是主要的运输工具,因此航空运输主要指的是飞机运输。

一、航空运输的特点

航空运输与其他运输方式相比,主要有以下优点。

(1) 速度快、直达性好。这是航空运输最大的特点和优势。目前,现代民用航空喷气式飞机的巡航速度为 800～1 000 km/h。同时,飞机在空中飞行时较少受到自然地理条件的限制,航空运输能够实现两地间的直线运输。运输距离越长,这种优势越明显。

(2) 舒适性、安全性好。如喷气式飞机在高空巡航时不受低空气流的影响,飞行平稳舒适,客舱乘坐的舒适性也较好。按照航空运输的单位客运周转量或单位飞行时间死亡率来衡量,航空运输的安全性是所有运输方式中最高的。

(3) 经济特性良好。单纯从经济方面来讲,航空运输的成本及运价高于其他运输方式,因此不如其他运输方式普及。但是,如果考虑时间价值,航空运输又具有其独特的经济价值。随着经济的发展,人们收入水平的提高和时间价值的提高,航空运输在整个交通运输体系中的比例呈上升趋势。

航空运输主要有以下缺点。

(1) 受气候条件的限制。为保证飞行安全,航空运输对飞行的气候条件要求较高,从而影响了运输的准时性和正常性。

(2) 可达性差。一般情况下,航空运输难以实现客、货的"门到门"运输,必须借助其他运输工具转运。

(3) 飞机机舱的容积和载重量都比较小,飞机的造价高,技术复杂,如美国的波音747-400飞机,单价为1.8亿～2.0亿美元。

航空运输主要适用于国家间客运及城市间长距离的直达运输,时间性强的快递运输,鲜活易腐和价值高的货物的中长途运输,以及紧急救援运输等。

二、我国民用航空运输的现状和前景

2007年,我国境内民用航空定期航班通航机场148个(不含我国香港、澳门和台湾地区,下同),定期航班通航城市146个,形成了以北京、上海、广州机场为中心,以省会、旅游城市机场为枢纽,其他城市机场为支干,连接国内146个主要城市、世界上38个国家的80多个城市的航空运输网络。2007年,所有通航机场中,年旅客吞吐量在100万人次以上的有47个;年旅客吞吐量在1 000万人次以上的为10个;北京、上海和广州三大城市机场旅客吞吐量占全部机场旅客吞吐量的35.1%。各机场中,年货邮吞吐量在10 000 t以上的有43个;北京、上海和广州三大城市机场货邮吞吐量占全部机场货邮吞吐量的58.8%。

根据国际民航组织(ICAO)的统计信息显示,除我国香港、澳门和台湾地区的民航空运量,我国民航航空运输总周转量和旅客周转量在全世界的排名为第二位。2007年,我国民航完成运输总周转量365.3亿吨千米、旅客周转量2 791.7亿人千米、旅客运输量1.9亿人次,货邮周转量116.4亿吨千米、货邮运输量401.9万吨。

截至2008年11月,我国民航机队的规模为1 248架,其中波音系列飞机为684架,欧洲空中客车系列飞机463架。在我国各大航空公司中,中国国际航空公司的机队规模为231架,中国东方航空公司的机队规模为228架,中国南方航空公司的机队规模为282架。根据中国民航总局的远景规划,到2018年,我国将形成基本覆盖全国的辐射式航线网络。届时,中国民航的机队将达到1 618架,其中大型飞机1 219架,小型飞机399架。未来我国国内航线布局发展的重点将在沿海开放地区、西部交通不便地区和中部的一些旅游城市。因此,中国民航将继续扩大以北京、上海、广州等城市为中心的航线网络布局;增加省会、自治区首府城市和主要开放城市及旅游城市之间的航班密度;同时,进一步完善和发展中西部地面交通不便地区和东南沿海经济发达地区的支线航线。除现有以乌鲁木齐、昆明、成都为中心的辐射式航线网外,中国民航还将逐步形成以杭州、广州、武汉、哈尔滨和西安为中心的辐射式航线网和以济南为中心的环渤海、黄海支线网络。

第二节　航空运输技术设施

航空运输的技术设施主要包括航空港、航路、航线、航班等,它们构成了辐射式航线网络。

一、航空港

航空港是航空运输系统中航线网络的交汇点,是航空运输用的机场及其服务设施的总称。机场是供飞机起飞、降落、停放和维修等活动的场所,场内设有为飞行服务的各种建筑物和设施。航空港内的服务设施主要包括客、货运输设施,有候机楼、货运站等。大型的航空港还配有商务、餐饮、娱乐等附属设施,如图5.1所示。

图5.1　航空港平面示意图

航空港按照其所处的位置分为干线航空港和支线航空港。按照业务范围可以分为国内航空港和国际航空港。其中国际航空港可以用来供国际航线的航空器起降运营,航空港内配有海关、边检、检验检疫等机构。国内航空港仅供国内航线的航空器使用,除特殊情况外不对外国航空器开放。

通常,航空港划分为飞行区、客货服务区和机务维修区三个部分。

1. 飞行区

飞行区是航空港的主要区域,也是占地面积最大的区域。在飞行区内有跑道、滑行道、停机坪、指挥塔等设施。

1)跑道

跑道是飞行区的主体,由道面、道肩、跑道端安全区和防吹坪等组成,其作用是供飞机起降。跑道的长度是衡量飞行区能满足多重的飞机起降要求的关键参数,主要根据飞机起飞和着陆性能、起飞重量、气候条件确定。20世纪50年代,供活塞式飞机起飞所需的跑道长度最长可达2 400 m。随着大型喷气式飞机的出现,所需跑道的长度增加到3 600 m。涡轮风扇发动机的应用,改善了飞机的爬升性能,使跑道长度增加的趋势得到了缓和。例如,上海浦东国际机场的跑道长度4 000 m,宽60 m,可满足现有所有型号大型飞机的起降需要。

跑道的性能及相应的设施决定了什么等级的飞机可以使用这个机场,机场按其跑道的性能及设施分级,称为飞行区等级。对于跑道来说,飞行区等级的第一位为数字,表示所需要的飞行场地长度;第二位为字母,表示相应飞机的最大翼展和最大轮距宽度,如表5.1所示。

表5.1 机场飞行区等级

第 一 位		第 二 位		
数字	飞行场地长度/m	字母	翼展/m	轮距/m
1	<800	A	<5	<4.5
2	800~1 200	B	5~24	4.5~6
3	1 200~1 800	C	24~36	6~9
4	>1 800	D	36~52	9~14
		E	52~60	9~14

目前我国大部分开放机场的飞行区等级均在4D以上,北京首都、上海虹桥、上海浦东、深圳宝安、重庆江北、成都双流、西安咸阳、乌鲁木齐地窝铺等机场拥有目前最高等级——4E飞行区。

跑道的布置构形,可以分为单条跑道、多条平行跑道、开口V形跑道和交叉跑道四种基本形式,如图5.2所示。

2)滑行道

滑行道是供飞机在飞行区各部分之间滑行的通道,大体上可以分为出入跑道的滑行道和停机坪上的滑行道两类。

3)停机坪

停机坪是供飞机停放,以供客、货物上下和检修的场地。

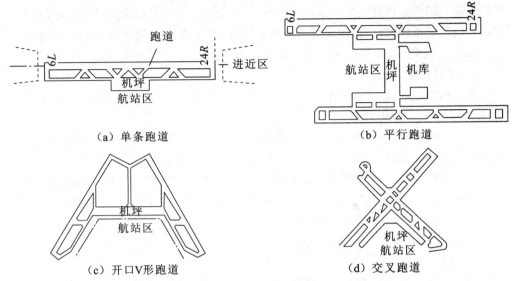

图 5.2　跑道的布置构形

4）待机坪

待机坪设置在滑行道和跑道端的接口附近，用标志线在地面标出，供飞机在进入跑道前等待许可指令用。

5）指挥塔

指挥塔是控制航空器进出航空港的指挥中心。一般设置在航空港建筑物的最高处，有利于指挥和航空管制，维护飞行安全。

2. 客货服务区

客货服务区是旅客、货物、邮件运输服务设施所在区域，主要包括候机楼、货运站、停车场、出入机场的交通设施等。候机楼是客货服务区的主体建筑，是旅客和行李转换运输方式和办理换乘的场所；货运站是货物转换运输方式和办理交付和承运手续的场所。

3. 机务维修区

机务维修区是飞机维修厂、维修机库、维修机坪等设施所在的区域。此外，区内还有为保证航空港正常运转和安全所需的各项设施，如气象、供电、供冷、供热、给排水、消防、输油等设施。

二、航路和航线

航路是政府有关部门批准的，使飞机能够在地面通信导航设施的指挥下沿着一定高度、宽度和方向在空中飞行的空域，是多条航线共用的公共空中通道。航线是飞机飞行的路线，飞机的航线由飞行的起点、经停点、终点等要素组成，它与实际飞行线路的具体空间位置没有直接关系。一般情况下,航线的开辟是以大城市为中心,在大城市之间建立干线航线,再由大城市以建立支线航线的形式辐射至周围的中小城市。

航线有很多种,按飞行区域可以划分为以下两种。

1) 国内航线

国内航线是指飞行的起点、经停点和终点都在同一个国家境内的航线。国内航线又可以分为三种。

(1) 干线,即骨干航线,在我国是指北京和各省会、直辖市、自治区首府和大城市之间的航线。如北京——上海航线、上海——广州航线等。

(2) 支线,是指一个省或自治区内的各个城市之间,或大城市至中小城市之间的航线,如上海——温州航线、西安——延安航线等。支线对干线运输起辅助作用。

(3) 地区航线,是指我国大陆城市与香港、澳门和台湾地区之间的航线,如上海——香港航线、北京——澳门航线等。

2) 国际航线

国际航线是指飞行的起点、经停点和终点超过一个国家国境线的航线,如上海——法兰克福航线、北京——莫斯科航线等。

三、航班

航班是指飞机定期由始发站按规定的航线起飞,经过经停站至终点站或不经经停站直达终点站的运输飞行。在国际航线上飞行的航班称为国际航班,在国内航线上飞行的航班称为国内航班。为方便运输和用户,每个航班均编有航班号。航班号由字母和数字组成。

中国国内航班的航班号由执行航班任务的航空公司的二字代码和四个阿拉伯数字组成。其中第一位数字表示执行该航班任务的航空公司或所属管理局;第二位数字表示该航班终点站所属的管理局;第三、四位数字表示班次,即该航班的具体编号,若第四位数字为奇数,表示该航班为去程航班,为偶数则为回程航班。如CA1501,表示中国国际航空公司自北京至上海的航班。国内部分航空公司代码和民航地区管理局所在地代码如表 5.2 和表 5.3 所示。目前,由于民航直属企业间的重组、地方航空公司的发展、代码共享、飞行区域交叉等原因,航班号显得有些乱,不再严格遵循上述规律。

我国国际航班的航班号是由执行该航班任务的航空公司的二字英语代码和三个阿拉伯数字组成。其中,中国国际航空公司航班号中的第一个数字为9,其他航空公司航班号中的第一个数字以执行航班任务的该航空公司的数字代码表示。最后一个数字为奇数者,表示由基地出发的去程航班;最后一个数字为偶数者,表示返回基地的回程航班。例如,中国国际航空公司由北京至新加坡的航班号是CA977,至日本东京的航班号是CA919;中国东方航空公司由上海至新加坡的航班号是MU545,至日本大阪的航班号是MU515。

表 5.2 国内部分航空公司代码

航空公司名称	代码		航空公司名称	代码	
	二字	数字		二字	数字
中国国际航空集团公司	CA	1	上海航空公司	FM	5
中国东方航空集团公司	MU	5	海南航空公司	HU	7
中国南方航空集团公司	CZ	3	厦门航空公司	MF	8

表 5.3 国内民航地区管理局所在地代码

民航地区管理局名称	所在地代码	民航地区管理局名称	所在地代码
华北管理局	1	华东管理局	5
西北管理局	2	东北管理局	6
中南管理局	3	乌鲁木齐管理局	9
西南管理局	4		

将各航空公司的航线、航班及其班期和时刻等按一定规律汇编成册,即形成常见的航班时刻表,根据飞行季节的不同和客流流量、流向的客观规律,国内按冬春、夏秋两季,一年调整两次航班时刻表。在我国,每年 4 月到 10 月使用夏秋季航班时刻表,11 月到次年 3 月使用冬春季时刻表。时刻表的内容包括:始发站名称、航班号、终点站名称、起飞时刻、到达时刻、机型、座舱等级、服务内容等。

第三节 航空运输运载设备

用于物流领域的航空运输运载设备主要是各种飞机。飞机是在 20 世纪初出现的,是技术发展最迅速的一种运载设备。

一、民航飞机的分类

民航飞机按照不同的分类标准,有多种划分方法。

(1) 根据运输对象,可以分为客机、货机和客货两用机。客机主要运送旅客;货机专门用于运送各类货物,现役的货机多数是由客机改装而来的。

(2) 根据飞机的航程长短,可以分为近程、中程和远程飞机。远程飞机的航程在 8 000 km 以上;中程飞机的航程为 3 000～5 000 km;近程飞机的航程一般在 1 000 km 以下。中、远程飞机主要用于国际航线和国内干线的运输飞行,因此又称干线飞机;近程飞机一般用于支线,又称支线飞机。

(3) 根据飞机发动机的类型,可以分为活塞式、涡轮螺旋桨式、涡轮喷气式和涡轮风扇喷气式飞机。涡轮风扇发动机由于其推力大、油耗低,目前被运输飞机大量采用。

(4) 根据飞机装备的发动机数量,可以分为单发飞机、双发飞机、三发飞机和四发飞机等。

此外,根据飞机的客座数,还可以划分为大、中、小型飞机。飞机的客座数在 100 座以下的为小型飞机、100~200 座的为中型飞机、200 座以上的为大型飞机。

二、飞机的组成

飞机主要由机身、机翼、动力装置、起落装置、操纵系统等部件组成。

(1) 机身　机身是装载旅客、货物、燃油及其他各种物资及装备的部件,并连接机翼、尾翼、起落架及其他相关部件。

(2) 机翼　机翼是为飞机提供升力的部件。

(3) 动力装置　动力装置是产生推动力,使飞机飞行的装置。

(4) 起落装置　飞机的起落装置能使飞机在地面或水面上平顺地起飞、着陆、滑行和停放,主要由吸收着陆撞击能量的机构、减振器、机轮和收放机构等组成。

(5) 操纵装置　飞机的操纵系统分为主操纵系统和辅助操纵系统。主操纵系统主要控制升降舵、方向舵和副翼三个主要操纵面;辅助操纵系统主要控制调整片、水平安定面和增举装置等。

三、民航飞机的主要参数

1. 基本参数

1) 机长

机长指飞机机头最前端至飞机尾翼最后端之间的距离。值得注意的是,机长与机身长是不同的,机身长一般指机身段的长度,这一概念较少使用。

2) 机高

机高指飞机停放在地面时,飞机尾翼最高点的离地距离。

3) 翼展

翼展指飞机左右翼尖间的距离。这个参数在实际运作中较为重要,确定飞机滑行路线、停放的位置、安全距离时均以它作为重要指标。

4) 最大起飞重量

最大起飞重量指飞机适航证上所规定的该型飞机在起飞时所许可的最大重量。

5) 最大着陆重量

最大着陆重量是飞机在着陆时允许的最大重量,确定飞机的最大着陆重量时要考虑着陆时的冲击对起落架和飞机结构的影响,大型飞机的最大着陆重量小于最大起飞重量,对于中小型飞机二者差别不大。其值由飞机制造厂和民航当局规定。

6) 空机重量

空机重量也称飞机基本重量,指除商务载重(旅客及行李、货物邮件)和燃油重量外飞机做好执行飞行任务准备时的重量。

2. 性能参数

1) 业载

业务载荷也称商载,指飞机可以用来赚取利润的商业载荷,它包括三个部分。

(1) 旅客　旅客总重量为座位数×旅客平均重量。我国一般旅客(含随身携带的行李)平均重量按 75 kg 计算。

(2) 行李　这里指旅客托运的行李,行李一般放在飞机货舱。

(3) 货物　在客机上和行李混装,由于行李是散装的,所占体积较大,因而目前货物多采用集装箱或集装盒来装运行李以充分利用货舱容积。

2) 巡航速度

飞机完成起飞,进入预定航线后的飞行状态称为巡航。飞机发动机有着不同的工作状态,当发动机每千米消耗燃料最少时,飞机的飞行速度称为巡航速度。

3) 爬升速度(爬升率)

爬升速度指飞机每分钟上升的垂直方向的高度。

4) 升限

升限是指飞机上升所能达到的最大高度。

5) 航程和续航时间

航程是指飞机起飞后,中途不降落、不加燃料和滑油所能飞行的距离;续航时间是指飞机加一次油在空中能持续飞行的时间。

民航飞机的主要技术参数如表 5.4 所示。

表 5.4　部分民航飞机的主要技术参数

飞机型号	机身长/m	翼展/m	最大起飞质量/t	最大载客数/人	巡航速度/(km/h)	航程/km	机场长度/m	发动机数/台
B737-300	33.4	28.9	62	149	856	2 993	1 996	2
B737-700	33.6	34.3	70	149	856	6 038	1 996	2
B747-300	—	—	—	—	935	8 220	3 200	4
B747-400	70.6	64.4	395	416	935	13 570	3 200	4
B767-300	54.94	47.57	175	269	900	11 393	1 722	2
B777-200	63.73	60.93	230	320	935	9 525	—	2
A300-600	54.1	44.8	165	298	891	7 500	2 664	2
A320-200	37.57	34.09	73.5	150	900	5 000	—	2
A340-200	59	60.3	275	239	—	14 850	—	4
A380-800	72.8	79.8	560	555	—	14 800	—	4
伊尔 76	46.59	50.5	170	—	—	5 000	—	4
运 12	14.86	17.24	5.3	17	290	1 400	—	2

四、主要民航机型介绍

目前世界上主要的民航机型主要有美国的波音（B-）系列、欧洲的空中客车（A-）系列、俄罗斯的图（TU-）系列、伊尔（IL）系列、安（AN-）系列等，此外还有我国的运（Y-）系列、加拿大的旁巴迪系列等。

1. 波音系列民航飞机

波音飞机公司是目前世界上最大的民航飞机制造商。1954 年 7 月，波音公司的喷气运输原型机 DASH80 首飞，它是 707 和 KC—135 加油机的原型机。它采用了大后掠机翼，装有四台普惠公司 JT3 双转子涡轮喷气发动机。波音 707 是历史上有重大影响的一代飞机，为美国在世界民用航空市场上称霸打下了重要基础。1997 年，波音公司又兼并了美国麦道飞机公司，一举垄断了美国大、中型民用飞机的生产领域。

从 20 世纪 60 年代至今，波音公司推出的民航机型主要有 B727、B737、B747、B757、B767、B777 和 B717。其中 B737（见图 5.3(a)），是波音公司最成功的一个机型，销售总数超过 4 000 架；B747（见图 5.3(b)），自 1969 年上天以来，在大型客机领域一直占据绝对垄断地位；B777（见图 5.3(c)），是世界上第一种电传飞行操纵的民航飞机；B717（见图 5.3(d)），是波音公司为竞争支线飞机市场而最新推出的 100 座双发民航飞机。

(a) B737飞机

(b) B747飞机

(c) B777飞机

(d) B717飞机

图 5.3　波音飞机

此外原美国麦道公司生产的民航机型主要有 DC-10、MD80、MD-82/83、MD-90、MD11 等。其中 MD-82、MD-90（见图 5.4(a)）和 MD11（见图 5.4(b)）在我国民航公司共装备了 54 架。

（a）MD90飞机　　　　　　　（b）MD11飞机

图 5.4　麦道飞机

2. 空中客车系列民航飞机

空中客车工业集团由欧洲四家主要航太公司组成，分别是同样拥有 37.9％股份的德国戴姆勒-克莱斯勒航太和法国航太公司，拥有 20％股份的英国航太公司，以及拥有 4.2％股份的西班牙 CASA 公司，这四个合作伙伴扮演着股东及制造生产者的双重角色。

在 20 世纪 60 年代后半期之前，世界客机制造业主要被美国公司所垄断。1969 年，波音公司用它首次推出的波音 747 开启了宽体客机的时代（到现在为止，波音 747 仍是世界上最大的客机）。此后，空中客车工业集团在宽体客机市场中找到了一个空档，即 250～300 座级的宽体客机，并果断地采用了双发布局，在以后的 10 年里，即在波音 767 推出之前，空中客车工业集团的 A300 在宽体客机市场中一直独领风骚。正是这 10 年独家占有市场的机会，使空中客车工业集团在世界上建立起极好的信誉，有了一个世界范围的客户基础。

空中客车工业集团的飞机家族系列，包括三种不同机型：107～185 座的 A318/A319/A320/A321 单走道客机，如图 5.5（a）所示；220～266 座的 A300/A310 宽体客机，如图 5.5（b）所示；263～400 人座的 A330/A340 宽体客机，如图 5.5（c）所示。该家族中最新的机型是 A380 远程宽体飞机，如图 5.5（d）所示，A380 将设有 646 个座位，超出波音 747 客机座位三分之一。首批 A380 大型客机将于 2008 年年底交付使用，2009 年进行商用飞行。

3. 俄罗斯的民航飞机

俄罗斯的民航飞机工业在二次世界大战后得到很大发展，其生产的各种高质量、高性能的航空产品，占领了在当时政治条件下形成的东欧市场和部分第三世界国家的市场，其中不乏世界级的产品。俄罗斯主要民航飞机生产厂商及其产品如下。

（1）图波列夫航空科学技术联合体，其前身是 1922 年成立的图波列夫实验设计局，第一任总设计师是 A.H.图波列夫。在近 80 年的历程中，该局致力于设计

(a) A318飞机

(b) A300飞机

(c) A330飞机

(d) A380飞机

图 5.5　空中客车工业集团的飞机

和研制大型轰炸机和中型、重型运输机。其中民航飞机有图-104、图-134、图-154、图-204 和图-144 等。我国民航曾经装备过一定数量的图-154 客机,现其已全部退出营运。

(2) 伊留申航空联合体股份公司,其前身是 1933 年成立的伊留申实验设计局,第一任总设计师是 C.B.伊留申。该局重点设计和研制运输机,如曾经得到广泛使用的伊尔-18 和伊尔-62 运输机。1970 年以后,该局设计和制造了伊尔-76 军民两用运输机和伊尔-86、伊尔-96 宽体客机等。目前该公司正集中精力研制远程宽体运输机伊尔-96M 和支线飞机伊尔-114,希望打入西方市场和占领独联体及东欧市场。伊尔-96M 采用了美国普惠公司的发动机和柯林斯公司的导航驾驶设备。我国目前装备有伊尔-76 军民两用运输机(见图 5.6)。

(3) 安东诺夫航空科学技术联合体,其前身是 1946 年成立的安东诺夫实验设计局,该局的第一任总设计师是 O.K.安东诺夫。该联合体主要研制军用运输机、客机、客/货两用飞机、特种用途飞机、特殊载机和超轻型飞机等。自成立以来,该设计局研制的运输机型号主要有:安-2、安-10 和安-24 客机,安-8、安-12、安-22、安-26、安-72 和安-124 军用运输机,在极地使用的安-28、安-32 和安-74 多用途运输机,以及安-225 运输机等。其中安-225 运输机(见图 5.7)是目前世界上最大的运输机,最大商业载重量为 250 吨。

• 第五章　航空运输设施设备的应用 •

图 5.6　伊尔-76 运输机

图 5.7　安-225 运输机

4. 我国的民航飞机

我国的航空工业创始于 20 世纪 50 年代初,由于国际环境的原因,受前苏联航空工业影响较大,在很长一段时间里均以仿制为主发展自己的民用飞机工业。在 50 多年的时间里,我国的民用飞机工业先后研制生产了 8 大系列、30 多种机型的货运飞机、客机和通用飞机。1957 年,我国成功制造了运 5 飞机;60 年代又开始研制运 7 和运 8 运输机,并进行了系列化发展;70 年代以来,我国先后研制了运 10、运 11、运 12 和农林 5A 飞机。运 12 系列飞机(见图 5.8(a))已取得美国和英国适航当局颁发的型号合格证,累计出口 90 多架。2000 年 3 月,经过重新包装的运 7-200A 以新舟 60(见图 5.8(b))的形象隆重出场,该型飞机基本达到了国际同类涡桨飞机的水平,受到市场欢迎。

(a) 运12飞机

(b) 新舟60

图 5.8　国产民航飞机

改革开放以后,我国的民用飞机工业开始了与国外企业的广泛合作,如先后同波音、空客、麦道、法宇航、通用电气、普惠、罗·罗、霍尼韦尔、柯林斯以及俄罗斯的航空企业等世界上著名的制造商进行了合作,不仅大量转包生产了国外飞机、发动机零部件和机载设备,还通过生产许可证延伸的方式同美国麦道公司合作组装生产了 35 架 MD82 和 MD83 飞机,其中 5 架返销美国。我国同美国合作生产的 2 架 MD90 干线飞机,机体国产化率达到了 70%,并获得了美国联邦航空局(FAA)颁发的适航证。但是,由于麦道公司被波音公司兼并,在我国上海建成的 MD90 生产线最后无疾而终。

2002年4月,我国政府正式批准ARJ21(advanced regional jet for the 21st century)支线飞机(见图5.9)项目立项,ARJ21项目正式启动,项目初步预算约50亿元人民币,以中国航空工业第一集团公司为主体成立中航商用飞机制造有限公司 ACAC(AVICI Commercial Aircraft Company),作为ARJ21新一代支线飞机研制的责任主体和经营主体。ARJ21系列是70~100座级的双发中短程涡扇支线飞机,是中国航空工业第一集团公司根据民用飞机研制国际惯例,按照中国民航总局(CAAC)颁布的 CCAR25 部运输类飞机适航标准、美国联邦航空局(FAA)FAR25 部和欧洲联合航空局(JAA)JAR25 部适航标准要求进行设计研制和适航审定、拥有自主知识产权的民用支线客机。ARJ21支线飞机最终设计为采用下单翼、机身尾部吊装2台涡扇发动机,高平尾、前三点式可收放起落架布局,驾驶舱采用2人制大屏液晶显示的"玻璃驾驶舱"布局,客舱布置为经济舱每排5座双圆剖面机身,头等/公务舱每排4座。2003年12月20日,ARJ21型支线飞机同时在上海、西安、成都、沈阳四个飞机制造公司开工生产。ARJ21原型机于2007年3月开始在上海大场基地总装,2008年3月首飞,截至2009年10月份已收到二百四十余架飞机订单。

图5.9 国产ARJ21飞机

5. 其他航空运输运载工具

其他航空运输运载工具主要有热气球、飞艇和直升机等。

1) 热气球

热气球是轻于空气的航空器,无推进装置,由气囊和吊在气囊下的吊舱或吊篮组成,如图5.10所示。气囊由橡胶布、塑料薄膜等材料制成,内充轻于空气的热气体。吊篮或吊舱内装有各种仪表、设备及氧气装置。载人高空气球的吊舱需密封增压。热气球主要用于航空体育运动。

图5.10 热气球

图5.11 飞艇

2) 飞艇

飞艇是有推进装置、利用空气浮力升空的可操纵的航空器,如图5.11所示。

其主要由充满氦气的流线型艇体、位于艇体下方的吊舱、起稳定操纵作用的舵面，以及起推进作用的发动机等部分组成。飞艇可以用于客货运输、工程建设、军事等领域。

3）直升机

直升机是依靠发动机驱动的旋翼产生升力，能垂直起飞和降落的重于空气的航空器，如图 5.12 所示。直升机不需要跑道，可在狭窄场地垂直起降，有广泛的应用前景。军事上可用于联络、侦察、空降、反潜、救护、对地攻击等，民用方面可进行短途运输、造林护林、抢险救灾、遥感勘测、喷洒农药、吊装设备、航天回收等。

图 5.12　直升机

第四节　航空集装箱运输设备

当今世界航空运输中集装箱的应用已十分广泛。我国 4 类以上的机场均配有集装箱设备。航空运输中的集装箱设备主要是指为提高飞机运输效率而采用的托盘、货网和集装箱等成组装载设备。为了使用这些设备，飞机的货舱和甲板都设置了与之配套的固定系统。

一、航空集装箱设备

国际航空运输协会（IATA）采用"成组器（ULD）"这一术语命名航空运输中使用的集装箱，表示它是成组装载用的一种工具。成组器可以分为航空用成组器和非航空用成组器两种，如表 5.5 所示。

（1）托盘　托盘又称集装板，是指具有平滑底面的一块货板。其作用是借助于货网、编织带，把货物捆绑在其上，并能方便地固定在机舱内。托盘的主要规格尺寸如表 5.6 所示。

表 5.5 航空集装箱分类

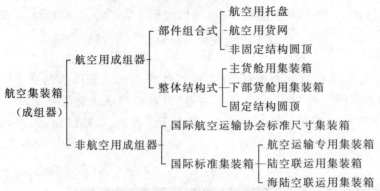

表 5.6 航空用托盘的主要规格尺寸

名　　称	规格尺寸/in	名　　称	规格尺寸/in
2A4P/PAG	88×125	2L3P/PLA	60.4×125
2M3P/PMC	96×125	FQA	60.4×96
2K3P	61.5×60.4		

注：1 in=25.4 mm。

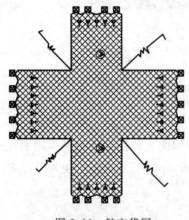

图 5.13 航空货网

(2) 货网　货网又称网套或网罩，是用编织带编织而成的，如图 5.13 所示，主要用于固定托盘上的货物。货网与托盘利用货网上的金属环相连接。根据托盘的尺寸，货网也有相应的规格尺寸。

(3) 固定结构圆顶　固定结构圆顶是一种与航空用托盘连接的，不用货网就可以固定货物的罩壳。托盘固定在罩壳上，与罩壳连成一体。

(4) 非固定结构圆顶　非固定结构圆顶是一种用玻璃钢、金属制造的，设有箱底，能与航空用托盘和货网相连的罩壳。

(5) 主货舱用航空集装箱　主货舱用航空集装箱又称上部货舱用集装箱。由于飞机的机身是圆筒状的，其货舱分上部货舱和下部货舱，航空集装箱的形状要求与货舱形状相配。

(6) 下部货舱用集装箱　下部货舱用集装箱是指装在飞机下部货舱的集装箱，如图 5.14 所示。

(7) 国际航空运输协会标准尺寸集装箱　此类集装箱是按国际航空运输协会的规定制造的集装箱。该协会对属于非航空用成组器范畴内的集装箱有如下定义："所

第五章 航空运输设施设备的应用

(a) LD2集装箱　　　　　　　　(b) LD6集装箱

图 5.14　下部货舱用集装箱

谓集装箱是指用铝、波纹纸、硬板纸、玻璃纤维、木材、胶合板和钢材等组合而制成的,可以铅封和密闭的箱子。侧壁可以固定,也可以拆卸。制成的集装箱必须能承受压缩负荷。"

(8) 国际标准集装箱　国际标准集装箱是指与国际标准化组织(ISO)制定的集装箱标准同型的集装箱。其中航空运输专用集装箱上不设角件,故不能堆放。

航空集装箱在各种机型中的互换性很大,能够适应不同货物的运输需求,对于提高航空运输装卸效率、缩短飞机停场时间、减少货损有着重要的作用。

二、航空集装箱搬运与装卸设备

航空集装箱搬运与装卸设备主要有托盘拖车、集装箱拖车、升降平台、传送车等。

(1) 拖车　拖车是机场经常使用的短距离的搬运车辆,一般采用蓄电池或电动机作为动力驱动,或采用内燃机牵引车牵引。

(2) 升降平台　升降平台(见图5.15)是用于拖车及集装箱卡车的过渡设备,可以使集装箱作横向、纵向、旋转及升降运动。升降平台为货物快速输送、转移提供了保障,提升了物流工作的能力和效率。

图 5.15　14 t升降平台　　　　　　　图 5.16　传送车

(3) 传送车　传送车(见图5.16)适用于飞机所运载的行李及散货的快速装卸。

第五节 航运组织与管理

一、航空市场分析

航空市场范围十分广泛。根据顾客需求,航空货运市场可以分为以下三类。

1) 急快件货物运输市场

急快件货物运输,是指应顾客紧急需要,把货物以最快的速度运达目的地。急快件货物运输的主要特点是时间要求紧,而运输费用则在其次,如商业信函票证、生产部件、急救用品、救援物资,以及紧急调运物品等。

2) 易腐货物运输市场

从广义上来说,常规易腐货物是指货物的价值与时间密切相关的货物。这一类货物主要有两种。

(1) 本身容易腐烂变质,对运输时间要求严格的物品,如鲜花、海鲜、应时水果等。

(2) 其价值与时间密切相关,对进入市场的时间要求快的物品。如某些商品,进入市场时间越早,越易于抢占市场;或在市场需求处于最佳状态时投放市场,可以取得最佳经济效益。

易腐货物要求运输速度快,货主希望通过争取时间优势来获得市场价值,以取得更多利润。这一类货物的货主对运输价格比较敏感,因此航空公司必须合理定价,以扩大易腐货物运输市场。

3) 常规货物运输市场

尽管急快件和常规易腐货物运输在航空运输市场中占有重要地位,但是航空运输货物中大部分仍是常规非易腐货物,即普通货物。由于航空运输速度快,对于企业来说,空运货物可以减少流通时间、库存和占有资金,保证供货及时,增加市场营销灵活性,提高市场竞争力。航空运输与地面运输相比,运输条件显著优于地面运输,损坏率和丢失率相对较小,对包装要求较低,可以节约包装费用和人工费用。可以看出,航空运输的常规货物主要是有时间性要求、不宜颠簸或受损的精密仪器设备、价值与体积之比大的贵重物品等。

二、航运组织与管理

航运组织与管理包括制订运输生产计划、货物进出港生产组织与管理、吨位控制与配载三个方面的内容。

1) 运输生产计划

首先要根据航空货运市场调查与预测,估算航空货物在各机场之间的流量和流向,确定本公司市场目标和市场份额,然后是在此基础上制订货物运输生产计划,主要包括运力计划、运输量计划、周转量计划、收入计划以及运输综合计划等。

2) 货物进出港生产组织与管理

航空货物运输市场销售部门接收的交运货物,一般在机场组织进港和出港生产。相当一部分航空公司都委托机场进行进出港的组织和管理,大型航空公司一般在基地机场自行组织货物进出港生产。货物进出港是一个组织严密的生产过程,有严格的工序控制和定时要求,也有严格的操作规范和重量指标,包括载重标准、舱位标准、安全标准等。该管理过程涉及的部门较多,需要统一组织、协调与密切合作。旅客航班的货运生产工序与客运同步进行,以保证航班正点。

3) 吨位控制与配载

航空旅客运输通过座位控制来提高乘坐率,座位控制只考虑客舱的可用座位数,整个客舱空间的占用费用已计入客票之中。航空货物运输需要通过吨位控制来提高载运率。换言之,货运既要考虑货物的体积,还要考虑货物的重量。因此,吨位控制的任务是通过舱位预定与分配来提高货舱的载运率,避免吨位浪费、超售或装运过载。由于航空货运可以采用全货机或客货机运输,因此吨位控制和配载管理的原则不完全相同。

(1) 采用全货机方式运输时,吨位控制和配载过程比较单一,主要是控制货物体积(不能超高、超长)、形状(易于固定),不能超重。

(2) 采用运输客货混装方式运输时,由于必须首先考虑运送旅客,因此货运吨位控制和配载要在保证客运的前提下进行。即必须根据乘客的座位分布情况,按照飞机的配载要求,进行货物的重量和位置控制,在保证飞机飞行平稳安全的前提下充分提高飞机载运率。

无论是航空旅客运输,还是航空货物运输,吨位控制与配载管理都是一件非常重要的工作,必须科学、严格地按照飞机的性能指标进行,在保证飞机安全飞行的前提下,充分提高生产效率和经济效益。

背景知识

我国航空货运市场竞争格局分析

在国内三大航空集团加大货运发展的同时,一些地方航空公司与民营航空公司也不甘示弱,迅速加入市场竞争的行列;与此同时,一些外国航空货运巨头也是各显神通,以合资、联盟、联运等各种手段与方式进入我国市场。

从国内航空货运市场来看,除了传统客机腹舱的竞争之外,原属于海航集团的扬子江快运、隶属于我国邮政总局的货运邮政航空,以及带有民营资本血统的东海航空与奥凯航空,纷纷以全货机方式参与国内航空货运市场,使得国内航空货运市场的运营日益规范,竞争也日益激烈。尤其值得注意的是奥凯航空,其刚加入航空货运市场,就显现出不凡的架势,背靠联邦快递(FedEx)这座大山,配合联邦快递杭州国内转运中心的运作，开通了以杭州机场为中心的国内货运航线。

而从国际航空货运市场来看，得益于中美2004年的航空运输协定，UPS、FedEx、美国西北航空公司纷纷加大了在我国的航空货运投入，除了在长三角地区加大航班频率之外，还把战火烧向了我国的珠三角地区与京、津、鲁地区，即使是新加入的美国博立货运航空，也是来势汹汹，一点都没有新手的怯场，直接杀向了我国航空货运主市场——浦东国际机场。与美国航空货运公司直接进入的方式不同，欧洲的航空货运巨头与我国周边地区的航空巨头则是选择曲线进入的方式。大韩航空，这个2005年国际航空货运排名第一位的货运巨人，除了投入全货机（其拥有19架B747F）与大量客机腹舱参与竞争外，还在我国的山东沿海地区开通了空海快运服务，通过海上快艇将我国山东沿海经济发达地区的货物运抵韩国仁川机场，并中转到欧美等地；而紧随之后的德国汉莎航空与新加坡航空，则是以合资的方式，分别与我国的深圳航空公司（我国最大的民营航空公司）、长城工业总公司（货运代理）合作，成立了以深圳机场、浦东机场为基地的翡翠货运航空（未来拥有6架B747ERF）与长城货运航空（未来拥有5架B747ERF），占据着我国两大国际航空货运市场的中心要地；至于运力日益过剩、机队规模强大的我国台湾地区的"中华"航空（拥有全球最大的B747F机队，21架）与长荣航空，则是不约而同地选择了上海浦东机场为基地，分别与扬子江快运、上海航空（即新成立的上海国际航空货运公司）合作，加入内地航空货运市场的竞争。

而在未来，这种航空公司间的竞争只会越来越激烈。如三大集团的中货航，其早期订购的2架TU204与A300F很快会投入运营；国货航除了有新飞机（也有两架TU204）的加入之外，一直在努力地寻找战略合作伙伴，以期能够快速提升其竞争能力；三大集团中的南航，虽然起步较晚，但是发展力度却是最大的，其一方面积极引入战略合作伙伴，另一方面则加大运力的投入，除了开始改装的6架A300-600型飞机之外，到2010年还将有6架全新的B777-200F到位，届时，加上现有的两架B747-400F，其货机机队规模将达到14架，再加上其占有珠三角主要机场——深圳机场与白云机场两个基地市场，其竞争能力将非同一般。

不过，从运营能力与市场份额占有情况来看，在未来一段时间内，由于我国航空运输市场货运的先行开放政策，我国国际航空货运市场仍然是国外航空公司占主导地位。目前，外国航空公司大约占有我国国际航空货运3/4的份额。

阅读并思考

1. 目前我国航空货运市场的竞争格局如何？

本章综合练习题

名词解释

航空运输　航空港　航路　航线　航班

填空题

1. 航空港按照其所处的位置分为_____和_____,按照业务范围可以分为_____和_____。
2. 我国国内航班的航班号由执行航班任务的航空公司_____和_____组成,其中第一位数字表示_____,第二位数字表示_____,第三、四位数字表示_____。
3. 民航飞机根据运输对象不同,可以分为_____、_____和_____。
4. 目前世界上主要的民航机型主要有美国的_____系列、欧洲的_____系列、俄罗斯的_____系列、_____系列、_____系列等,其他还有我国的_____系列、加拿大的_____等。
5. 成组器可以分为_____和_____两种。

简答题

1. 简述航空运输的特点。
2. 民航飞机的主要技术参数有哪些?
3. 航空集装箱设备主要包括哪些?它们各自有何用途?
4. 航空货运市场有哪几种主要类型?其各有哪些特点?
5. 简述航空货物运输的吨位控制与配载管理的原则。

部分练习题参考答案

填空题

1. 干线航空港 支线航空港 国内航空港 国际航空港
2. 二字代码 四个阿拉伯数字 执行该航班任务的航空公司或所属管理局 该航班终点站所属的管理局 班次
3. 客机 货机 客货两用机
4. 波音(B-) 空中客车(A-) 图(TU-) 伊尔(IL) 安(AN-) 运(Y-) 旁巴迪系列
5. 航空用成组器 非航空用成组器

第六章 管道运输设施设备的应用

学习目的

通过本章的学习，应了解管道运输的方式和特点，熟悉输油管道的组成及工艺流程设计，能够根据有关影响因素选择适宜的管道运输方式。

第一节 管道运输概述

一、管道运输的特点

管道运输时货物在压力驱动下沿管道内移动，运输工具本身——管道则是固定不动的。由于其具有运量大、运输成本低、易于管理等特点，管道运输备受青睐，呈快速发展的趋势。随着科学技术的发展，各国愈来愈重视管道运输的研究和应用。进入21世纪后，随着运输管理的自动化，管道运输正发挥着愈来愈大的作用。

管道运输多用来输送流体（货物），如原油、成品油、天然气、城市的自来水、管道煤气及固体煤浆等，它与其他运输方式（铁路运输、公路运输、航运）的主要区别在于驱动流体的输送工具是静止不动的泵机组、压缩机组和管道。泵机组和压缩机组给流体以压力，使其沿管道连续不断地向前流动，直至指定地点。管道运输的优点是维修费低，且管道一旦建成，就可以连续不断地运送大量物资，运输成本低。与其他运输方式相比，管道运输有着独特的优势。

与铁路、公路、航空相比，管道运输投资要省得多。就石油的管道运输与铁路运输相比，交通运输协会的有关专家曾算过一笔账：沿我国成品油主要流向建设一条长7 000 km的管道，它所产生的社会综合经济效益，仅就降低运输成本、节省动力消耗、减少运输中的损耗三项而言，每年就可以节约资金数十亿元左右。而且，对于具有易燃特性的石油的运输来说，管道运输更有着安全、密闭等优点。

在油气运上，管道运输有其独特的优势。一是实现了平稳、不间断输送。对于现代化大生产来说,油田不停地生产,管道不停地运输,炼油化工工业就可以不停地生产成品,满足国民经济需要。二是实现了安全运输。对于油气来说,汽车、火车运输均有很大的危险,国外称之为"活动炸弹",而管道在地下密闭输送,具有极高的安全性。三是保质。管道在密闭状态下运输,油品不挥发,质量不受影响。四是经济。管道运输损耗少、运费低、占地少、污染少。

成品油作为易燃易爆的高危险性流体,最好的运输方式应该是管道运输。与其他运输方式相比,用管道运输成品油有如下明显优势:运输量大,劳动生产率高;建设周期短,投资少,占地少;运输损耗少,无"三废"排放,有利于环境生态保护;可全天候连续运输,安全性高,事故少;运输已实现自动化,成本和能耗低等。

但是管道运输也有不足之处,只适于定点、量大的流体货物的单向运输,不如车、船等运输方式灵活,运送货物种类也不如其他运输方式多种多样。管道运输的运送对象较单一,一般只适用于气体、液体的运送。但随着技术的进步,管道运送对象的范围在不断扩大,现已可用管道来运送粮食、煤粉等。此外,管道运输在运送地点等方面也具有局限性。

二、管道运输的发展概况

1. 管道运输在国外的发展状况

管道运输是国际货物运输方式之一,是随着石油生产的发展而产生的一种特殊运输方式。管道运输是利用地下管道将原油、天然气、成品油、矿浆、煤浆等介质送到目的地的物料输送方法,具有运量大、不受气候和地面其他因素限制、可连续作业以及成本低等优点。随着石油、天然气生产和消费速度的增长,管道运输发展步伐在不断加快。

管道运输始于19世纪中叶,至今已有130多年的历史。在初始阶段,只有个别国家采用小管径、短距离的管道进行水力输送固体物料的研究,输送的浆体浓度比较低,年输送量也比较小,属于小规模的试验探索时期。到了19世纪后期,随着第一批配有离心泵的吸泥船的出现,管道运输技术开始在疏浚过程中得到应用。1891年,美国兴建了第一条输煤管道;随后英国开始利用管道输送煤及石灰石,但年输送量都不超过40万吨,运输距离也只有二十多千米。这一时期管道运输规模虽不大,但通过工业性运行,获得了较好的效果,积累了用管道运输固体物料的实际经验。特别是在1906年,布莱奇(N. S. Blatch)发表了固-液混合浆体的首批室内试验研究报告,奥布莱恩(O'Brien)、海伍德(Heywood)进行了关于有压管道内浑水运动特性的研究,为管道运输技术的发展奠定了基础。

第二次世界大战以后,管道水力运输技术有了很大的发展,各国相继对固体物料的管道运输进行了较为深入的理论和试验研究,其研究成果进一步揭示:在一定条件下,有可能在能源消耗较少的情况下实现矿浆的高浓度超临界输送。此后,美国、英国、苏联、法国、澳大利亚、日本、加拿大、南非等国相继兴建了一些管道运输工程。管道直径由 180 mm 提高到 400 mm,输送固体物料的品种逐渐增多,包括泥浆、砂、石、煤、精矿砂、焦炭,以及各种尾矿渣等,年运输量也有大幅度的增加,运输距离也越来越长。

进入 70 年代以后,采用管道水力运输固体物料的国家愈来愈多,目前全世界已有 20 多个国家使用这种运输方式,运输固体物料的品种达 25 种之多,在年运输量、运输管径以及运输距离等方面也得到了很大的发展,如表 6.1 所示。据不完全统计,发达国家的原油管输量占其总输量的 80%,成品油长距离运输基本也实现了管道化;天然气管输量达 95%。迄今为止,全世界油气管道干线长度已超过 200 万千米,其中输油干线约占 30%。美国和俄罗斯是世界最大的油气消费国,已建油气管线长度分别占世界第一位和第二位,占世界石油管道总长度的 60%。管道水力运输正向着远距离、大管径、高浓度方向发展。

表 6.1　2000 年世界管道建设情况

管道长度与泵站能力	美　　国	美国以外地区	世　界　总　计
新建管道长度/km	8 333	18 552	26 885
天然气管道	5 163	8 013	13 176
原油管道	924	4 142	5 065
成品油管道	747	3 942	4 689
海上管道	1 500	2 455	3 955
新增泵站能力/kW	203 243	273 715	476 958
压缩机	196 535	193 124	389 659
泵	6 708	80 591	87 299

2. 我国管道运输的发展概况

管道运输业在我国是新兴运输行业,是继铁路、公路、水运、航空运输之后的第五大运输业,在国民经济和社会发展中起着十分重要的作用。

1958 年建设的克拉玛依至独山子炼油厂的输油管道是我国第一条长距离输油管道。我国的第一条长距离天然气管道是 1961 年建设的巴县石油沟至重庆化工厂的供气管道。2002 年 7 月兴建的西气东输工程对加快我国的能源结构调整、发展天然气化工业具有重要的作用,并对促进环境状况的改善具有重大意义。西气东输工程是将我国塔里木和长庆气田的天然气通过管道输往上海的输气工程。管道全长 4 200 km 左右,设计年输气量 120 亿立方米。120 亿立方米天然气相当于 900 万吨标准煤,每年可以减少大气排放二氧化硫 13.5 万吨、氮氧化物 15.3 万吨、粉尘 27 万吨。该管道起点自塔里木轮南,由西向东经新疆、甘肃、宁夏、陕西、山西、河南、安徽、江苏,最后到达上海市。管道共穿(跨)越长江、黄河等大型河流

6次,穿(跨)越中型河流500多次,穿越干线公路500多次、干线铁路46次。以建成的西气东输管线为标志,中国油气管道在设计、施工、管理等主要方面,在20世纪末已经达到了世界先进水平。为保证西气东输工程安全、稳定和长期运行,进一步发展更高压力的长距离管道运输技术十分重要。

中国管道工业发展至今已经有近50年的历史,经历了三次建设高峰期。特别是在第三次管道建设高峰中,随着西气东输、陕京二线、冀宁联络线、甬沪宁原油管道、茂昆成品油管道、兰成渝成品油管道、西部原油及成品油管道等大型管道工程的建设投产,中国油气管道工业得到了极大发展。截至2007年底,中国国内已建油气管道的总长度约6万千米,其中原油管道1.7万千米,成品油管道1.2万千米,天然气管道3.1万千米。我国已逐渐形成了跨区域的油气管网供应格局。大口径、长距离的输油管道已经遍布我国的东北、华北、华东、西南等广大地区,基本上形成了横贯东西、纵贯南北的管道运输网络。随着我国石油企业"走出去"战略的实施,中国石油企业在海外的合作区块和油气产量不断增加,占有份额的海外油田或合作区块的外输原油管道也得到了发展。

虽然我国管道运输事业有了较大发展,长输管道建设已初具规模,但与一些发达国家相比,尚有一定的距离。目前,我国的长输管道的长度只有全世界管道长度的1/120,这就需要进一步改进管道运输工艺,提高管道施工水平,改善设备性能,拓宽管道运输介质范围,凸显管道施工设备的优越性。

目前,我国正加快油气干线管网和配套设施的规划建设,以逐步完善全国油气管线网络,建成"西油东送、北油南运"的成品油管道,同时我国将适时建设第二条西气东输管道及陆路进口油气管道。我国管道运输产业化的发展重点是输送压力12 MPa以上的输气设备、钢材、管材及施工机具,管道监测机器人、网络监测系统、控制系统和安全维护装备,天然气脱硫、脱水技术及设备等。

三、我国现有油气管道运输存在的主要问题

"十五"以来,中国油气管道运输业得到了极大的发展,但与国外管道运输业较为发达的国家相比,还存在相当大的差距。

1. 我国原油管道发展存在的主要问题

(1) 管道网络化程度低。我国原油管道主要分布在东部、西部、华北和沿江等地区,东部和华北地区原油管网比较完善,西部地区管网建设刚刚起步,还需进一步加强管网建设。

(2) 部分管线老化。我国东部原油管网已经运行了30年以上,存在管线老化、自动化程度低、通信设施落后、储存设施超期服役等问题,因此,需要不断对老化管线进行调整改造,以满足原油外输的要求。

(3) 现有管线运能不足。华北和沿江原油管网不能满足当地炼油企业发展的需求,安全隐患多,存在码头接卸与管道输、转、储能力不足等问题。同时,随着新

疆地区原油产量的不断提高（预计2010年后新疆自产原油出疆量将达到2 000万吨以上），外输能力将不能完全满足要求。

（4）现有管道设施不能满足陆上原油进口的要求。随着中哈原油管道的投产和未来中俄、中缅原油管道的建成投产，现有的管道设施将难以满足要求。

2. 我国成品油管道发展存在的主要问题

（1）成品油管道建设滞后。目前，我国成品油仍以铁路运输为主，管道运输比例较低。由于资源产地与市场分布不均衡，造成油品调运不及时、不灵活。近年来，随着我国成品油供应和需求的较快增长，成品油管道建设滞后的问题突出。因此，未来应加强成品油管网建设。

（2）管道运输技术与国外先进水平相比仍存在一定差距。我国成品油管道尚不能实现灵活的多批次、多品种运输；数据采集与监控（SCADA）软件的应用受到国外专利技术限制。未来要紧密跟踪国外先进技术，对数据采集与监控软件技术进一步消化、吸收，逐步掌握数据采集、监控方案和规律。

（3）管道运营监管机制不完善。与管道运输发达国家相比，我国在管道运营、市场准入、安全、环保及管道运输费用和服务等方面尚未建立起全面、完善的监管制度。

3. 我国天然气管道发展存在的主要问题

（1）联络线建设尚不完善。目前，西气东输——陕京二线、西气东输——涩宁兰线、陕京二线榆林——靖边线、西气东输——忠武线等联络线的建设已经开始实施。随着市场用气量的大幅增长，联络线的功能越来越重要。未来需要加快建设和完善各主干管道之间的联络线，以保障下游用户的用气安全。

（2）储气库等调峰设施配套不健全，导致管道的调峰应急能力不足。地下储气库作为天然气的主要调峰方式，受到地质条件的限制。未来除华北和东北地区外，在其他地区难以大规模建设地下储气库。即使在天然气市场发展较为成熟的华北地区，天然气管道的调峰应急能力也仍显不足。因此，加快调峰储气设施建设，充分发挥地下储气库、LNG接收站、区域管网系统的调峰作用，确保下游用户用气安全显得尤为重要。

4. 油气管道保护工作面临困难

油气管道是国家重要的基础设施和公用设施，关系到国家能源安全和社会稳定。"十一五"期间是我国油气管道建设的高峰期。一方面，需进一步加强维护抢修体系建设，健全精干高效、响应迅速和保障有力的统一维护抢修体系，提高管道维护抢修队伍水平，保证管道的安全运行；另一方面，需要充分运用法律、行政、科技等手段，积极配合国家和地方政府搞好天然气管道的保护工作，打击打孔盗油、盗气和其他破坏活动。

四、中国油气管道运输发展的前景与趋势

未来几年,我国油气管道运输业将得到更大发展,主要表现为:管道技术水平不断提升,管道制造业不断加强专业化整合,管道建设逐步实施 EPC 管理,管网系统实现集中控制、灵活调度;区域性油气管网经过进一步的完善,将对环境保护和提高人民生活质量产生更加积极的影响。

(1) 管道技术水平不断提升。近年来,随着西气东输、兰成渝成品油管道、西部原油成品油管道、西气东输二线等大型管道工程的实施,我国油气管道技术水平不断得到提升,新建管道已达到国际先进水平。

西部原油成品油管道是目前国内设计运输量最大、距离最长、自动化水平最高的输油管道。该管道工程首次采用双管同沟并行敷设、站场合并建设的设计方案,首次采用原油管道加热密闭顺序输送工艺,首次在大型管道工程建设中采用工程总承包(EPC)的建设方式,技术和管理创新贯穿管道建设的全过程。

兰成渝管道成功实现了在湿陷性黄土高原地区和破碎性、大起伏(高落差)山区等高难工程地质区段的安全施工和运营,并采用 ODI 光学混油界面检测定位技术,成功地解决了多品种、多出口、高压力、大落差成品油管道系统的精确控制和实际运行操作。

天然气管道建设也向高压力、长运距、大口径、高钢级发展。西气东输和陕京二线等管道设计压力为 10 MPa,管径为 1 016 mm,全部采用 X70 管材。西气东输二线输送压力已达到 12 MPa,干线长度近 4 900 km,管径达 1 219 mm,X80 高等级管线钢也将得到大规模应用。西气东输二线管道建成之后,将成为世界上 X80 高钢级在高压力、大口径长输管道上应用的典范。

(2) 管道制造业加强专业化整合。随着我国第四次管道建设高峰期的到来,为满足大型管道工程的用管需求,提高整体水平和规模,中国石油集团对旗下的制管企业进行了整合,在原来宝鸡钢管厂、华北钢管厂、资阳钢管厂、辽阳钢管厂的基础上,组建了新的宝鸡石油钢管有限责任公司,整合了资源,提高了钢管企业整体的制造能力和竞争能力。

(3) 管道建设逐步实施 EPC 管理。EPC 管理是甲方把工程的设计、采购、施工等项目全权总承包给乙方承建,甲方只对整个过程实施监督、检测、管理的项目管理办法。在管道行业,以总承包的方式承揽工程在国际上已有很多成功的范例,如我国石油管道局在苏丹、利比亚、哈萨克斯坦等国家完成的 5 000 多千米的管道建设,采用的都是这种管理方式。

从 2007 年开始,国内大型管道工程开始逐步实施 EPC 管理模式。西部管道工程是我国石油第一个实施 EPC 管理模式的大型管道工程。这一管理模式的实施,有效地发挥了总承包商在管道建设专业化队伍上的人才、技术和管理优势,促进了管道建设整体水平的提升。

推进工程总承包,可将设计、采购、施工集成为一个有机总体,避免三者间的相互脱节,能充分利用专业承包商所具有的技术和管理方面的优势和经验;同时,由于责任主体明确,强化了设计的主导作用,有利于对项目实施全过程、全方位的技术经济分析和方案的整体优化,有利于保证建设质量、缩短建设工期、降低工程投资,实现社会效益、经济效益和环境效益的最佳统一。实践证明,开展工程总承包为建设单位和承包商带来的是双赢的结果,因此越来越得到建设单位的认可。

(4)管网系统集中控制、灵活调度。目前我国油气管网建设已初见成效,高效整合资源、合理调度、保障管网系统的安全平稳运行显得越来越迫切。为了顺应发展的需要,中国石油集团于2006年组建了中国石油北京油气调控中心,2007年实现了旗下所有干线油气管道的统一调度、集中控制。

北京油气调控中心建成后,将集我国石油长输油气管道的操作运行、调度管理、远程数据采集、维护抢修力量调度和协调等多种功能于一体,调度、监控和管理我国现有和新建的原油、成品油与天然气管道,以油气长输管道的数据采集与监控系统为基础,通过先进的计算机技术、网络技术、通信技术、高性能的专业软件,制订管道需求预测和输送计划,进行远程调控等操作,并提供设备管理、调度模拟培训等多方面的技术支持和保障。

随着我国油气管网的进一步完善、陆上进口油气管道的建成和沿海液化天然气(LNG)的大规模引进,建立全国性调度中心及区域调度中心将成为今后管网系统发展的方向。

第二节　输油管道设施

石油是埋藏在地下的天然矿物质,未经炼制的石油称为原油。不同油田所产的原油在性质上有较大的差别。原油的成分极为复杂,但元素组成却较为简单,主要包括碳和氢两种元素。这两种元素的含量在原油中占96%~99%,其他的为硫、氮和氧等元素。上述元素都以化合物的形式存在于原油中。原油的物理、化学性质是评定原油质量、控制原油管道运输工艺参数的重要指标,也是输油管道和站库设计的重要依据。原油的物性参数主要有:密度、黏度、凝点、热容、蒸气压等等。

一、输油管道的组成

管道运输是原油和成品油最主要的运输方式之一。以石油管道工程为例,它是由管道线路工程、管道站库工程和管道附属工程三部分组成的。

1. 管道线路工程

管道线路工程是管道工程的主体,约占管道工程总投资的2/3,主要包括管道的本体工程、防腐工程和穿跨越工程等。管道本体工程是由钢管及管阀件组焊连接而成的。防腐工程包括外防腐绝缘层、阴极保护站及沿线测试装置等。穿跨越工程包括穿越铁路或公路、穿越或跨越峡谷工程、穿山隧道工程以及穿越不良地质地段工程等。此外,线路阀室和清管设施等也属于线路工程之列。

2. 管道站、库工程

按照管道站、库位置的不同,分为首站(起点站)、中间站和末站(终点站)。按照所输介质的不同,又可分为输油站和输气站。输油站包括增压站(泵站)、加热站、热泵站、减压站和分输站;输气站包括压气站、调压计量站和分输站等。站、库工程内包含以下几类系统工程:工艺系统工程、自控系统工程、通信系统工程、动力系统工程以及给排水、供热系统工程等。

3. 管道附属工程

管道附属工程主要包括管道沿线修建的通信线路工程、供电线路工程和道路工程。此外还有管理机构、维修机构及生活基地等设施。

二、输油管道的类型

输油管道有两类。一类属于企业内部,如油田的油气集输管道,炼油厂、油库内部的输油管等;另一类是长距离输送原油、石油产品的管道。长距离输油管属于一个独立的企业,该企业有其完整的组织机构,单独进行经济核算。长距离输油管输送距离可达数百千米乃至数千千米;管径多数为 200~1 000 mm,有的超过 1 m;输油量也很大,从每年数百万到几千万吨,甚至超过一亿吨,它的起点和终点分别与其他石油企业相连。

长距离输油管由输油站和线路两大部分组成,如图 6.1 所示。输油管起点有起点输油站,也称首站,它的任务是收集原油或石油产品,经计量后向下一站输送。首站的主要组成部分是油罐区、输油泵房和油品计量装置,有的为了加热油品还设有加热系统。输油泵从油罐汲取油品,经加压(加热)、计量后输入干线管道。

油品沿着管道向前流动,压力不断下降,需要在沿途设置中间辅油泵站继续加压,直至将油品送至终点。同时,为了继续加热,还需设置中间加热站。加热站与输油泵站设在一起的,称为热泵站。

输油管的终点又称末站,它可能是属于长距离输油管企业的转运油库,也可能是其他企业的附属油库。末站的任务是接受来油和向用油单位供油,所以配备有较多的油罐与准确的计量系统。为了满足沿线地区用油需求,可在中间输油站或中间阀室分出一部分油品,输往它处。也可在中途接受附近矿区或炼厂来油,汇集于中间输油站或干管,输往终点。

长距离输油管的线路部分包括管道本身,沿线阀室,通过河流、公路、山谷的穿(跨)越构筑物、保护设施,以及沿线的简易公路、通信与自控线路、巡线人员住所等。

由于输油压力大,长距离输油管管道均由钢管焊接而成。为防止土壤对钢管

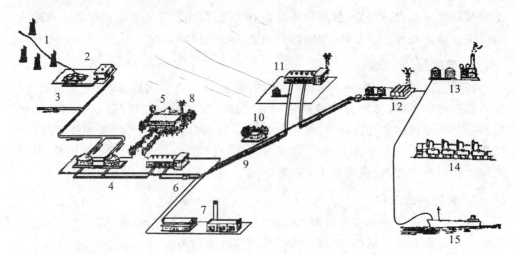

图 6.1 长距离输油管道设施概况

1—井场；2—转油站；3—油田的输油管；4—首站的油罐区和泵房；5—全线调度中心；6—清管器发放室；
7—首站锅炉房、机修等辅助设施；8—微波通信塔；9—线路阀室；10—管道维修人员住所；
11—中间输油站；12—末站；13—炼厂；14—火车站油栈桥；15—邮轮站油码头

的腐蚀，管外包有防腐绝缘层。为了防止含硫原油对管内壁的腐蚀，有时采用内壁涂层。内壁涂层还有降低管壁粗糙度、提高运输量的作用。

长距离输油管上每隔一定距离，以及在大型穿（跨）越构筑物两端都设有截断阀门，一旦发生事故，可以及时截断管道，防止事故扩大和便于抢修。

有线或无线通信系统是长距离输油管不可缺少的设施之一，是全线生产调度和指挥系统的重要工具。近年来通信卫星与微波技术被广泛地用于输油管的通信系统和生产自动化的信息传输系统，使通信和信息传输更加可靠和现代化。

随着石油开采量的增加，世界各国的长距离输油管建设工程日益增多，输油管道随之成为经济上和军事上的重要设施。为了节约钢材，减少动力消耗和投资，输油干管的建设日益朝着长距离、大口径、高压力、薄管壁的方向发展。生产管理自动化水平也日益提高，从泵站的就地自动控制到应用微处理机和大型数字电子计算机进行集中控制、测量、监视和调节，都实现了生产管理自动化。

第三节 输气管道设施

我国是世界上最早使用管道运输天然气的国家之一。1600 年左右，竹管输气在我国已有很大发展，但第一条现代意义的管道却是 1963 年在四川建成的、管径 426 mm、长度 55 km 的巴渝线。从全世界来看，18 世纪以前主要是用木竹管道运输，1880 年首次出现蒸汽机驱动的压气机，19 世纪 90 年代钢管出现后，输气管道运输进入工业性发展阶段。目前美国、西欧、加拿大及俄罗斯等国家均建成了规模较大的输气管网甚至跨国输气管道。

一、输气管道的组成

输气管道系统主要由矿场集气网、干线输气管道(网)、城市配气管网以及与此相关的站、场等设备组成。从气田的井口装置开始,经矿场集气、净化及干线输送,再经配气网送到用户,形成一个统一的、密闭的输气系统。

二、输气管道运输设备及其工作原理

1. 矿场集气

集气过程从井口开始,经分离、计量、调压净化和集中等一系列过程,直到向干线输送为止。集气设备包括井场、集气管网、集气站、天然气处理厂、外输总站等。

一般气田的集气有单井集气和多井集气两种流程。单井集气方式下的每一口井场除采气树外,还有一套独立完整的节流(加热)、调压、分离、计量等工艺设施和仪表设备。多井集气方式下,主要靠集气站对气体进行节流、调压、分离、计量和预处理等工作,井场只有采气树;气体经初步减压后送到集气站,每一个集气站可汇集不超过十口井的气体。集气站将气体通过集气管网集中于总站,外输至净化厂或干线。经多井集气处理的气体质量好,劳动生产率高,易于实现管理自动化。多井集气多用于气田大规模开发阶段。

单井集气与多井集气都可采用树枝形或环形集气管网。环形管网可靠性好,但投资较大。由于气井井口压力较高,集气管道工作压力一般可达 10 MPa 以上。

2. 输气站

输气站的核心设备是压气机和压气机车间,任务是对气体进行调压、计量、净化、加压和冷却,使气体按要求沿着管道向前流动。由于长距离输气需要不断供给压力能,故沿途每隔一定距离(一般为 110～150 km)设置一座中间压气站(或称压缩机站)。首站即第一个压气站,当地层压力大致可将气体送到第二站时,首站也可不设压缩机车间。从第二站开始的中间各站称为压气站,最后一站即干线网的终点——城市配气站。输气站也可按作用分为压气站、调压计量站、储气库三类。调压计量站多设在输气管道的分输处或末站,其作用是调节气体压力、测量气体流量,为城市配气系统分配气量并分输到储气库;储气库则设于管道沿线或终点,用于实现管道的均衡输气并解决气体消费的昼夜与季节不均衡问题。

选择压气站站址时,要求地面平坦,有缓坡可排水,土壤承载能力不低于0.12 MPa;地下水位低,土壤干燥;尽量靠近已有的道路系统和居民区,以减少建筑费用及便于安排职工生活。

3. 干线输气

干线是指从矿场附近的输气首站开始到终点配气站为止的输送线路。

由于输气管道运输的介质是可压缩的,其输量与流速、压力有关。压缩机站与管路是一个统一的动力系统。压缩机的出站压力就是该站所属管路的起点压力,终点压力为下一个压缩机站的进站压力。输气管线一般可以有一个或多个压缩机站。

4. 城市配气

城市配气指从配气站(即干线终点)开始,通过各级配气管网和气体调压所,按用户要求直接向用户供气的过程。配气站是干线的终点,也是城市配气的起点与枢纽。气体在配气站内经分离、调压、计量和添味后输入城市配气管网。城市配气管网按形式可分树枝形和环形两类,按压力则可分高压、次高压、中压和低压四级。由于不同级别的管网上管道等设施的强度不同,由上一级压力的管网输送的气体必须经调压后才能输向下一级管网。城市一般均设有储气库,可调节输气与供气间的不平衡,如当输气量大于城市供气量时,储气库储存气体,否则输出气体。

输气管道在生产过程中常需要进行扩建或改造,目的在于提高输气能力并降低能耗。当输气管最高工作压力达到管道强度所允许的最大值后,可用铺设副管、倍增压气站两种方法来提高输气能力。前者需要扩建原有压气站、增加并联机组;后者则通过在站间增建新的压气站、减少站间管路长度,从而获得输气管通过能力的提高。一定直径的输气管道通常有其合理的输量范围,超过该范围时,铺设两条管线比一条更经济。

第四节 浆体管道运输设施

浆体运输是将颗粒状的固体物质与液体输送介质混合,采用泵送的方法运输,并在目的地将其分离出来。输送介质通常采用清水。浆体管道一般可分为两种类型,即粗颗粒浆体管道和细颗粒浆体管道。前者借助于液体的紊流使得较粗的固体颗粒在浆体中成悬浮状态并通过管道进行输送;而后者输送的较细颗粒一般为粉末状,有时可均匀悬浮于浆体中。与气力运输类似,粗颗粒浆体管道的能耗和对管道的磨损都较大,通常只适用于特殊材料(如卵石或混凝土)的短距离输送;而细颗粒浆体管道由于能耗低、磨损小,在运输距离超过 100 km 时,经济性也比较好。如美国的 Black Mesa 煤浆输送管道,其总长 438 km,管道直径为 456 mm,每年可从亚利桑那州的一个煤矿运输 460 万吨煤到内华达州的一个发电厂。该管道系统从 1970 年一直成功地运行到现在。

美国土木工程师学会预测,浆体管道运输技术将来可应用于从自来水厂或污水处理厂向污泥处理厂或污泥填埋场输送污泥。这类应用虽然目前还没有出现,但将来可能会变得非常普遍。

一、浆体管道运输的特点

浆体管道运输是一种用水力输送大宗颗粒状物料的运输方式,与其他运输方式相比,它有下述优点:

(1) 基建投资少、建设周期短、建设速度快;
(2) 能耗小、运营费用和运输成本低;
(3) 受地形条件的限制少,易于克服自然地形的障碍;
(4) 可以实现连续运输,无铁路、公路运输方式的车厢空载回程和寒冷地区物料在车厢中冻结等问题;
(5) 安全可靠、作业率高,几乎可不停顿地进行全年输送,几乎没有物料损耗;
(6) 由于输送管道绝大部分都埋没在冰冻层以下,因此不占或少占农田,受气候变化的影响较小,不污染环境,不破坏生态平衡;
(7) 坑内采掘提升煤、矿石兼排地下水,比较经济;
(8) 可极大地减少建设工程量、减少管理人员和辅助生产设施;
(9) 易于实现自动控制、便于维护管理。

与其他运输方式相比,浆体管道运输方式也有其应用上的局限性或缺点:

(1) 输送物料比较单一,只能输送一种或几种与水混合后不会产生物理性质和化学性质变化的颗粒状物料;
(2) 只能定向、定点、定量输送,不像其他运输方式那样可以向任何多点、不定量地输送;
(3) 浆体管道运输方式对物料的粒度、密度和浓度等变化的敏感性强且对其应变能力低,对它们的变化范围要求有严格的控制;
(4) 耗水量较大,缺水地区采用浆体管道运输方式时,需花费较多资金;用于开采水源或采取循环供水措施,同时还会增加电耗,这就在一定程度上降低了浆体管道运输方式的优越性。

当前我国的铁路公路运输能力不足,有计划地发展长距离浆体管道运输(当前主要是输煤管道),可以大大减轻铁路、公路的负担,降低铁路、公路扩建的投资,可间接地带来巨大的社会效益。

二、浆体管道运输系统

浆体管道运输系统一般都有三大环节,即浆体制备系统(前处理)、浆体输送系统(泵站和管道)和脱水系统(后处理),根据输送距离的长短和输送工艺的繁简,这三大环节也不相同。

1) 浆体制备系统

浆体制备系统的功用是制备适宜用管道运输的浆体,用于长距离浆体管道运输系统,包括合格的料度、合格的浓度和合格的浆体 pH 值,对浆体和冲洗水还要进行除氧,在冬季甚至还要对浆体进行加热。主要制浆设备如图 6.2 所示。

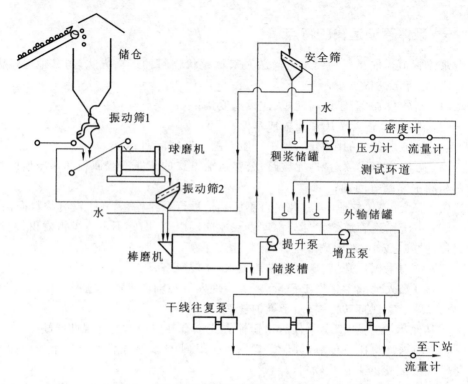

图 6.2 浆体制备系统示意图

2) 浆体输送系统

浆体输送系统是整个浆体管道运输系统的核心,主要包括泵站和输送管道,其功用是将已制备合格的浆体输送到预定的目的地,如有关用户或浆体的输送终点或储存地。浆体输送系统是优化设计的关键所在,其成本构成是基建投资、能耗和运营费的主要部分。在浆体输送系统的设计中要涉及大量技术方面和经济方面的问题,如泵型选择、清管器的发送和接收、突发性事故的处理、水击和加速流的防护、管道的清洗、水推浆与浆推水的阻力计算、加速流与水击的防护、管道敷设与壁厚计算、管网的阴极保护、经济浓度、经济管径、主泵的经济压力、管道的最大允许敷设坡度、均质流与非均质流的计算、摩阻损失的计算、浆体稳定性的计算、主泵的流量调节、停机再启动措施、自动控制与监测、管道的热工计算等,需予以正确、妥善解决。

3) 浆体的脱水与储存

浆体中的水是作为载体随物料到达输送终点的,到达终点后要进行脱水与贮存,脱水后物料的含水量要满足用户直接使用要求或储存要求。脱除后的污水通常含有悬浮物、油类等及其他有害成分,且会存在 pH 值偏高的现象,必须经过处理,使其满足其他用户或本企业循环使用和重复使用的要求,如向外排放,应满足地方或国家的排放标准要求。

浆体的脱水流程如图 6.3 所示。对于所输送的金属矿山的精矿、矿石、煤炭等有用物料的浆体,后处理系统包括浓缩、贮浆、过滤、外运、堆存、污水处理、处理后污水回收等环节。对于所输送的尾矿和灰渣等废弃物料的浆体,一般向尾矿库和灰渣库排放,同时完成脱水和污水处理,处理后将污水回收或排放,在这种情况下不存在浓缩、贮浆、过滤、外运的环节。

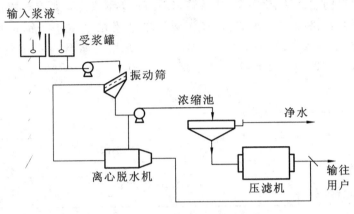

图 6.3 浆体的脱水流程

第五节 特种物料管道

一、膏体管道运输

由于生产工艺的需要,要求将有些固体物料以特高浓度提供给用户,人们把这种特高浓度的浆体称为膏体。这种浆体的形态有如牙膏,浆体的流动性很小,具有一定的可塑性。例如,膏体浓煤浆(CWM 或 CWF)可直接作为燃料向火力发电厂的燃煤锅炉喷吹,甚至作为内燃机的动力燃料,以节约燃料费用。膏体全尾砂充填料浆可直接用于坑内矿井下充填,既可以废物利用,又可以降低运营费、减少尾矿场占地。

由于膏体的黏度很大,管道运输的阻力很大,因此由洗煤厂向火力发电厂输送煤浆,或由选矿厂向坑内矿输送全尾砂,仍以常规的经济浓度输送,以降低能耗。到达用户后,再制备成膏体供给火力发电厂或坑内矿。

1) 膏体管道运输的特点

流变试验表明:工程上常见的膏体多为宾汉塑性体或屈服幂律塑性体,由于其屈服应力和黏度都很大,以有效黏度计的雷诺数很小,且处于层流区。膏体具有高度的稳定性,长时间放置也不会产生离析或分选现象,物料在储存仓和管道中不论是处于静态还是动态,都几乎不存在浓度梯度和粒度梯度,因此不存在紊流区浆体的临界流速问题,输送流速远比紊流区普通浓度浆体所需流速为小。试验表明,即使输送流速低到 0.1 m/s,也能保证膏体的正常输送。

膏体两相流称为结构流,膏体在管道中类似柱塞做整体运动,只要"柱塞"所承受的压力(来自往复式浆体泵)超过重力和摩擦力之和,就可以促使膏体整体运动。膏体各层之间没有流速梯度,在管道中流核几乎占据管道的全断面。

2) 经济流速与经济管径

根据用户的生产工艺要求,可以确定适宜的膏体浓度,即输送浓度取决于技术要求而不是经济要求。例如,膏体浓煤浆的质量浓度取决于锅炉喷吹煤粉对水分的要求,一般为70%~75%;膏体全尾砂充填料浆含有一定的胶结料(水泥),其质量浓度取决于充填作业的要求,一般为75%~80%,如表6.2所示。

表 6.2 膏体输送浓度示例

膏 体 名 称	物料密度/(kg/m³)	输送浓度/(%)	
		质量浓度	体积浓度
浓煤浆	1 400	70~75	62.5~68.2
全尾砂充填料浆	2 800	75~80	51.7~58.8

在具体工程设计中,膏体输送流速与管径由用户根据物料的特性(粒度和粒度组成、密度、物料的物理化学特性等)提出要求。在既定的膏体输送浓度和运量条件下,输送流量也是一定的。

二、密封容器的管道运输

密封容器(capsule)管道运输是新近出现的管道运输方式。浆体管道运输的物料比较单一,技术要求比较严格,对于长输管道还有粒径的要求——浆体最大粒径不得超过1~2 mm。为了突破这种限制,充分发挥管道运输方式的优势,出现了密封容器的管道运输。有些文献介绍的"囊状体"、"密封舱"管道运输,都属于密封容器管道运输的范畴。密封容器管道运输的载体可以是水,也可以是压缩空气;被输送的物料可以是固体、半固体甚至气体。密封容器分为水力密封器和空气密封器两种。为减小密封容器与管道的摩擦阻力,水力密封器的装载容重应小于1 000 kg/m³(水的容重),以产生浮力,也可以用带轮的密封器。由于空气的浮力很小,空气密封器必须带轮,用滚动摩擦代替滑动摩擦,以减小输送阻力。密封容器有两种形式:一种是刚性密封容器,多为圆筒形,也可以采用球形和两端加椭圆形封头的圆筒形;另一种是采用聚乙烯薄膜进行密封的柔性密封容器。自20世纪60年代以来,很多国家都对密封容器管道运输进行了试验研究。

密封容器为管道运输方式拓展了新的应用领域,开阔了人们的视野。密封容器管道运输与浆体管道运输相比,具有以下特征。

(1) 不必采用破碎、研磨和筛分机械来减小输送物料的粒径,即使物料的粒度较大,也能进行密封容器的管道运输,大大简化了工艺流程和管理。

（2）不必担心粉粒状物料在输送过程中会产生破坏、变质和磨损不利等现象。

（3）黏性强的粉粒状物料如采用一般的管道运输方式，易产生糊壁现象，堵塞管道、影响输送。采用密封容器管道运输，可避免上述不利的产生。

（4）密封容器管道运输对管道的腐蚀和磨损小，特别是有浮力的水力密封容器管道运输。

（5）成型的密封囊管道运输，一般不收回密封囊；不成型的密封容器管道运输，应设密封容器收回管道，以便重复使用。

（6）如果管道中的水为静止状态，利用水的浮力，将装载容重小于 1 000 kg/m³ 的密封容器提升到一定高度，可大大降低能耗，只是装入和卸出密封容器时，要求在管道装入口和装入口的上、下管道邻近处设置必要的大型开闭电动阀门，在卸出口处设置起重设备，以取出密封容器进行卸载。卸载后的密封容器利用自重返回装载点，以重复使用。

各种密封容器管道运输的特点和用途如表 6.3 所示。

表 6.3　各种密封容器管道运输的特点和用途

分类		特点	设备费	营运费	用途				
					日用品	粮食	废弃物	砂石	砂土
密封容器水力输送	有轮	①容器费用较高；②适用于重物的长距离输送	高	低	×	□	○	◎	◎
	无轮 容器式	①容器费用较低；②适用于轻物的输送	中	中	×	□	○	○	○
	无轮 成型式	①成型费用较高；②采用单程管道，输送设备费用低	中	中	×	×	○	○	□

注：◎特别适用；○适用；□可能适用；×不适用。

密封容器管道运输方式的发展历史较短，发展速度却较快。虽然在这一领域还有很多课题需要进行深入研究，但已由基础研究和试验阶段逐步过渡到实际应用阶段。有些密封容器如"潜水列车"和"空气列车"能在管道中行进，既安全可靠又可降低运费。由于被输送的物料装在密封容器中，与载体不直接接触，安全可靠（特别是空气密封容器），不存在变质和吸湿问题。

最早的密封容器管道系统是在 19 世纪的下半叶到 20 世纪的上半叶兴建并投入运行的。值得一提的是 20 世纪 60 年代初德国汉堡的大直径管道邮政系统，其管道直径为 450 mm，由于运输工具的尺寸和重量较大，其下部安装有滚轮，运输速度为 36 km/h。该系统运行一直非常良好，但是由于该系统的时代性，终于在经历了 16 年之后，于 1976 年由于经济原因而被关闭。英国伦敦在 1927 年建成了一个名为"Mail Rail"的地下运输系统,用于在伦敦市区的邮局之间进行邮件传送;在伦敦还有一条新的自动化地下管道运输系统,管道的内径为 2.74 m,每辆运输车的运输能力为 1 t,行驶速度可达 60 km/h。另外,哈萨克斯坦也建成了总长度达 650 km 的密封容器管道,用来输送粮食。

我国也已开始对密封容器管道运输技术进行试验研究。为了使密封容器管道运输技术在我国得到实际应用,必须研究密封容器合理设计方案、最佳输送参数,以及提高输送效率、降低输送费用的措施。以下是我国今后在密封容器管道运输技术领域的研究课题。

(1) 采用价廉、密度小、强度高的材质制作密封容器;

(2) 减小密封容器在输送管道中的间距,增加密封容器在输送管道中的数量,以提高输送效率;

(3) 提高密封容器的供给(装入)和卸出装置的性能,以提高输送效率;

(4) 提高密封容器的运输速度;

(5) 提高顺序控制和操作的自动化水平,降低操作人员的劳动强度;

(6) 在确保装载后密封容器容重低于清水容重(1 000 kg/m³)时,提高物料的装载充满度。

背景知识

垃圾气力管道运输系统应用现状及前景

垃圾气力管道运输系统在国外应用十分广泛且技术相对成熟,已逐步应用于世界各地的商业综合开发区、住宅区、机场、世博园、奥运村、医院、商业厨房等处。目前全球包括欧洲、北美洲、亚洲等地共有上千套气力管道垃圾输送系统已投入使用。该系统在亚洲已安装了近 70 套,主要集中在日本、新加坡和我国的香港地区。日本主要采用三菱的系统,将焚烧厂周边地区的垃圾直接输送到焚烧厂,例如东京湾和横滨;新加坡和我国香港地区都是采用瑞典 Envac 系统,新加坡地应用了 7 套,我国香港地区应用了 9 套。已建成气力管道运输系统工程主要的有亚特兰大国际机场、芬兰赫尔辛基 Kamppi 综合区、瑞典哥德堡、荷兰 Almere 新城中心、挪威 Gardenrmoen 机场、葡萄牙里斯本世博园、西班牙巴塞罗纳奥运村、德国慕尼黑奥运村、美国佛罗里达州迪斯尼乐园、马来西亚吉隆坡国际机场、中国台北金融中心、中国香港科学园、新加坡、韩国汉城等多处。

目前在我国内地已开始建设垃圾气力管道运输系统,如上海浦东国际机场和广州市白云新国际机场厨房都采用了该系统,北京国际中心、上海泰晤士小镇住宅区、广州金沙洲居住区和花园酒店的垃圾气力管道运输系统也正在建设中。其中

• 第六章 管道运输设施设备的应用 •   123

北京国际中心是我国第一个应用垃圾气力管道运输系统的区域,广州金沙洲垃圾气力管道运输系统目前是国内管道覆盖面最大的项目。

垃圾气力管道运输系统在国外的应用现状及该系统的优势说明,在国内开发研究该系统势在必行,其应用将给国内垃圾收集领域带来突破和飞越。同时,由于该系统一次性投资大,根据我国国情,不适宜大范围使用,但它在开发区、奥运村、高层住宅小区、别墅群、飞机场、大型游乐场等地区还是有着较明显的应用优势的。

阅读并思考

1. 与传统的垃圾转运方式相比,垃圾气力管道运输系统有何优点?

 本章综合练习题

 名词解释

管道运输　　首站　　末站

 填空题

1. 石油管道工程是由_____、_____和_____三部分组成的。
2. 浆体管道运输系统一般都有三大环节,它们是_____、_____和_____。

 简答题

1. 管道运输运输的主要物料有哪些?
2. 我国现有的油气输送管道的现状如何?
3. 和其他运输方式相比较,管道运输具有哪些特点?
4. 运输管道有哪些主要类型?
5. 浆体管道运输具有哪些优缺点?

部分练习题参考答案

填空题

1. 管道线路工程　管道站库工程　管道附属工程
2. 浆体制备系统(前处理)　浆体输送系统(泵站和管道)　脱水系统(后处理)

第七章 物流装卸搬运设备的应用与管理

学习目的

通过本章的学习,应了解物流装卸搬运的基本内容与特点,熟悉物流装卸搬运设备的分类,掌握物流装卸运设备的选型和物流装卸搬运设备管理的一般方法。

第一节 物流装卸搬运的基本内容与特点

一、装卸与搬运的概念

装卸搬运是指在同一区域范围内,以改变物资的存放状态和空间位置为主要内容和目的的活动。

装卸是指以垂直位移为主的实物运动形式,装卸作用的结果是物资从一种支承状态转变为另一种支承状态,前、后两种支承状态无论是否存在垂直距离差别,总是通过一定的空间垂直位移的变化而得以实现的;搬运是指物资在区域范围内(通常指在某一个物流尾端如仓库、车站或码头等)物资所发生的短距离、以水平方向为主的位移。在流通领域,人们常把装卸搬运活动称为物资装卸,而在生产领域则称为物料搬运。

物流各环节的前后和同一环节不同活动之间,都必须进行装卸搬运作业。美国产业界人士明确指出,当前美国在全部生产过程中只有5%的时间用在了加工制造上,而95%的时间则用在了装卸搬运、储存等物流过程中。从微观运输部门角度考察,在运输的全过程中(包括运输前后的装卸搬运),装卸搬运所占的时间为全部运输时间的50%。正是装卸活动把物流运动的各个阶段连接起来,使之成为连续的流动过程,如在生产企业物流中,装卸搬运是各生产工序间连接的纽带,它包括从原材料、设备等装卸搬运开始,到产品装卸搬运为止的连续作业过程。从宏观物流角度考察,自物资离开生产企业到进入再生产消费和生活消费,装卸搬运都像影子一样伴随流通活动的始终。

装卸搬运是随着物品的运输和保管而附带发生的作业。具体来说,它是指在物流过程中对物品进行的装运卸货、搬运移送、堆垛拆垛、旋转取出、分拣配货等作业。装卸是物流系统的一个重要构成要素。运输能产生空间上的效用,保管能产生时间上的效用,而装卸本身并不产生新的效用或价值。虽然如此,但是在供应物流、企业内物流、销售物流等整个供应链物流过程中,装卸作业所占的比重较大。装卸作业质量的好坏和效率的高低不仅影响物流成本,还与物品在装卸过程中的损坏、污染等造成的损失成本和保护物品的包装成本,以及是否能及时满足顾客的服务要求相关。因而,保证装卸作业的合理化是实现高效的物流活动、高水准的服务质量的重要手段之一。

物流过程中的装卸作业包括卸货和搬运、分拣、堆垛中以及拆垛配货活动中的装卸作业,发货活动中的搬运、装货等装卸作业。

装卸搬运是人与物的结合,完全的人工装卸搬运在物流业充分发展的今天,几乎已经不复存在。现代装卸搬运表现为必须具备劳动者、装卸搬运设备设施、货物以及信息、管理等多项因素的作业系统。只有按照装卸作业本身的要求、在进行装卸作业的场合,合理配备各种机械设备和合理安排劳动力,才能使装卸搬运的各个环节互相协调、紧密配合。

二、物流装卸与搬运设备的特点

1. 装卸搬运设备的概念

在物流系统中,装卸搬运作业的工作量和所花费的时间、耗费的人力、物力在整个物流过程中占有很大的比重。为了高效、及时、安全地完成装卸搬运作业,必须合理地配备、选择装卸搬运设备。

装卸搬运设备是指用来搬移、升降、装卸和短距离输送货物或物料的机械。它是物流系统中使用频度最大、需要数量最多的一类机械设备,是物流机械的重要组成部分。装卸搬运设备不仅可用于船舶与车辆货物的装卸,而且可用于库场货物的堆码、拆垛、运输以及舱内、车内、库内货物的起重输送和搬运。

2. 装卸搬运设备的工作特点

为了顺利完成装卸搬运任务,必须使装卸搬运设备适应装卸搬运作业要求。装卸搬运作业要求装卸搬运设备结构简单牢固,作业稳定,造价低廉,易于维修保养,操作灵活方便,生产率高,安全可靠,能最大限度地发挥自身的工作能力。装卸搬运设备的性能和作业效率对整个物流的作业效率影响很大,其主要工作特点如下:

(1) 适应性强。由于装卸搬运作业受货物品类、作业时间、作业环境等影响较大,装卸搬运活动各具特点,因而,要求装卸搬运设备具有较强适应性,能在各种环境下正常工作。

（2）工作能力强。装卸搬运设备起重能力大，起重量范围大，生产作业效率高，具有很强的装卸搬运作业能力。

（3）机动性较差。大部分装卸搬运设备都需在设施内完成装卸搬运任务，只有个别设备可在设施外作业。

（4）安全性要求高。安全性是指装卸搬运设备在预定使用条件下执行其预定功能时不产生损伤或危害健康的能力。装卸搬运机械在实现物流活动的高效、快捷、方便的同时，也带来了不安全因素，如起重机常会发生事故。机械设备事故可能危害操作者的身体，造成货物的损坏，严重影响企业经济效益。物流机械设备的安全水平，直接关系到操作者的安全和装卸搬运质量。因此，安全性已成为选用装卸搬运时应重点考虑的因素，机械设备的安全性越来越受到企业管理者的重视。

（5）工作忙闲不均。有些装卸搬运设备工作繁忙，而有些装卸搬运设备长期闲置。无论哪一种情况，都要求加强检查和维护，保证装卸搬运设备始终处于良好的技术状态。

3. 装卸搬运设备的作用

装卸搬运设备是机械化生产的主要组成部分，是实现装卸搬运作业机械化的物质技术基础，是实现装卸搬运合理化、效率化、省力化的重要手段。在装卸搬运作业中，要不断反复进行装、搬、卸操作，这些操作需要装卸搬运设备来有效地衔接。因此，合理配置和应用装卸搬运设备，安全、迅速、优质地完成货物装卸、搬运、码垛等作业任务，对于实现装卸搬运作业的自动化、加快现代化物流发展、促进经济发展等，有着十分重要的作用。装卸搬运设备化的作用主要体现在以下几个方面。

（1）提高装卸搬运效率，节约劳动力，减轻装卸工人的劳动强度，改善劳动条件。

（2）缩短作业时间，加速车辆周转，加快货物的送达和发出。

（3）提高装卸质量，保证货物的完整和运输安全。

（4）降低装卸搬运作业成本。装卸搬运设备的应用，势必会提高装卸搬运作业效率，而效率提高会使每吨货物分摊到的作业费用相应减少，从而降低作业成本。

（5）充分利用货位，加速货位周转，减少货物堆码的场地面积。采用机械作业堆码高度大，装卸搬运速度快，可以及时腾空货位，因而可以减少场地面积。

随着物流现代化的不断发展，装卸搬运设备将会得到更为广泛的应用。科学使用、管理装卸搬运设备，充分发挥装卸搬运设备的潜能，实现装卸搬运机械作业，是取得良好装卸搬运效率的重要手段。

第二节　物流装卸搬运设备的分类

装卸搬运设备所装卸搬运的货物包括箱装货物、袋装货物、桶装货物、散货、易燃易爆及剧毒制品等，其来源广、种类繁多，货物的外形和特点也各不相同。为了适应各类货物的装卸搬运需求和满足装卸搬运过程中各个环节的不同要求，各种装卸搬运设备应运而生。装卸搬运作业运用的装卸搬运设备种类很多，分类方法也很多，为了运用和管理方便，常按以下方法进行分类。

1. 按主要用途或结构特征进行分类

按这种分类方式，装卸搬运设备可分为起重设备、输送设备、装卸搬运车辆、专用装卸搬运设备。其中，专用装卸搬运设备是指带有专用取物装置的装卸搬运设备，如托盘专用装卸搬运设备、集装箱专用装卸搬运设备、船舶专用装卸搬运设备等。

2. 按作业性质进行分类

根据作业性质的不同，装卸搬运设备可分为装卸设备、搬运设备及装卸搬运设备三类。有些装卸搬运设备功能比较单一，只满足装卸或搬运中的一种功能，这种机械结构简单，专业化作业能力较强，因而作业效率高、作业成本低。但由于其功能单一，使用上受局限，且其作业前后需要烦琐的衔接，会降低整个系统的效率。具有单一装卸功能的设备有固定式起重机等；具有单一搬运功能的设备主要有各种搬运车等。装卸、搬运两种功能兼有的设备可将两种作业操作合二为一，因而效率较高。这种设备有叉车、跨运车、车站用的门式起重机等。

3. 按装卸搬运货物的种类进行分类

按这种分类方式，装卸搬运设备可分为以下四类。

1) 长大笨重货物的装卸搬运设备

长大笨重货物的装卸搬运作业通常采用轨行式起重机和自行式起重机两种。轨行式起重机有门式起重机、桥式起重机、轨道起重机等；自行式起重机有汽车起重机、轮胎起重机和履带起重机等。在长大笨重货物运量较大并且货流稳定的货场、仓库，一般配备轨行式起重机；在运量不大或作业地点经常变化时，一般配备自行式起重机。

2) 散装货物的装卸搬运设备

散装货物一般采用抓斗起重机、装卸机、链斗装车机和输送机等进行机械装车；机械卸车主要采用链斗式卸车机、螺旋式卸车机和抓斗起重机等。散装货物搬运主要采用输送机。

3) 成件包装货物的装卸搬运设备

成件包装货物一般采用叉车，并配以托盘进行装卸搬运作业。此外，还可以使用牵引车和挂车、带式输送机等解决成件包装货物的搬运问题。

4）集装箱货物装卸搬运设备

1 t集装箱一般选用内燃机叉车或电瓶叉车作业；5 t及其以上的集装箱采用门式起重机或旋转起重机进行装卸作业，还可采用叉车、集装箱跨运车、集装箱牵引车、集装箱搬运车等。

第三节 物流装卸搬运设备的选型

不同类型的货物，在不同的装卸搬运场所，所需要的装卸搬运设备也不尽相同。合理选择装卸搬运设备，无论对于降低装卸搬运费用，还是对于提高装卸搬运效率，都有着重要的意义。

一、装卸搬运设备的选择

1）选择装卸搬运设备的基本原则

装卸搬运设备的选择，应满足提高效率、降低费用的总要求，具体应遵循以下几项基本原则。

（1）应根据不同类物品的装卸搬运特征和要求，合理选择具有相应技术特性的装卸搬运设备。各种货物的单件规格、物理化学性能、包装情况、装卸搬运的难易程度等，都是影响装卸搬运设备选择的因素。因此，应从保证作业安全性和效率出发，选择适合的装卸搬运设备。

（2）应根据物流过程中输送和储存作业的特点，合理选择装卸搬运设备。对于货物的输送过程，不同的运输方式具有不同的作业特点，因此，在选择装卸搬运设备时，应根据各运输方式的作业特点选择与之相适应的装卸搬运设备。同样，货物的储运也有其相应的作业特点，储存物品规格、作业类别较多、进出数量难以控制、装卸搬运次数较多和方向多变等。因此，为适应储存作业的特点，在选用机械作业时应尽可能选择活动范围大、通用性强、机动灵活的装卸搬运设备。

（3）根据运输和储存的具体条件和作业的需要，在正确估计和评价装卸搬运的使用效益的基础上，合理选择装卸搬运设备。这就是说，在选择机械设备时一定要坚持进行技术经济可行性分析，使设备的选择建立在科学的基础上，以充分利用机械设备和提高作业效率。

2）企业物流对选择装卸搬运设备选择的影响

在遵守以上原则的同时，也要考虑企业物流的具体情况。在选择装卸搬运设备时，由于生产发展水平的制约及作业现场物流量的需要，应力求使设备的作业能力与现场作业量之间形成最佳的配合状态。设备的作业能力达不到或超过这一状态点都可能造成不良后果。当设备作业能力达不到现场作业要求时，物流会受阻；当超过现场作业的要求时，就会出现生产能力过剩，设备能力得不到充分发挥的情形，超过得越多，经济损失也就越大。

影响物流现场装卸作业量的因素很多,通常有以下几个方面。

(1) 吞吐量　无论是哪种物流作业现场,如车站、码头、仓库等,吞吐量都是装卸作业量核定的最基本的依据。

(2) 堆码、搬倒作业量　在装卸作业现场中,物资并非都是经过一次装卸作业就能完成入港、离港、入库、出库、入站、出站等作业的。由于货场的调整、保管的需要、发运的变化等因素,往往必须对物资进行必要的搬倒、堆码作业。搬倒、堆码的次数越多,装卸作业量也就越大。这部分装卸作业量当然越少、越接近于零越好。

(3) 装卸作业的高峰量　由于装卸作业直接受到物资流动不均衡的影响,装卸作业设备在使用上可能发生忙闲程度的不同。为了能适应装卸搬运作业现场可能出现的高峰量,在设备作业能力上应对此有必要的、充分的准备。

3) 选择装卸搬运设备时应考虑的其他条件

在选择装卸搬运设备时,除了需遵循上面的三项基本原则外,还应考虑以下三点。

(1) 以满足现场作业需求为前提。可根据物流作业现场的具体作业需要,选择合适的装卸搬运设备类型。例如,在有铁路专用线的车站、仓库等地,可选择门式起重机;在库房内可选择桥式起重机;在使用托盘和集装箱作业的生产条件下,可尽量选择叉车乃至跨载起重机。

(2) 以现场作业量、物品特性为依据。一般来说,对于吞吐量较大的车站、码头、货场,应选择较大吨位的装卸搬运设备,这样可在作业次数相对较少的情况下,完成较大的作业量。对于长大、笨重的物品,可选择较大吨位的起重设备。对单体重量较轻的物品可选择相应较小吨位的机械。确定装卸机械吨位时,应对现场要求进行周密的计划、分析。

(3) 在能完成同样作业效能的前提下,尽量选择性能好、节省能源、便于维修、有利于环境保护、利于配套、成本较低的装卸搬运设备。

二、装卸搬运设备的指标体系的选择

在选择和配置装卸搬运设备过程中,人们都希望选择技术可靠、经济合理、操作方便的设备。然而,在实际中,常会存在着一些矛盾,如技术上先进的设备价格往往很高。因此在实际选用和配置过程中,必须根据企业的实际情况和业务发展的侧重点进行合理地选择和配置。

装卸搬运设备配置、选择的指标体系主要由五个部分所组成,即技术指标、经济指标、适应性指标、组织性指标和人机关系指标。可根据使用中对各性能要求的不同进行科学合理的选择。

1. 技术指标

技术指标是反映装卸搬运设备的主要性能的指标,也是反映设备是否在技术性能、自动化程度、结构优化、环境保护、操作条件、现代新技术的应用等方面具有先进性的指标。每一种装卸搬运设备都有自己的技术指标,为此,在选择设备时,应以装卸搬运作业适用为前提,根据不同要求和具体情况,确定不同的技术指标。例如,在堆垛巷道较窄的仓库中,选择叉车时,主要考虑的技术指标是叉车的宽度,这样叉车的宽度指标在选择中就占有较大的权重。有关装卸搬运设备的选择可参照表 7.1 进行。

表 7.1　装卸搬运设备的选择

作业	物的运动	货物重量/kg	移动距离/m	手车	手推车	搬运车	电动搬运车	手推平板车	电动平板车	电动步行叉车	叉车	侧面升降叉车	电动自卸车	动力牵引车	载货汽车
搬运、移送	水平	50~100	5~15	√											
		50~100	15~50		√										
		100~250	5~50		√	√									
		100~250	50~100		√	√	√								
		250~500	5~15		√	√		√		√					
		250~500	50~200			√	√	√	√		√			√	
		250~500	200以上				√		√						
		500~1500	5~15				√	√	√		√	√			
		500~1500	50~200			√		√	√		√			√	
		500~1500	200以上												
		1500~3000	15~200				√		√		√	√			
		1500~3000	200以上											√	√

注:表中"√"表示被选的装卸搬运设备。

2. 经济指标

经济指标是指装卸搬运设备在购置和使用过程中所涉及的成本效益指标。

任何装卸搬运设备的使用都受经济条件的制约,成本是衡量设备技术可行性的重要依据。在多数情况下,装卸搬运设备的技术先进性与成本可能会发生矛盾。在满足使用的前提下应对技术先进性与经济成本进行全面考虑和权衡,作出合理的判断,这就需要进一步做好成本分析。

装卸搬运设备的选择与装卸搬运设备作业所发生的费用有极大关系,这些费用主要包括设备投资费用、设备运作费用以及装卸作业成本等。

1) 设备投资费用

装卸搬运设备投资费用,是平均每年机械设备投资的总和与相应的每台机械在一年内完成装卸作业量之比,即

$$C_{设} = \frac{C_{投}}{365G}$$

式中:$C_{设}$——装卸设备投资费用;

$C_{投}$——平均每年装卸设备的总投资;

第七章 物流装卸搬运设备的应用与管理

G——装卸设备平均每日装卸作业量。

其中,平均每年装卸搬运设备的总投资包括装卸设备的购置费用、设备安装费用,以及与设备直接有关的附属设备费用,即

$$C_{投} = (C_{机} + C_{装}) \times K_{折} + C_{附} K_{折}$$

式中:$C_{机}$——装卸设备的购置费;

$C_{装}$——设备安装费用;

$K_{折}$——各项设备的基本折旧率;

$C_{附}$——附属设备费用,包括车库、充电设备、电网、起重运行轨道等的费用。

2) 设备营运费用

营运费用是指在某一种装卸搬运设备作业现场,一年内营运总支出和设备完成装卸量之比。装卸每吨货物支出的营运费用为

$$C_{运} = \frac{C}{C_{年}}$$

式中:$C_{年}$——装卸设备年作业量;

C——一年内营运投资总费用,包括设备维修、动力消耗、劳动工资、照明等费用。

(1) 维修费用 为了延长设备的使用年限,确保设备工作安全,不降低设备的作业效率,对各项设备都需进行大、中修和必要的维修保养,其中发生的费用即维修费用,按下式计算。

$$C_{修} = (C_{机} + C_{装})(a_{大} + a_{中} + a_{维}) + \sum C_{附} a_{大}$$

式中:$C_{机}$——设备的购置费;

$C_{装}$——设备安装费用;

$a_{大}$——大修折旧率;

$a_{中}$——中修折旧率;

$a_{维}$——日常维修、保养折旧率,包括一、二级保养、日常养护(一般取 0.5%~2%)。

(2) 劳动工资费用 员工一年劳动工资总支出为

$$C_{资} = m_{人} [12A_{基}(1 + \beta_{补} + \gamma_{奖}) + C_{保}]$$

式中:$m_{人}$——从事物资装卸作业的工人人数;

$A_{基}$——员工的基本工资,一般按平均数计;

$\beta_{补}$——补助工资(包括文教、卫生、节日补贴、取暖补贴等)系数;

$C_{保}$——社会保障费用系数。

(3) 燃料和电力费用 每台设备一年的燃料费用为

$$C_{燃} = 0.365 \times gc \times N_{率} K_{利} \times K_{损} JC \times T \times A_{燃} \times K_1$$

式中:gc——每千瓦耗油量;

$N_{率}$——内燃机组功率;

$K_{利}$——功率利用系数;

$K_{损}$——空转损耗系数;

JC——相对结合时间；

T——每昼夜工作时间；

$A_{燃}$——每千克燃料单价；

K_1——时间利用系数；

0.365——换算系数(0.365＝365/1 000)。

每台设备一年的用电费用为

$$C_{电}=365 \times W_{率} \times K_{利} \times K_{损} JC \times T \times K_1 \times A_{电}$$

式中：$W_{率}$——电动机组总功率；

$A_{电}$——每度工业电费用；

365——一年工作天数。

（4）照明费用　每台照明费用支出为

$$C_{照}=365 \times Sn_0 \times T_0 \times K_{损} \times A_{照}$$

式中：S——照明面积；

n_0——每平方米面积需要的照明度；

T_0——每天照明时间；

$K_{损}$——损失系数；

$A_{照}$——每度工业电费用。

3）装卸搬运的作业成本

装卸搬运成本是指装卸搬运设备在某一作业场所每装卸1 t货物所支出的费用，即每年平均设备投资支出和运营费用支出的总和与每年装卸搬运设备在作业现场完成的装卸总吨数之比，其计算式为

$$C_{本}=\frac{C_{支}+C_{运}}{G_{年}}$$

式中：$C_{支}$——每年设备投资支出的费用；

$G_{年}$——每年设备完成的总吨数。

3. 组织性指标

组织性指标是指装卸搬运设备作业和供货的及时性和可靠性。为了保证装卸设备正常工作，在配置、选择设备时，必须考虑设备及配件、备件的供应及时性和可靠性、维修网点、供应商服务内容等情况，以便最大限度地发挥设备效能。

4. 适用性指标

适用性是装卸搬运设备满足使用要求的能力，一般包括适应性和实用性。在配置与选择设备时，应充分注意到装卸搬运作业的实际需要，所配置和选择的设备应符合货物的特性，适应货运量的需要，适应不同的工作条件和多种作业性能要求，操作使用灵活方便。因此，首先应明确装卸搬运设备的必要功能是什么，根据具体的作业任务来确定需要什么样的设备，做到设备作业配套，以充分发挥设备效能。

5. 人机关系指标

人机关系问题目前已经发展成为一个重要的科学分支——人机工程学,人机关系指标也越来越受到人们的重视。人机关系指标主要反映搬运车辆操作的舒适性。在配置和选择搬运车辆时,要看设备是否容易操作、是否无噪音或噪音较小、是否视野宽阔,其外观是否符合现代美学观念、给人以美的感受等,从而选择具有较好舒适性的装卸搬运设备。

第四节 装卸搬运设备的管理

各装卸设备的管理基本相同,现以港口装卸搬运设备为例对此方面内容进行介绍。

港口装卸搬运设备的管理工作应贯彻"安全第一、预防为主"和依靠技术进步、促进生产发展的方针,坚持维护与检修相结合,修理、改造与更新相结合,专业管理与群众管理相结合,技术管理与经济管理相结合的原则。

港口装卸搬运设备的管理是港口企业管理的重要组成部分,港口企业应当采取技术和经济措施对设备进行综合管理,不断改善和提高技术装备素质,使其保持良好的技术状态,充分发挥其效能;港口企业应当建立健全港口装卸搬运设备管理综合体系,对设备实行从规划、选型、购置(或者设计、制造)、安装、验收、使用、维护、检修、改造直至报废的全过程管理;应当采用先进的管理方法和维修技术进行港口装卸搬运设备的管理,推行以技术状态为基础的维修方式,逐步提高管理和维修的现代化水平。

1. 分类和编号

港口装卸搬运设备可划分为起重机械、输送机械、装卸搬运机械和专用机械等四类。

港口企业应当根据国家和行业标准对本企业港口装卸搬运设备统一编号,编号应当标示在机械的明显部位,并清晰、醒目;港口企业还应当根据港口装卸搬运设备在作业中的地位、投资费用、技术复杂程度和安全等因素,采用先进的管理方式,对设备实行分级分类管理。

2. 规划、选型和购置

港口企业应当根据生产发展需要和港口装卸搬运设备技术状态,编制设备更新和改造的中、长期规划和年度计划,并组织实施;港口装卸搬运设备选型应当遵循经济合理、技术先进、满足生产、安全可靠、方便维修、利于管理、节约能源和环境保护的原则综合择优进行;对于港口企业自制设备,应当准备完整的技术资料,按有关规定进行审批,并组织技术鉴定和验收。未经鉴定或者验收不合格的,不得生产和使用。

3. 验收及交付使用

港口企业应当建立新购置港口装卸搬运设备的验收工作程序,认真按工作程序进行验收,写出验收报告。凡验收不合格的,不得投入使用。

新购置设备的验收工作内容如下:
(1) 根据合同及有关文件清点和核对技术资料、附件、随机工具及备件;
(2) 根据有关技术资料检查设备的技术状况和性能。

港口装卸搬运设备经验收合格后,应当建立设备登记卡,其内容包括与设备相关的如下情况:
(1) 名称、型号和规格;
(2) 产地或者制造厂;
(3) 出厂、动力、底盘、机械和固定资产编号;
(4) 出厂、购置和启用日期;
(5) 规定使用年限和购置全值(原值);
(6) 主要技术参数;
(7) 主要图纸目录。

新购置设备在保修期内,发生属于制造质量的故障与损坏,应当及时做好技术鉴定和记录,按有关规定办理修复、索赔或退货事项。新型设备投产前,必须编制有关使用操作规程和维修保养规定,建立单机技术档案。购置的二手设备或者经过技术改造的设备,其验收可以按新购置设备验收的规定进行。

4. 技术状况分类及普查

港口装卸搬运设备根据技术状况分为四类。
(1) 一类:各零、部件完整无缺、零件磨损在允许范围之内,技术性能良好,可确保安全运行和正常作业。
(2) 二类:非主要零、部件欠完整、非主要零件的磨损虽超过允许范围,但对整机的原有技术性能影响不大,经维修保养后能安全运行。
(3) 三类:主要零、部件有较大的损坏或磨损,原有技术性能下降,经常发生故障。
(4) 四类:主要零、部件严重缺损,已丧失原有技术性能。

正在修理的港口设备按修理前类别划定。
港口企业应当建立检查评定制度,定期对设备技术状况进行普查评定。

5. 使用年限

港口装卸搬运设备的使用年限可以参照其折旧年限确定。设备达到使用年限后,技术状况良好、有继续使用价值的,应当进行鉴定,鉴定合格的方可继续使用。

6. 润滑

润滑管理是港口装卸搬运设备管理的基础工作之一,港口企业应当重视并抓好此项工作。港口企业应当适时制订润料消耗定额和计划,编制润滑图表、润滑卡片,编制、绘制与润滑有关的资料和图纸,试验确定代用油品,做好培训和技术指导工作、积极推广润滑新技术;积极执行润滑"五定":定人(定人加油)、定时(定时检换油）、定点（定点给油）、定质（定质选油）、定量（定量用油），合理使用润料，并做好润料的回收工作；完善油液分析手段，做好原始记录和分析，逐步做到跟踪化验，用油对路、按质换油、状态监测。

7. 定额和指标

港口企业应当建立必要的港口装卸搬运设备技术经济定额，并根据生产发展和技术进步，定期修订定额，保持定额的合理性和先进性。

港口企业应当建立考核制度，对下列主要技术经济指标进行考核。

（1）港口设备完好率，其计算公式为

$$完好率 = (完好台时/日历台时) \times 100\%$$

（2）港口设备利用率，其计算公式为

$$利用率 = (工作台时/日历台时) \times 100\%$$

（3）港口一、二类设备比重，其计算公式为

$$一、二类设备比重 = (一、二类设备台数/设备总台数) \times 100\%$$

（4）港口设备固定资产创净产值率，其计算公式为

$$设备固定资产创净产值率 = (全年净产值总数/全年设备平均原值) \times 100\%$$

式中： $$全年设备平均原值 = (年初设备原值 + 年末设备原值)/2$$

（5）港口设备新度系数，其计算公式为

$$新度系数 = (年末固定资产净值/年末固定资产原值) \times 100\%$$

8. 统计

港口企业应当对港口装卸搬运设备分别按月、季、年度、机种、单机和综合进行统计，统计内容如下：

（1）经济指标，包括固定资产创净产值率、新度系数等；

（2）技术状况，包括机械技术状况分类、一、二类设备比重、完好率等；

（3）运用情况，包括港口设备利用率、台时产量、故障率等；

（4）维护和修理情况，包括各级维修的停机日、工时、费用、返修率等；

（5）机损事故，包括事故发生次数、停机台时、修复费用、事故级别等；

（6）运行消耗情况。

港口企业应当按有关规定建立统计制度，如实填写统计报表，按时上报。进行单机经济核算是实现设备技术管理与经济管理相结合的基础，港口企业对此要逐步实行、深化。

9. 技术档案和技术资料

港口装卸搬运设备技术档案是指建造资料和技术改造资料，具体包括：

（1）技术经济论证和建造合同；

（2）由制造厂提供的原始资料，包括出厂说明书、安装说明书、验收大纲、使用说明书、配件目录、出厂检验合格证及有关图纸等；

(3) 技术改造和维修竣工图纸;
(4) 档案管理规定的其他资料。

港口企业应当收集整理设备技术档案,并按有关规定分级归档保管。设备技术档案分为单机技术资料、按机种统计和归类的技术资料、机损事故的处理报告及其他综合性资料。港口企业应当建立包括从设备购置到报废的全过程情况的完整的单机技术资料(可以为单机履历册或者单机台账)。应当认真填写、妥善保管单机技术资料,不得任意进行更改。

第五节 港口装卸搬运设备的使用

一、使用的原则

港口装卸搬运设备使用的工况和环境,必须符合本机械技术特性的要求及确保安全运行的基本条件。港口作业应当使用一、二类机械,停用三类机械,禁止使用四类机械。

港口企业应当建立健全的设备操作规程和岗位责任制,根据港口设备特点和生产需要实行定人定机制度。港口装卸搬运设备只能由下列人员进行操作:

(1) 正式司机;
(2) 在正式司机直接监督下,学习期满半年以上的学徒工等受训人员;
(3) 持有有效港口设备操作证照的其他有关人员。

港口企业的生产指挥、机械操作和维修人员,应当严格遵守设备的操作、使用规程和制度,禁止超规范、超负荷操作和使用设备。港口企业在组织生产作业时,应当选择经济合理的装卸工艺,充分发挥机械的效益,降低消耗和成本。

关于港口企业组织流动机械从事搬运作业的规定如下:

(1) 轮胎起重机、汽车起重机和履带起重机,除产品说明书说明允许外,不得吊载行驶;
(2) 叉车的搬运行程不宜超过 300 m;
(3) 装载机的搬运行程不宜超过 100 m;
(4) 蓄电池搬运车的搬运行程不宜超过 500 m;
(5) 集装箱正面吊运机载箱运行距离不宜超过 200 m。

二、维护和检修

1. 设备的维护

1) 日常维护

港口装卸搬运设备的日常维护是使设备保持良好技术状况和进行维修的基础,港口企业应当建立健全设备日常维护制度,包括司机交接班制度、技术操作规

程和日常检查保养规范等。设备的日常维护由操作人员负责,其基本要求如下:

(1) 严格按操作规程使用设备,在运行过程中经常观察设备运行情况;

(2) 保持设备完好无损、安全防护装置完备有效,保证设备安全运行;

(3) 按规定对设备进行清洁、检查、调整、紧固、润滑,保证无油垢、无积灰、无泄漏、无松动,使港口设备保持良好的技术状态;

(4) 填写"运行日志"和"日常维护记录卡"。

2) 定期保养

港口装卸搬运设备的定期保养是指在设备运行一定间隔期后,有计划地对设备强制进行的全面维护和保养作业。港口企业应当根据机种和作业条件的不同,制订定期保养规范,其内容如下:

(1) 定期保养级别、周期;

(2) 定期保养项目和验收标准;

(3) 润滑图谱;

(4) 主要检测点及检测范围。

港口装卸搬运设备的定期保养以专业保养人员为主、操作人员为辅,保养的主要内容如下:

(1) 对机械进行擦洗,清洁机械内部;

(2) 检查、清洁和更换各种滤清器;

(3) 检查、调整和紧固各操作、传动等连接机构的零部件;

(4) 利用简单检测设备对设备的主要测试点进行检测;

(5) 对各润滑点进行检查和清油;

(6) 检查和调整安全装置,保证其灵敏可靠;

(7) 更换已损坏的零部件。

港口企业应当建立并检查"定期保养记录卡",并将保养检测结果纳入设备状态监测范围。

3) 定期检查

定期检查简称定检,是指在港口装卸搬运设备基本不解体的情况下,通过人体感官和利用检测设备有计划地进行的检查。定检是进行状态维修的一个重要组成部分,港口企业应当建立健全的设备定检制度和工作程序。

港口企业应当根据具体情况和机种特点制订定检规范,其主要包括如下内容:

(1) 定检周期和计划;

(2) 定检项目和标准;

(3) 定检方法。

港口装卸搬运设备的定检应当由专业人员负责,并严格执行定检制度和定检规范,认真填写"定期检查记录卡"。

2. 设备的检修

港口企业在港口装卸搬运设备修理中，可以实行以运行时间为基础的修理方式，积极推行以技术状态为基础的修理方式。港口企业可以根据本企业情况采用不同的修理方式，确定具体的设备修理级别、周期、停机日、标准和定额。港口企业在设备修理中应当保持合理的设备大修率，设备的大修可与技术改造结合进行。

1）维修计划

港口企业应当制订完善的港口装卸搬运设备维修计划，并与企业的生产经营计划同时下达、执行和考核。

编制维修计划的主要依据：①通过定检所掌握的设备的劣化趋势；②通过长期积累检修资料所掌握的磨损规律。

港口企业应当根据维修计划做好维修准备工作，保证维修按时实施，努力缩短维修停机时间。

2）维修检验和验收

港口企业应当建立健全的港口装卸搬运设备维修检验和验收制度，认真做好验收记录，验收不合格的设备不得投入使用；对维修检验和验收实行分级管理，并组成自检、互检、专检的检验网络，保证维修质量，提高一次验收合格率，降低返修率。

背景知识

云南双鹤医药的装卸搬运环节分析

云南双鹤医药有限公司是北京双鹤这艘医药航母部署在西南战区的一艘战舰，是一个以市场为核心、现代医药科技为先导、金融支持为框架的新型公司，是西南地区经营药品品种较多、较全的医药专业公司。

虽然云南双鹤已形成规模化的产品生产和网络化的市场销售格局，但其流通过程中物流管理严重滞后，造成物流成本居高不下，不能形成价格优势，严重阻碍了其物流服务的开拓与发展，因此，物流管理成为该公司业务发展的瓶颈。

装卸搬运活动是衔接物流各环节活动正常进行的关键，而云南双鹤恰好忽视了这一点，只有几个小型货架和手推车，大多数作业仍处于人工作业为主的原始状态，其搬运设备的现代化程度低，工作效率低，且易造成物品的损坏。另外，仓库设计不合理，需进行长距离的搬运；库内作业流程混乱，导致重复搬运的发生，大约有70%的为无效搬运，搬运次数过多易损坏商品，也浪费了时间。

阅读并思考

1. 分析装卸搬运环节对企业发展的作用。
2. 针对医药企业的特点,请对云南双鹤搬运系统的改造提出建议和方法。

本章综合练习题

 名词解释

装卸　　搬运

 填空题

1. 装卸搬运是指在物流过程中对物品进行的_____、_____、_____、_____、_____等作业。
2. 装卸搬运设备按其作业性质分类,可分为_____、_____和_____三大类。

简答题

1. 什么是装卸搬运设备?它是如何分类的?
2. 选择装卸搬运设备的基本原则是什么?
3. 装卸搬运设备配置、选择的指标体系主要由哪几部分组成?
4. 物流装卸搬运设备的管理的基本原则和主要内容有哪些?
5. 关于港口企业组织流动机械从事搬运作业的规定有哪些?
6. 物流装卸搬运设备的维护有哪几种方式?其维护内容主要有哪些?

部分练习题参考答案

填空题

1. 装运卸货　搬运移送　堆垛拆垛　旋转取出　分拣配货
2. 装卸设备　搬运设备　装卸搬运设备

第八章 起重机械的配置与选择

学习目的

通过本章的学习，应了解起重机械的分类、组成及其作用，熟悉起重机械的基本结构及其共同性的组成零部件，掌握起重机械的主要性能参数，并能对起重机械进行配置与选择。

第一节 起重机械概述

一、起重机械的分类

起重机械是一种以间歇作业方式对物料进行起升、下降和水平移动的搬运机械。起重机械的作用通常带有重复循环的性质。一个完整的作业循环应包括取物、起升、平移、下降、卸载，以及返回原处等环节。经常启动、制动、正向和反向运动是起重机械的基本特点。

起重机械的种类较多，按主要用途可分为通用起重机、建筑起重机、冶金起重机、铁路起重机、造船起重机、甲板起重机等；按功能和结构特点可分为轻小型起重机、桥式起重机、臂架式起重机等。图8.1(a)～(h)是各种起重机械的结构示意图。

二、起重机的组成及其作用

起重机通常是由工作机构、金属结构、动力装置与控制系统四部分组成的。

1. 工作机构

工作机构是为实现起重机不同的运动要求而设置的。要把一个重物从某一位置搬运到空间任一位置，则此重物不外乎要做竖直方向的运动和沿两个水平方向的运动。起重机要实现重物的这些运动要求，必须设置相应的工作机构。不同类型的起重机，其工作方式稍有差异。如桥式起重机（见图8.1(g)）和门式起重机

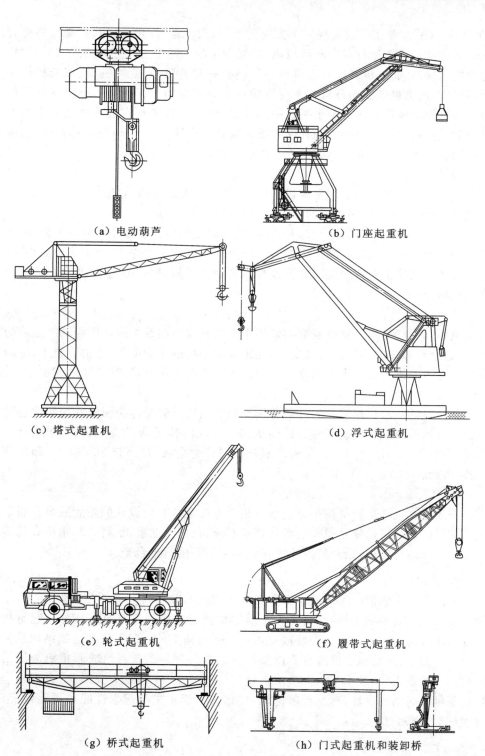

图 8.1 各种起重机械结构示意图

(见图 8.1(h)),要使重物实现三个方向的运动,则设置有起升机构(实现重物竖直方向的运动)、小车运行和大车运行机构(实现重物沿两个水平方向的运动)。轮式起重机、履带式起重机和塔式起重机一般设置有起升机构、变幅机构、回转机构和运行机构,起重机依靠起升机构实现重物在竖直方向的上、下运动,依靠变幅机构和回转机构实现重物在两个水平方向的移动,依靠运行机构实现重物在起重机所能及的范围内的任意空间运动和使起重机转移工作场所。起升机构、运行机构、回转机构和变幅机构是起重机的四大基本工作机构。

1) 起升机构

起升机构是起重机最主要的机构,也是其最基本的机构,它是由原动机、卷筒、钢丝绳、滑轮组和吊钩等组成的。

大型起重机往往备有两套起升机构,吊大重量的称为主起升机构或主钩;吊小重量的称为副起升机构或副钩。副钩的起重量一般为主钩的 1/5～1/3 或更小。

为使重物停止在空中某一位置或控制重物的下降速度,在起升机构中必须设置制动器或停止器等控制装置。

2) 变幅机构

进行起重机变幅是指改变取物装置中心竖直线与起重机回转中心轴线之间的距离,这个距离称为幅度。通过变幅,能扩大起重机的作业范围,即由竖直上、下的直线作业范围扩大为一个面的作业范围。不同类型的起重机,其变幅形式也不同。

3) 回转机构

起重机的一部分相对于另一部分所做的相对旋转运动称为回转。为实现起重机的回转运动而设置的机构称为回转机构。实现回转运动,使起重机的作业范围从线、面扩大到一定空间。起重机的回转范围分为全回转(回转 360°以上)和部分回转(可回转 270°左右)。

4) 运行机构

轮式起重机的运行机构是通用或专用汽车底盘或专门设计的轮胎底盘。履带式起重机的运行机构就是履带底盘。桥式起重机、门式起重机、塔式起重机和门座式起重机的运行机构,是专门设计的在轨道上运行的行走台车。

2. 金属结构

如桥式起重机的桥架、支腿,臂架类起重机的吊臂、回转平台、人字架、底架(车架大梁、门架、支腿横梁等)和塔身等金属结构是起重机的重要组成部分。起重机的各工作机构的零部件都是安装或支承在金属结构上的。起重机的金属结构是起重机的骨架,它承受起重机的自重以及作业时的各种外载荷。组成起重机金属结构的构件较多,其重量通常约占整机重量的一半以上,耗钢量大。因此,合理地进行起重机金属结构设计,对减轻起重机自重、提高起重机的起重性能和可靠性、节约钢材都有重要意义。

3. 动力装置

动力装置是起重机的动力源,是起重机的重要组成部分,它在很大程度上决定了起重机的性能和构造特点。不同类型的起重机需配备不同的动力装置。轮式起重机和履带式起重机的动力装置多为内燃机,一般可由一台内燃机对上、下车各工作机构供应动力。对于大型汽车起重机,有的上、下车各设一台内燃机,分别为起重作业(起升、变幅、回转)和运行机构供应动力。塔式起重机、门座式起重机、桥式起重机和门式起重机的动力装置是外接动力电源的电动机。

4. 控制系统

起重机的控制系统包括操纵装置和安全装置。动力装置用于解决起重机做功所需要的能源问题,而控制系统用于解决各机构怎样运动的问题,如动力传递的方向、各机构运动速度的快慢,以及使机构制动和停止的操作等。对应于这些运动要求,控制系统设有离合器、制动器、停止器、各种操纵阀(液压传动中用),以及各种类型的调速装置和起重机上专用的安全装置等部件。利用这些控制装置能够改善起重机的运动特性,实现各机构的启动、调速、转向、制动和停止,从而达到起重机作业所要求的各种动作,保证起重机安全作业。

第二节 轻小型起重设备

轻小型起重设备包括千斤顶、滑车、手动葫芦、电动葫芦、气动葫芦、液动葫芦和卷扬机等,其特点是结构紧凑、自重轻、操作方便。

一、千斤顶

千斤顶是利用高压油或机械传动使刚性承重件在小行程内顶举或提升重物的起重工具。其分类如表 8.1 所示。

表 8.1 千斤顶的分类

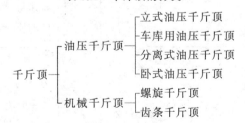

二、滑车

滑车是独立的滑轮组,可单独使用,也可与卷扬机配套使用,用来起吊物品。滑车是工厂、矿山、建筑业、农业、林业、交通运输与国防工业的吊装工程中广泛使用的起重工具。常用的起重滑车有额定起重量为 0.32~320 t 的吊钩、链环型通用滑车及额定起重量为 1~50 t 的吊钩、链环型林业滑车。

三、手拉葫芦、手扳葫芦和电动葫芦

手拉葫芦是以焊接环链作为挠性承载件的起重工具,可单独使用,也可与手动单轨小车配套组成起重小车用于手动梁式起重机或架空单轨运输系统中。常用的手拉葫芦为 HS 型和 HSZ 型(重级),额定起重量为 0.5~20 t,用于吊运熔化的金属或有毒、易燃等危险物品,安装精密设备或防爆用的电动葫芦,其运行速度可为双速,其常速与慢速之比一般为(1:4)~(1:3)。

手扳葫芦是由人力通过手柄扳动钢丝绳或链条来带动取物装置运动的起重葫芦,广泛用于船厂的船体拼装焊接和电力部门高压输电线路的接头拉紧,农、林业和交通运输部门的物品起吊装车、捆扎和车辆牵引,以及工厂、建筑、邮电等部门的设备安装、校正和机件牵引等。手扳葫芦按其承载件不同分为钢丝绳手扳葫芦和环链手扳葫芦。

电动葫芦有钢丝绳式、环链式和板链式三种形式。电动葫芦的性能及主要参数如表 8.2 所示。

表 8.2 电动葫芦的性能及主要参数

性能及参数	工作平稳性	承载件及弯折方向	额定起重量/t	起升高度/m	自重	起升速度/(m·min^{-1})	运行速度/(m·min^{-1})
钢丝绳式电动葫芦	平稳	钢丝绳,任意方向	一般为 0.1~10,根据需要可达 63 甚至更大	一般为 -30,需要时可达 120	较大	一般为 4~10(大起重量宜取小值),需要高速的可达 16~24 甚至更高;有慢速要求时可选双速型,其常速与慢速之比为(1:12)~(1:6)	一般为 20 或 30(均为地面操纵),需要时可达 60(司机室操纵)
环链式电动葫芦	稍差	环链,任意方向	一般为 0.1~4,最大不超过 20	一般为 3~6,最大不超过 20	较小	一般为 4~8,需要时可达 12 甚至更高,也可有双速,其常速与慢速之比为(1:6)~(1:3)	一般为手动小车,当用电动小车时,一般采用 20
板链式电动葫芦	稍差	板链,只能在一个平面内	0.1~3	一般为 3~4,最大不超过 10	小		

四、卷扬机

卷扬机(绞车)是由动力驱动的卷筒通过挠性件(钢丝绳、链条)起升、运移重物的起重设备。卷扬机按用途可分为建筑用卷扬机、林业用卷扬机、船用卷扬机和矿业用卷扬机;按卷筒数量可分为单筒、双筒和多筒卷扬机;按速度可分为快速、慢速和多速卷扬机;按驱动方式可分为电动卷扬机(见图 8.2)和手动卷扬机(见图 8.3)。

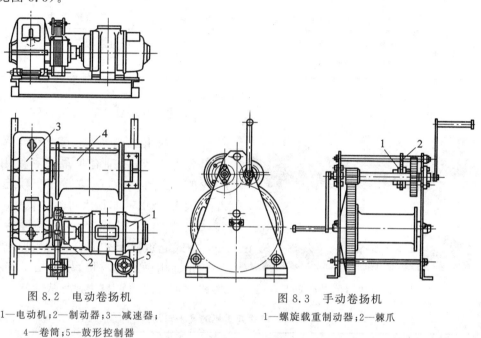

图 8.2 电动卷扬机
1—电动机;2—制动器;3—减速器;
4—卷筒;5—鼓形控制器

图 8.3 手动卷扬机
1—螺旋载重制动器;2—棘爪

第三节 桥架式起重机

桥架式起重机是现代化工厂、仓库中实现生产过程机械化与自动化、减轻繁重体力劳动,提高生产率的重要设备和工具。桥架式起重机安装在厂房两侧的吊车梁上,可以沿铺设在吊车梁上的轨道纵向行驶,而小车又可在起重机的金属结构上横向行驶,因此它的工作空间是其所能行驶地段的长方体空间。

一、梁式起重机

起重小车(主要是起重葫芦)在单根工字梁或其他简单组合断面梁上运行的简易桥架式起重机,统称为梁式起重机。梁式起重机以一般用途的单梁起重机和单梁悬挂起重机为主,并有防爆、防腐、绝缘等特种梁式起重机及吊钩、抓斗、电磁两用或三用梁式起重机。梁式起重机可进行三维动作,其基本类型如表 8.3 所示。

表 8.3　梁式起重机的基本类型

分类原则	类型	特点
按驱动方式分	手动	适于无电源,起重量不大,工作速度和作业效率要求不高的场合
	电动	利用电力驱动各机构运转,操作使用十分方便
按支撑方式分	支撑	起重机车轮支撑在承轨梁的轨道之上
	悬挂式	起重机车轮悬挂在工字钢运行轨道的下翼缘上
按操纵方式分类	地面操纵	用于起重机运行速度≤45 m/min场合,无固定操作者
	司机室操纵	用于起重机运行速度>45 m/min场合,有固定操作者
	无线遥控操纵	操纵灵活,适用范围广

二、桥式起重机

图 8.4　通用桥式起重机

桥式起重机由桥架、起重小车及电气部分等组成,是拥有量最大和使用最广泛的一种轨道运行式起重机。其起重量一般为5～250 t,最大可达1 200 t;跨度一般为10.5～31.5 m,最大可达60 m。桥式起重机形式多样,最常见、最典型的是通用桥式起重机,如图 8.4 所示。桥式起重机的类别与用途如表 8.4。

表 8.4　桥式起重机的类别与用途

类别	特点	用途
吊钩桥式起重机	取物装置是吊钩或吊环,起重量超过10 t时,常设主、副两套起升机构。各机构的工作速度可根据需要用机械或电气方式调整	适用于在机械加工、修理、装配车间或仓库、料场场合进行一般装卸吊运工作。可调速的起重机用于机修、装配车间的精密安装或铸造车间的慢速合箱等
抓斗桥式起重机	取物装置常为四绳抓斗,起重小车上有两套起升装置,可同时或分别动作,以实现抓斗的升降或开闭	适用于在仓库、料场、车间等场合进行散装物料的装卸吊运工作
电磁桥式起重机	取物装置是电磁吸盘,起重小车上有电缆卷筒将直流电源用挠性电缆送至电磁盘上,依靠电磁吸力吸取导磁物料。其吊运能力随物料性质、形状、大小而变化	适用于吊运具有导磁性的金属物料,一般只用于吸取500℃以下的黑色金属

续表

类　别	特　点	用　途
两用桥式起重机	取物装置是抓斗和电磁吸盘，或是抓斗和吊钩，或是电磁吸盘和吊钩。起重小车上有两套各自独立的起升机构，分别驱动取物装置，但两个取物装置不能同时工作	适用于吊运物料经常变化，且生产率要求较高的场合
三用桥式起重机	在吊钩桥式起重机的基础上得到，根据需要可在吊钩上套挂电动抓斗或电磁吸盘	适用于吊运物料经常变化，且生产率要求不太高的场合
手动桥式起重机	起升、运行机构均由人力拉动传动链来驱动。机构简单、成本低、维修保养方便，但速度慢、效率低，工人劳动强度大	适用于小水电站、机修车间等很少使用，且速度要求不高，便于吊装物调整对位的场合
电动葫芦桥式起重机	采用电动葫芦作为起重小车的起升机构。外形尺寸紧凑，建筑净空高度低，自重较轻	可部分替代中、小吨位吊钩桥式起重机，尤其适用于厂房建筑净空高度低的老厂房改造
大起升高度桥式起重机	起升高度超过22 m，起升机构钢丝绳卷绕系统采用了特殊的方案	多用于冶金、化工、电力等部门中所需起升高度较大的检修、安装场合
双小车桥式起重机	在桥架上安放两台起重量相同的小车，可同时或单独使用。起升机构根据需要可采用变速	适用于水电站安装、检修发动机组，机车车辆安装和仓库料场吊运垂直于起重机大车轨道方向的长形物料
挂梁桥式起重机	取物装置为数个均匀安装在挂梁上的吊钩或电磁吸盘。挂梁与起重小车的连接有挠性和钢性两种。挂梁有垂直或平行于起重机大车轨道两种方向。起重机对重载荷的重心偏移范围有一定的要求	适用于在钢厂和仓库搬运长形物料和板材等作业
防爆桥式起重机	起重机具有防爆性能，一般工作速度较低。电气设备采用防爆型产品，机械部分采取相应防爆措施，起重机大、小车采用电缆馈电	适用于在易燃、易爆介质环境中吊运物料，有多种防爆级别可供选用
绝缘桥式起重机	为了防止在工作过程中，带电设备所带电流通过被吊运的物料传到起重机上，危及司机的生命安全，故在起重机的适当部位设置了几道绝缘装置	适用于电解铝、镁等有色金属的工厂

三、门式起重机与装卸桥

门式起重机与装卸桥都是其桥梁通过两侧支腿支承在地面轨道上的桥架式起重机。通用门式起重机除了门架外,其机构和零部件一般与桥式起重机通用。水电站、集装箱码头和造船厂等处的专用门式起重机还相应地配备有各种专门的机构或装置。装卸桥的装卸能力比门式起重机大,因为其起升速度和小车运行速度高。装卸桥的起升速度常大于 50 m/min;小车运行速度一般为 120~180 m/min;大车运行是非工作性的,速度一般为 20~45 m/min。门式起重机与装卸桥的分类和用途如表 8.5 所示。

表 8.5 门式起重机和装卸桥的分类及用途

分 类		特 点	用 途
门式起重机	通用门式起重机	门架机构有单主梁、箱形双梁、桁架等多种形式。取物装置分吊钩、抓斗、电磁吸盘,也可两用(吊钩＋抓斗、吊钩＋电磁吸盘、抓斗＋电磁吸盘)或三用(吊钩＋抓斗＋电磁吸盘)等	吊钩门式起重机适用于在车站、码头、工矿企业及物资部门的货场和露天仓库装卸、搬运各种成件物品;抓斗门式起重机适用于煤、矿石、砂等各种散状物料的搬运;电磁门式起重机适用于冶金厂、机械厂装卸搬运钢材、铁块、废钢铁、铁屑等物料;两用及三用门式起重机用于物料经常变化的场合
	水电站门式起重机	有单吊点和双吊点两种,每种均可带回转起重机或不带回转起重机	适用于水电站坝顶启闭闸门和检修坝顶设备,或置于水轮发动机组的尾水处启闭尾水闸门
门式起重机	造船门式起重机	一般均有上、下起重小车,上小车设两个起升机构,下小车设一个起升机构	用于造船业、水利电力等大型建设施工中和港口码头装卸货物
	轨道式集装箱门式起重机	配有集装箱专用吊具或简易吊具,专用吊具可回转 180°~360°	适用于集装箱码头后方堆场和铁路集装箱枢纽站
	轮胎集装箱门式起重机	采用柴油机-电动机驱动,每个充气轮胎均可绕其垂直轴旋转 90°,还可绕一个车轮组旋转 360°,并设有自动直线行驶系统	

续表

分　类		特　点	用　途
装卸桥	通用装卸桥	用抓斗或其他抓具作取物装置，跨度大，起升和小车运行速度高，大车为非工作机构	适用于电站煤场、矿场、木材场等
	岸边集装箱起重机	前伸臂较长，吊具可伸缩、偏转、防摇等	适用于集装箱码头岸边，作为集装箱装卸货船专用设备
	抓斗卸船机	前伸臂较长，采用独立的移动式司机室。操作方式分手动、半自动、全自动三种	适用于港口、内河岸边，作为煤、矿石、粮食等散状物料的专用卸船或装船设备

如图 8.5、图 8.6 所示分别为造船门式起重机及港口用多用途门座式起重机。

图 8.5 造船门式起重机

图 8.6 港口用多用途门座式起重机

第四节　臂架式起重机

臂架式起重机又称为旋转起重机，通常可以旋转半个圆周，最多可以转动一个圆周，其工作面是一个扇形柱空间或圆柱形空间。幅度（吊钩中心线至旋转轴线间的距离）固定不变的称为定幅式，可以改变的称为变幅式。

臂架式起重机机动灵活，应用比较广泛。将其安装在地基上使用，就成为固定式的旋转起重机；将其安装在可行走的车辆上，就成为运行式旋转起重机。

按结构分，悬臂起重机有定柱式、转柱式及转盘式等几种类型。一台完整的旋转起重机，应当具有起升机构、旋转机构、变幅机构和运行机构等四个工作机构。

一、固定转柱式悬臂起重机

转柱式悬臂起重机适用于起重量不大,作业服务范围为圆形或扇形的场合。一般用于机床等的工件装卡和搬运。通常固定在地面上使用,具有上部外支承的旋转起重机,有一根能够旋转的柱子(转柱),其机架固定在转柱上,可随转柱一起旋转,转柱被上、下两个支座固定在墙壁或房顶的构架上。起升机构(电动机、减速机、卷筒等)均安装在机架上,也随机架一起旋转。

图8.7所示是定幅式转柱起重机,其幅度不能改变,只能靠机架旋转来转运物品。电动绞车安放在机架上。旋转动作靠人力来推动或在臂梁端部用绳索拽引实现。

图8.8所示是变幅式转柱起重机,其幅度的改变是利用能在臂梁上行驶的变幅小车来实现的。

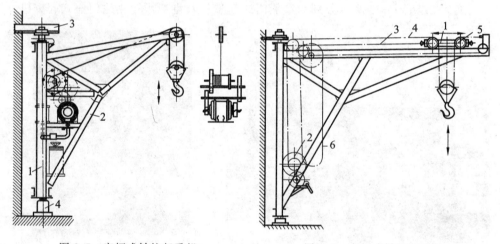

图8.7 定幅式转柱起重机
1—转柱;2—臂梁;3—上支座;4—下支座

图8.8 变幅式转柱起重机
1—变幅小车;2—起升驱动装置;3—变幅绳索;
4—起升绳索;5—导向滑轮;6—变幅牵引链条

二、定柱式悬臂起重机

定幅式定柱悬臂起重机如图8.9所示。其机架被支承在一个固定的立柱上,并且可以绕此立柱旋转,此立柱被安装在地基上,称为定柱。机架的支承装置分别安置在定柱的上、下端,省去了外部上方支承,所以可以旋转一周。所有的工作机构均装在机架上,随机架一起转动。

三、浮式起重机

浮式起重机是装在自航或非自航浮船上的一种臂架型起重机,适用于港口货

第八章 起重机械的配置与选择

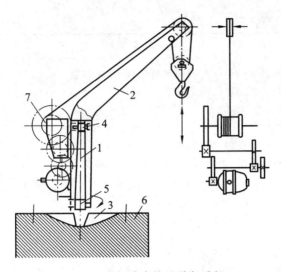

图 8.9 定幅式定柱悬臂起重机

1—柱;2—臂梁;3—底板;4—上支座;5—下支座;6—基础;7—起升机构

物装卸、船舶栖装、水工建设、海底开采及水上救险等场合。它由浮船和起重机两部分组成,如图 8.1(d)所示,其最大起重量可达 6 500 t。

四、移动式起重机

移动式旋转起重机的类型比较多,如表 8.6 所示。本节只介绍应用比较广泛的汽车起重机、履带起重机等几种。

1. 汽车起重机和轮胎起重机

老式的汽车起重机多为机械传动式,近年来由于液压传动技术的普遍采用,起重机的起重能力、幅度和起升高度及操作性能等都得到了改进和提高。

表 8.6 移动式起重机的分类和用途

分 类	特 点	用 途
汽车起重机	以通用或专用汽车底盘作为承载装置和运行机构,行驶速度高、全回转、机动灵活,可快速转移,并能迅速投入工作。起重作业时,一般需用支腿	适用于有公路通达,流动性大,工作地点分散的作业场所
轮胎起重机	起重作业部分装在特制的自行轮胎底盘上,行驶速度较慢,在坚实平坦的地面上,可不用支腿吊重及吊重行驶,一般具有全回转转台。又分为通用轮胎起重机和越野轮胎起重机,后者可在崎岖的地面行驶	适用于作业地点比较集中的场合。通用轮胎起重机广泛用于仓库、码头、货场;越野轮胎起重机适用于作业场所未经修整的交通、能源等建设部门

续表

分类	特点	用途
全路面起重机	既具有载重汽车的高速行驶性能,又具有越野轮胎起重机的通过能力,可在崎岖路面行驶、起重作业	适用于流动性大、通行条件极差的油田、公路、铁路建设工地
履带起重机	起重作业部分安装在履带底盘上,具有全回转的转台、桁架臂架,起升高度大,接地平均比压为 0.05~0.25 MPa,牵引系数高,爬坡度大,能在崎岖不平的场地行驶,行驶速度低。如不用铺垫,在行驶过程会损坏路面	适用于松软、泥泞地面作业
集装箱正面吊运机	为采用专门的集装箱吊具的臂架式轮胎起重机,没有回转机构。它用于起吊各种尺寸的集装箱	适用于港口、码头、车站的有载或空载集装箱装卸和堆码作业
随车起重机	装在载重运输车辆上的臂架起重机,可将重物吊装在自身车辆上,也可进行其他装卸和吊运作业	主要用于载重车辆的自身装卸,也可用于其他吊装工程

汽车起重机和轮胎起重机都是用内燃机驱动橡胶轮胎车轮行走的运行式旋转起重机,二者之间的区别是:汽车起重机转盘安装在汽车底盘上(小起重量的就是利用普通汽车底盘),行走部分和起重部分通常各有单独的发动机和驾驶室,其行驶速度较高(60 km/h 以上),可以和汽车编队行驶,起重机的驾驶室就安在转盘上面;轮胎起重机采用的是专门设计的底盘,起重机部分和行驶部分共用一台发动机,发动机及驾驶室就在上部的转台上(也有的安在底盘上),其行驶速度较低(一般为 20~30 km/h)。

2. 履带起重机

将旋转起重机的转台安装在履带式运行车辆上,就得到履带起重机,如图 8.2(f)所示。由于履带和地面接触面积大,所以其承载能力也大,可以不用支腿,适合在路面不好的工作环境中使用。履带起重机的变幅机构为绳索滑轮组式,其余各机构的原理和汽车起重机基本相似。

第五节 起重机械的属具

起重机的属具包括索具和吊具两大类。常用的索具有钢丝绳、麻绳、化学纤维绳等,常用的吊具有吊钩、抓斗、电磁吸盘等。

一、起重机的常用索具

1. 钢丝绳

钢丝绳是起重作业的主要绳索,也是起重机械的重要零件,具有断面面积相等、质地柔软、强度高、弹性大、耐磨损、能承受冲击载荷等特点;此外,其在卷筒上高速运转平稳、无噪声,自重轻,工作安全可靠,在断丝或损坏后易于发现和便于及时处理。钢丝绳是由经过特殊处理的钢丝捻制而成的。常用的钢丝绳由六束绳股和一根绳芯(一般为麻芯)捻成,如图8.10所示。

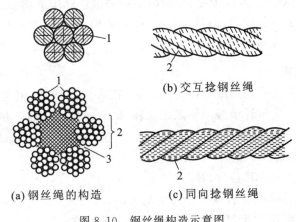

图8.10 钢丝绳构造示意图

1—钢丝;2—股;3—绳芯

根据其构造和制造工艺,钢丝绳有以下几种分类方法。

(1)按钢丝绳的捻制方法,可分为同向捻、交互捻和混合捻三种。钢丝捻成股的方向和股捻成绳的方向相同的为同向捻钢丝绳。钢丝捻成股的方向和股捻成绳的方向相反,绳是右捻、而股是左捻的称为右交互捻钢丝绳;绳是左捻,而股是右捻的则称为左交互捻钢丝绳。绳右捻,部分股左捻,部分股右捻,称为右混合捻;绳左捻,部分股右捻,部分股左捻,则称为左混合捻。在起重机上使用的都是交互捻钢丝绳,因为其具有不易松散和扭转的特点。

(2)按钢丝绳表面的处理方式,可分为光面钢丝绳和镀锌钢丝绳。露天作业的起重机选用镀锌钢丝绳,以防止钢丝绳生锈。

(3)按钢丝绳的绳股数及每一股中钢丝数区分,有6股7丝、7股7丝、6股19丝、6股37丝和6股61丝等几种。起重机常用的为6×19+1丝、6×37+1丝和16×61+1丝(后边的"1"表示一根绳芯)三种。在绳的直径相同的情况下,每股丝数少的钢丝较粗,耐磨性好,但弯曲性差;每股丝数多的钢丝较细,因而比较柔软,但耐磨性要差些。

2. 麻绳

麻绳具有质地柔韧、轻便、易于捆绑、结扣和解脱方便等优点,但其强度较低,麻绳的强度一般只有相同直径钢丝绳的10%左右,而且易磨损、腐烂、霉变。麻绳在起重作业中主要用于捆绑重量较小的重物和吊运500 kg以下的较轻物品。

麻绳的种类很多,按照其原料的不同,可分为以下几种。

(1) 白棕绳,以剑麻为原料捻制而成,抗拉能力和抗扭能力较强,富有弹性,在起重作业中用得较多。

(2) 混合麻绳,是取剑麻和箣麻各一半捻制而成的,多在辅助作业中采用。

(3) 线麻绳,完全以大麻为原料制成,多在辅助作业中采用。

制造麻绳时是用相应的麻料纤维细线先捻成股,再合几股捻搓成绳,股的捻向与绳的捻向相反。按照捻制股数的多少,可以分为三股、四股和九股三种。

3. 化学纤维绳

化学纤维绳俗称尼龙绳或合成纤维绳,目前多采用锦纶、尼龙、维尼纶、乙纶、丙纶等搓制而成。化学纤维绳的特点是质轻、柔软、耐腐蚀,强度和弹性比麻绳好,耐酸、耐碱、耐油、耐水。使用化学纤维绳有利于防止擦伤吊物表面。其缺点是不耐热、使用中忌火、忌高温。

常用化学纤维绳及其各自的特点如下:

(1) 尼龙绳,其强度是合成纤维绳中最大的,价格最贵;

(2) 涤纶绳,强度次于尼龙绳,伸长率最小,不耐碱;

(3) 维尼纶绳,强度最小,能在水上漂浮,价格便宜;

(4) 丙纶绳,重量最轻,漂浮性能最好,价格便宜。

二、起重机的常用吊具

吊具即取物装置,是起重机直接提取货物的部件,吊具的性能好,可直接提高生产效率、减轻工人劳动强度,有利于实现安全生产。本书只介绍一般起重机常用的吊钩和抓斗。

1. 吊钩

吊钩(见图8.11)是起重机最常用的取物装置。吊钩可与动滑轮组合成吊钩组,通过起升机构的卷绕系统将被吊物料与起重机联系起来。吊钩组由吊钩、吊钩螺母、推力轴承、吊钩横梁、滑轮、滑轮轴以及拉板等零件组成。

2. 抓斗

抓斗(见图8.12)是一种由机械或电力控制的自动取物装置,主要用于装卸散装货物,有时还用于抓取长材。根据抓取的货物不同可以分为散粮抓斗、煤炭抓斗、矿石抓斗和木材抓斗等四种。

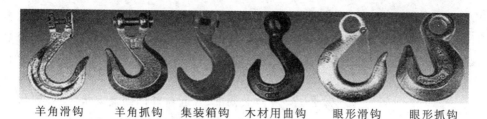

| 羊角滑钩 | 羊角抓钩 | 集装箱钩 | 木材用曲钩 | 眼形滑钩 | 眼形抓钩 |

图 8.11　常用吊钩

　　木材抓斗　　　　　双颌散料抓斗　　　　四绳六瓣抓斗

图 8.12　常用抓斗

第六节　起重机械的配置与选择

一、起重机械的主要性能参数

在对起重机械进行配置与选择之前,需要弄清楚起重机械的主要性能参数,包括起重量、工作幅度、起重力矩、起升高度以及工作速度等。

1. 起重量

起重量是指起重机能吊起重物的质量,其中应包括吊索和铁扁担或容器的质量,它是衡量起重机工作能力的一个重要参数。通常称为额定起重量,用 Q 表示。起重量的单位用 t 表示。

随着起重机工作幅度的变化,其最大起重量也会发生变化。因此,额定起重量有最大起重量和最大幅度起重量之分。最大起重量是指基本起重臂处于最小幅度时所允许起吊的最大重量;最大幅度起重量是指基本起重臂处于最大幅度时所允许起吊的最大重量。一般起重机的额定起重量是指基本起重臂处于最小幅度时允许起吊的最大重量,也就是起重机铭牌上标定的起重量。

2. 工作幅度

工作幅度是指在额定起重量下,起重机回转中心轴线到吊钩中心线的水平距离,通常称为回转半径或工作半径,用 R 表示,单位为 m。工作幅度表示起重机不移位时的工作范围,它包括最大幅度(R_{max})和最小幅度(R_{min})参数。对于俯仰变幅的起重臂,当起重臂处于接近水平位置(一般水平夹角为13°时),起重机回转中心轴线到吊钩中心线的水平距离最大,为最大幅度;当起重臂仰到最大角度(一般水平夹角为78°)时,回转中心轴线到吊钩中心线距离最小,为最小幅度。对于小车变幅的起重臂,当小车处于臂架头部端点位置时,为最大幅度;当小车处于臂架根部端点位置时,为最小幅度。

因为起重机的起重量随幅度变化而变化,所以对于有支腿装置的轮式起重机,还应以有效幅度 A 表示,即用支腿侧向工作时,在额定起重量下,吊钩中心垂线到该侧支腿中心线的水平距离。有效幅度反映起重机的实际工作能力,没有使用支腿侧向工作时,则工作幅度用 A_1(单胎)或 A_2(双胎)表示。起重机的工作幅度和起升高度如图8.13所示。

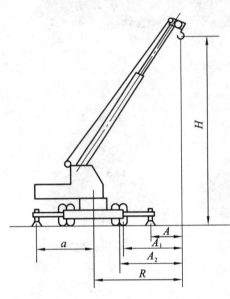

图 8.13 起重机的工作幅度和起升高度

3. 起重力矩

起重力矩是指起重机的起重量与相应幅度的乘积,用 M 表示,$M=QR$。起重力矩的单位为 t·m,也可用 kN·m,它是起重机的综合起重能力参数,能全面和确切地反映起重机的起重能力。

以塔式起重机为例,其需要经常在大幅度情况下工作,故以起重力矩作为表示其型号的主参数。塔式起重机的起重力矩,通常是指最大幅度时的起重力矩。

起重机的工作特性曲线是表示起重机起重量与幅度的关系的曲线。它规定了在某一幅度下,安全起吊的最大起重量。起重机的特性曲线是进行起重作业的操作依据,应根据起重机的臂架幅度,严格控制起重量在特性曲线限制的安全区内不超载。同时,特性曲线也是进行起重事故分析的重要参考依据。对事故进行分析时,还应该综合考虑风力、操作速度不当所引起的惯性力、支腿支撑基础变化、臂架悬伸太长时臂端出现的弹性下挠等非起重量超载等原因给起重机带来的影响,这些都可以借助特性曲线进行分析。图8.14所示为履带起重机的工作特性曲线。

4. 起升高度

起升高度是指自地面到吊钩钩口中心的距离,用"H"表示,单位为 m。其参数标定值通常以额定起升高度表示。额定起升高度是指满载时吊钩上升到最高极限,自吊钩中心到地面的距离。当需要将吊钩放到地面以下吊取重物时,则地面以下深度称为下放深度,总起升高度为起升高度和下放深度之和。如图 8.15 所示为起升高度的计算简图。

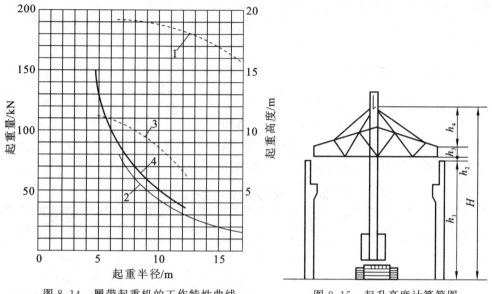

图 8.14 履带起重机的工作特性曲线
1—起重臂长 23 m 时 H-R 曲线;2—起重臂长 23 m 时 Q-R 曲线;
3—起重臂长 13 m 时 H-R 曲线;4—起重臂长 13 m 时 Q-R 曲线

图 8.15 起升高度计算简图

5. 工作速度

起重机的工作速度包括起升速度、变幅速度、回转速度和行走速度。

(1) 起升速度 起升速度是指起重吊钩上升或下降的速度,单位为 m/min。起重机的起升速度和起升机构的卷扬牵引速度有关,而且和吊钩滑轮组的倍率有关。双绳比四绳快一倍,单绳双比双绳快一倍。标示起升速度参数时,一般应注明绳数。

(2) 变幅速度 变幅速度是指吊钩从最大幅度到最小幅度的平均线速度,单位为 m/min。俯仰变幅起重臂的变幅速度也就是起重臂升起和降落的速度,一般落臂速度要快于升臂速度。

(3) 回转速度 回转速度是指起重机在空载情况下,其回转台每分钟的转数,单位为 r/min。

(4) 行走速度 行走速度是指起重机在空载情况下,行走时最大的速度,单位为 m/min。

6. 自重及质量指标

(1) 自重 起重机的自重是指起重机处于工作状态时起重机本身的总重,以

G 表示,单位为 t 或 kN。

(2) 质量指标 质量指标反映起重机在单位自重下的起重能力,通常用质量利用系数 K 表示,单位为 $kN \cdot m^2/kN$。它同时也反映了起重机的设计、制造的技术水平及所用材料的质量,K 值越大越先进。起重机质量利用系数是以起重力矩和与相应的起升高度来表示的,其表达式为

$$K = \frac{QRH}{G}$$

二、起重机械的选择

起重机的工作级别是由起重机的利用等级和载荷状态确定的,可分为 A1~A8 共八个等级,它反映起重机在设计寿命期内使用时间的长短和负载的繁重程度。对起重机械划分工作级别,有利于合理地设计和选用起重机。当起重机的利用等级和载荷谱系数无法确定时,可参照表 8.7 确定起重机用途。

表 8.7 起重机类型与工作级别

起重机类型			工作级别
桥式起重机	吊钩式	电站安装及维修用	A1~A3
		车间及仓库用	A3~A5
		繁重工作车间及仓库用	A6、A7
	抓斗式	间断装卸用	A6
		连续装卸用	A6~A8
门式起重机		一般用途吊钩式	A3~A6
		装卸用抓斗式	A6~A8
		电站用吊钩式	A2、A3
		造船安装用吊钩式	A3~A5
		装卸集装箱用	A5~A8
装卸桥		料场装卸用抓斗式	A7、A8
		港口装卸用抓斗式	A8
		港口装卸集装箱用	A6~A8
门座式起重机		安装用吊钩式	A3~A5
		装卸用吊钩式	A5~A7
		装卸用抓斗式	A6~A8
塔式起重机		一般建筑安装用	A2~A4
		用吊罐装卸混凝土	A4~A6

1. 起重机技术性能的选择

起重机的技术性能必须和施工方案相适应。在进行起重机技术性能的选择

时,主要应对起重量、起升高度、工作幅度等性能参数予以选择。

1) 起重量的选择

起重机的起重量必须大于所吊装构件的质量和索具质量之和。必须注意,选择起重量时,不能依据起重机额定最大起重量,而应依据起吊构件时的工作幅度所允许的起重量。其计算公式为

$$Q \geqslant Q_1 + Q_2$$

式中:Q_1——吊装构件的最大起重量;

Q_2——索具的质量。

2) 起升高度的选择

起重机的起升高度必须满足所吊装构件的起升高度的要求,如图 8.15 所示。其计算公式为

$$H \geqslant h_1 + h_2 + h_3 + h_4$$

式中:H——起重机的起升高度,从停机地面算起至吊钩中心;

h_1——安装构件的表面高度,从停机地面算起;

h_2——安装间隙,视具体情况而定,一般不小于 0.3m;

h_3——绑扎点在构件被吊起后至底面的距离;

h_4——索具高度,自绑扎点至吊钩中心的距离,视具体情况而定。

3) 工作幅度的选择

在一般情况下,当起重机可不受限制地开到构件吊装位置附近去吊装时,只考虑达到安装高度时所吊构件与起重臂之间的距离,以避免碰撞或提升不到预定高度。据此,可按起重量 Q 和起升高度 H 查阅起重机起重性能表或曲线图来选择起重机型号和起重臂长度,并可查得在一定起重量 Q 和起升高度 H 下的工作幅度 R,作为确定起重机停机位置及行走路线时的参考。

如果起重机不能开到吊装位置附近去吊装,则必然要加大工作幅度,此时应根据起重量 Q、起升高度 H 和工作幅度 R 三个参数查阅起重机起重特性曲线来选择起重机型号及起重臂长度。

2. 起重机数量的选择

起重机数量 N 应根据工程量、工期和起重机台班定额产量而定,其计算公式为

$$N = \frac{1}{TCK} \sum \frac{Q_1}{P_1}$$

式中:T——工期;

C——每天作业班数;

K——时间利用系数,取 0.8~0.9;

P_1——起重机相应的台班产量定额;

Q_1——每种构件的吊装工作量。

此外,在确定起重机数量时,还应考虑到构件装卸、拼装和就位的作业需要。

3. 起重机经济性的选择

起重机的经济性与其在工地使用的时间有很大关系。使用时间越长,则平均到每个台班的运输和安装费用越少,其经济性就越好。

各类起重机的经济性比较曲线如图 8.16 所示。在同等起重能力下,如使用时间

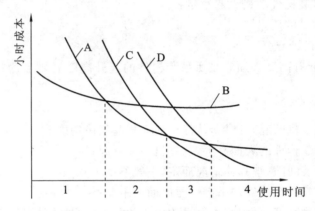

图 8.16　各类起重机经济性比较曲线
A—轮胎起重机;B—汽车起重机;C—履带起重机;D—塔式起重机

短,则采用汽车起重机或轮胎起重机最经济;如使用时间较长,则采用履带起重机较经济;如长期使用,则采用塔式起重机最经济。

 背景知识

国外起重机发展现状

近 20 年来,世界工程起重机行业发生了很大变化。越野轮胎起重机(RT)和全地面起重机(AT)的迅速发展,打破了原有产品与市场格局,加上经济发展及市场激烈竞争的冲击,世界工程起重机市场进一步趋向一体化。目前世界工程起重机年销售额已达 75 亿美元左右,主要生产国为美国、日本、德国、法国、意大利等,世界顶级公司有十多家,主要集中在北美、亚洲(日本)和欧洲。

美国既是工程起重机的主要生产国,又是最大的世界市场之一。但由于日本、德国起重机工业的迅速发展及越野轮胎起重机和全地面起重机的兴起,美国厂商于 20 世纪 60—70 年代在世界市场上获取的主导地位逐步受到削弱,从而形成了美国、日本和德国三足鼎立之势。近几年美国经济回升,市场活跃,他国厂商纷纷

参与竞争,美国制造商的实力也有所增强,特雷克斯起重机公司的崛起即是例证。特雷克斯起重机公司的前身是美国科林起重机厂,自1995年以来,其通过一系列的兼并活动,已发展成为世界顶级公司之一。

日本从20世纪70年代起成为工程起重机生产大国,其产品质量和数量提高很快,已出口到欧美市场,年总产量居世界第一。自1992年以后,由于受日元升值、国内基建投资下降和亚洲金融危机影响,日本工程起重机年产量呈下降趋势。目前日本市场年需求量为3 000台左右。

欧洲是潜力很大的市场,欧洲各工业国既是工程起重机的出口国,也是重要的进口国。德国是欧洲最大的市场,其次为英国、法国、意大利等国。在德国,全地面起重机产品的市场份额分配情况为:利勃海尔占53%,格鲁夫占16%,德马泰克占14%,多田野和特雷克斯各占10%和5%左右。

阅读并思考

1. 我国起重机企业主要有哪几家,其主要产品有哪些?

本章综合练习题

名词解释

起重机械

填空题

1. 起重机械的种类较多,按功能和结构特点可分为_____、_____和_____。
2. 各种类型起重机通常是由_____、_____、_____与_____四部分组成的。
3. 起重机的属具包括索具和取物装置两大类。常用的索具有_____、_____、_____等;常用的取物装置有_____、_____、_____等。

简答题

1. 简述轻小型起重设备的种类和适用范围。
2. 简述桥式起重机的种类、特点及应用场合。
3. 简述门式起重机的应用场合。
4. 汽车起重机和轮胎起重机的主要区别是什么?
5. 起重机有哪些主要技术参数?如何选用这些性能参数?

部分练习题参考答案

填空题

1. 轻小型起重机　桥式类型起重机　臂架式起重机
2. 工作机构　金属结构　动力装置　控制系统
3. 钢丝绳　麻绳　化学纤维绳　吊钩　抓斗　电磁吸盘

第九章 集装箱装卸搬运设备的应用与配置

学习目的

通过学习,应掌握集装箱的基本知识,了解集装箱运输的运输特点,熟悉集装箱装卸搬运设备及吊具,熟悉并能简单配置集装箱单元装卸搬运机械。

第一节 集装箱装卸搬运设备概述

集装箱是一种经专门设计、用于货物的单一或多式运输的耐用设备,尤其适合从一种运输方式转为另一种运输方式。集装箱运输是用集装箱载运的一种现代化运输方法,在运输过程中可使用装卸机械进行起吊、搬运、堆存等作业。随着集装箱运输的逐步发展、成熟,与之相适应的管理方法和工作机构也相应地发展起来,形成了一套适应集装箱运输特点的运输体系。本章将从集装箱的基本知识出发,介绍集装箱运输的方式和集装箱装卸搬运设备,研究集装箱装卸作业的两种常用方式即吊上吊下式和滚上滚下式。

海上集装箱运输开始于20世纪50年代的后半期,最初只限于美国国内航线,60年代后期逐步发展到欧洲、北美地区以及澳大利亚、日本等工业发达的资本主义国家,进入了海上国际集装箱运输的阶段。70年代初期第三世界的一些国家亦相继开展海上集装箱运输。随着海上国际集装箱运输的发展,出现了海运和铁路、公路联运,逐渐形成了以海运为中心、两端向内地延伸的集装箱运输体系,为集装箱运输而建立的配套设施——船舶、港口、铁路和公路运输车辆、各种装卸机械也日臻完善。

集装箱装卸机械的发展大体上可分为三个阶段。

第一阶段(1957—1966年)是集装箱装卸机械的产生阶段。

第二阶段(1967—1976年)是集装箱装卸机械的发展阶段。为便于国际集装箱的流通,国际标准化组织从1964年6月起着手制定集装箱标准规范,并于1973

年正式颁布《货物集装箱外部尺寸和重量》(ISO 668-1973)标准,此后又对其进行了两次修订。集装箱标准化为集装箱装卸机械的选型提供了依据。

第三阶段(1977年以后)是集装箱装卸机械的改进提高阶段。在集装箱装卸机械化工艺方面,着重于研究提高整个系统的生产效率,选用技术上先进、经济上合理的装卸工艺方式;在集装箱装卸机械方面,进一步研制操作简便、经久耐用、减少动力消耗、安全可靠的装卸机械;研究集装箱码头装卸机械化系统和单机的半自动化、自动化控制;针对第四代集装箱船(载箱量4 000~5 000TEU),研究其实现的可能性。

集装箱码头装卸机械化系统的能力和生产效率,在很大程度上取决于码头前沿岸边集装箱起重机的能力和生产效率。近几年来,集装箱专用码头已出现高速型岸边集装箱起重机,其起升速度和小车行走速度,比普通型岸边集装箱起重机分别提高了40%左右和50%左右,平均生产效率由原来的20~25箱/h提高到30~35箱/h。

但是,岸边集装箱起重机的工作速度受到一定的技术限制,提高岸边集装箱起重机生产效率的主要途径是研制效果良好的减摇装置、缩短吊具对位时间、简化装卸操作过程、在桥架下面设置自动定位台阶等,从而缩短小车运行距离和时间,并加快底盘车的装卸。

集装箱码头选用何种装卸工艺方式更为经济合理,不能一概而论,这与该码头的装卸任务(吞吐量)和具体作业条件(平面布置、疏运条件、拆装箱比例、管理方式等)有关,必须根据具体情况,进行技术经济论证后确定。

集装箱码头装卸机械化系统和单机的自动化,应分为两个阶段进行。第一阶段主要是采用计算机系统进行码头管理,计算机管理系统的功能包括收集、储存资料,编制收箱、发箱、装船、卸船、货场堆存计划,报关、查询以及统计处理;第二阶段是采用计算机系统对装卸机械进行自动控制,计算机系统接受码头计算机管理系统的指令,对各种机械进行自动控制。目前世界上采用计算机系统进行管理的集装箱码头,大都处于其自动化过程第一阶段,主要是利用计算机系统处理货运单据和编制装卸作业计划。采用计算机系统实现全自动化控制的码头,目前还没有一个。

装卸机械的单机自动化控制比较复杂,在集装箱码头所使用的三种类型机械(码头岸边集装箱起重机、堆场门式起重机和水平搬运机械)中,将首先实现自动化控制是堆场龙门起重机。

岸边集装箱起重机的作业对象是船舶,由于船型、箱型和装载情况不一,且要受到风浪、潮汐等影响,装卸作业条件经常发生变化,实现自动化控制较为困难。水平搬运机械(牵引车、底盘车、跨运车、叉车等)由于流动性大,也难以控制。国外有的公司曾推荐对水平运输采用有轨循环小车来实现自动化控制。

对于集装箱装卸机械的改进和提高,将着重以下几个方面进行。

(1)操作简便舒适。现代物流活动要求集装箱码头和货场的装卸机械能连续不断地作业,并达到理想的装卸效率,装卸机械的工作速度也在不断提高,操作人员不得不持续紧张地工作。为了提高工作效率,减少机损事故,必须设法改善操作人员的工作条件。

对于驾驶室要考虑配置遮阳、通风、取暖等设施,如保温窗乃至空调,设置舒适的座椅,以减少操作人员的疲劳感。在选择装卸机械的油漆颜色及驾驶室的布局装饰上,都要以使操作人员感到舒适为宜。

机械的控制装置和操作位置,应布设合理、便于操作、省力,并不致分散操作人员的注意力。操作方法应尽可能简便,以避免操作失误。

司机室在装卸机械上的位置应布设合理,以尽量扩大操作人员视野。进出司机室应方便省力,避免使用扶梯。减少机械噪声,研制隔音材料,使机械引起的噪声减小到 75 dB 以下。此外,司机操作人员的工作条件,还应不受夜间或坏天气的影响。

(2) 机械完好率高,停机时间少。机械的总停机时间等于事故、故障和维修时间的总和,在机械设计时也要力求把这些因素的影响压缩到最小限度。应选用经过实际使用,证明性能良好、经久耐用的配套件和零部件,选用的结构应便于维修和更换零部件,零部件的选用应尽可能做到标准化、通用化,以便于互换和修理。停机虽然不可能完全避免,但如更换零部件或维修容易,缩短其停机时间,可提高机械的完好率。

(3) 经久耐用。集装箱装卸机械大都属于大型机械设备,初期投资大,设备折旧费高,因而用户越来越多地注意到机械设备的使用寿命,要求做到经久耐用,特别是以内燃机为动力的流动装卸机械。要努力把轮胎门式起重机、跨运车和牵引车的使用寿命提高到 30 000~50 000 h。机械设备如果使用寿命长,即使初期投资大,折旧费也仍可维持在原有或者更低水平。此外还有其他一些好处,如司机和维修人员取得的经验可以长期运用,维修用的配件不致经常变化等等。

目前世界各国对起重运输机械的设计规范,在结构件方面制定得比较多,而在机械和电气部件方面则制定得相当少,特别是集装箱装卸机械的设计计算理论中还有许多值得探索的问题,如集装箱装卸机械中带有共性的旋锁件的疲劳计算,伸缩式吊具的设计计算等(据统计,集装箱起重机的停机时间中,有约 30% 是由于吊具发生故障而产生的)。

(4) 节约动力消耗。动力消耗是集装箱装卸机械的经常性主要费用项目,因而降低动力消耗对降低装卸成本具有相当大的意义,特别是石油来源紧张的国家,将会越来越注意动力的选择和降低消耗的问题。

在集装箱装卸机械中,以电力为动力的机械比重将会逐步增大,而那些必不可少的流动装卸搬运机械将广泛应用柴油机。

同时,控制燃料消耗的措施也将是研究目标。如货场用牵引车和跨运车没有必要高速行驶,适当降低行驶速度标准既可减少动力的选择和降低消耗,又有利于安全作业；动力系统应采用合适的部件，以降低燃料消耗，也可使用增压装置以提高动力效能；可采用液压调速系统，以减少不必要的动力损失等等。

（5）安全可靠。对于集装箱装卸机械的安全可靠性，应从机械的基本设计和安全装置两个方面加以考虑。基本设计包括机械自身稳定性、驱动和控制系统的性能、操作方法的复杂程度，以及机械在各种条件和各种位置的视线保证等。对于安全装置不仅仅是要考虑对超负荷、超线界的限制，而且还应研究针对潜在不安全因素的警告措施，如对机械将会发生的超速、超负荷、超越线界、制动失灵/控制失效等不安全状况做出预报，提醒司机操作人员采取措施或自动处置。此外，还应研究重大人身事故发生时对操作人员的救生措施。前面提到的在集装箱装卸机械设计时，为操作人员创造一个良好的工作环境，对保证机械的安全使用也是相当重要的。除机械本身的安全措施之外，机械的安全运行与集装箱码头货场的组织管理也有很密切的关系，在码头货场上来往车辆很多，应当制订相应的规章制度，规定各种装卸机械和运输车辆的行驶路线。对装卸机械和运输车辆的运行道路应经常检查维修，排除障碍物。夜间装卸作业时应有足够的照明设施。

我国从 1975 年开始进行集装箱装卸专用机械的研制工作，1979 年前后已研制出第一批岸边集装箱起重机、集装箱跨运车、牵引车和集装箱叉式装卸车等。上海振华港机公司（ZPMC）从 1999 年起就已经成为全球最大的集装箱物流机械特别是岸边集装箱起重机的供应商。

第二节　集装箱装卸的基本知识

一、集装箱的定义和运输特点

集装箱运输是用集装箱载运的一种现代化运输方法。集装箱是用钢、铝合金、塑料等材料按一定的规格制成，专供货物运输中周转使用的大型箱形容器。集装箱可以把几十件、成百件大小不同、形状各异、包装种类繁杂的商品装在箱内，汇集成一个单元。

国际标准化组织根据集装箱在装卸、堆放及运输过程中的安全需要，规定了作为运输工具的货物集装箱的基本条件，具体如下：

（1）能长期、反复使用，具有足够的强度；

（2）途中转运不用移动箱内的货物，可以直接换装；

（3）可以进行快速装卸，并可以从一种运输工具直接方便地换装到另一种运输工具中；

（4）便于货物的装满与卸空；

（5）具有 $1\ m^3$（$35.32\ ft^3$）或 $1\ m^3$ 以上的内容积。

集装箱运输自 20 世纪 50 年代来，在世界各国发展很快，我国铁路、水运、公路、民航等运输部门相继开展了集装箱运输业务。与传统的货物运输相比较,集装箱运输具有以下特点。

(1) 在全程运输中,以集装箱为媒介,使用机械装卸、搬运,可以从一种运输工具直接、方便地换装到另一种运输工具,而无须接触或移动箱内的货物。

(2) 货物从内陆发货人的工厂或仓库装箱后,经采用陆、海、空不同运输方式,可一直运至内陆收货人的工厂或仓库,达到"门到门"运输,中途无须倒载,也无须开箱检验。

(3) 集装箱运输,以集装箱为运输单位,并由专门设备的运输工具装运,不仅装卸快,效率高,而且货运质量有保证。

由于具有上述特点,集装箱运输大大有利于解决传统运输中久已存在而又不易解决的,如货物装卸操作重复劳动多、劳动强度大、装卸效率低、货损货差多、包装要求高、运输手段烦琐、运输工具周转迟缓、货运时间长等问题。但对于集装箱运输,需注意货物的流向和回程货源组织,以及起吊机械配套等问题。对容易损坏箱体的商品,如化肥、油脂、炭黑等一般不能用集装箱装运。

二、标准集装箱的种类

标准集装箱按使用范围可分为国际标准集装箱、地区标准集装箱和国家标准集装箱。

1. 国际标准集装箱

国际标准集装箱是指根据国际标准化组织 104 技术委员会制定的标准来制造的国际通用的标准集装箱。目前,国际标准集装箱共分三个标准规格系列,其中第Ⅰ系列共 13 种(1A～1D、1AA～1CC、1AAA～1BBB、1AX、1BX、1CX、1DX)、第Ⅱ系列 3 种(2A～2C)、第Ⅲ系列 3 种(3A～3C)。

现行的国际标准第Ⅰ系列部分集装箱的规格如表 9.1 所示。

表 9.1 第Ⅰ系列部分国际标准集装箱规格

箱 型	长 度	宽 度	高 度	最大总重量/kg
1A	12 192 mm(40 ft)	2 438 mm	2 438 mm	30 480
1AA	12 192 mm(40 ft)	2 438 mm	2 591 mm	30 480
1B	9 125 mm(29 ft 11.25 in)	2 438 mm	2 438 mm	25 400
1BB	9 125 mm(29 ft 11.25 in)	2 438 mm	2 591 mm	25 400
1C	6 058 mm(19 ft 10.5 in)	2 438 mm	2 438 mm	20 320
1CC	6 058 mm(19 ft 10.5 in)	2 438 mm	2 591 mm	20 320
1D	2 991 mm(9 ft 9.75 in)	2 438 mm	2 438 mm	10 160

注:1 ft=0.304 8 m,1 in=0.025 4 m。

为了便于统计集装箱的运量,常将 20 ft 的标准集装箱作为国际标准集装箱的换算单位,称为换算箱或标准箱,简称 TEU(twenty-foot equivalent unit)。一个 20 ft 的标准集装箱换算为 1 TEU;一个 40 ft 的标准集装箱,简称 FEU(forty-foot equivalent unit),1 FEU=2 TEU。

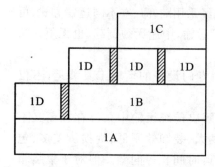

图 9.1 国际标准集装箱的长度关系

由表 9.1 可知,每种集装箱的宽度相同,为充分利用各种运输工具的底面积,因此必须了解各种规格集装箱的长度关系,如图 9.1 所示。其中 1A 型长 40 ft(12 192 mm),1B 型长 30 ft(9 125 mm),1C 型长 20 ft(6 058 mm),1D 型长 10 ft(2 991 mm)。集装箱间的标准间距 I 为 3 in(76 mm),则

$1A = 1B + I + 1D = 9\ 125 + 76 + 2\ 991$
$\quad\quad = 12\ 192\ mm$

$1B = 1D + I + 1D + I + 1D = 3 \times 2\ 991 + 2 \times 76$
$\quad\quad = 9\ 125\ mm$

$1C = 1D + I + 1D = 2 \times 2\ 991 + 76 = 6\ 058\ mm$

第 I、II 系列的集装箱应用较少,在此不作介绍。

2. 地区标准集装箱

地区标准集装箱(国际标准集装箱第 II 系列)指根据欧洲国际铁路联盟所制定的标准制造的,此类集装箱仅适用于欧洲地区使用。其规格如表 9.2 所示。

表 9.2 第 II 系列标准集装箱规格

箱 型	长 度	宽度/mm	高度/mm	最大总重量/kg
2A	2 920 mm(9 ft)	2 300	2 100	7 100
2B	2 400 mm(7 ft)	2 100	2 100	7 100
2C	1 450 mm(4 ft)	2 300	2 100	7 100

3. 国家标准集装箱

国家标准集装箱是各国参照国际标准并参考本国国情制定的集装箱标准,我国以及美国、日本、德国、英国、法国等国都有自己的国家标准。

此外,某些集装箱运输公司,如作为集装箱运输先驱的美国海陆公司及麦逊公司,根据本公司的情况而制定了自己的集装箱标准,该类集装箱称为公司标准集装箱。海陆公司的集装箱外形尺寸长为 35 ft,宽 8 ft,高一般为 8 ft。

三、集装箱的分类

集装箱的类型很多,一般按其载重量可以分为 5 t 以下(小型)的、5 至 20 t 的

(中型)、20 t以上的(大型)三种;按其用途分,有用于装运一般货物的通用型集装箱和用于装运液体、粉状、易腐货物以及化学危险品、爆炸品等的各种专用型集装箱,如图9.2所示。集装箱具体可分为以下几种。

(a) 杂货集装箱

(b) 开顶集装箱

(c) 罐式集装箱

(d) 折叠集装箱

(e) 侧开门集装箱

(f) 框架集装箱

图9.2 常用的集装箱

(1) 杂货集装箱(dry container) 又称通用集装箱,适于装载各种干杂货,包括日用百货、食品、机械、仪器,医药及各种贵重物品等,为最常利用的标准集装箱。国际标准化组织建议使用的13种集装箱均为此类集装箱。

(2) 冷藏集装箱(refrigerated container) 这种集装箱附有冷冻机,用于装载冷冻货物或冷藏货物。其温度可以在+26 ℃～-28 ℃之间调节,在整个运输过程中,启动冷冻机可以保持指定的温度。

(3) 散货集装箱(solid bulk container) 散货集装箱是用于装载大豆、大米、麦芽、面粉、饲料,以及水泥、化学制品等各种散装的粉粒状货物的集装箱。使用这种集装箱可以节约包装费用,提高装卸效率。

(4) 开顶集装箱(open top container) 这种集装箱适于装载玻璃板,钢制品、机械等重货,可以使用起重机从顶部装卸。为了使货物在运输中不发生移动,一般在箱内底板两侧各埋入几个索环,用以穿过绳索捆绑箱内货物。

（5）框架集装箱(flat rack container)　框架集装箱是用于装载不适于装在货集装箱或开顶集装箱内的长大件、超重件、轻泡货、重型机械、钢管、裸装机床和设备的集装箱。这种集装箱没有箱顶和箱壁,箱端壁也可卸下,只留箱底和四角柱来承受货载。这种集装箱既可从上面,也可从侧面用铲车进行装卸。

（6）罐式集装箱(frank container)　适用于装载酒、油类、化学品等液体货物,并为装载这类货物而配备特殊结构和设备的集装箱。

除了上述各种集装箱外,还有一些特种专用集装箱,如专用于运输汽车,并可分两层装货的汽车集装箱;可通风并带有喂料、除粪装置,以铁丝网为侧壁,用于运输活牲畜的牲畜集装箱;备有两层底,供储有渗漏液体,专运生皮等有带汁渗漏性质的兽皮集装箱,以及专供挂运成衣的挂衣集装箱等。还有以运输超重、超长货物为目的,并且在货物重量或尺寸超过一个集装箱的容量时,可以把两个集装箱连接起来使用,甚至可加倍装载一个集装箱所能装载的重量或长度的平台集装箱。另外,还有可折叠板架的折叠式集装箱。

四、集装箱的结构

下面以使用最多的通用集装箱为例介绍集装箱的结构。通用集装箱主要由角件、角柱、上侧梁、下侧梁、侧壁、端壁、上端梁、下端梁、顶梁、底梁、顶板、集装箱门（端门和侧门）等构件组成,如图 9.3 所示。

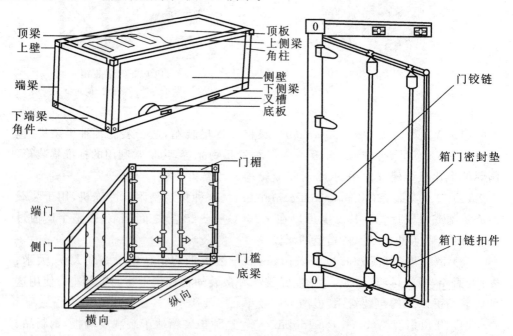

图 9.3　集装箱的结构

第三节 集装箱吊具

一、集装箱吊具的类型

集装箱吊具是一种装卸集装箱的专用吊具,它通过其端部横梁四角的旋锁与集装箱的角件连接,由司机操作控制旋锁的开闭,进行集装箱装卸作业。集装箱吊具是按照国际标准设计和制造的。按照集装箱吊具的结构特点,集装箱吊具可分为五种类型。

1. 固定式吊具

1) 直接吊装式吊具

直接吊装式吊具(见图9.4)是将起吊20 ft或40 ft集装箱的专用吊具直接悬挂在起升钢丝绳上形成的。液压装置装设在吊具上,通过旋锁机构转动旋锁,与集装箱的角配件连接或者松脱。这种吊具结构简单,重量最轻,但只适用于起吊一定尺寸的集装箱,更换吊具需要花费较长的时间,使用起来不够方便。

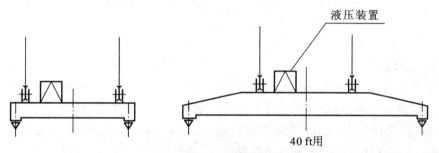

图 9.4 直接吊装式吊具

2) 吊梁式吊具

吊梁式吊具(见图9.5)是将专门制作的吊梁悬挂在起升钢丝绳上形成的。当起吊20 ft集装箱时,将20 ft专用吊具与吊梁连接;起吊40 ft集装箱时,则将40 ft专用吊具与吊梁连接。液压装置分别装设在20 ft或40 ft专用吊具上。这种吊具更换起来比直接吊装式吊具较为容易,但其重量较大。

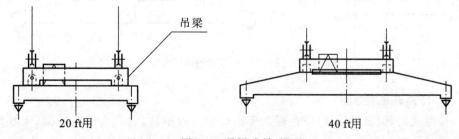

图 9.5 吊梁式吊具

2. 主从式吊具

主从式吊具(见图 9.6)的基本吊具为 20 ft 集装箱专用吊具,可起吊 20 ft 集装箱,液压装置装设在基本吊具上,通过旋锁机构转动旋锁。当需要起吊 40 ft 集装箱时,则将 40 ft 集装箱专用吊具的角配件(与集装箱角配件相同)与 20 ft 集装箱专用吊具的旋锁连接。40 ft 专用吊具的旋锁机构由装设在 20 ft 专用吊具上的液压装置驱动。主从式吊具更换吊具比直接吊装式吊具更为方便,但其重量仍然较大。

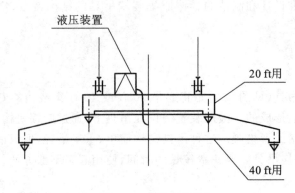

图 9.6 主从式吊具

3. 子母式吊具

子母式吊具(见图 9.7)是将专门制作的吊梁悬挂在起升钢丝绳上形成的。吊梁上装有液压装置,用于驱动吊具上的旋锁机构。当需要起吊 20 ft 集装箱时,将 20 ft 专用吊具与吊梁连接;当需要起吊 40 ft 集装箱时,则将 40 ft 专用吊具与吊梁连接,因而这种吊具比主从式吊具轻。

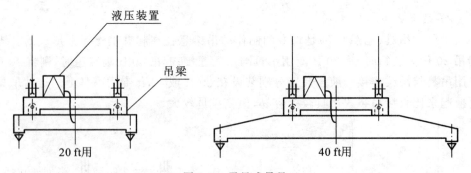

图 9.7 子母式吊具

4. 伸缩式吊具

伸缩式吊具(见图 9.8)是在近几年出现的一种吊具,它具有伸缩吊架,当收缩到最小尺寸时可起吊 20 ft 集装箱,而当伸开到最大尺寸时则可起吊 40 ft 集装箱。

吊具的伸缩通过在司机室内操作实现，变换吊具的时间只要 20s 左右，但该吊具重量也较大。伸缩式吊具是目前集装箱起重机使用最为广泛的一种吊具。

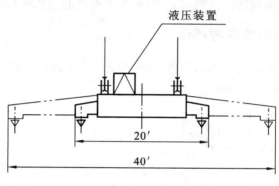

图 9.8　伸缩式吊具

5．双吊式吊具

双吊式吊具（见图 9.9）是由两个悬挂在起升钢丝绳上的直接吊装式吊具组成的，两吊具之间采用自动连接装置连接，可同时起吊两个 20 ft 集装箱，因而能大大提高集装箱起重机的装卸效率，但集装箱必须放置在一定的位置，且只能起吊 20 ft 集装箱，作业条件受到局限，只适于特定的作业条件。

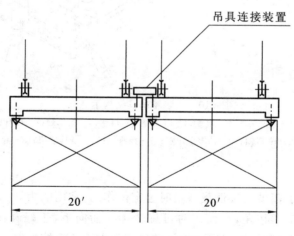

图 9.9　双吊式吊具

至于选用哪种形式的吊具较为合理，取决于所装卸的集装箱数量、箱型变化情况和经济性等，因此不能一概而论。在各种集装箱混载的情况下，为了缩短更换吊具的时间，多采用伸缩式吊具。但伸缩式吊具的连接装置缩式吊具重量较大，液压部件多，容易发生故障，伸缩框架容易损坏，在同一箱型装卸数量大的情况下，往往是不经济的，不如配备多种专用吊具更为合适。

无论对哪种结构形式的吊具,都要努力做到轻量化,提高其可靠性。在集装箱起重机起重量一定的情况下,减轻吊重的自重,可以减少起重机的起升载荷,对于起升机构具有变扭矩调速特性的起重机,可大大提高起重机的装卸效率。

二、集装箱吊具的主要部件

集装箱吊具除了具有金属构架外,还有导向、连接、吊具前后倾斜及操纵控制装置等部件,如图 9.10 所示。

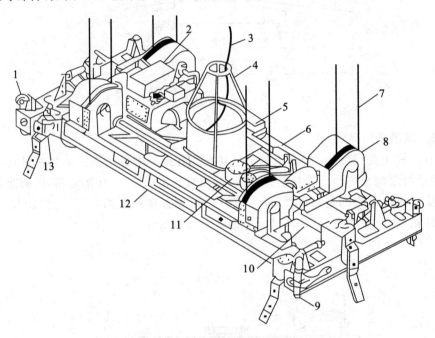

图 9.10 集装箱吊具结构示意图

1—导辊;2—液压装置;3—电缆;4—电缆笼;5—灯座;6—指示灯;7—提升钢丝绳;
8—提升滑轮组;9—扭锁;10—伸缩液压缸;11—插座箱;12—吊具框架;13—导手驱动装置

1. 导向装置

导向装置用于在吊具接近集装箱时起定位作用,常用的为导向板式,其末端是用钢板做成的角锥形包角,在使用时可旋转 180°而向下,正好套在集装箱的四个角上,不工作时可向上翻转。导向板的动作通常由液压系统控制。

2. 连接装置

连接装置是使吊具与集装箱在吊运时连接成一个整体的机构。对于国际标准集装箱,采用旋锁连接装置,即在吊具框架的四角对应集装箱角配件的孔位置处,装设一个可以转动的旋锁。旋锁装置可以分为两类。

(1)定轴式旋锁装置,其旋锁相对于吊具旋转箱不能作摆动,只能在定轴套内作转动,其结构如图 9.11 所示。

(2) 浮动式旋锁装置,其旋锁既能在吊具旋转箱内转动,又能作相对于旋转箱的摆动,以适应有制造误差或产生了工作变形的对于集装箱的吊装要求。这种旋锁已被广泛应用,其结构如图 9.12 所示。

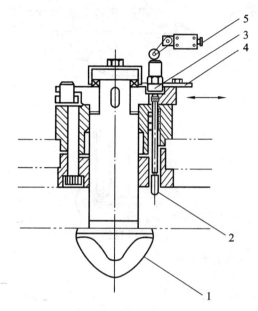

图 9.11　定轴式旋锁装置
1—旋锁；2—顶杆；3—调整螺栓；
4—固定板；5—接触开关

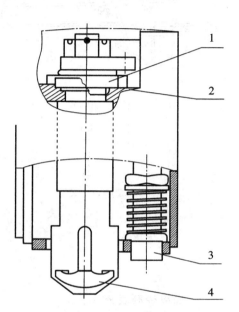

图 9.12　浮动式旋锁装置
1—球凸座；2—球凹座；
3—顶杆；4—旋锁

当吊具通过导向装置降落到集装箱箱体上时,吊具的旋锁装置即准确地插入集装箱角配件的椭圆形孔内,然后由液压缸推动连杆,使旋锁转动 90°,就可以挂住集装箱而进行吊运。对于少数非标准集装箱或用吊钩的场合,可采用吊钩与集装箱的角配件连接。

3. 悬挂及倾斜装置

吊具通过金属构架上的滑轮组和起升钢丝绳相连,以实现吊具的升降。由于在装卸过程中,集装箱船会出现横倾或纵倾,要求吊具在前、后、左、右方向倾斜一定角度,通常考虑 ±5°。前后倾斜装置由前后倾斜油缸和液压系统组成,在正常状态下,吊具的上架平面与底架平面互相平行,陆侧的前后倾斜油缸伸缩时,上架和底架销轴相对转动。

图 9.13 为吊具倾斜装置示意图。它将四根起升钢丝绳的末端分两组连接并固定在两个小卷筒上,其中两根绕经吊具前部滑轮的钢丝绳连成一组,两根绕经吊具后部滑轮的钢丝绳连成一组,通过变换小卷筒的回转方向来实现吊具前、

后、左、右的倾斜,小卷筒之间装有离合器。还有一种吊具倾斜装置,其两组钢丝绳的末端固定在液压装置上,通过液压缸的伸缩来实现吊具向前、后、左、右方向的倾斜(纵倾和横倾)。

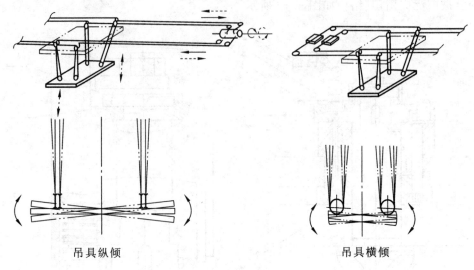

图 9.13　吊具倾斜装置

4. 操纵控制装置

以伸缩式吊具为例,其旋锁驱动装置、导向板驱动装置、吊具前后倾斜装置和吊具伸缩装置均采用液压传动。这些装置共用的液压泵驱动装置和油箱设在底架上。行走小车垂下的电缆存放在电缆储存器中。

集装箱吊具上设有电器和机械的连锁安全装置,在一个动作没有完成之前,后一个动作不能进行。例如,当旋锁进入集装箱角配件孔后,旋锁箱底面和集装箱角配件顶面接触,通过旋锁下面的顶杆触及接触开关,吊具四角的指示灯和司机室操作台上的指示红灯亮,表示旋锁已封闭,即可以开始起吊。当不是四个角都完全接合和锁紧时,安全装置会发出信号,阻止吊运,以保证装卸作业的安全。

第四节　集装箱装卸搬运设备

一、集装箱装卸搬运系统

集装箱物流是港口物流的重要组成部分,集装箱装卸搬运设备经过几十年的发展,形成了一套完整的系统。现代集装箱物流装卸搬运系统如图 9.14 所示。集装箱船通过码头前沿的装卸机械(如岸边集装箱起重机)将集装箱吊进吊出,进行装船和卸船作业;由水平运输机械完成码头前沿、堆场和装拆箱库之间的水平运输任务；由堆场机械完成集装箱的堆码和拆垛。通常，船到车或车到船的集装箱物流都是通过堆场进行中转的，若条件允许，也可以直接从船到车或从车到船。为了满足客户对集装箱物流服务的多种需求，有时需要将集装箱送入拆、装箱库进行拆箱、分箱重组。

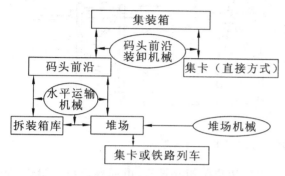

图 9.14　集装箱物流装卸搬运系统的构成

图 9.15　岸边集装箱起重机

二、集装箱装卸搬运设备的主要类型

1. 集装箱前沿码头机械

集装箱前沿码头机械主要有四种类型。

1）岸边集装箱起重机

岸边集装箱起重机又称集装箱装卸桥，简称岸桥，如图 9.15 所示。它是承担集装箱装卸作业的专用起重机，装卸效率高，适用于吞吐量较大的集装箱码头。岸边集装箱起重机由前门框、后门框及拉杆组成，桥架支承在门架上，起重小车可沿桥架上铺设的轨道运行，整机可沿着与岸平行的轨道行驶。目前我国港口设置的多为普通型（第一代）岸边集装箱起重机，每小时平均生产率为 25 TEU。集装箱运输船舶的大型化对岸边集装箱起重机提出了新要求，除了外伸距加大以外，其他技术参数也相应提高了。上海振华港机公司（ZPMC）为美国奥克兰港生产的外伸距达 65 m，吊具重量达 65 t 的特大型岸边集装箱起重机，其生产率可达每小时 50～60 TEU。

岸边集装箱起重机有各种不同的结构形式，可按不同的分类方法对其进行分类。

（1）按主梁结构形式，可分为单箱形梁结构、双箱形梁结构、板梁与桁梁混合结构和全桁架结构。

（2）按起重小车形式，可分为自行式起重小车岸边集装箱起重机、全绳索牵引小车岸边集装箱起重机和自行式非起重小车岸边集装箱起重机。

（3）按降低净空高度，可分为俯仰式主梁岸边集装箱起重机、伸缩式主梁岸边集装箱起重机和折叠式主梁岸边集装箱起重机，如图 9.16 所示。

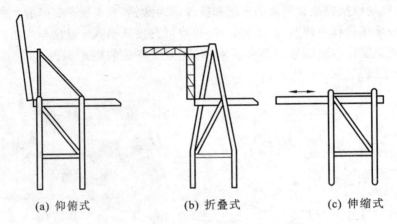

(a) 仰俯式　　　　　(b) 折叠式　　　　　(c) 伸缩式

图 9.16　岸边集装箱起重机结构示意图

（4）按供电方式，可分为滑触线供电岸边集装箱起重机、电缆卷筒供电岸边集装箱起重机和柴油发电机组供电岸边集装箱起重机。

（5）按接卸船型，可分为巴拿马型岸边集装箱起重机和超巴拿马型岸边集装箱起重机。

2）多用途桥式起重机

多用途桥式起重机，又称多用途装卸桥，其配备有专业的吊具和属具，既可以装卸集装箱，又可以装卸重件、成组物品及其他货物，适用于中小港口的多用途码头。

3）多用途门座式起重机

多用途门座起重机适用于在多用途码头进行集装箱和件杂货的装卸作业，对于年箱量在 50 000 TEU 以下的中小港口多用途码头更为适用。有关多用途门座式起重机的内容，可参考本书第 8 章相关内容。

4）高架轮胎起重机

该机型类似于普通的轮胎起重机，机动性较好，可任意行走，配备有专用的吊具和属具，适用于进行集装箱、件杂货装卸作业的多用途码头。有关轮胎起重机的知识，可参考本书第 8 章相关内容。

2. 集装箱水平运输机械

集装箱水平运输机械主要有以下几种类型。

1）集装箱跨运车

集装箱跨运车（见图 9.17）是一种专用于集装箱短途水平搬运和堆码的机械。跨运车作业时，以门形车架跨在集装箱上，并由装有集装箱吊具的液压升

图 9.17　集装箱跨运车

降系统来搬运和堆码集装箱。该机的特点是机动性好,可一机多用,既可进行水平运输,也可进行堆场堆码、搬运和装卸作业。但集装箱跨运车造价高,使用维护费用高,驾驶视野有待改善。该类机械目前在我国港口使用不多。

2) 集装箱牵引车

集装箱牵引车,又称拖头,是专门用于牵引集装箱挂车的运输车辆,其本身不能装载集装箱,而是通过连接器和挂车相连,牵引其运行,以达到水平搬运作业的目的,是一种广泛使用的集装箱水平运输设备。详细介绍可参考本书第2章相关内容。

3) 自动导引小车

自动导引小车是一种以电池为动力,装有非触导向装置,独立寻址系统的无人驾驶自动运输车。自动导引小车目前在欧洲国家的一些现代化集装箱大港得到了应用,其与大型岸边集装箱起重机一起,构成了新型高效的集装箱搬运系统。有关自动导引小车的详细介绍,可参考本书第11章相关内容。

3. 集装箱堆场作业机械

集装箱堆场作业机械有以下几种类型。

1) 轨道式集装箱门式起重机

轨道式集装箱门式起重机(见图9.18)又称轨道式集装箱龙门起重机,它是用于集装箱码头堆场,进行装卸、搬运和堆码的专用机械,其在固定的钢轨上行走,可跨多列集装箱及一个车道,堆存能力大,堆场面积利用率高,适用于吞吐量大、前沿港域不足,而后方堆场较大的码头。

2) 轮胎式集装箱门式起重机

轮胎式集装箱门式起重机(见图9.19)又称轮胎式集装箱龙门起重机,是一种使用广泛的集装箱堆场作业机械。由于采用轮胎式运行机构,该类起重机不需要专用的固定轨道,具有机动灵活的特点,可以从一个堆场转移到另外一个堆场,堆高3~4层或更多层的集装箱,可提高堆场面积的利用率,适用于吞吐量较大的集装箱码头。

图9.18 轨道式集装箱门式起重机

图9.19 轮胎式集装箱门式起重机

3）集装箱跨运车

集装箱跨运车前文已有介绍，此处不赘述。

4）集装箱叉车

集装箱叉车按其用途，通常分为用于重箱作业的重载叉车和用于空箱作业的堆高叉车（见图9.20）两种。为了方便装卸集装箱，集装箱叉车上配有标准货叉及顶部或侧面起吊的专用属具，或集装箱专用吊具。

集装箱叉车机动灵活，可一机多用，既可用于水平运输，又可用于堆场堆码、装卸搬运、拆装箱作业。其造价低、使用维修方便，特别适合于空箱作业，一般在吞吐量不大的多用途码头使用。

图9.20　集装箱堆高叉车

图9.21　集装箱正面吊运机

5）集装箱正面吊运机

集装箱正面吊运起重机（见图9.21）的特点是具有可伸缩的臂架和可左右旋转120°的吊具，便于在堆场作吊装和搬运；臂架不可作俯仰运动，可加装吊钩来吊装重件。该机机动性强，可以一机多用，既可进行吊装作业，又可进行短距离搬运，其起升高度一般可达4层箱高，且稳定性好，是一种适应性强的堆场装卸搬运机械，适用于集装箱吞吐量不大的集装箱码头。

6）拆、装卸机械

集装箱码头的拆装箱作业一般采用低门架叉车、手推搬运车等。详细内容将在本书第11章中介绍。

第五节　集装箱前沿码头机械的主要技术参数

集装箱前沿码头机械中使用最为广泛的专用机械是岸边集装箱起重机，现以其例介绍集装箱前沿码头机械的主要技术参数。岸边集装箱起重机的主要技术参数包括几何尺寸、起重量、速度、控制和供电、防摇要求和生产率等，这些参数反映了集装箱岸边起重机的特征能力和主要技术性能。

1. 起重量

岸边集装箱起重机的起重量包括其额定起重量和吊具自重。额定起重量是指吊具下的起重量。国际标准化组织规定,40 ft 型集装箱的最大重量为 30.5 t,20 ft 型集装箱的最大重量为 24 t。吊具重量根据吊具类型不同而有所不同,固定式吊具 20 ft 型的自重为 1.5 t,40 ft 型的自重为 2.5 t;组合式吊具 20 ft 型的自重为 5 t,40 ft 型的为 7 t;伸缩式吊具的自重为 10～11 t。

2. 几何尺寸

岸边集装箱起重机的几何尺寸参数与装载集装箱的船型、甲板上堆装层数、箱型、码头作业条件及堆场上的装卸工艺和作业方式有关。这些尺寸参数包括起升高度、前伸距、后伸距、轨距以及下横梁的净空高度等。

(1) 起升高度　起升高度是指船舶在满载低水位时,能起吊舱底最下一层箱的总高度。它根据船舶的型深、吃水、潮差、码头标高、甲板堆装层数和集装箱高度而定。

(2) 前伸距　前伸距是指岸边集装箱起重机海侧轨道中心线到集装箱吊具中心铅垂线之间的最大水平距离。前伸距主要根据集装箱运输船型、装卸工艺方式来确定。在确定前伸距时还应考虑船舶倾斜的影响,船舶倾角一般按 3°考虑。

(3) 后伸距　后伸距是指岸边集装箱起重机陆侧轨道中心线到集装箱吊具中心铅垂线之间的最大水平距离。确定后伸距的大小时主要考虑以下两种情况:一是放置舱口盖板时的情况,二是放置集装箱时的情况。

(4) 轨距　轨距是指岸边集装箱起重机大车行走时两条轨道中心线的水平距离。轨距的大小对岸边集装箱起重机的稳定性和轮压有一定影响,轨距太小对稳定性不利。一般岸边集装箱起重机的轨距是 16 m,随着岸边集装箱起重机的大型化,其轨距也将越来越大。

(5) 横梁下净空高度　净空高度是指横梁下面到轨道之间的垂直距离。岸边集装箱起重机的净空高度应能满足流动搬运设备如火车、集装箱牵引车,特别是集装箱跨运车的通行要求。一般来说,集装箱牵引车或火车装一层箱,横梁下净空高度理论上只需 6 m,若装双层箱则需 9 m;若使用跨运车堆三个箱高,则需 15 m。

(6) 基距　基距是指同一条轨道上左、右两侧大车行走机构大平衡梁支点之间的水平距离。基距对岸边集装箱起重机的稳定性和轮压有一定影响,同时还应注意到当 40 ft 集装箱通过时不能与腿柱内侧相碰。

3. 工作速度

岸边集装箱起重机的工作速度包括:起升(下降)速度、小车运行速度、大车运行速度和前大梁仰俯速度等。岸边集装箱起重机各工作机构速度的选择应满足装卸工艺和生产率的要求。

(1)起升速度 起升速度又分满载起升速度和空载起升速度,满载起升速度指吊具下起吊额定起重量时的起升速度,又称额定速度。空载起升速度是指吊具下不带集装箱时的起升速度,空载起升速度一般为满载起升速度的2倍。

(2)小车运行速度 随着岸边集装箱起重机外伸距的增大,提高小车运行速度对提高岸边集装箱起重机生产率越来越重要。小车运行速度一般取为120 m/min。目前小车行走速度已超过160 m/min,最高可达240 m/min。

(3)大车运行速度 大车运行机构主要是用于将岸边集装箱起重机从一个舱位移到另一个舱位,是非工作机构,一般速度不要求太高。但在某些港口,岸边集装箱起重机的大车运行速度也呈现增大的趋势。

(4)主梁俯仰速度 主梁俯仰属于非工作性操作。在岸边集装箱起重机不工作时,为了便于船舶靠离码头,主梁呈仰起状态,当进行装卸时才将主梁放下,其俯仰一次时间较长,一般在4 min左右。

其他的技术参数如自重和轮压、生产率等和其他起重机基本类似,可参考本书第8章相关内容。

近10年来,为了适应大型超巴拿马型集装箱船的接泊,岸边集装箱起重机的主要尺寸和工作速度已明显增大。表9.3列出了当前已经投入使用的部分大型岸边集装箱起重机性能参数。

表9.3 部分大型集装箱岸边起重机的性能参数

港口	制造商	吊具下额定起重量/t	轨距/m	海侧轨距护舷前端面距离/m	伸距/m		有效前伸距/m	起升高度/m		起升速度/(m/s)		小车运行速度/(m/s)
					前	后		轨上	轨下	满载	空载	
鹿特丹	NOELL	61	35	10	66	25	56	40	15	1.5	3	4
萨拉拉	ZPMC	66	30.48	7.9	63.5	25	55.6	35	15.2	0.88	2.83	4
阿姆斯特丹	ZPMC	65	30.50	7.25	61.5	15	53.75	33	23.5	1.33	3	3.67
横滨	HIH	65	30	5.5	63	16	57.5	40	16.2	1.5	3	4
奥克兰	ZPMC	66	30.48	7.5	65	18	57.5	33	23.5	1.5	3	4
洛杉矶	NOELL	53	30.38	7.82	64	23	56.18	40	15.5	1.5	3	4

第六节 集装箱的港口装卸作业方式

集装箱运输因具有安全、高效、经济、快捷等优越性,以及能降低货损、实现门到门运输的特点,得到了迅速发展。随着海上国际集装箱运输的发展,出现了海运与内河航运、铁路、公路和航空等多种形式的联运,逐渐形成了以海运为中心环节,两端向内陆延伸的集装箱运输体系,以便最大限度地利用国际集装箱运输的优点,实现国际货物的门到门运输。

集装箱装卸运输系统按集装箱船舶在港口的装卸作业方式分为吊上吊下和滚上滚下两类。

一、吊上吊下作业方式

吊上吊下作业方式,又称为垂直作业方式,是指采用在码头上的起重机或船上的起重设备来进行集装箱的装卸船作业。吊上吊下方式是当前用得最为广泛的一种方式。其装卸运输系统视岸边与后方堆场间采用的搬运设备不同,又可分为底盘车(挂车)方式、跨运车方式、叉车方式、轮胎门式起重机方式、轨道门式起重机方式和混合方式。具体装卸工艺系统如图9.22所示。

1. 底盘车(挂车)方式

采用底盘车(挂车)方式时,码头前沿由岸边集装箱起重机承担集装箱装卸船作业;底盘车承担前沿与堆场间运送作业及向用户的水平运输作业。卸船时,集装箱被卸到底盘车上后,用牵引车把底盘车拖运到堆场排列起来,并且随时可以用拖车运走。装船时,用牵引车将堆场上装有集装箱的底盘车拖到码头前沿,再用岸边集装箱起重机把集装箱吊上船。

2. 跨运车方式

跨运车方式主要包括两种形式。

(1)跨运车直接吊运式 在码头前沿由岸边集装箱起重机承担集装箱装卸船作业,跨运车承担码头前沿和堆场之间的水平运输和堆场上的堆码作业。

(2)跨运车间接吊运式 利用牵引车-半挂车在码头前沿到堆场间往返运输,跨运车只在堆场进行集装箱堆码作业。

3. 集装箱吊运机或叉车系统

采用集装箱吊运机或叉车系统时,在码头前沿,由船用起重机、流动式高架起重机或岸边集装箱起重机等承担装卸船作业。用集装箱吊运机或叉车将集装箱运到堆场并堆垛,或者相反作业。此系统的另一种形式是使用牵引车-半挂车承担由码头前沿到堆场的往返运输,集装箱吊运机或叉车仅在堆场进行堆垛作业。

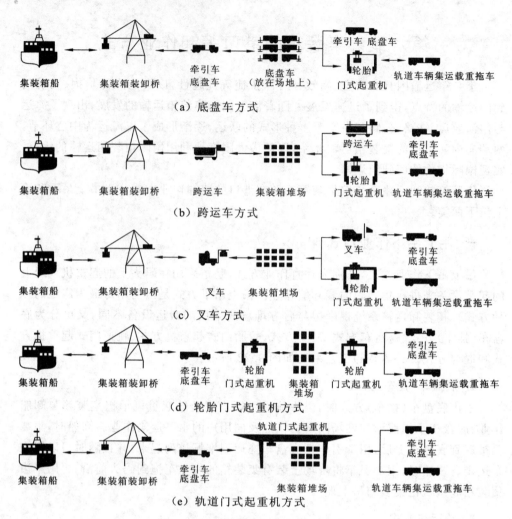

图 9.22 集装箱装卸运输工艺系统图

4. 轮胎门式起重机系统

采用轮胎门式起重机系统时,在码头前沿由岸边集装箱起重机承担装卸船作业。卸船时,将集装箱卸到码头前沿的半挂车上,然后由牵引车拖到堆场。轮胎门式起重机则承担拖挂车的卸车及堆场堆码作业,装船时相反。轮胎门式起重机占用通道面积小,不受轨道限制,机动灵活性好。

5. 轨道门式起重机系统

该系统与轮胎门式起重机系统相似,但由轨道门式起重机承担在堆场上为拖挂车装卸及堆码作业。轨道门式起重机跨越集装箱排数更多,堆码层数更高,而且还可直接装卸火车、汽车上货物。

以上五种不同装卸系统的比较如表 9.4 所示。

表 9.4 五种集装箱装卸系统的比较

项 目	装卸系统				
	底盘车系统	跨运车系统	集装箱吊运机/叉车系统	轮胎门式起重机系统	轨道门式起重机系统
堆场储存能力	最低	一般	较低	较高	最高
装卸工艺系统	最简单	简单	一般	复杂	复杂
堆场装卸效率	最高	一般	较高	较低	一般
机动性能	最好	一般	较好	一般	较差
集装箱损坏率	较低	较高	较高	一般	一般
机械维修费用	较低	最高	较高	较高	最低
设备投资	一般	最高	一般	较高	较高
自动化适应性	较差	较差	较差	良好	最好
装卸铁路车辆	不能	困难	可以	可以	最佳
堆场铺装要求	较低	较高	较高	一般	最低
拆垛操作量	没有	一般	一般	较大	最大
操作熟练要求	较低	最高	最高	较高	一般

对于大型或较大型专用集装箱码头,码头前沿机械多采用岸边集装箱起重机,水平运输机械采用底盘车或拖挂车或自动导引小车,将集装箱水平运输到堆场后,用轮胎门式起重机或轨道门式起重机进行装卸和堆码(拆垛),也有采用跨运车进行水平运输和堆垛的。集装箱叉车则用来对空箱进行堆码和拆垛。对于一些中小港口或非专用集装箱码头,前沿装卸机械多采用多用途门座式起重机,以适应码头的多货种装卸。堆场机械则采用集装箱叉车或正面吊运机。

二、滚上滚下作业方式

滚上滚下方式也称为水平作业方式,是指采用牵引车拖带挂车(底盘车)或叉车等流动搬运机械,往滚装船里装入集装箱,或卸出集装箱。其具体做法是采用滚装船运输集装箱,将集装箱放置在挂车(底盘车)上,船舶到港后,采用牵引车,通过与船艏门、艉门或舷门铰接的跳板,进入船舱把挂车(底盘车)拖带到码头货场;或者是将集装箱直接堆放在船舱内,船舶到港后,采用叉车和牵引车拖带挂车,通过船艏门、艉门或舷门跳板进入船舱,用叉车把集装箱放到挂车上,再用牵引车将集装箱拖带到码头货场;或者仅用叉车通过跳板搬运集装箱。

近几年来,世界各国开始发展滚装运输,采用专门的滚装船,用于国内沿海、大陆与岛屿、近邻国家之间,运输各种车辆、载货(集装箱或其他货物)挂车以及可以用叉车进入船舱进行装卸的集装箱和托盘货物。对于近距离航线,采用滚装运输可以大大缩短船舶在港口装卸货物的时间,从而减少船舶在港停泊时间,提高船舶运输效率。对于单航程在一个星期以内的航线,采用滚装运输最为合理。

采用滚上滚下方式,比采用吊上吊下方式装卸集装箱装卸速度要快30%左右,且无须在港口装备价格昂贵的大型专用机械设备,装卸费用低,有利于组织集装箱"门到门"运输,减少集装箱在港口的装卸环节,降低集装箱的破损率。但滚装集装箱船的造价比吊上吊下集装箱船约高10%左右,其载重利用系数仅为吊上吊下集装箱船的50%,每一载重吨的运费比吊上吊下集装箱船要高,且滚装集装箱码头所需要的货场面积比一般吊上吊下集装箱码头要大。

背景知识

集装箱轨道门式起重机

在谈论现代化的集装箱货场机械选型时,不少人一提起轨道门式起重机(俗称轨道龙门吊),就在其与土设备,甚至落后、过时了的设备之间画等号。在这些人看来,只有轮胎门式起重机(俗称轮胎式箱吊)、集装箱叉车、集装箱跨车一类的起运设备才叫洋设备、先进设备,才与现代化的集装箱运输相匹配。

由于认识上的片面性,长期以来,我国集装箱堆场特别是沿海港口集装箱堆场绝大部分采用的是昂贵的进口轮胎门式起重机;内陆铁路车站、河港码头、小型集装箱货场虽多采用轨道门式起重机,但不是因为认为它先进,而是看上了它的省钱、实用之处,如果资金充裕,大概也会嫌它土而弃之不用。

事实上,轨道门式起重机在我国储运、铁路、内河港口等众多部门长期来特别受到偏爱。全国各行各业使用的轨道门式起重机估计有上万台。其中仅中国物资储运总公司就组织设计制造了上百台轨道门式起重机,其几百万平方米货场和几百万平方米库房,中储系统自制轨道门式起重机起重量最大的达50 t,跨度最大达六十多米,主梁总长达一百多米,其质量能满足生产的需要。

轨道门式起重机与轮胎门式起重机相比有以下主要优点。

(1) 经济、实用,其价格一般只相当于一台轮胎门式起重机的1/4,甚至更少,最多也不过是其1/2;

(2) 坚固、耐用;

(3) 可因地制宜自行设计、自行制造,而维修则更加方便;

(4) 操作简单、安全可靠；

(5) 运行成本低；

(6) 以电为动力,对环境没有污染。

大型集装箱货场场所要求起重机装卸效率高,能自动摘挂箱、自动对位、具有防摇等功能。但中小型集装箱货场与一般货场相比,除了在装卸大件货物时要采用专用吊具,以防止集装箱变形外,并没有太大的特别之处,即一般普通轨道门式起重机只要起重量、强度够用就可以装卸集装箱,许多铁路集装箱站就是如此。这说明从事集装箱运输、装卸业务并非一定要具备轮胎门式起重机、抓箱机一类的专用设备。我国已有不少专业制造厂能设计、制造轨道门式起重机,这些产品完全可以满足现代集装箱作业的需要,而且有些厂的产品已远销国外。

阅读并思考

1. 为什么说轨道门式起重机具有优良的性价比？

本章综合练习题

名词解释

集装箱　集装箱运输

填空题

1. 标准集装箱按使用范围可分为_____、_____和_____。
2. 集装箱前沿码头机械主要有_____、_____、_____和_____。
3. 集装箱水平运输机械主要有_____、_____和_____。
4. 集装箱堆场作业机械有_____、_____、_____、_____、_____和_____。

简答题

1. 谈谈集装箱运输的主要特点。
2. 集装箱吊具有哪几种类型,各有什么特点？
3. 集装箱装卸搬运系统是由哪几部分组成？
4. 集装箱岸边起重机有哪些主要技术参数？
5. 什么是集装箱吊上吊下装卸法？
6. 什么是集装箱运输中滚上滚下装卸法？

部分练习题参考答案

填空题

1. 国际标准　地区标准　国家标准
2. 岸边集装箱起重机　多用途桥式起重机　多用途门座式起重机　高架轮胎起重机
3. 集装箱跨运车　集装箱牵引车　自动导引小车
4. 轨道门式起重机　轮胎门式起重机　集装箱跨运车　集装箱叉车　集装箱正面吊运机　拆、装卸机械

第十章 连续输送设备的应用

> **学习目的**
>
> 通过本章的学习,应了解连续输送设备的概念和特点,熟悉带式输送机、链式输送机、辊道式输送机的结构和使用方式,了解其他类型的连续输送机的结构和使用方式,掌握连续输送设备的选择方法。

第一节 连续输送设备概述

一、连续输送设备的概念

连续输送设备简称输送机,是指以连续的方式、沿着一定的线路、从装货点到卸货点均匀输送散料和成件包装货物的机械装置。

由于连续输送机能在一个区间内连续搬运大量货物,搬运成本较低、搬运时间容易控制,因而被广泛应用于现代物流系统中,特别是自动化立体仓库系统中。其搬运系统一般都是由连续输送机组成的,如进出库输送系统、自动分拣系统等,整个搬运系统由中央计算机统一控制,形成了一个完整的货物输送与搬运系统,大量货物或物料的进出库、装卸、分类、分拣、识别、计量等工作都是由输送机系统来完成的。

在仓储系统中,搬运作业以集装单元化搬运最为普遍,因此,搬运中用的连续输送机也以单元负载式输送机为主。单元负载式输送机主要用于输送托盘、箱包件或其他有固定尺寸的集装单元货物。

二、连续输送设备的特点

连续输送设备是沿着一定的输送路线运输货物的机械。与间歇动作的起重机械相比,连续输送机械具有以下特点。

(1) 连续作业、效率较高。连续输送设备可以不间断地搬运货物，不必因空载回程而引起运货间断，同时由于不必经常启动和制动，可保持较高的工作速度。连续和高速的输送使连续输送机械能够达到很高的生产率。

(2) 结构简单、经济便捷。连续输送设备一般沿固定的路线输送货物，动作单一，所以结构简单，便于实现自动控制。在同样生产率的条件下，由于其载荷均匀、速度稳定、功耗较小，较为经济实惠。但当输送路线复杂或变化时，会造成结构复杂或需要按新的路线重新布置输送机。

(3) 通用性较差。每种机型只适用一定类型的货种，只能按照固定线路输送货物，并且一般不适于运输重量很大的单件物品。

(4) 大多数连续输送机不能自行取货，因而需要采用一定的供料设备。

三、连续输送机械的分类

连续输送机械的形式、构造和工作原理多种多样。由于生产发展的要求，新的机型正在不断增加。按照有无动力源，输送机可分为重力式和动力式两种。重力式输送机因滚动体的不同，又可分为滚轮式、滚筒式及滚珠式三种；动力式输送机一般以电动机为动力。按照所运货物的种类，输送机可分为输送件货的输送机和输送散货的输送机两种；按照输送机的传动特点，输送机可分为有挠性牵动构件的输送机和无挠性牵动构件的输送机两种；此外，按照输送机的结构形式还可分为辊式、链式、轮式、胶带式、滑板式及悬挂式等多种。

四、连续输送设备在现代物流系统中的作用

连续输送设备在现代物流系统中，特别是在港口、车站、库场、货栈内，承担了大量的货物运输任务，同时也是现代化立体仓库中的辅助设备，它具有把各物流站点衔接起来的作用。物料输送是装卸搬运活动的主要组成部分，在物流各阶段、环节、功能之间，都必须进行输送作业。

连续输送设备是生产物流中的重要设备。在生产车间，输送设备起着衔接人与工位、工位与工位、加工与储存、加工与装配的作用，具有物料的暂存和缓冲功能。通过对输送设备的合理运用，可使各工序之间的衔接更加紧密，提高生产效率。

第二节　带式输送机

1. 带式输送机的结构和特点

带式输送机是用连续运动的无端输送带输运货物的机械。其中用胶带作为输送带的称胶带输送机，简称胶带机，俗称皮带机。

带式输送机工作时，输送带既是承载货物的构件，又是传递牵引力的牵引构件，

由输送带与滚筒之间的摩擦力平稳地进行驱动。如图10.1所示为标准带式输送机。

带式输送机可用于输送散货或件货。根据工作需要,带式输送机可制成工作位置不变的固定式和装有轮子的移动式(见图10.2),输送方向可改变的可逆式(如斗轮堆取料机的悬臂胶带机),通过机架伸缩改变输送距离的伸缩式(如装船机的悬臂段胶带机)等各种形式。

图10.1 标准带式输送机

图10.2 移动式输送机

带式输送机不仅是使用最普通的一种连续输送机,而且是最典型的一种连续输送机。在各种连续输送机中,它的生产率最高、输送距离最长,而且其工作平稳可靠、能量消耗少、自重轻、噪声小、操作管理容易,是最适于在水平或接近水平的倾斜方向上连续输送散货和小型件货的输送机。但在用其运送粉末状物料时,需采取防尘措施。

带式输送机已成为港口、车站的专用机械如散货装船机、取料机、卸船机、链斗卸车机等的主要组成部分,是输送煤炭、矿石、散货不可缺少的输送设备。

2. 带式输送机的主要结构部件

典型的带式输送机主要由输送带、支承托辊、驱动装置、制动装置、装卸装置、卸载装置、清扫装置组成,如图10.3所示。

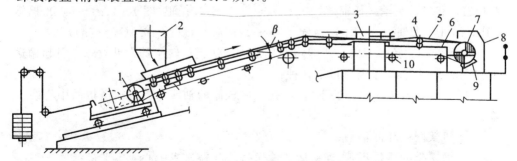

图10.3 带式输送机结构示意图

1—张紧滚筒;2—装载装置;3—卸料挡板;4—上托辊;5—输送带;
6—机架;7—驱动滚筒;8—卸载罩壳;9—清扫装置;10—下托辊

带式输送机的主要部件包括输送带、支承托辊、驱动装置、制动装置、张紧装置、改向装置、装载装置、卸载装置和清扫装置。

(1) 输送带　输送带用来传递牵引力和承载被运货物,因此要求它强度高、抗磨耐用、挠性好、伸长率小和便于安装修理。

输送带按用途可分为强力型、普通型、轻型、井巷型、耐热型五种。强力型用于输送密度较大、冲击力较大、磨损较严重的物料;普通型用于输送密度在 2.5 t/m^3 的物料;轻型用于输送密度、磨损性较小的物料,如谷物、纤维、粉末及包装件等;井巷型专门用在矿井下的固定输送机上;耐热型适用于输送温度高的(<393 K)的焦炭、熔渣、热砖等。

输送带按其使用的材料可分为橡胶带和塑料带两种。普通橡胶带应用最广,它用将棉织物或化纤物挂胶后形成的胶布层做带芯材料,用橡胶做覆盖材料,适于工作环境在$-15°\sim 40°$之间、物料温度不超过$50°$的情况。橡胶带可采用机械接头或硫化接头。机械接头是用一排钢制卡子连接输送带的两端,因卡子对胶带的损伤大,接头处的强度仅为胶带强度的$35\%\sim 40\%$,带芯外露易受腐蚀,适用于输送距离不长、无腐蚀性物料、要求检修时间较短的场合。硫化接头是将接头部位的胶布层和覆盖层切割成对称的阶梯,涂以胶浆,加热加压而成的。硫化接头的强度能达到胶带强度的$85\%\sim 90\%$,采用硫化接头能防止带芯腐蚀,接头寿命较长。

塑料输送带与橡胶带基本相似,只是其覆盖材料是塑料而非橡胶,有多层芯和整芯两种。多层芯塑料带的强度和普通橡胶带相似,整芯塑料带以维尼纶-棉混纺织物为整体带芯,用聚氯乙烯塑料做覆盖物,比多芯带强度高、成本低、质量好。

(2) 支承托辊　支承托辊的作用是支承在输送带及带上的物料,减少输送带的垂度,使其能够稳定运行。托辊的维修或更换费用是带式输送机营运费用的重要组成部分。为了减少托辊对输送带的阻力,必须注意对托辊两端滚动轴承的密封和润滑,以保证托辊转动灵活,并延长其使用寿命。按托辊在输送机中的作用与安装位置可将其分为承载托辊(图 10.4(a)～(f))、空载托辊(图 10.4(g)～(k))、挡辊(图 10.4(l))、缓冲托辊(图 10.4(m)～(n))、调心托辊(图 10.4(o)～(q))。

输送带在运转时偏向一边即跑偏是带式输送机运转中的常见故障。引起输送带跑偏的原因很多,主要有以下几种:

① 支承托辊或滚筒安装不正,即托辊或该筒的轴线与带式输送机的中心线不垂直;

② 机架两侧高低不平;

③ 输送带的连接不正,连接后的输送带边与输送机中心线不平行;

④ 滚筒表面粘有物料,使滚筒直径发生了不规则变化,或部分托辊转动不灵活造成两边阻力不等;

⑤ 装载不当,物料过于集中一边,或采用犁形卸料器时产生侧向力等。

为防止跑偏，一般在带式输送机上设置调心托辊。最简单的调心方法是将三节槽形托辊组的两个侧托辊朝胶带运行方向前倾一定角度，如图 10.4(c) 所示。这样，当输送带运行时，两侧托辊都有作用力把输送带推向中心。

近年来，调心托辊又出现了许多新的形式，如可逆自动调心托辊、侧托辊为锥形的自动调心托辊等。

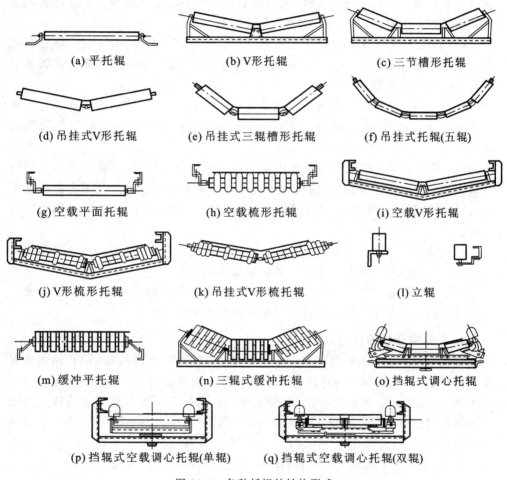

图 10.4　各种托辊的结构形式

(3) 驱动装置　驱动装置的作用是驱动输送带运动，实现货物运送。

通用固定式和功率较小的带式输送机都采用单滚筒驱动，即由电动机通过减速器和联轴器带动一个驱动滚筒运转。一般采用封闭式鼠笼电动机。当功率较大时，可配以液力耦合器或粉末联轴器，使启动平稳。长距离生产率高的带式输送机可采用多滚筒驱动，对大功率电动机可采用绕线式电动机，它便于调控，可使长距离带式输送机平稳启动。

此外还可采用摆线针轮减速器传动或采用电动滚筒。

（4）制动装置　对倾斜布置的带式输送机，为了防止满载停机时输送带在货重的作用下发生反向运动，引起物料倒流，应在驱动装置处设制动装置。制动装置有滚柱逆止器、带式逆止器、电磁瓦块式和液压电磁制动器。

（5）张紧装置　张紧装置的作用是使输送带保持必要的初张力，以免其在驱动滚筒上打滑，并保证两托辊间输送带的垂度在规定的范围以内。张紧装置的主要结构形式有螺旋式、小车重锤式、垂直重锤式三种。

（6）改向装置　改向装置有改向滚筒和改向托辊组两种，用来改变输送带的运动方向。改向滚筒适用于带式输送机的平形托辊区段，如尾部或垂直重锤张紧装置处的改向滚筒等。

改向托辊组是指若干沿所需半径弧线布置的支承托辊，它用在输送带弯曲的曲率半径较大处，或用在槽形托辊区段，使输送带在改向处其横断面仍能保持槽形。

（7）装载装置　装载装置的作用是使输送带均匀装载，防止物料在装载时洒落在输送机外面，并尽量减少物料对输送带的冲击和磨损。当物料下滑到输送带上时，应保持尽可能小的法向分速度（相对于带面）和尽量接近于带速的切向分速度。

（8）卸载装置　带式输送机可在输送机端部卸料，此时物料直接从滚筒处抛卸；也可在中间卸料，此时可采用卸载挡板或卸载小车。

（9）清扫装置　为了提高输送带的使用寿命和保证输送机的正常运行，必须对其进行清扫。常用的清扫装置是弹簧清扫器和犁形刮板。

3. 带式输送机的布置方式

带式输送机的基本布置形式有水平布置方式（见图 10.5(a)、(b)）、倾斜布置方式（见图 10.5(c)、(d)、(e)）及水平倾斜混合布置方式（见图 10.5(f)、(g)、(h)、(i)）等。在自然条件允许的情况下，带式输送机最好采用水平布置方式或接近水平布置方式。当输送带的布置需要有一定的倾斜时，倾斜角不能太大，否则会使物料沿输送带下滑，造成生产率的降低甚至不能正常输送。

表 10.1 列出了在运送不同物料时带式输送机的最大允许倾角。

4. 带式输送机的发展

近年带式输送机的发展十分迅速，其发展的趋势是大运量、长距离、大倾角、多品种。此外，检测监控等附属安全保护装置也日趋完备。

当今世界上生产率最高的带式输送机（用于输送露天煤矿）生产率达到 37 500 t/h，其带宽为 3 m，带速为 6 m/s；目前带式输送机的最大单机长度可达 15 km，最高带速超过了 8 m/s，最大带宽为 3.6 m。以下介绍几种先进的带式输送机。

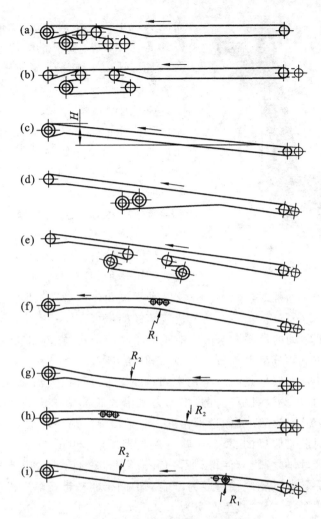

图 10.5 带式输送机的布置方式

表 10.1 带式输送机的最大允许倾角 β_{max}

物料名称	$\beta_{max}/(°)$	物料名称	$\beta_{max}/(°)$
块煤	18	湿沙	23
原煤	20	干沙	15
筛分后的焦炭	17	未筛分的石块	18
水泥	20	盐	20
混有砾石的沙	18~20	谷物	18

(1) 钢绳芯胶带输送机　钢绳芯胶带输送机以强度极高的钢丝绳代替帆布层做带芯材料,从而使输送机所能承受的拉力可相当于100多层的普通帆布胶带,因

而能实现单机长距离输送,因此使运输系统得到简化,减少了物料的破碎及对胶带的冲击、磨损,延长了输送带的使用寿命,提高了经济效益。

(2) 大倾角带式输送机　采用普通胶带输送机倾斜向上输送物料时,不同粉粒料所允许的最大倾角一般为 $16°\sim20°$,为了增大所允许的最大输送倾角、缩短在提升同样高度时所需的输送机长度、节省占地面积,近年来发展了多种形式的大倾角带式输送机(见图10.6),如花纹带式输送机、波形挡边带式输送机、双带式输送机等,使许用输送倾角度数大幅度增加,甚至能够实现垂直提升货物。这几种大倾角带式输送机均已应用于港口散货连续卸船机中。

图 10.6　大倾角带式输送机

(3) 中间带驱动的带式输送机　中间带驱动的带式输送机是在一台长距离的带式输送机的中间再安装几台较短的胶带机,凭借两条紧贴在一起的胶带之间的摩擦力驱动长距离胶带输送机。采用中间带驱动方式可以大幅度地降低长距离输送带的计算张力,因为这种驱动方式将动力源沿长距离输送机的整个长度进行多点布置,可以避免滚筒驱动的输送带在进入驱动滚筒的那一段张力特别大的现象,因而可以降低对胶带强度的要求,这就可使胶带厚度、自重、价格及所用的滚筒直径和传动机构尺寸随之减小,使得利用一台采用价廉的标准输送带的长距离的带式输送机实现无转载的物料输送成为可能。中间带驱动带式输送机已在上海港煤炭装卸公司应用了十多年,其生产率为 1 000 t/h,单机长度为 410 m,带宽为 1 m,是可逆式输送机,中间有三部长度为 15 m 的驱动输送机,总驱动功率为 210 kW。

(4) 气垫带式输送机　普通带式输送机以托辊为支承装置,对于长距离的带式输送机来说,所需支承托辊的数量是相当可观的,在运转过程中往往容易发生故障。为解决这个问题,近年研制出一种气垫带式输送机,它用托槽支承输送带,而在托槽与输送带之间形成一定厚度的空气层作为滑动摩擦的"润滑剂",使运动阻力大为减小。鼓风机将具有一定压力的气流送入气室,气室的顶部即为输送带的托槽,当气流沿气室纵向分布并由托槽上的小孔喷出时就在胶带与托辊之间形成气膜。目前这种输送机已在大连、天津港散粮码头使用。

(5) 管形带式输送机　普通皮带机都是直线输送的,不能在水平面内弯转。吊挂管状带式输送机则可沿空间曲线,绕过沿途的各种障碍,完成输送任务。它有一条特殊的胶带,胶带在带式输送机的头部滚筒和尾部滚筒处展平,像普通带式输送机一样,由驱动滚筒依靠摩擦力来驱动。加料后,通过一系列导向辊子,胶带逐渐封闭成管状。胶带的侧边有特殊的凸缘,闭合后可以被吊具锁住。吊具上有滚轮,在工字钢轨道上运行,互相之间用钢绳连接,保持一定的间距。在卸料时,吊具被导向轮强制打开,脱离胶带,胶带展平后在滚筒处卸料。采用管形带式输送机可以实现两个分支双向输送物料和大倾角输送,并且不会出现胶带跑偏等事故。由于是钢轮在钢轨上运动,所以运行阻力小、功率消耗少。

第三节 链式输送机

链式输送机是用绕过若干链轮的无端链条做牵引构件,由驱动链轮通过轮齿与链节的啮合将圆周牵引力传递给链条,在链条上或固接着的工作构件上输送货物的设备。

此类输送机根据所用链条的不同又可分为滑动链条式、滚动链条式和板条式输送机。链式输送机的类型很多,用于港口、货场的主要有链板输送机、刮板输送机和埋刮板输送机。

一、链板输送机

链板输送机的结构和工作原理与带式输送机相似,二者的区别在于:带式输送机用输送带牵引和承载货物,靠摩擦驱动传递牵引力;而链板输送机则用链条牵引、用固定在链条上的板片承载货物,靠啮合驱动传递牵引力。链板输送机(见图10.7)主要用于部分仓库或内河港口中,以输送件货。它与带式输送机相比,优点是板片上能承放较重的件货,链条挠性好、强度高,可采用较小直径的链轮和传递较大的牵引力;缺点是自重、磨损、消耗功率都较带式输送机大。

图 10.7 链板输送机

二、刮板输送机

刮板输送机(见图10.8)是利用相隔一定间距而固定在牵引链条上的刮板,沿敞开的导槽刮运散货的机械。工作分支可采用上分支或下分支,前者供料比较方便,可在任一点将物料供入敞开的导槽内;后者卸料比较方便,可打开槽底任一个

洞孔的闸门而让物料在不同位置流出。当需要向两个方向输送物料时，则上、下分支可同时作为工作分支。刮板输送机适于在水平方向或小倾角方向上输送煤炭、沙子、谷物等粉粒状和块状物料。其优点是结构简单牢固，对被运物料的块度适应性强，改变输送机的输送长度较方便，可在任意点装载或卸载；缺点是由于物料与料槽和刮板与料槽的摩擦，使料槽和刮板的磨损较快，输送阻力和功率消耗较大，因此常用于生产率不大的短距离输送场合，在港口可用于散货堆场或装车作业。

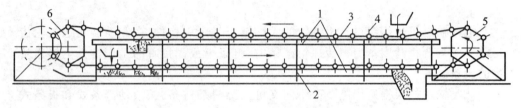

图 10.8　刮板输送机

1—导槽；2—机架；3—链条；4—刮板；5—驱动链轮；6—张紧链轮

港口的旅客自动扶梯也是一种链式输送机，其载人小车的工作面为梳齿形，小车在下水平段与固定在地面的梳形板交叉，使旅客能安全地登上自动扶梯。小车工作面在整个输送过程中保持水平，使旅客在扶梯的爬坡段踏在上面时感觉安全舒适。在上水平段，运载小车的梳形表面又与固接在地面的梳形板交叉，便于旅客踏离扶梯。

三、埋刮板输送机

埋刮板输送机是由刮板输送机发展而来的一种链式输送机，但其工作原理与刮板输送机不同。在埋刮板输送机的机槽中，物料不是一堆一堆地被各个刮板刮运向前输送的，而是以充满机槽整个断面或大部分断面的连续物料流形式进行输送。工作时，与链条固接的刮板全埋在物料之中，刮板链条可沿封闭的机槽运动，可在水平和垂直方向输送粉粒状物料。物料可由加料口或机槽的开口处由运动着的刮板从料堆取料，因此，不仅可用于散发输送，还常用做散货卸船机。

通用型埋刮板输送机可用于化工、粮食、冶金等部门，如输送线路为水平或小倾角倾斜的 MS 型埋刮板输送机（见图 10.9）。垂直或大倾角倾斜的 MC 型，从水平到垂直再转到水平的 MZ 型等，均为小型埋刮板输送机产品，机槽宽度为 160～400 mm，容积生产率

图 10.9　MS 型埋刮板输送机

11～124 m³/h。为满足我国港口装卸作业的需要，我国已引进并研制了生产率较高的机型，如湛江港散粮机械化圆筒仓采用的多台埋刮板输送机，输送小麦生产率为 600 t/h，链条速度为 0.8 m/s，链条节距为 200 mm。国产的埋刮板输送机机槽宽度为 500 mm，从日本进口的机槽宽度为 580 mm，输送距离为 56～65 m，驱动功率为 90～11 kW。此外，湛江港 400 t/h 吸粮机的门架上也采用了国内研制的埋刮板输送机，使用效果良好。埋刮板输送机还常用做港口散货卸船机。

四、悬挂式输送机

悬挂于工作区上方的输送机具有很多优点，把物料挂在钩子上或其他装置上，可利用建筑结构搬运重物。例如喷漆作业时，可使挂在钩子上的产品自动通过喷漆车间，接受喷漆或浸泡。

悬挂输送主要用于在制品的暂存，物料可以在悬挂输送系统上暂时存放一段时间，直到生产或装运为止。这就避免了在车间和地面暂存时造成的劳动力和空间的浪费。安全性是在悬挂输送系统设计和实施中应考虑的重要因素。

1. 普通悬挂输送机

普通悬挂输送机（见图 10.10）是最简单的架空输送机械，它有一条由工字钢一类的型材组成的架空单轨线路。承载滑架上有一对滚轮，承受货物的重量，沿轨道滚动。吊具挂在滑架上，如果货物太重，可以用平衡梁把货物挂到两个或四个滑架上，滑架由链条牵引。

图 10.10 普通悬挂输送机

2. 推式悬挂输送机

推式悬挂输送机可以组成复杂的、自动化程度较高的架空搬运系统。它的特点在于载货小车不固定在牵引链条上，由链条上的推头推动载货小车上的推杆实现小车的运动。推杆伸出时与推头啮合，推杆缩下时与推头脱开，从而可以使载货小车的运动得到控制。推杆在前爪重力的作用下始终处于伸出的状态，只要把前爪抬起即可使推杆缩下。如果有一辆载货小车已经停止，后面的小车继续前进，其前爪被前一辆小车的后爪抬起,即能自动停止运行。当前一辆小车被释放后,后一辆小车的前爪又使推杆自然伸出,于是后一辆小车跟随前进,因此这种悬挂输送机又称积放式悬挂输送机。

第四节 辊道式输送机

辊道式输送机是一种广泛使用的输送机械。辊道式输送机结构比较简单,它由一系列以一定的间距排列的辊子组成,如图 10.11 所示,用于输送成件货物或托盘货物。货物和托盘的底部必须有沿输送方向的连续支承面。为保证货物在辊子上移动时的稳定性,该支承面至少应该接触四个辊子,即辊子的间距应小于货物支承面长度的 1/4。

辊道可以是无动力的,货物由人力推动。辊道也可以布置成一定的坡度,使货物能靠自身的重力从一处自然移动到另一处。每段的终点设一个升降台,把货物提升至一定的高度,使物料再次沿重力式辊道移动。为了达到稳定的运输速度,可以采用动力辊道输送机。动力辊道有多种实施方案。

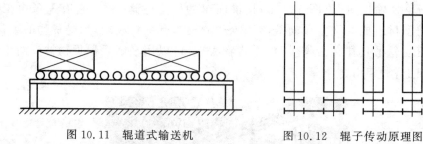

图 10.11 辊道式输送机　　图 10.12 辊子传动原理图

(1) 每个辊子都配备一个电机和一个减速机,单独驱动。一般采用星型传动或谐波传动减速机。由于每个辊子自成系统,更换维修比较方便,但费用较高。

(2) 每个辊子轴上装两个链轮,如图 10.12 所示。首先由电机、减速机和链条传动装置驱动第一个辊子,然后再由第一个辊子通过链条传动装置驱动第二个辊子,这样逐次传递下去。

(3) 用一根链条通过张紧轮驱动所有辊子,如图 10.13 所示。当货物尺寸较长、辊子间距较大时,这种方案比较容易实现。

(4) 用一根纵向的通轴,通过扭成 8 字形的传动带驱动所有的辊子,如图 10.14所示。在通轴上,对应每个辊子的位置开着凹槽。用无极传动带套在通轴和辊子上,呈扭转 90°的 8 字形布置,即可传递驱动力,使所有辊子转动。如果货物较轻,对驱动力的要求不大,采用这种方案较简便。

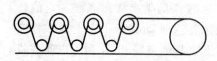

图 10.13 单链条传动示意图

• 第十章　连续输送设备的应用 • 201

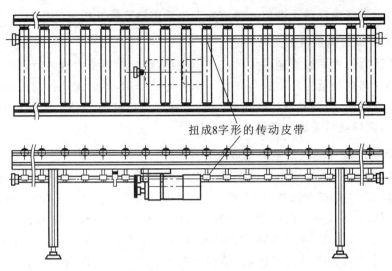

图 10.14　8字形传动原理图

第五节　螺旋输送机

螺旋输送机是无挠性牵引构件的输送机械。它借助原地旋转的螺旋叶片将物料推移向前而进行输送,主要用来输送粉粒状散货,如水泥、谷物、面粉、煤、沙、化肥等。

螺旋输送机的主要优点是结构简单,没有空返分支,因而横断面尺寸小。它可在多点装货或卸货,工作可靠、易于维修、造价较低,输送散货时能在积槽内实现密闭输送,对于输送粉尘大的物料更为优越。其缺点是：由于物料对螺旋、物料对料槽的摩擦和物料的搅拌,在运送过程中的阻力大,使单位功率消耗较大；螺旋和料槽容易磨损,物料也可能破碎。此外,螺旋输送机对超载较敏感,易产生堵塞现象。因此,螺旋输送机一般输送距离不长、生产率较低,适于输送磨磋性较小的物料,不宜输送黏性大、易结块及大块的物料。

螺旋输送机可分为水平螺旋输送机、垂直螺旋输送机和弯曲螺旋输送机三种。

一、水平螺旋输送机

水平螺旋输送机可在水平或倾斜方向上输送物料,被广泛应用于粮食、建材、化工、机械、交通运输等部门。输送长度一般为 30～40 m,长的可达 60～70 m,生产率一般不超过 100 t/h。目前国内的定型产品是 GX 型螺旋输送机,如图 10.15 所示。

图 10.15　GX 型螺旋输送机

水平螺旋机构常用于港口的螺旋卸车机和多种连续式机械的取料。

1. 水平螺旋输送机的工作原理

输送散货的水平螺旋输送机的工作原理是：螺旋在料槽内旋转时，装入料槽的物料由于受到本身重力和物料与料槽间摩擦力的作用，不随螺旋一起旋转，而沿着料槽轴线方向移动，物料输送的过程类似于螺母与螺杆的运动。当螺母不转而螺杆旋转时，螺母就沿着螺杆轴线向前移动。

2. 水平螺旋输送机的主要组成部件

水平螺旋输送机主要由封闭料槽、螺旋、驱动装置及轴承等构成，如图10.16所示料槽开有装载口和卸载口，为便于改变装料和卸料的位置，还设有中间装载口和中间卸载口，不用时将闸门关上。螺旋可以制成左旋、右旋或左右旋，从而改变输送的方向。螺旋由叶片和轴焊接而成，由于叶片的形式不同，螺旋可分为实体式、带式、叶片式和齿形式四种，其结构如图10.17所示。四种形式各有优点：实体式螺旋结构简单，适用于流动性好、干燥的粉状散料；带式螺旋适用于有黏性或块状物料；叶片式螺旋可以在输送过程中起搅拌作用，使物料松散，适用于易被压紧的物料；齿形式螺旋是带式和叶片式两种螺旋的综合，具有二者的优点。螺旋由电动机通过减速装置带动。螺旋支承在首尾端轴承和中间轴承上。物料卸载端的末端轴承为止推轴承，以承受作用在螺旋上的轴向力。中间轴承多为悬挂式。

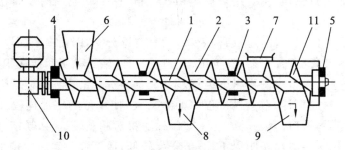

图10.16　螺旋输送机结构示意图

1—传动轴；2—料槽；3、4、5—轴承；6、7—装载漏斗；8、9—卸料口；10—驱动装置；11—螺旋片

二、垂直螺旋输送机

垂直螺旋输送机(见图10.18)可自动从料堆或船舱内取料，在港口作为连续式散货卸船机械，近年获得了较快的发展。

垂直螺旋输送机的基本构件与水平螺旋输送机相同。它采用实体螺旋和圆柱形料槽，利用下部一段短的水平螺旋输送机进行供料，若水平螺旋不加罩壳，可直接从货堆取料。垂直螺旋与水平螺旋分别有单独的驱动装置。

垂直螺旋输送机的运动阻力和功率消耗比水平螺旋输送机大。在各种连续输

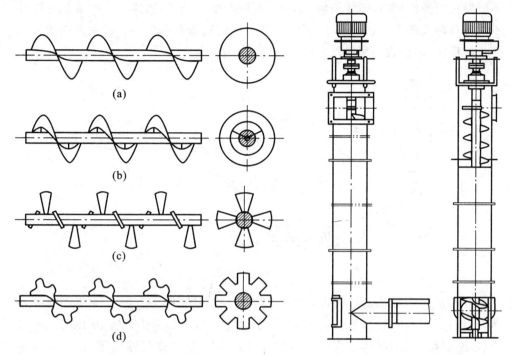

图 10.17　螺旋的形式　　　　图 10.18　垂直螺旋输送机

送机中,它的功率消耗仅低于气力输送机。垂直螺旋输送机的工作原理与水平螺旋输送机不同,在垂直螺旋输送机中,物料的自重是向下的,当螺旋旋转时,物料与螺旋叶片之间的摩擦力使物料也跟着旋转。垂直输送时,物料主要受离心力的作用而与槽壁贴紧,并由此产生对槽壁的摩擦力而实现物料输送。当螺旋的转速不高时,物料颗粒随同螺旋转动所产生的离心惯性力不足以克服物料与螺旋面之间的摩擦力,这时物料位于螺旋面上保持相对静止状态。当螺旋转速较高时,物料所产生的离心惯性力大于物料与螺旋面之间的摩擦力,物料就向螺旋叶片边缘移动,直至压向料槽内壁,由此产生槽壁对物料的摩擦力。但如果这个摩擦力较小,不足以克服物料与螺旋面之间的摩擦力和物料重力沿螺旋面的分力,则物料仍随叶片绕螺旋轴旋转而不能上升。只有当螺旋转速足够高、物料的离心惯性力足够大,使挡壁对物料的摩擦力足以克服物料与螺旋面间的摩擦力和物料重力沿螺旋面的分力,使物料的转速低于螺旋转速时,物料才开始沿螺旋形轨迹上升。因此,垂直螺旋具有足够高的转速是物料能在垂直螺旋输送机内向上输送的必要条件。

三、弯曲螺旋输送机

弯曲螺旋输送机(见图 10.19)与水平、垂直螺旋输送机的主要不同之处在于**螺旋与料槽**。其螺旋叶片由合成橡胶制成,将其粘在高强度的挠性心轴上,再配以不同形状的弹性料槽,螺旋与料槽接触,不设置中间轴承,这样一根螺旋就可以按不同要求弯成任意形状,从而达到空间多方位输送物料的目的。通常采用这种输送机对粉状、颗粒状的物料以及污泥等进行输送。

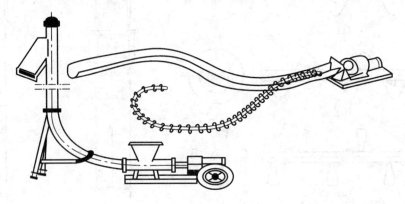

图 10.19　弯曲螺旋输送机

与普通的螺旋输送机相比,弯曲螺旋输送机具有许多优点:①无中间支撑轴承,故而结构简单,安装维修方便;②由于螺旋和料槽都为非金属,所以工作时噪声较小,且耐腐蚀;③可以实现多方向输送。其主要缺点是输送距离不大,通常不超过 15 m。

第六节　斗式提升机

1. 斗式提升机的特点及其分类

斗式提升机是在垂直或接近垂直的方向上连续提升粉粒状物料的输送机械。它的牵引构件(胶带或链条)绕过上部和底部的滚筒或链轮,牵引构件上每隔一定距离装一料斗,由上部滚筒或链轮驱动,形成具有上升的有载分支和下降的无载分支的无端闭合环路。物料从有载分支的下部供入,由料斗把物料提升至上部卸料口卸出。

斗式提升机的优点是结构比较简单、横向尺寸小,因而可节约占地面积,并可在全封闭的罩壳内工作,减少灰尘对环境的污染。必要时还可把斗式提升机底部插入货堆中自行取货。斗式提升机的缺点是对过载较敏感,斗和链易磨损,被输送的物料受到一定的限制,只适宜输送粉粒状和中小块状的散货,如粮食、煤、沙等。此外,斗式提升机不能在水平方向上输送货物。

斗式提升机按牵引构件的不同可分为胶带牵引的带斗提升机和链条牵引的链斗式提升机两种,后者又可分为单链式和双链式,但单链式的用得很少。

目前国内常见的通用斗式提升机均为垂直式,有 D 型、HL 型、PL 型及 ZL 型四种形式。斗式提升机按卸料方式又可分为离心卸料式、导板卸料式和完全卸料式三种形式，如图 10.20 所示。

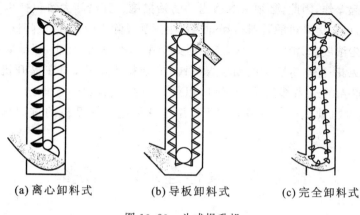

(a) 离心卸料式　　(b) 导板卸料式　　(c) 完全卸料式

图 10.20　斗式提升机

2. 斗式提升机的结构

斗式提升机主要由牵引构件、承载构件（料斗）、驱动装置、张紧装置、上下滚筒（或链轮）、机架与罩壳等组成。

斗式提升机的牵引构件可采用橡胶带或链条。常用的牵引链条有圆环链、套筒滚子链等。链条的啮合驱动会产生动载荷，而橡胶带较链条轻便、工作平稳、噪声小，能采用较快的运动速度而达到较高的生产率。

常用的料斗有三种结构形式：深斗、浅斗和导槽斗（三角斗）。根据斗式提升机的运转速度和载运物料特性，可采用不同的料斗形式。深斗的斗口与后壁夹角大，每个料斗可装载较多的物料，但较难卸空，适用于运送干燥的松散物料；浅斗的斗口与后壁夹角小，每个料斗的装载量少，但容易卸空，适于运送潮湿的和有黏性的物料。导槽斗是具有导向侧边的三角形料斗，这种料斗在提升机中采用密集连续的布置，适用于运送密度较大的磨琢性物料，如碎石、卵石、焦炭等。

3. 斗式提升机粉尘爆炸的防治

近年来，斗式提升机的散粮机械化圆筒仓的粉尘爆炸事故屡见不鲜，造成了人员伤亡和重大经济损失。粮食粉尘爆炸的原因是由于微尘的表面积大，很容易受热起火。原粮粉尘的最低爆炸浓度为 $40\sim60$ g/m^3。如果粉尘浓度过高（超过 2 kg/m^3），由于氧气相对减少，不会发生爆炸。但是一旦具备可燃粉尘浓度和有火种存在的爆炸条件，一部分粉尘就会首先发生燃烧，称为第一次爆炸，其危害性尚较小。但这次爆炸时扩散的燃烧尘粒和空气又会点燃其他尘粒并卷起所有的积尘，在瞬间释放大量热能，产生大量的气体使压力骤然增高，引起强烈的爆炸，形成破坏性更大的第二次爆炸和连锁反应，其危害极大。

斗式提升机内的含尘浓度往往会超过爆炸浓度的下限,而且提升机的运动、搅拌会使粉尘与空气充分混合,如果提升机超载打滑、摩擦发热或料斗碰撞产生火花,就有可能引起爆炸,因此,必须采取适当的防治措施。其措施大致包括以下几方面:①通风除尘,可在提升机的装料口和卸料口附近加设除尘吸口,以便降低斗式提升机罩壳内的粉尘浓度;②消除引燃源,避免明火操作、电气火花、雷击、机械摩擦发热、金属物的撞击火花、静电等引起的粉尘爆炸;③抑制粉尘爆炸,如在提升机顶部设活动顶盖,在罩壳的适当部位装泄爆口,以便及时排气、减压;④改进设计布局,尽量将斗式提升机独立安装在圆筒仓外,并尽量避免将提升机的进出口与粮仓密闭连通。

第七节　其他连续输送设备

一、气力输送机

气力输送机是利用具有一定能量的空气流,迫使散粒物料沿着一定的管路从一处移动到另一处,并进行卸料的一系列装置的组合。气力输送装置的基本类型有三种:吸引式、压送式和混合式。

1. 吸引式气力输送机

如图 10.21 所示,鼓风机 1 在系统中造成负压,产生吸力,物料在吸嘴 2 处随空气而被吸入管道 3,形成空气与物料的混合气流,到达容积式分离器 4 时,由于容积突然增大,混合流的速度急剧下降并突然改变运动方向,使悬浮在空气中的物料失去其原有的流动速度,与空气分离而坠落,并由卸料器 5 卸出。空气流经除尘器 6 除去灰尘后,通过鼓风机排入大气中。

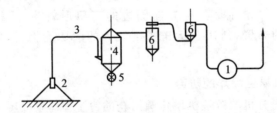

图 10.21　吸引式输送机系统组成示意图

1—鼓风机;2—吸嘴;3—管道;4—容积式分离器;5—卸料器;6—除尘器

2. 压送式气力输送机

如图 10.22 所示,鼓风机 1 在系统内产生正压,物料从进料器 2 进入系统,被压缩空气吹入管道 3,到达分离器 4,物料从卸料器 5 卸出,气流经除尘器 6 滤去杂质后直接排入大气中。

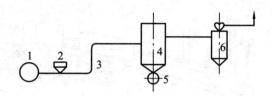

图 10.22　压送式气力输送机组成示意图
1—鼓风机；2—进料器；3—管道；4—分离器；5—卸料器；6—除尘器

3. 混合式气力输送机

如图 10.23 所示，这种系统由吸引式和压送式两部分组成。物料从吸嘴 1 进入输料管 2 被吸送至分离器 3，经下部的卸料器 5（它又用做压送部分的供料器）卸出并送入压送部分的输料管，而从分离器中的除尘器 4 出来的空气经风管至鼓风机 6 压缩后进入输料管，把物料压送至卸料点，物料被再次分离出来，而空气则由分离器上部排出。混合式气力输送机兼有吸送式和压送式两种输送机的特点，可从多个不同的地点将物料吸入，也可同时将物料在不同的地点卸出，但它的结构较复杂，而且鼓风机的工作条件较差，因为进入鼓风机中的空气含尘较多。

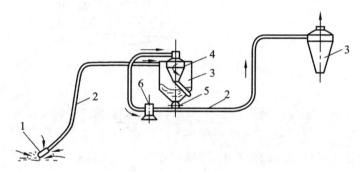

图 10.23　混合式输送机示意图
1—吸嘴；2—输料管；3—分离器；4—除尘器；5—卸料器；6—鼓风机

二、空间输送机

在现代化物流中心，为了节省占地面积，缩短输送距离，提高储存空间和扩大使用面积，其建筑物往往采用多层式。为了在各层之间高效自动地输送物品，大多使用空间输送机，其中较典型的是如图 10.24 所示的空中移载台车。

空中移载台车悬挂在空中导轨上，可按照指令在导轨上运动或停止。在运动过程中，货台装置通过卷扬机和升降带被提到最高位置，并与车体成为一体。当运动到指定位置时，升降带伸长，货台下落，进行卸货或装货。这种空中移载台车的优点是快速、准确、安全，所占空间较小。

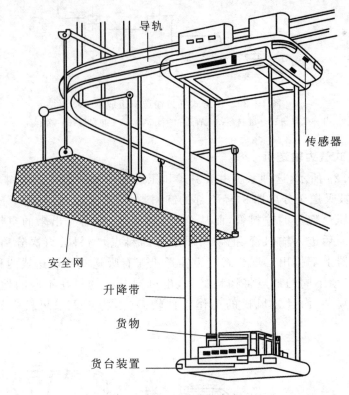

图 10.24 空中移载台车

第八节 连续输送设备的选择

在进行连续输送设备的选购时,通常考虑以下技术参数。

1. 生产率

生产率是指单位时间内能够运送物料的质量,它是反映输送机工作性能的主要指标。其计算公式为

$$m = 3.6qv/g$$

式中:m——单位时间内能够运送物料的质量;

q——输送带线载荷,单位长度承载构件上货物或物料的重量;

v——输送带速度;

g——重力加速度。

2. 输送速度

输送速度是指被运货物或物料沿输送方向的运行速度。其中带速是指输送带或牵引带在被输送货物前进方向的运行速度。

由生产率的计算可知,带速是提高输送机生产率的主要因素。在同样的生产条件下,带速越大,单位长度的输送带上的负荷越小,即可以减少输送带层数,从而降低输送带的成本;同时,带速增加,也为采用较窄的输送带创造了条件,从而使整个输送机系统结构紧凑。但带速太大,会使带子产生较大的横向摆动,加速输送带的磨损,同时还会增加脆性材料的破损程度;当运送干燥的粉末物料或粒度很小的物料时,还会加重粉尘的飞扬。

3. 带宽

带宽是输送机的一个重要尺寸参数,其大小取决于输送机的生产率和速度。一般情况下,带宽与带速的关系如表10.2所示。

表10.2　输送机带宽与带速的关系

带宽 B/(mm)	500	650	800	1 000	1 200	1 400
带速 v/(m/s)	1.25	1.25	2.0	2.5	3.15	4.0

4. 输送长度

输送长度是指输送机装载点与卸载点之间的距离。

5. 提升高度

提升高度是指货物或物料在垂直方向上的输送距离。

背景知识

三一重工推出自主研发的国内首台胎带机

皮带输送机在国内俗称"胎带机",是被广泛使用的成熟、可靠、高效的物料传输机械。由于皮带输送机是开式输送,不仅可输送大骨料、干硬性混凝土,也可输送石块、沙砾、泥土等物料,是泵送机械的一种有益补充,和泵送机械一样都是建筑工程所需的高效专用设备。在许多水利、港口、铁路、城建、场馆等大型基础建设工程中,都能利用皮带输送机得到可靠、高效的施工方案。

三一重工自主研发的TSD32伸缩式皮带输送车属国内首创车型,是国内专用车创新品种。该产品以德国同类产品为标杆,并结合了三一泵车的成熟结构和控制技术,主要性能达到了国际先进水平。其最大布料距离达32 m,臂架可进行365°旋转;最大工作效率275 m³/h;输送的混凝土粒径可达100 mm,坍落度为0~305 mm。

该产品采用柴油机转速自动控制,确保了发动机持久高效工作,燃油消耗最小;其皮带运行速度根据施工需要在0~10挡之间无级调节,调节精度足以满足施工要求；在输送不可泵送混凝土时不堆积，无残留，无须担心堵管。此外，该产品还具有施工效率高、传输物料范围广、运行成本低、施工作业平稳等特点。

皮带输送机目前已在国外被广泛应用于基础设施建设，我国在三峡水电站等重点工程建设中，也引进了进口皮带输送机产品参与施工。随着国家基础建设力度加大，大型建设项目增多，该产品的需求也将进一步加大，市场前景广阔。

阅读并思考

1. 采用皮带输送机输送物料有哪些局限性？

本章综合练习题

名词解释

连续输送设备

填空题

1. 连续输送机械按照它们所运货物的种类可分为_____的输送机械和_____的输送机械；按照输送机的传动特点可分为_____的输送机械和_____的输送机械两类；此外按照输送机的结构形式则可分为_____、_____、_____、_____、_____及_____等多种输送机械。
2. 带式输送机的结构特征和工作原理是：_____。
3. 为保证货物在辊子上移动时的稳定性，辊子输送机的连续支承面至少应该接触_____个辊子，即辊子的间距应小于货物支承面长度的_____。

简答题

1. 连续输送机械的特点是什么？
2. 普通带式输送机的总体结构由哪几部分组成？各组成部分的基本作用是什么？
3. 要保证可靠地输送物料，连续输送机械在倾斜布置时其倾斜角度应该满足什么条件？
4. 试列表比较链式输送机、辊道式输送机、螺旋输送机、斗式提升机、气力输送机的类型和适用范围。
5. 空间输送机通常适用于什么场合？
6. 连续输送机的主要技术参数有哪些？其分别有什么含义？

部分练习题参考答案

填空题

1. 输送件货　输送散货　有挠性牵动构件　无挠性牵动构件　辊式　链式　轮式　胶带式　滑板式　悬挂式

2. 输送带既是承载货物的构件,又是传递牵引力的牵引构件,依靠输送带与滚筒之间的摩擦力平稳地进行驱动

3. 4　1/4

# 第十一章 搬运车辆的应用与管理

学习目的

通过本章的学习，应了解搬运车辆及其分类，熟悉手推车、搬运车和自动导引小车的基本知识，掌握叉车的特点、分类和作用，熟悉叉车的基本构造、技术参数和选用原则，掌握搬运车辆的配置、选择与管理。

第一节 搬运车辆概述

搬运车辆是指用于企业内部对成件货物进行装卸、堆垛、牵引或推顶，以及短距离运输作业的各种轮式搬运车辆，其中还包括非铁路干线使用的各种轨道式搬运车辆。搬运车辆作业的目的是为了改变货物的存放状态和空间位置。工业搬运车辆中的各种无轨式车辆，被国际标准化组织第110技术委员会（ISO/TC110）定义为工业车辆。此类车辆主要由用于货物装卸堆垛作业的工作装置、运行装置和动力装置等组成。

由于搬运车辆往往兼有装卸与运输作业功能，并可装设各种可拆换工作属具，故能机动灵活地适应多变的物料搬运作业场合，经济高效地满足各种短距离物料搬运作业的要求。工业车辆已经广泛地用于港口、车站、机场、仓库、货场、工厂车间等处，并可进入船舱、车厢和集装箱内进行件货的装卸搬运作业。

搬运车辆按其作业方式分类如表11.1所示。

固定平台搬运车，如图11.1所示，其载货平台或属具不能起升，一般不设有装卸工作装置，主要用于件货的短距离搬运作业。

牵引车，如图11.2所示，在其后端装有牵引连接装置，用以牵引其他车辆。推顶车，如图11.3所示，在其前端或后端装有缓冲板，用以顶推其他车辆。

第十一章 搬运车辆的应用与管理

表 11.1 搬运车辆的分类

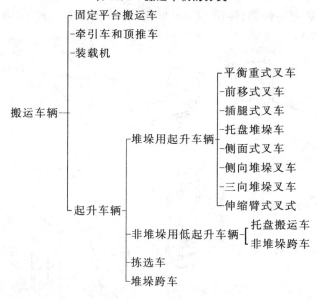

图 11.1 固定平台搬运车

图 11.2 牵引车

图 11.3 顶推车

装载机用于散粒物料的搬运,它利用铲斗铲取散料、倾倒散料,还可进行一定的平整和挖掘工作。

除此之外,人们一般还把非动力的手推车也作为搬运车辆。

第二节 搬 运 车

一、人力搬运车

(一)手推车

手推车是以人力驱动为主,一般为不带动力(不包括自行)在路面上水平运输货物的小型搬运车辆的总称。其搬运作业距离一般不大于 25 m,承载能力一般在 500 kg 以下。其特点是轻巧灵活、易操作、转弯半径小,是短距离输送较小、较轻物品的一种方便而经济的运输工具。

由于输送货物的种类、性质、重量、形状、道路条件等不同,手推车的构造形式多种多样,如图11.4所示。

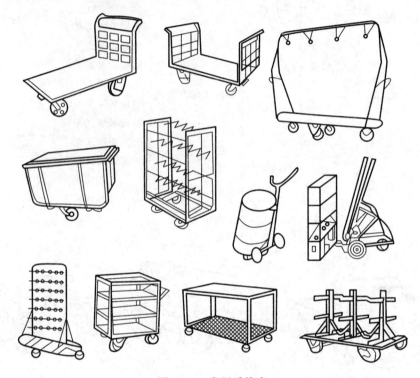

图 11.4　常用手推车

对于手推车的选择,首先应考虑货物的形状及性质。当搬运多品种的货物时,应考虑采用具有通用性的手推车;对单一品种的货物,则应选用专用性的手推车,以提高搬运效率。

(二) 手动搬运车

手动搬运车也称简易叉式搬运车,如图11.5所示,是一种轻小型的利用人力提升货叉的装卸、搬运设备,用于搬运装载于托盘上的货物。其货叉可以和滚轮做成一体,也可与滚轮分开。工作时,货叉插入托盘,上下摇动手柄,通过液压千斤顶提升货叉,托盘或容器随之离地,然后用手动或电力驱动使之行走,待货物运到目的地后,踩动踏板,货叉落下,放下托盘。这种搬运车多用于仓库收发站台的装卸或车间内各工序间不需堆垛的场合。

简易叉式搬运车的转弯半径较小,其值取决于手柄的转动中心到车头外缘的最大距离,如图11.6所示,载重量一般为1 500～3 000 kg,当使用双面托盘时,货叉长度应大于托盘长度。

第十一章 搬运车辆的应用与管理

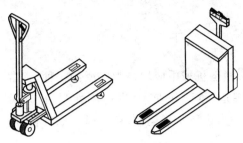

图11.5 手动搬运车

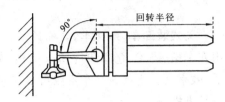

图11.6 托盘搬运车的转弯半径

简易叉式搬运车要求运行道路的平整度较好，否则影响安全提升高度、搬运效率和操作性。

二、动力搬运车

（一）牵引车

牵引车俗称拖头，其特点是没有承载货物的平台，只能作为牵引工具，用来牵引挂车，不能单独运输货物。牵引车只在牵引时才和挂车连在一起，当挂车被拖到指定地点进行装卸货物后，牵引车就可脱开和挂车的连接，再去牵引其他挂车，从而可提高设备的利用率。采用牵引车-挂车方式搬运货物，在一定条件下比采用平板搬运车能获得更好的经济效果。牵引车的主要性能参数是它的牵引力大小。一般的蓄电池驱动的牵引车的牵引力可达15 t，柴油发动机驱动的牵引车的牵引力可达75 t。图11.7所示为一种蓄电池驱动的三轮牵引车。

图11.7 三轮牵引车

图11.8 电瓶搬运车

（二）电瓶搬运车

与牵引车不同，电瓶搬运车有一个固定的承载平台，可载重运输，也可用做牵引设备，如图11.8所示。电瓶搬运车车体小且轻，动作灵活，使用时清洁卫生，适宜在室内工作。但由于它无防爆装置，故不宜在易燃、易爆的场所下工作。由于蓄电池不能经受强烈振动，故要求在平坦的路面上行驶，行驶速度一般为10 km/h。

第三节 叉 车

叉式装卸车,即叉车,又称铲车,是装卸搬运机械中应用最为广泛的一种,常常用在车站、码头、仓库和货场以承担装卸、搬运、堆码作业,具有适用性强、机动灵活、效率高等优点。叉车不仅可以将货物叉起,进行水平运输,还可以叉取货物,进行垂直堆码。

叉车由自行的轮胎底盘和能垂直升降、前后倾斜的货叉、门架等组成,主要用于件货的装卸搬运,是一种既可用于短距离水平运输,又可堆拆垛和装卸卡车、铁路平板车的机械,在配备其他取物装置以后,还能用于散货和多种规格品种货物的装卸作业。

叉车最早出现于 20 世纪初,第二次世界大战后发展迅速,并已走向系列化、标准化生产。2000 年世界叉车年产量达到 40 万台。其中日本、美国的产量最高,其次是欧洲的保加利亚、英国和德国。目前世界上已有起重量从 0.25~60 t 共 500 多种规格的叉车。我国叉车已形成系列化、标准化批量生产的规模,年产量达 2 万多台。

一、叉车的特点、作用及其分类

1. 叉车的特点

叉车除了和港口的其他起重运输机械一样,能够减轻装卸工人繁重的体力劳动,提高装卸效率,缩短船舶与车辆在港停留时间,降低装卸成本以外,还具有其自身的一些特点与作用。

(1) 机械化程度高。在使用各种自动的取物装置或在货叉与货板配合使用的情况下实现装卸工作的完全机械化,不需要工人的辅助体力劳动。

(2) 机动、灵活性好。叉车外形尺寸小,重量轻,能在作业区域内任意调动,适应货物数量及货流方向的改变,可机动地与其他起重运输机械配合工作,提高机械的使用率。

(3) 可以一机多用。在配备与使用各种取货装置如货叉、铲斗、臂架、串杆、货夹、抓取器等的条件下,可以适应各种品种、形状和大小货物的装卸作业。

(4) 能提高仓库容积的利用率,堆码高度一般可达 3~5 m。

(5) 有利于开展托盘成组运输和集装箱运输。

(6) 与大型起重机械比较,它的成本低、投资少,能获得较好的经济效果。

2. 叉车的分类

叉车可按其动力装置分为内燃叉车和电瓶叉车,按其结构和用途分为平衡重式、插腿式、前移式（以上三种均为正叉式）、侧叉式、跨车以及其他特种叉车等。

1) 平衡重式叉车

平衡重式叉车（见图11.9）是应用最广泛的一种叉车，约占叉车总数的80%以上。它的特点是货叉伸在车身的正前方，货物重心落在车轮轮廓之外。为了平衡货物重量产生的倾覆力矩，保持叉车的纵向稳定性，在车体尾部配有平衡量。平衡重式叉车要依靠叉车前后移动才能叉卸货物。

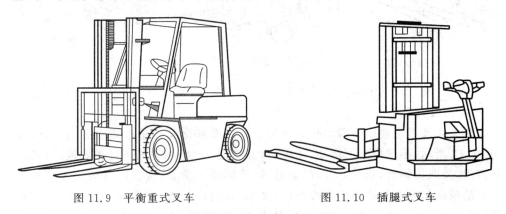

图11.9　平衡重式叉车　　　　　图11.10　插腿式叉车

2) 插腿式叉车

插腿式叉车如图11.10所示，其特点是叉车前方带有小轮子的支腿能与货叉一起伸入货板叉货，然后由货叉提升货物。由于货物重心位于前、后车轮所包围的底面积之内，叉车的稳定性好。一般采用蓄电池做能源，起重量在2 t以下。

插腿式叉车比平衡重式叉车结构简单，自重和外形尺寸小，适合在狭窄的通道和室内堆垛、搬运，但速度低、行走轮直径小，对地面要求较高。

3) 前移式叉车

前移式叉车的货叉可沿叉车纵向前后移动。取货卸货时，货叉伸出，叉卸货物以后或带货移动时，货叉退回到接近车体的位置，因此叉车行驶时的稳定性好。

前移式叉车分门架前移式（见图11.11(a)）和货叉前移式（图11.11(b)）两种。前者的货叉和门架一起移动，叉车驶近货垛时，门架可能前伸的距离要受外界空间对门架高度的限制，因此只能对货垛的前排货物进行作业。货叉前移式叉车的门架则不动，货叉借助于伸缩机构单独前伸。如果地面上有一定的空间，允许插腿插入，叉车能够超越前排货架，对后一排货物进行作业。

前移式叉车一般由蓄电池提供动力，起重量在3 t以下。它的优点是车身小、重量轻，转弯半径小，机动性好，不需在货堆间留出空处，前轮可做得较大；其缺点是行驶速度低。前移式叉车主要用于室内搬运作业，但也能在室外工作。

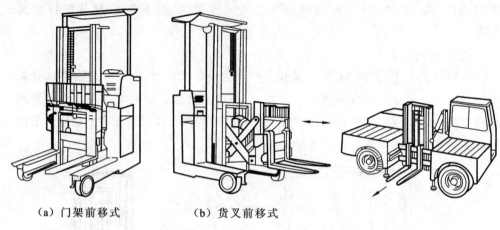

(a) 门架前移式　　　(b) 货叉前移式

图 11.11　前移式叉车　　　　　图 11.12　侧叉式叉车

4) 侧叉式叉车

侧叉式叉车主要用于搬运长大件货物。门架和货叉位于车体中部的一侧,如图 11.12 所示,不仅可上下运动,还可前后伸缩。叉货时,先将千斤顶着地,门架向外推出,叉取货物后,货叉起升,门架退后,然后降下货叉,货物即自动放置在叉车一侧的前后车台上。将千斤顶收起后,叉车即可行驶。由于货物沿叉车的纵向放置,可减少长大货物对道路宽度的要求,同时,货物重心位于车轮支承底面之内,叉车行驶时稳定性好、速度高,司机视野比在正叉平衡重式叉车中好。但由于其门架和货叉只能向一侧伸出,当需要在对侧卸货时,必须将叉车驶出通道,掉头以后才能进行卸货。侧叉式叉车多以柴油机驱动,起重量为 2.5~54.5 t。

5) 跨车

跨车即跨运车,如图 11.13 所示,是由门形车架和带抱叉的提升架组成的搬运机械。一般用内燃机驱动,起重量 10~50 t。作业时,门形车架跨在货物上,由抱叉托起货物进行搬运和码垛。在港口,跨车可用来搬运和堆码钢材、木材和集装箱等。

跨车起重量大,运行速度较高,装卸快,甚至可做到不停车装载,但跨车本身重量集中在上部,重心高,空车行走时稳定性较差,要求有良好的路面状况。

6) 其他形式的叉车

为了适应各种用途的需要,叉车还有很多其他形式。下面介绍的两种属于平衡重式叉车,但其工作装置的结构和性能与普通叉车不同。

(1) 三节门架叉车

普通叉车的门架是由内外门架两节组成的。当要求叉车的起升高度很大(4~5 m 以上)时,可采用三节门架叉车,如图 11.14 所示。它的特点是门架全伸时,起升高度比两节门架的大;门架全缩时,叉车的全高比两节门架的小。三节门架叉车适用于高层货物的装卸堆垛作业,起升高度可达 7~8 m。

第十一章 搬运车辆的应用与管理

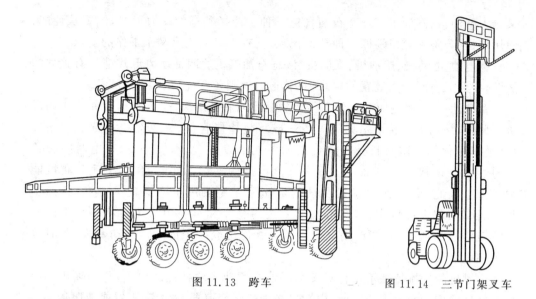

图 11.13　跨车　　　　　　　图 11.14　三节门架叉车

(2) 自由起升叉车

自由起升叉车适于在低矮的场所，如船舱、车厢内进行装卸或堆垛作业。能够全自由起升的叉车，当叉架起升到内门架的顶端时，内门架仍不上升，因此它可以在叉车总高不变的情况下将货物堆码到与叉车总高大致相等的高度，如图 11.15(a) 所示。部分自由起升能提高叉车的通过性，只要门道的净空高度不低于门架全缩时的叉车总高，叉车就能通过，如图 11.15(b) 所示为叉车利用部分自由起升高度通过低净空门道的堆垛作业。

 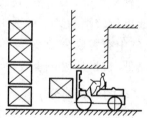

(a) 全自由起升堆码作业　　　　　(b) 部分自由起升堆码作业

图 11.15　自由起升堆码作业

二、叉车的主要组成部分

叉车主要由动力装置、工作装置和轮胎底盘三个部分组成。

1. 叉车的动力及其选择

叉车动力装置的作用是供给叉车工作装置装卸货物和轮胎底盘运行所需的动力，动力设备内燃机和蓄电池-电动机两大类。根据燃料的不同，叉车所用内燃机又分为柴油机、汽油机和液态石油气机三种。选择叉车的动力形式，主要从性能、使用维护、公害和经济性四方面权衡比较，但首先必须满足叉车工作的要求。

蓄电池-电动机、柴油机、汽油机、液态石油气机这四种动力形式都具有独立的能源，符合叉车对动力装置的要求，在其他方面则各有优缺点。

蓄电池-电动机的驱动特性最接近恒功率软特性的要求，其牵引性能优于内燃机。此外，该动力运转平稳无噪声、不排废气、检修容易、操纵简单且营运费用较低，整车的使用年限较长。其缺点是需要充电设备，基本投资高，充电时间较长（一般7~8 h，快速充电2~3 h），一次充电后的连续工作时间短，车速和爬坡能力较低。因此，蓄电池-电动机驱动的电瓶叉车主要用于通道较窄、搬运距离不长、路面好、起重量较小、车速不要求太快的仓库和车间中。在易燃品仓库或要求空气洁净的地方，只能使用电瓶叉车。在冷冻仓库中内燃机启动困难，此时也应采用电瓶叉车。

内燃机的机械特性不符合对叉车原动机恒功率软特性的要求，它的输出功率随着转速的增加而增大。因此，内燃机必须配装变速器、液力变矩器或液压传动装置等以后才能使用。其主要优点是不需要充电设备，作业持续时间长、功率大、爬坡能力强，对路面要求低，基本投资少。如果采用合适的传动方式，能获得理想的牵引性能。缺点是运转时有噪声和振动，会排出废气，检修次数多，营运费用较高，整车的使用年限较短。因此，内燃叉车适于室外作业。在路面不平或爬坡度较大以及作业繁忙、搬运距离较长的场合，内燃叉车比较优越。一般起重量在中等吨位以上时，宜优先采用内燃叉车。

在内燃叉车中，采用柴油机最普遍，起重量3 t以上的叉车基本上全都采用柴油机。起重量较小的叉车可选用汽油机。它体积小、重量较轻，但耗油多、汽油价格高，废气中有害成分较多，易着火。国外还有采用液化石油气发动机的叉车，其燃料价格低，排出的废气也较少。

2．叉车的起重部分

叉车的起重部分由直接进行装卸作业的工作装置及操纵工作装置动作的液压传动系统组成。

1）工作装置

叉车的工作装置用来叉取、卸放、升降、堆码货物，通常采用货叉取货。为了一机多用，除货叉外，还可配备多种取物工具如图11.16所示。

图11.17所示为无自由起升的叉车工作装置，它主要由货叉、叉架、起升油缸、倾斜油缸、门架、链条、链轮等部分组成。

2）起重部分液压传动系统

起重部分液压传动系统它的作用是把原动机的能量传递给叉车的工作装置，以实现货物的起升和门架的前后倾。

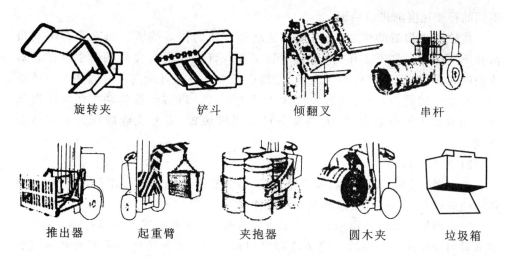

图 11.16 叉车的取物工具

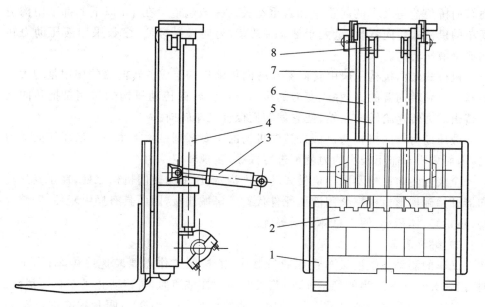

图 11.17 叉车工作装置

1—货叉；2—叉架；3—倾斜油缸；4—起升油缸；5—链条；6—内门架；7—外门架；8—链轮

3. 叉车的运行部分

叉车是无轨运行机械，运行部分装在轮式底盘上，该部分的任务是将发动机发出的动力转变成叉车的可以控制的运动。叉车的运行部分由牵引传动系统、转向系统和制动系统组成。

1) 叉车的传动系统

叉车的传动系统的作用是将原动机发出的动力传给驱动车轮，并使叉车能以不同的行驶速度前进或后退。

在原动机和驱动轮之间,有起减速增扭作用的传动装置。当叉车在不同负荷和不同作业条件下工作时,传动装置必须保证叉车具有良好的牵引性能。对于内燃叉车,由于内燃机不能反转,传动系统中还必须有换向装置以便叉车能够倒退行驶。因此,传动方式首先取决于动力形式。以蓄电池为动力源的电瓶叉车采用电动机械传动方式;内燃叉车可采用机械式、液力式或静压式三种传动方式。

2) 转向系统

叉车多在仓库、货场等场地狭窄、货物堆放很多的地方进行作业,行驶中需要频繁地进行左、右转向,要求转向系统动作灵活,操作省力。

叉车的转向系统的作用是改变叉车的行驶方向或保持叉车直线行驶。叉车是依靠转向轮在路面上偏转一定角度而实现转向的。叉车转向的形式有机械式转向、液压助力转向和全液压转向三种。转向方式的选择取决于转向桥负荷的大小,而转向桥负荷与叉车的起重量和自重有关。一般起重量在 1 t 以下的都采用构造简单的机械式转向;起重量大于 2 t 的叉车,为使操纵轻便,多数采用液压助力转向或全液压转向。

机械式转向机构一般由转向器和转向传动机构组成。转向器的作用是增大方向盘传递到转向臂的力,并改变力的传递方向。转向传动机构的作用是把转向器所传出的力传递给转向车轮,使它偏转而保证叉车转向。

液压助力转向机构与机械式转向机构的主要区别是增加了一个液压转向助力器,因而司机只需用较小的力就可进行操纵,实现转向。

全液压转向机构不同于机械式转向机构、液压助力转向机构之处,在于其从转向器开始到梯形机构完全用液压元件代替了机械连接,因而具有操纵轻便、安装容易、重量轻、体积小、便于总体布局等优点。

3) 制动系统

叉车的制动系统使叉车在作业行驶中,能按照工作需要减速或停车;当下坡时,能使叉车保持适当的稳定速度;当叉车停放在坡道时,可以防止叉车自行滑动。

叉车制动系统由制动器和制动操纵装置组成。一般包括两套独立的制动装置,即行车制动和停(驻)车制动。行车制动装置保证叉车在行驶过程中能适当减速或停止运动。行车制动系统采用车轮制动器,每个驱动车轮都装有车轮制动器,其操纵装置可分为机械式、液压式和气压式。停车制动装置保证叉车原地停驻,并有助于叉车在坡道上起步。停车制动系统的制动器称为中央制动器,采用手柄和杠杆的机械式操纵装置,且在手柄上装有锁住装置,使得司机的手离开手柄后,制动器仍处于制动状态,需要行驶时,可手将锁住装置打开。停车制动系统还可在紧急制动时与行车制动系统同时使用,或当行车制动失灵时紧急使用。

三、叉车的主要技术参数、型号及其性能

1. 叉车的主要技术参数

叉车的技术参数说明叉车的结构特征和工作性能,主要有起重量 Q、载荷中心距 C、起升高度 H、起升速度 $v_起$ 和运行速度 $v_行$、门架倾角 α、转弯半径 R 及离地间隙 X 等。

1) 额定起重量和载荷中心距

额定起重量是指门架处于垂直位置,货物重心位于载荷中心距范围以内时,允许叉车举起的最大货物质量。载荷中心距是指设计规定的额定起重量的标准货物重心到货叉垂直段前壁的水平距离。载荷中心距是根据叉车稳定性设计决定的,起重量不同的叉车,其载荷中心距是不一样的,具体如表 11.2 所示。

表 11.2 内燃机叉车性能表

起重量 Q/t	载荷中心距 C/mm	起升高度 H/m	满载最大起升速度 /(m/min)	满载最大运行速度 /(km/h)	满载最大爬坡度 /(%)	最小外侧转弯半径 R/mm	门架前倾角 α/(°)	门架后倾角 β/(°)	离地间隙 X/mm
0.5	350	2	20	12	15	1 500	6	12	70
1	500	3	25	17	20	1 800	6	12	90
2	500	3	25	20	20	2 150	6	12	115
3	500	3	20	20	22	2 700	6	12	130
5	600	3	20	22	22	3 400	6	12	200
10	600	3	15	25	22	4 000	6	12	250
16	900	3	15	25	20	5 500	6	12	300
25	900	3	10	25	20	6 500	6	12	300

作业时,如果由于货物体积庞大,或货物在托盘上的位置不当,而使货叉上的货物实际重心超出了规定的载荷中心距,或者当最大起升高度超过一定数值时,受叉车纵向稳定性的限制,起重量应相应减小,否则叉车将有倾翻的危险。货物实际重心距离载荷中心越远,则允许起重量越小。

根据交通部制定的叉车标准(JS 5003—75),港口叉车的起重量系列为 1 t,2 t,3 t,5 t,16 t,25 t,可根据需要装卸和搬运货物的重量和货盘的尺寸来选用。随着托盘和集装箱运输的发展,大吨位叉车有增多的趋势。从经济的角度看,增加每次装卸货物的重量而采用较大吨位的叉车也是比较合适的,据统计,国产 3 t 内燃叉车的价格比 2 t 的约高 7%,营运费用平均高 3%。在起升高度、行驶距离和速度参数相同的情况下,3 t 叉车的生产率理论上比 2 t 叉车提高 50%,每吨货物的

搬运装卸费约可减少 1/3。

2) 最大起升高度和自由起升高度

最大起升高度是指门架处于垂直位置,货叉满载起升至最高位置,从叉面至地面的垂直距离。港口叉车最大起升高度一般为 3~4 m,若要求再升高,则要增加门架和起升油缸的高度,或者采用三节门架和多级作用的油缸,这样不仅会使叉车的自重和外形尺寸增大,而且由于叉车的总重心位置提高,还会使叉车工作时的纵向和横向稳定性都变差,因此,当最大起升高度超过一定数值时,必须相应减小叉车的允许起重量。

自由起升高度是指不改变叉车的总高时,货叉可能起升的最大高度。具有自由起升性能的叉车可在净空不小于叉车总高的库门通过或在低矮的船舱或车厢内作业。

3) 门架倾角

门架倾角是指门架自垂直位置向前或向后倾斜的最大角度。门架前倾是为了便于叉取和卸放货物;后倾的作用是当叉车带货行驶时,防止货物从货叉上滑落,增加叉车行驶时的纵向稳定性。一般前倾角取 3°~5°,后倾角取 10°~12°。

4) 起升速度和运行速度

起升速度是指门架处于垂直位置,货叉满载上升的平均速度。起升速度对叉车作业效率有直接的影响。提高起升速度是叉车发展的趋势,主要取决于叉车的液压系统。起升速度过大容易发生货损和机损事故,给叉车作业带来困难。电瓶叉车由于受蓄电池容量和电动功率的限制,其起升速度低于起重量相同的内燃叉车。大起重量的叉车,由于作业安全的要求和液压系统的限制,起升速度比中小吨位的叉车低。当叉车的最大起升高度较小时,对过大的起升速度难于充分利用。根据港口装卸作业要求,起升速度以 15~20 m/min 为宜。

行驶速度是指在平坦的硬路面上,叉车满载前进的最大速度。据统计,叉车作业时,行驶时间一般约占全部作业时间的 2/3。因此,提高行驶速度、缩短行驶时间对提高叉车作业生产率有很大意义。但是叉车的作业特点是运距短、停车和起步的次数多,过分提高行驶速度,不仅使原动机功率增大,经济性降低,而且在作业时,对过高的行驶速度也难于经常利用。在港口露天货场上工作的内燃叉车,其行驶速度可取 15~20 km/h。

5) 最大牵引力

最大牵引力分为轮周牵引力和拖钩牵引力。原动机发出的扭矩,经过减速传动装置,最后在驱动轮轮周上产生切向力,称为轮周牵引力。当原动机输出功率为定值时,轮周牵引力与叉车行驶速度成反比。当原动机输出最大扭矩,叉车以最低挡速度行驶时,轮周牵引力最大。

轮周牵引力在克服叉车行驶时本身遇到的外部阻力以后,在叉车局部的拖钩上剩余的牵引力,称为拖钩牵引力。当叉车在水平坚硬的良好路面上以低挡等速行驶时,叉车的外阻力仅为数值很小的滚动阻力,此时的拖钩牵引力最大。

牵引力大则叉车起步快、加速能力强、爬坡能力大、牵引性能好。由于叉车的运距短,停车起步的次数多,加速能力十分重要。在叉车的技术规格中,通常标出的是拖钩牵引力。当将叉车作为牵引车使用时,必须知道它的拖钩牵引力。

6)最小转弯半径

最小转弯半径是指在平坦的硬路面上,叉车空载低速前进并以最大转向角旋转时车体最外侧所画出轨迹的半径。采用较短的车身、外径较小的车轮、增大车轮转向时的最大偏转角等可减小转弯半径。三支点叉车由于转向车轮具有较大的偏转角(接近或等于90°),在其他条件相同的情况下,其最小转弯半径比四支点叉车小。

7)直角堆垛的最小通道宽度和直角交叉的最小通道宽度

直角堆垛的最小通道宽度是指叉车在路边垂直道路方向堆垛时所需的最小通道宽度;直角交叉的最小通道宽度指叉车能在直角交叉处顺利转弯所需的最小通道宽度。转弯半径小、机动性好的叉车要求的通道宽度小。

8)最小离地间隙

最小离地间隙是指除车轮以外,车体上固定的最低点至车轮接地表面的距离,它表示叉车无碰撞地越过地面凸起障碍物的能力。增大车轮直径可以使最小离地间隙增加,但这会使叉车的重心提高,转弯半径增大。

9)最大爬坡度

叉车的最大爬坡度是指叉车在正常路面情况下,以低速挡等速行驶时所能爬越的最大坡度,以度或百分数表示,分为空载和满载两种情况。叉车满载的最大爬坡度一般由原动机的最大扭矩和低速挡的总传动比决定。空载的最大爬坡度通常取决于驱动轮与地面的黏着力。由于港口路面场地较平坦,港口叉车满载最大爬坡度可在10°以内。

10)自重和自重利用系数

自重是指包括油、水在内的叉车总重。

叉车自重利用系数通常有两种表示方法,一种是搭起重量与叉车自重之比,另一种是指起重量和载荷中心距的乘积与叉车自重之比。显然,自重利用系数值较大,表示在起重量和载荷中心距相同的条件下,叉车自重较轻,即材料利用较经济,结构设计较合理。由于叉车的载荷中心距并不相同,故采用后一种表示方法更为合理。

11)其他技术参数

除上述参数外,叉车的技术参数还有外形尺寸、前后桥负荷、轮压、轴距和轮距等。

2. 叉车的型号

叉车的型号标注,国家规定由组型代号、主参数和动力形式(用燃料代号表示)、传动方式和改进代号五项组成。燃料代号和传动方式都属于叉车的结构特

性;叉车的传动方式有动压传动、静压传动和机械传动三种,机械传动是最常使用的一种传动形式,不做标注。叉车的型号标注形式为

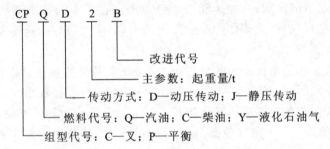

例如,"CPQD2B"型表示经二次改进的,2 t 汽油发动机式,动压传动的平衡重式叉车。

3. 叉车的主要性能

叉车的各种技术参数反映了叉车的性能,主要包括以下几个方面。

(1) 装卸性,反映叉车的起重能力和装卸速度的快慢。装卸性能的好坏对叉车的生产率有直接的影响。叉车的起重量大、载荷中心距大、工作速度高则装卸性能好。

(2) 牵引性,指叉车行驶和加速快慢、牵引力和爬坡能力大小等方面的性能。行驶和加速快、牵引力和爬坡度大则牵引性好。

(3) 制动性,表示叉车在行驶中根据要求降低车速及停车的性能,通常以在一定行驶速度下制动时的制动距离大小来衡量。制动距离小则制动性能好。

(4) 机动性,表示叉车机动灵活的性能。叉车小则机动性好。

(5) 通过性,是指叉车克服道路障碍,通过各种不良路面的能力。叉车的外形尺寸小、轮压小、离地间隙大、驱动轮牵引力大,则其通过性好。

(6) 操纵性,指叉车操作的轻便性和舒适性。如果需要加于各操作手柄、踏板及方向盘上的力小,座椅与各操作件之间的位置布置得当,则操纵性好。

(7) 稳定性,指叉车抵抗倾覆的能力。稳定性是保证叉车安全作业的必要条件。对于平衡重式叉车,由于货叉上的货物重心位于叉车纵向的车轮支承底面之外,当叉车满载码垛即货物举高、货叉前倾时或叉车在满载全速运行途中紧急制动,叉车受制动惯性力和重力作用的情况下,叉车都有可能丧失纵向稳定,向前倾翻。当叉车高速转弯,或在斜坡上转弯,叉车受到离心力、侧向风力、坡道分力等的作用时,叉车有可能横向失稳,向一侧翻倒。因此,为了保证叉车的安全作业,必须使叉车具有必要的纵向稳定性和横向稳定性。

叉车的稳定性可由合理确定叉车各部分和平衡重的位置来保证,目前世界各国还通过试验来检查叉车的稳定性。在使用中,必须遵守操作规程,不得超重、超载荷中心距、超速作业。货物举得越高,受到水平力(如制动惯性力、风力、离心力

等)作用时叉车越易倾覆。因转弯时离心力与车速的平方成正比,所以不得超速转弯,以免翻倒。此外,稳定性还和叉车的支承形式有关。三支点叉车的横向倾覆边距离叉车自重重心作用线较近,使稳定力臂和稳定力矩较小,因而其横向稳定性比四支点叉车差。在操作使用中对于这些都应注意。

(8) 经济性,主要反映叉车的造价和营运费用,包括动力消耗、生产率、使用方便性和耐用的程度等。

四、叉车的选用与管理

1. 叉车的选用原则

叉车的种类很多,形式规格各异,在流通管理中首先应了解叉车的选用原则,这样才能充分发挥叉车的使用价值。

(1) 应首先满足使用性能要求。选用叉车时应合理地确定叉车的技术参数,如起重量、工作速度、起升高度、门架倾斜角度等。还要考虑叉车的通过性能是否满足作业场地及道路要求,如转弯半径、最小离地间隙以及门架最高位置时的全高、最低位置时的全高等。除此之外,要求所选用叉车安全可靠,无论在任何作业条件下,都具有良好的稳定性。

(2) 选择使用费用低、经济效益高的叉车。选用叉车时除要求叉车具有良好的技术性能外,还要求其具有较好的经济性,使用费用低、燃料消耗少、维护保养费用低等。可用重量利用系数和比功率大小,定量比较叉车的经济性。

重量利用系数 $K=Q/G$,它是叉车载重量 Q 和自重 G 的比值,表明叉车制造、设计的综合水平。减轻叉车自重 G,不但可节省原材料,降低生产成本,而且可减少燃料的消耗和轮胎的磨损。

比功率 $f=N/(Q+G)$,表明叉车单位总重量(自重与载重之和)所需耗用的功率。它是叉车动力性能的综合指标,直接影响燃料消耗。

2. 叉车在仓库中的维护保养

叉车的技术维护保养措施通常分为三级。

(1) 日常维护　检查库房内的温度、湿度,清洗叉车上的污垢、泥土等,进行外表保养。

(2) 一级技术保养　叉车在库房存放一个时期(3~6个月)后,要进行一级技术保养,检查气缸压力或真空度,调整气门间隙、检查节温器、液压系统各元件以及变速器的换挡工作是否正常。检查制动系统、调整制动片与制动鼓间隙。检查发电机及启动机安装是否牢固、灰刷和整流子有无磨损,以及风扇皮带的松紧程度如何。检查曲轴和通风接管是否完好、清洗滤油器。同时还要检查车轮安装是否牢固,轮胎的气压是否符合要求等。对于那些因保养而拆卸过的某些零部件,重新装配后,要进行路试,使之达到技术要求。

(3) 二级技术保养 叉车存放半年以上时,要进行二级技术保养,除了按以上日常保养和一级技术保养项目进行外,还要增添拆卸工作,更换生锈不能用的零部件如水箱、柴油箱盖、水泵及气缸盖等,清除锈蚀,检查性能是否可靠等。如果叉车长期存放,要用木材顶住平衡块,避免两个后轮长期受载。

第四节 自动导引小车

一、自动导引小车概述

1. 自动导引小车的发展概况

自动导引小车是物流系统的重要搬运设备,也是一种先进的物料搬运技术装备。随着工厂自动化、计算机集成系统技术的发展、柔性制造系统以及物流业的发展,自动导引小车得到了广泛的应用。

世界上第一台自动导引小车是由美国 Barrett 电子公司于 20 世纪 50 年代初开发成功的,它是一种牵引式小车系统,可十分方便地与其他物流系统自动连接,显著地提高劳动生产率。自动导引小车的出现,极大地提高了装卸搬运的自动化程度。1954 年英国最早研制了电磁感应导向的自动导引小车,由于它的优点显著,迅速得到了应用和推广。1960 年欧洲就安装了各种形式、不同水平的自动导引小车系统 220 套,使用自动导引小车 1 300 多台。20 世纪 60 年代,随着计算机技术在自动导引小车系统的控制和管理上的应用,自动导引小车系统进入到柔性加工系统(FMS),成为生产工艺的有机组成部分,从而得到了迅速发展。我国 1976 年首先由北京起重机研究所研制出第一台滚珠加工用自动导引小车,随后,又研制出单向运行载重 500 kg 的自动导引小车和双行载重 500 kg、1 000 kg、2 000 kg 的自动导引小车。此后,随着工业现代化发展以及信息管理系统(CMIS)的发展,自动导引小车系统在我国应用得到了推广,一些企业开始使用较为先进的自动导引小车系统。

2. 自动导引小车的概念

根据美国物流协会的定义,自动导引小车是指具有电磁或光学导引装置,能够按照预定的导引路线行走,具有小车运行和停车装置、安全保护装置以及具有各种移载功能的运输小车。

3. 自动导引小车的分类

按照导引方式不同,可分为固定路径导引自动导引小车和自由路径导引自动导引小车两种。固定路径导引是指在固定的路线上设置导引用的信息媒介物,自动导引小车通过检测出其信息而得到导引的导引方式,如电磁导引、光学导引、磁带导引。自由路径导引是指自动导引小车根据要求随意改变行驶路线,这种导引方式的原理是在自动导引小车上储存好作业环境的信息,通过识别车体当前的方位,与环境信息相对照,自主决定路径的导引方式,如推算导引、惯性导引、环境映射法导引、激光导引。

按照运行的方向,自动导引小车可分为向前运行式、前后运行式和万向运行式三种。

按照移载方式,自动导引小车可分为侧叉式移载小车、叉车式移载小车、推挽式移载小车、辊道输送式移载小车、链式输送式移载小车、升降台式移载小车和机械手式移载小车等,如图 11.18 所示。

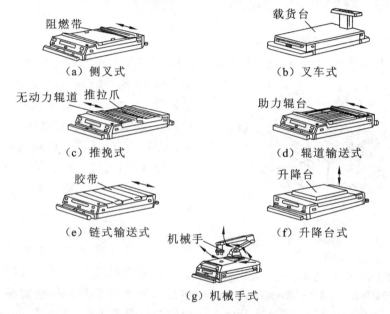

图 11.18　自动导引小车的移载方式

按照充电方式,自动导引小车可分为交换电池式小车和自动充电式小车两种。

按照转向方式,自动导引小车可分为前轮转向小车、差速转向小车和独立多轮转向小车三种。

二、自动导引小车的主要技术参数

自动导引小车的技术参数是指反映其技术性能的基本参数,是选择自动导引小车的主要依据。自动导引小车的主要技术参数如下。

(1) 额定载重量　额定载重量是指自动导引小车所能承载的最大重量。

(2) 自重　自重是指自动导引小车与电池加起来的总重量。

(3) 车体尺寸　车体尺寸即车体的外形尺寸,这一尺寸应该与所承载货物的尺寸和作业场地相适应。

(4) 停位精度　停位精度是指自动导引小车作业结束时所处的位置与程序设

定的位置之间所出现的偏差。

（5）最小转弯半径　最小转弯半径是指自动导引小车在空载低速行驶、偏转程度最大时，瞬时转向中心距自动导引小车纵向中心线的距离。

（6）运行速度　运行速度是指自动导引小车在额定载重量下行驶的最大速度。

（7）电池电压　电池电压有两种规格，分别为 24 V 和 48 V。

（8）工作周期　工作周期是指自动导引小车完成一次工作循环所需的时间。

三、自动导引小车的基本结构和工作原理

1. 自动导引小车的基本结构

自动导引小车由机械系统、动力系统、控制系统等组成。其中机械系统主要包括车体、车轮、移载装置、安全装置、转向装置等；动力系统包括运行电动机、转向电动机、移载电动机、蓄电池及充电装置等；控制系统包括信息传输及处理装置、驱动控制装置、转向控制装置、移载控制装置、安全控制装置等。自动导引小车主要结构如图 11.19 所示。

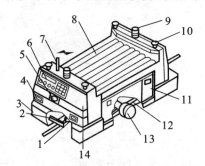

图 11.19　自动导引小车的总体结构
1—随动轮；2—导向传感器；3—接触缓冲器；
4—接近探知器；5—报警音响；6—操作盘；
7—外部通信装置；8—自动移载装置；9—警示灯；
10—急停按钮；11—蓄电池组；12—车体；
13—速差驱动轮；14—电控装置箱

1) 车体

车体即自动导引小车的基本骨架，要求有足够的强度和刚度，以满足小车运行和加速的需要。一般情况下，车体由钢结构焊接而成，上面用 1～3 mm 厚的钢板或硬铝板覆盖，以安装移载装置、液压装置、电控系统、按键和显示屏，板下空间安装驱动装置、转向装置和蓄电池，以降低车体的重心。

2) 车轮

自动导引小车的车轮有卧式结构的驱动轮和立式结构的驱动轮两种。

3) 移载装置

移载装置是与所搬运货物接触的装置，根据搬运货物的不同，所采用的移载装置也不同，如图 11.18 所示。

4) 安全装置

安全装置的主要作用是为自动导引小车运行或故障急停时提供一定的安全保证。自动导引小车设置有接触缓冲器、接近探知器、导向传感器、警示灯和报警音响等多种安全保障装置。其中，接触缓冲器设在车体运行方前端的下部，有多种结构类型，如弹性胶垫式、杠杆机构、弹性薄板式和摆动撑杆式等。当触及障碍物

时,感压导电橡胶薄板呈低阻抗导通状态,可发出触碰障碍信号使车辆急停。支撑弹簧保证车辆制动过程的缓冲行程。接近探知器设在车体运行方的前端,常采用红外式或超声式向其运行前方发出遥测信号,并接收回波以进行安全确认。确认信号输入中央数据处理器,经分析判断后采取相应措施。探知器的发射部分定时发出探测脉冲信号,随之将接收部分的停车回波选通接收门和减速回波选通接收门依次打开,以判断车辆运行前方有无障碍物,若有障碍物,其距离如何,车辆应采取减速还是停车措施。导向传感器引导自动导引小车的行驶路线,保证搬运车处于设定的通道。

此外,在自动导引小车的四角还设有急停开关,任何时候按下开关,自动导引小车都会立即停止动作。

5) 蓄电池和充电系统

自动导引小车由电机驱动,采用直流工业蓄电池作为动力,电压为 24 V 或 48 V。蓄电池在额定的电流下,一般应保证 8 h 以上的工作需要,对于两班制工作环境,要求蓄电池有 17 h 以上的工作能力。

自动导引小车根据电池容量表的数据,在需要充电时报告控制台,控制台根据自动导引小车运行情况,及时调度需要充电的自动导引小车执行充电任务。蓄电池充电一般采用自动充电和交换电池两种形式。自动充电是指在自动导引小车的各个停泊站无时间限制地随时充电,交换电池式充电是指当蓄电池的电荷降到指定范围后,要求自动导引小车退出服务,进入指定的充电区进行充电。

6) 驱动控制装置

驱动装置的功能是驱动自动导引小车运行并对其进行速度控制和制动控制。它由车轮、减速器、制动器、电机和速度控制器组成。驱动装置及制动装置的控制命令由计算机或人工控制器发出。

7) 转向控制装置

自动导引小车的方向控制是通过转向装置来实现的。一般情况下,自动导引小车被设计成三种运动方式,即向前、向前与向后和万向运行。

8) 信息传输及处理装置

信息传输及处理装置主要的功能是对自动导引小车进行监控,监控自动导引小车所处的地面状态,包括手动控制、安全装置启动、蓄电池状态、转向和驱动电机的控制情况,然后将车上控制器的监控信息与地面控制器所发出的信息进行传递,以达到控制自动导引小车运行的目的。

2. 自动导引小车的工作原理

自动导引小车在工作时,由控制台通过计算机网络接受下达的搬运任务,通过无线局域网通信系统实时采集各自动导引小车的状态信息。根据当前自动导引小车运行情况,将调度命令传递给选定的自动导引小车。对运行中的自动导引小车,控制台将通过无线局域网通信系统与其交换信息,实现自动导引小车间的避碰调度、工作状态检测、任务调度，使其完成货物的搬运。地面移载设备可实现自动导引小车的自动移载、加载、交换空托盘。

四、自动导引小车的应用

自动导引小车的出现是对传统物料搬运技术的一次革命，它以其机动灵活、可靠性程度高、投资少、操作费用低、安全性好、无地面障碍等优点把物料搬运的高效率带到了整个世界。

特别是近年来，随着科学技术的迅速发展和生产现场的综合自动化，自动导引小车的应用范围和领域不断扩大，从超级市场、车间，到办公室、宾馆、图书馆、自动化仓库和配送中心，无不有自动导引小车的应用。自动导引小车已成为一种被广泛认可的高效、灵活、先进的搬运设备。

在制造业中，自动导引小车应用最广泛的领域是装配作业，特别是汽车的装配作业。在西欧各国，用于汽车装配的自动导引小车占整个自动导引小车数量的57%，其中德国用于汽车装配的自动导引小车占整个西欧自动导引小车数量的64%。电子工业是近年来自动导引小车的新兴用户。自动导引小车比传统的带式输送机具有更大的柔性，可满足多品种、小批量的生产要求。

在图书馆，自动导引小车用于图书的入库和出库，其可以自动地将图书送到指定的地点。

在自动化仓库和配送中心，自动导引小车广泛地用于库存货物的搬运，自动导引小车已成为提高仓库作业自动化的主要标志之一。我国海尔公司于2001年3月建造的国际自动化物流中心，其原料、成品两个自动化系统，就应用了自动导引小车。该中心采用的自动导引小车是世界上最先进的自动导引小车，它采用了激光导引技术。在计算机的调度下，自动导引小车可自动完成装货、卸货、充电、行走功能，以及货物的出入库作业。

第五节 搬运车辆的配置、选择与管理

货物的搬运活动涉及各种各样的搬运车辆，而搬运车辆的使用环境和作业要求各异。如何在正确评价的基础上合理地配置、选择车型，是企业经营决策中的一项重要工作，也是企业物流技术和管理人员所关注的主要问题。

在实际选用和配置搬运车辆的过程中，必须根据企业的实际情况和侧重点进行。

一、根据指标体系进行配置、选择

搬运车辆配置、选择的指标体系主要由五个部分组成，即技术指标、经济指标、适应性指标、组织性指标和人机关系指标。可根据使用中对各性能的要求不同进行科学合理的选择。

1. 技术指标

技术指标是反映搬运车辆的主要性能的指标，也是反映搬运车辆在性能、自动化程度、结构优化、环境保护、操作条件、技术等方面是否具有先进性的指标。每一种搬运车辆都有自己的技术指标，为此，在选择搬运车辆时，应以搬运作业适用为前提，根据不同要求和具体情况，选择不同的技术指标。例如，对于堆垛巷道较窄的仓库中，选择叉车时，主要考虑的技术指标是叉车的宽度，这样叉车的宽度指标在选择中就占有较大的权重。

2. 经济指标

经济指标是对在购置和使用搬运车辆过程中产生的成本效益进行衡量的指标。

任何搬运车辆的使用都受着经济条件的制约，低成本是衡量搬运车辆的技术可行性的重要依据。在多数情况下，搬运车辆的技术先进性与低成本可能会发生矛盾。但在满足使用的前提下，应对技术先进性与经济上的耗费进行全面考虑和权衡，作出合理的判断，这就需要进一步做好成本分析。

搬运车辆的成本费用主要有原始费用和运行费用两大部分。原始费用是购置设备时发生的费用，包括设备购置费用、运输费、调试费、备品备件购置费、人员培训费等；运行费用是维持设备正常运转所发生的费用，包括间接或直接劳动费用、服务与保养费用、能源消耗费用、维修费用，等等。在配置和选择设备时，需要同时考虑这两部分费用支出。然而，在实际中，许多时候往往只注意到了搬运车辆的原始费用，而忽略了其运行费用，结果造成搬运车辆整个寿命周期费用较高，使投资增大。有些搬运车辆原始费用比较低，但其能源消耗量大，故障率高，维修费用高，从而导致运行成本很高。相反，有些搬运车辆的原始费用高，但其性能好、能耗小、维修费用低，因而运行成本较低。因此，应全面考查搬运车辆的原始费用和运行费用，选择整个寿命周期费用低的搬运车辆，这样才能取得良好的经济效益。

从搬运车辆的经济性考虑，一般情况下，电动叉车的购置费用较高，但其运行费用较低，经济寿命较长，总的经济性能良好。

3. 组织性指标

组织性指标是指搬运车辆作业和供货的及时性和可靠性。为了保证搬运车辆正常地工作，在配置、选择搬运车辆时，必须考虑搬运车辆以及配件、备件的供应及时性和可靠性、维修网点、供应商服务内容等情况，以便最大限度地发挥搬运车辆的效能。

4. 适用性指标

适用性是搬运车辆满足使用要求的能力，主要包括适应性和实用性。在配置与选择搬运车辆时，应充分注意到搬运作业的实际需要，所配置和选择的搬运车辆应符合货物的特性，满足货运量的需要，适应不同的工作条件和多种作业性能的要求，操作使用灵活方便。因此，首先应明确搬运车辆的必要功能是什么。根据具体的作业任务来确定需要什么样的搬运车辆，做到搬运车辆作业配套，发挥各搬运车辆的效能。

所以,在配置与选择搬运车辆时应根据物流作业特点,按照必要功能选择相应的搬运车辆。这样的搬运车辆才有针对性,才能充分发挥其功能。只有充分考虑使用要求,去选择搬运车辆的功能,才能充分体现搬运车辆的适用性,获得较大的投资效益。

5. 人机关系指标

人机关系指标也越来越受到人们的重视,人机关系问题目前已经发展成为一个重要的科学分支——人机工程学。人机关系指标主要反映搬运车辆操作的舒适性。为此,在配置和选择搬运车辆时,要看搬运车辆外观是否符合现代美学观念,是否视野宽阔,是否给人以美的感受,是否容易操作,是否无噪声或低噪声等因素,从而选择具有较好舒适性的搬运车辆。

二、根据使用条件进行配置、选择

明确使用条件有利于选择更合适的搬运车辆。一般考虑以下使用条件。

1) 作业场合

选择搬运车辆时,要明确所配置的搬运车辆是在室内、室外,还是在室内外作业;作业环境的温度、湿度、大气压力如何,是否易燃易爆;地面状况如何,有无坡道,地面、楼层或货梯的承载能力如何;通过空间情况,如门的最小尺寸(高×宽)、最低楼层的净空高度如何等。一般情况下,以室内作业为主且对路面要求较高的搬运作业常选择电动车辆,以室外作业为主的搬运作业常选择内燃机车辆。

2) 作业性质

选择搬运车辆时,要明确搬运车辆将用于搬运作业还是码垛作业,或者二者都有;货物是货架存放还是堆叠码垛;货架最低层和最高层的堆放支撑高度;通道的最大和最小宽度,等等。

一般来说,对于高层货架可选择高架叉车或起升高度较高的叉车。

3) 作业的配套性

在搬运过程中,为了保证搬运高效、经济,要特别注意搬运车辆与整个搬运装卸系统的配套性,尽量做到在作业能力上、作业时间上等方面的配套。

4) 搬运距离

每一种搬运车辆都有经济搬运距离,因此,要明确搬运距离的大小。一般情况下,当搬运距离小于 50 m 时,应该选择堆垛用起升车辆,如巷道堆垛机和叉车;当搬运距离在 50~300 m 之间时,一般应选择将堆垛用起升车辆和非堆垛用搬运车辆搭配使用,如将叉车和平台搬运车搭配使用;当搬运距离超过 300 m 时,应选用牵引车或平台搬运车来进行搬运作业。

5) 搬运作业量

搬运作业量的大小关系到搬运车辆应具有的作业能力,从而影响到所需配备的机械设备的类型和数量。作业量大时,应配备作业能力较高的大型搬运车辆;作业量小时,最好采用构造简单、造价低廉而又能保持相当生产能力的中小型通用搬运车辆。对于作业量很小的货物的搬运,可选用人力搬运车辆。

在考虑上述搬运车辆的配置、选择方法的同时,要根据企业实际情况和财力的可能,综合各方面因素,进行经济、技术可行性评估,最终选定所需要的搬运车辆。

三、物流中心搬运车辆的选用

凡物流中心几乎都要使用搬运车辆,如托盘搬运车、叉车、拣选车等。目前,国内每年有数以千计的物流中心在新建或改建,每年要购置数以万计的搬运车辆。如何根据实际运作的需要来选择最合适的搬运车辆,是众多物流基层管理者和物流设施规划者经常遇到的问题。

要选用搬运车辆,首先要了解搬运车辆的种类,其功能如何,以及自己所需要的功能。选用搬运车辆的决定性因素有使用需求和性能价格比两个,物流中心可以根据自己的功能需求和动力条件进行选择。

1) 手动液压搬运车的选用

手动液压托盘搬运车(以下简称液压车)俗称地牛,一般单价在1 200~3 500元,有的可以选配称重装置。选用这类设备时,关键要确定好吨位、搬运货物(托盘)的尺寸。如果托盘尺寸规格是欧标1 200 mm×1 000 mm托盘,叉孔高90 mm,那么就选叉长1 200 mm、叉宽680 mm、叉高80 mm的液压车,这样起升时只需要压几下即可;如果选叉高65 mm的液压车,起升需要压多次,势必会降低效率。如果叉长太长,货叉易伸进后面托盘的叉孔,起升时易抬起后面的托盘,造成事故。叉长太短或叉宽太窄的话,搬运时托盘不稳,易倾覆。叉宽太宽或者叉高太高的话,有的托盘无法叉取。

车轮也很重要。车轮有尼龙的和聚氨酯的。尼龙车轮硬,噪声大,但耐磨;聚氨酯车轮软,噪声小,但易损伤,钉子、铁屑等很容易扎进车轮。工况好的地方应尽可能选用聚氨酯的,这样噪声会小一些。后轮有单轮、双轮之分,如果地面有起伏或小的凹凸,选用双轮的比较合适。

液压车的保养十分重要,要及时清理卷进轮轴里的垃圾,并剔除扎进轮子的杂物。不用时,一般要泄压,不要放在通道里,以免发生安全事故。

2) 叉车的选用

叉车单价一般在几万元至几十万元,特种叉车如大吨位叉车、防爆叉车等单价会超过百万元。叉车承担繁重的搬运作业,选用时需要慎重考虑。

(1) 价格　国产叉车价格一般为几万元到十几万元。一般情况下,内燃叉车类型中,配备国产发动机的比配备进口发动机的价格低2万~5万元;电瓶类型叉车中,国产的价格是进口价格的一半左右。以最常用的1吨叉车为例,国产电瓶叉车在8万元左右,欧洲整机进口电瓶叉车价格在17万元左右;国产柴油发动机的价格在7万元左右,如果配进口柴油发动机,价格要增加到10万元。

(2) 地面承载　有的物流中心地面承载能力有限,只能选用自重轻一些的叉车。一般情况下,吨位相同的内燃叉车比电瓶叉车轻。

标准生产厂房的楼面载荷一般为800 kg/m²,较难采用电瓶叉车进行作业;标准办公楼载荷为 200～500 kg/m², 如果由办公楼改装为仓库, 一般不要考虑使用叉车; 标准楼房仓库(俗称楼库)载荷一般为 1 500 kg/m², 可选自重比较轻的叉车, 以免动载太大损坏楼面。如果在地面上作业, 只要地面条件允许, 叉车的自重就不是问题了。

(3) 额定起重量　额定起重量是指规定载荷中心下的起重量, 要注意额定起重量与载荷中心曲线, 以保持叉车的稳定性。一般情况下, 要选择额定起重量大于单元货物的叉车。

(4) 工作时间　相对来说, 内燃叉车工作时间受能源的限制小, 电瓶叉车因蓄电池容量有限和充电时间长等原因, 更换电瓶或充电都比较费时费力。如果要求叉车连续工作时间超过 8 小时, 电瓶叉车需配备用电瓶。

(5) 工况　要求污染小的场合, 一般采用电瓶叉车, 车轮选实心的。空旷的堆场、条件恶劣的地方, 一般采用柴油叉车, 车轮选充气的。石化、制药、煤炭等行业大多有防爆的要求, 可选择防爆叉车。目前国产防爆叉车发展比较成熟, 2 t 柴油防爆叉车价格在 50 万元左右, 价格是进口叉车的 1/3～1/2。

(6) 提升高度　根据提升高度的要求, 可以选择 2 级门架和 3 级门架的叉车。提升高度超过 5 m 的, 一般采用高架叉车(堆高车、前移式叉车)。如果没有提升的要求, 只是平面搬运, 可选电动托盘搬运车。有垂直升降要求且近距离搬运的可选用电动升降手动行走式的(例如立体仓库出、入库口的输送机上托盘货物的叉取)。

(7) 托盘规格　四向进叉的欧标托盘可选托盘搬运车、插腿式叉车和平衡重式叉车, 而双向、双面托盘只能选择前移式叉车、平衡重式叉车。

(8) 叉车属具　叉车属具是货叉的延伸物, 主要是便于叉取特定形状的货物, 以提高工作效率。常见的叉车属具有叉套、桶夹、纸卷夹、纸箱夹、推拉器、侧移叉、多用托盘叉、倾翻叉架、前移叉、旋转器、旋转叉等, 还可以根据需要定做属具。

(9) 动力　叉车的常见能源有柴油、汽油、液化气、电等。由于技术和消费习惯等原因, 液化气叉车的应用不是很广泛。柴油、汽油叉车的关键在于发动机, 国产发动机质量至今不如欧美和日韩的; 电动叉车的关键在蓄电池, 国产的蓄电池与进口的相比还是有一些差距, 主要反映在充电次数、每次充电后使用的时间上。

(10) 通道宽度　通道宽度至少要满足叉车的转弯或叉取货物的要求。一般在叉车的产品样本上都有具体说明。

(11) 售后服务　任何机械产品都有可能出现故障, 需要维修, 因此售后服务十分重要。在售后服务方面要注意三点: 响应时间、备品备件供应、服务收费。有的叉车销售商主要不是靠销售整机赚钱, 而是靠售后服务获利; 有的厂家售后服务时, 要将差旅费计算在内, 对于这些情况都要事先掌握, 以免产生不必要的费用支出。

一些知名的叉车厂商能提供专门的软件, 利用该软件, 只要输入相应的参数, 就可以知道应选用哪种车型、需要多少辆、通道需要多宽、货架如何摆放等等。

3) 拣选车的选用

拣选车的选用与叉车差不多, 但需要注意以下两点。

(1) 是否配有车载终端。拣选车上可以配置射频标签、标签打印机、LED 显示屏、对讲机等辅助设备。可根据物流中心的信息化程度来选择不同的模式。

(2) 从地面拣选还是从货架上拣选。如果货物直接在地面堆放,选用一般的水平低层拣选车即可,如果从多层货架上拣选,则选用垂直拣选车。

四、搬运车辆使用中的安全问题

安全对于任何企业来说都是头等大事。在设备使用前一定要进行人员的操作培训和安全教育,做到持证上岗。

据资料显示,每年都会发生叉车因使用不当造成的伤亡事故。最严重的事故是翻车。有的司机驾驶时疏忽,从高处跌落,被叉车压伤。

站立式叉车急转弯也容易造成的事故。有的站立式叉车没有两翼护板,转弯时容易把司机甩出去,从而造成事故。

超重也是发生事故的重要原因。有的电梯按规定是不能进叉车的,如果叉车开进去就可能造成电梯钢丝绳断裂,甚至使电梯安全装置失效而导致事故。

在使用中要坚持安全驾驶。一般情况下,叉车司机连续工作 1 小时后宜休息 5～10 min。身体不适的司机一般不要驾驶。车辆要及时维修保养,禁止驾驶"带病"的车辆,特别是当刹车装置、喇叭等出现故障时,要停止使用。发动机或蓄电池过热时要停止使用,此时可掀开车盖散热,也可借助电风扇或空调降温。

叉车行走时,货叉应降低到离地面 15 cm 左右的高度。如果太低,遇到爬坡时货叉容易触到地面;如果太高,前方有人,易造成措手不及;万一碰撞到了人,货叉越低人越容易躲闪。

电动叉车的蓄电池充电要注意通风,由于充电时会产生大量的氢气,一定要保证充电区域空气的流通,以降低氢气的浓度。一般情况下,要设置专门的充电区域,并在充电时做好记录。

背景知识

"永恒力"平衡重叉车的应用

Viridor 废弃物管理公司是英国最大的市政垃圾填埋运营商之一,管理着位于苏格兰爱丁堡市东部的一个垃圾填埋场,该垃圾填埋场面积达 781 043.208 m²。该公司采用安全环保的方式每天处理着大量的生活垃圾——将腐败垃圾产生的甲烷气体收集起来,利用两台康明斯电力燃气发动机组发电,输出 3.5 MW 的电力,并直接销售给附近的水泥厂。

在该公司位于肯特郡的回收工厂里,生活垃圾(玻璃、纸张、纸板及塑料等)经过区分及进一步处理,成为原材料,经外部包装,由"永恒力"平衡叉车车队运往集装箱内。

叉车车队由"永恒力"内燃 VFG 系列叉车组成,其包括六种柴油车型,经过改装投入到具体应用中。改装过后的叉车节约了大量成本,同时也提高了工厂运营的安全性。

叉车的驾驶室及门架进行了调整,降低了高度,仅为 2.438 4 m,车身及装载皆可驶入集装箱中。在未使用"永恒力"叉车之前,公司所使用的叉车需要超过 2.743 2 m 的门架离地高度。这意味着公司只能将物料捆包运送到 2.895 6 m 高的集装箱内。这些捆包的尺寸只能进行回收物料的两层堆高,集装箱顶的很多空间都未能利用。

该公司将所使用的"永恒力"叉车门架调低,可将同等数目的物流包装入 2.590 8 m 高的集装箱内,有效利用了空间。该公司使用了更低一些的集装箱,节约了运输成本,每天可将近 70 个集装箱离开 Crayford 工厂,进一步节约了年度成本。

为了提高安全性,"永恒力"叉车安装了倒车摄像机系统。叉车倒车时,摄像机将一份车辆后方的清晰照片传到操作手驾驶室的屏幕上。在车辆堆放完货物从集装箱内退出时,这套系统便发挥了突出的作用——将其后方图像传递到驾驶室中,操作手无需再扭转身体来观察是否有障碍物。这种倒车录像机系统极大减少了操作手的疲劳,进而也使叉车的效率达到了最大。

由于工作强度大及室外环境条件严苛,Crayford 工厂要求使用的物料搬运设备具备高效、可靠等特点。"永恒力"叉车为操作手提供了全封闭的驾驶室,并采用了旋风式空气滤清器,阻隔了灰尘及工厂上产生的碎屑。空气滤清器可以阻隔气载颗粒进入发动机,从而将发电机停工时间降到最短。

"永恒力"VFG 系列叉车使用了静液压驱动,适用于高强度的物料搬运作业。另外,静液压驱动技术所需机械部件少,减少了叉车的维修需要,且更易于维护。

阅读并思考

1. 为适应 Viridor 废弃物管理公司的工作需求,"永恒力"系列叉车做出了哪些改进?

本章综合练习题

名词解释

搬运车辆　　自动导引搬运车

填空题

1. 叉车可按其动力装置不同，分为_____和_____；按其结构和用途不同分为_____、_____、_____、_____、_____及其他特种叉车等。
2. 叉车的动力装置可以分为_____和_____两大类。
3. 搬运车辆配置、选择的指标体系主要由五个部分所组成，即_____、_____、_____、_____和_____。
4. 合理选择搬运车辆时，一般考虑的使用条件有_____、_____、_____、_____和_____。

简答题

1. 搬运车辆按其作业方式如何分类？
2. 简要阐述各类叉车的应用场合。
3. 如何合理选用叉车？
4. 阐述自动导引小车的基本结构和工作原理。
5. 自动导引小车安全装置的作用是什么？

部分练习题参考答案

填空题

1. 内燃叉车　电瓶叉车　平衡重式　插腿式　前移式　侧叉式　跨车
2. 内燃机　蓄电池-电动机
3. 技术指标　经济指标　适应性指标　组织性指标　人机关系指标
4. 作业场合　作业性质　作业的配套性　搬运距离　搬运作业量

第十二章 储存设备的应用与管理

学习目的

通过本章的学习,应了解储存设备的分类,熟悉物流容器、托盘的标准化,熟悉仓储货物的集装单元化,了解货架的作用与分类,掌握储存设备的运用与管理。

第一节 储存设备概述

为了建设一个高效化、省力化和自动化的物流配送中心,除了有良好的软件系统之外,适用的硬件系统也是不可缺少的。储存设备形式种类很多,因储存物品形状、重量、体积、包装形式等特性的不同,其使用的储存方式也不相同。例如,流体使用桶装包装,适用重力货架;一般散品使用袋装或箱装包装,适用轻型货架;而长形物件如钢材、木材则适用悬臂式货架。

物流中心的储存设备,主要是以单元负载(unit load)的托盘储存方式为主。另外,配合各种拣货方式的需要,还有容器、单品等储存方式。每一类型因其设计结构不同,又可分为多种形式,如表12.1所示。

表12.1 物流中心常用储存设备

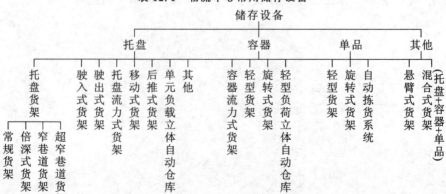

第二节　物流容器与物流容器的标准化

一、物流容器

物流容器或货箱是工厂、企业、商业等部门用来盛放小型物料,以供人工或机具搬运的常见器具。容器使用范围广,需用量大,广泛使用于车间内部的工序间或工序内,由人工或配以重力式输送机进行搬运,可单个储存于仓库货架上,也可堆码,用于工序间的临时储存,在商业上被广泛用于商品的周转、陈列、储存。

物流容器的结构应便于互相堆垛、折叠或相互套叠,以利于回空及堆码。图12.1(a)所示为折叠式物流箱,图12.1(b)所示为可相互套叠的斜插式套叠带盖物流箱。其中折叠式的物流箱折叠后的体积只有组合时体积的1/4,具有重量轻、占地少、组合方便等优点。斜插式带盖物流箱在空箱的时候由于具有可互相插入堆放的特点,可节约57%的堆放空间,特别是在空箱摆放、运输过程中可大大减少空间,节约成本。

可折叠周转箱

(a)折叠式物流箱

折叠示意

(b)斜插式套叠带盖物流箱

图12.1　物流容器

二、物流容器的种类

按容器的材质,物流容器可分为木材容器、塑料容器、金属容器等;按容器的适用范围和有无存放结构可分为通用容器和专用容器两种。

通用容器是指各种尺寸均符合包装容器尺寸系列,容器内没有特殊存放结构的箱形容器。专用容器是指在容器内设有保证存放物定位、不磕碰的特殊存放结构(固定或可拆装)的容器。专用容器又可按其存放结构方式分为以下几种:格板式——容器内部设有固定或拆装式格板,工件分格放置;架放式——容器内设有适应特定货物或工件搁放的支架;插放式——容器内设有特定孔板或插杆,以供工件插入定位;小车式——容器底部装有车轮,便于在台面或滑道上滚动。

三、物流容器的标准化

容器一般集装在通用平托盘或柱式托盘上,用机械搬运;也可将容器集装于专用手推车上,或直接使用输送机等运输设备进行搬运。因此,容器尺寸应成系列,且与托盘尺寸有关系。根据物流标准化的配合性原则,容器的长度和宽度尺寸应按物流集装模数确定。图12.2所示为基于物流集装模数的托盘尺寸与容器尺寸系列的配合关系。表12.2所示为某公司生产的物流箱的标准尺寸。

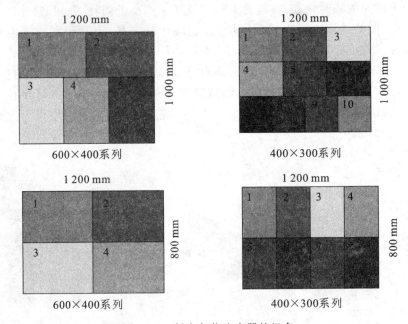

图12.2 托盘与物流容器的组合

表12.2 物流箱标准尺寸 (单位:mm)

代 号	规 格	
A	内空:250×150×123	外形:300×200×148
B	内空:350×250×123	外形:400×300×148
C	内空:350×250×123	外形:400×300×280
D	内空:500×350×255	外形:600×400×280
E	内空:950×550×325	外形:1 000×600×340
H	内空:500×350×123	外形:600×400×148

第三节　托盘与托盘标准化

一、托盘

托盘的作用是将货物按一定数量组合放置于一定形状的台面上（这种台面有供叉车从下部叉入并将其托起的叉入口），使其能被有效地装卸、运输、保管。以这种结构为基本结构的平台和在这种基本结构上形成的各种形式的集装器具均可称为托盘。

托盘是一种重要的集装器具，是在物流领域中适应装卸机械化而发展起来的一种常用集装器具，托盘的发展总是与叉车同步，在叉车与托盘的共同使用中形成的有效装卸系统大大地促进了装卸业务的发展，使装卸机械化水平得到大幅度提高，从而在一定程度上突破了长期以来在运输过程中的装卸瓶颈。所以，托盘的出现也有效地促进了全物流过程水平的提高。

托盘最初是在装卸领域出现并发展的。20世纪30年代，托盘首先在工业部门得到广泛应用。第二次世界大战期间，为解决大量军用物资的快速装卸问题，托盘的应用得到进一步发展。第二次世界大战后期，随着经济活动总量的增长，仓库发挥的作用越来越大，为提高仓库的出入库效率和仓库的库容量利用系数，实现仓储作业的机械化、自动化，托盘又成了一种储运工具。为消除货物转载时码盘、拆盘的重复而又繁重的体力劳动，各发达国家开始建立托盘交换、联营和共用租赁体系，使托盘从企业、港口、货场的使用发展到随车、随船运输，托盘从而又成为一种运输工具。一些国家还随货直接将托盘运至商店，陈列在柜台上售货，又使托盘发展成售货工具，即从托盘装卸——托盘储存——托盘运输——托盘销售，连贯发展成托盘物流。托盘不仅是仓储系统的辅助设备，而且是仓储货物集装单元化的必要条件。

二、托盘的种类

托盘的种类繁多，大致可以划分为五大类。

1. 平托盘

一般所说的托盘，主要指平托盘，平托盘是托盘中使用量最大的一种，可以说是托盘中之通用型托盘。平托盘又可进一步按三个条件分类。

1) 按台面分类

按承托货物台面分类，平托盘可分成单面形、单面使用形和双面使用形、翼形四种。

2) 按叉车叉入方式分类

按叉车叉入方式，平托盘可分为单向叉入型、双向叉入型、四向叉入型三种。

若平托盘为四向叉入型,叉车可从四个方向进叉,因而叉车操作较为灵活。单向叉入型只能从一个方向叉入,因而在叉车操作时较为困难。

图12.3分别为不同台面和叉入方式的平托盘。

图12.3　各种平托盘构造

3）按材料分类

按托盘所使用的材料,平托盘又可分为以下几种。

（1）木制平托盘　木制平托盘制造方便,便于维修,本体也较轻、是使用较广泛的平托盘。

（2）钢制平托盘　钢制平托盘为用角钢等异型钢材焊接制成的平托盘。钢制平托盘自身较重,比木制平托盘重,人力搬运较为困难。如采用轻钢结构,可制成最低重量为35 kg的1 100 mm×1 100 mm钢制平托盘,可使用人力搬移。钢制平托盘的最大特点是强度高,不易损坏和变形,维修工作量较小。将钢制平托盘制成翼形平托盘有较大优势,因这种托盘不但可使用叉车装卸,也可利用两翼套吊器具进行吊装作业。

（3）塑料制平托盘　采用塑料模制平托盘,一般采用双面使用形、两向叉入或四面叉入型三种形式,由于塑料强度有限,很少有翼形的平托盘。塑料制平托盘最主要的特点是本体重量轻,耐腐蚀性强,便于用各种颜色区分。托盘是整体结构,不存在被钉刺破货物的问题,但塑料承载能力不如钢、木制托盘。

（4）胶合板制平托盘　采用胶合板钉制台面的平板型台面托盘质量较轻,但承重力及耐久性较差。

2. 柱式托盘

柱式托盘的基本结构是托盘的四个角有固定式或可卸式的柱子,在此基础上,可将这种托盘从对角的柱子上端用横梁连接,使柱子构成门框型,如图12.4所示。

柱式托盘的柱子部分可分用钢材制成,按柱子固定与否分为柱式、可卸柱式、可套叠式、折叠式等。

柱式托盘的主要作用有两个,其一是防止托盘上所置货物在运输、装卸等过程中发生塌垛;其二是利用柱子支撑重量,可以将托盘上部货物悬空载堆,而不用担心压坏下部托盘上的货物。

3. 箱式托盘

箱式托盘的基本结构是沿托盘四个边有板式、栅式、网式等形式的栏板和下部平面组成的箱体,有些箱体有顶板,有些箱体上没有顶板,如图12.5所示。箱板有固定式、折叠式和可卸式三种。

由于四周栏板不同,箱式托盘又有各种叫法,如四周栏板为栅栏式的也称笼式托盘或集装笼。箱式托盘的主要特点有二:其一,防护能力强,可有效防止塌垛和货损;其二,由于四周装有护板护栏,这种托盘装运范围较大,不但能装运可码垛的整齐形状包装货物,也可装运各种形状不规则的散件。

4. 轮式托盘

轮式托盘如图12.6所示,其基本结构是在柱式、箱式托盘下部装有小型轮子。这种托盘不但具有一般柱式、箱式托盘的优点,而且可利用轮子做小距离运动,不需搬运机械就能实现搬运。可利用轮子做滚上滚下的装卸,也可在装放于车内、舱内后移动其位置,所以轮式托盘有很强的搬运性。此外,轮式托盘在生产物流系统中,还可以兼做作业车辆。

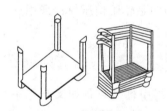
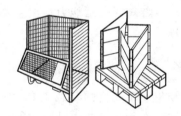

图12.4　柱式托盘　　　　图12.5　箱式托盘　　　　图12.6　轮式托盘

5. 特种专用托盘

上述四种托盘都带有一定通用性,适于装多种中、小件杂、散、包装货物。由于托盘制作简单、造价低,所以对于某些运输数量较大的货物,可按其特殊要求制造出装载效率高、装运方便的专用托盘。

1) 航空托盘

航空托盘指航空货运或行李托运用托盘,一般采用铝合金制造,为适应各种飞机货舱及舱门的限制,一般制成平托盘,托盘上所载物品以网罩固定。

2) 平板玻璃集装托盘

平板玻璃集装托盘又称平板玻璃集装架。这种托盘能支撑和固定平板玻璃,在装运时,将平板玻璃顺着运输方向放置,以保持托盘货载的稳定性。平板玻璃集装托盘有若干种,使用较多的是 L 型单面装放平板玻璃单面进叉式托盘,A 型双面装放平板玻璃,双向进叉托盘,吊叉结合式托盘及框架式双向进叉式托盘。

3) 油桶专用托盘

油桶专用托盘是专门装运标准油桶的异型平托盘,托盘为双面型,两个面皆有稳固油桶的波形表面或侧挡板,油桶卧放于托盘上面,由于波形槽或挡板的作用,不会发生滚动位移,还可几层盛垛,解决了桶形物难堆高码放的困难,也方便了储存。

4) 货架式托盘

货架式托盘是一种框架形托盘。其框架正面尺寸比平托盘稍宽,以保证托盘能放入架内;架的深度比托盘宽度窄,以保证托盘能搭放在架上。架子下部有四个支脚,形成叉车进叉的空间。将这种架式托盘叠高组合,便成了托盘货架,可将托盘载货送入内放置。这种架式托盘也是托盘货架的一种,是货架与托盘的一体物。

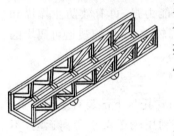

图 12.7 长尺寸物托盘

5) 长尺寸物托盘

长尺寸物托盘是专门用于装放长尺寸材料的托盘,将这种托盘叠高码放后便形成了组装式长尺寸货架,如图 12.7 所示。

6) 轮胎专用托盘

轮胎本身有一定的耐水、耐蚀性,因而在物流过程中无须密闭,且其本身很轻,装放于集装箱中不能充分发挥箱的载重能力。但主要问题是轮胎怕压、挤,采用这种托盘是一种很好的选择。

三、托盘的标准化

以托盘作为仓储货物集装单元化的装载工具,可始终用机械装备如叉车等来装卸、搬运、保管货物。在整个物流环节中,同一托盘可以连续使用,不需更换。但是如果托盘规格不统一,在各作业环节间不能通用与互换,势必因更换托盘而增加人力、时间与资金投入,造成不必要的麻烦与浪费。因此,要实行托盘标准化,必须做到托盘规格的统一。

由于世界各国使用托盘的历史不同,各国的托盘尺寸均有不同。为了达到国际联运的目的,托盘的尺寸规格应有国际统一标准,但目前还很难做到。根据 ISO 6780《联运通用平托盘重要尺寸及公差》规定,托盘现有四个系列。

1) 1200 系列(1 200 mm×800 mm 和 1 200 mm×1 000 mm)

1 200 mm×800 mm 托盘也称欧洲托盘,其应用范围最广;1 200 mm×1 000 mm 托盘多用于化学工业。

2) 1100 系列(1 100 mm×1 100 mm)

这个尺寸系列是根据发展较晚的国际集装箱最小内部宽度尺寸 2 330 mm 确

定的。

3) 1140 系列(1 140 mm×1 140 mm)

该系列是对 1100 系列的改进,改进的目的是为了充分利用集装箱内部空间。

4) 1219 系列(1 219 mm×1 016mm)(48 in×40 in)

这是考虑北美国家习惯以英寸为单位制定的系列。

我国于 1982 年制定了《联运平托盘外部尺寸系列》(GB 2934—1982)国家标准。将联运托盘即平托盘的平面尺寸定为 800 mm×1 200 mm、800 mm×1 000 mm 和 1 000 mm×1 200 mm 三种,如表 12.3 所示。

表 12.3 联运平托盘外部尺寸系列

代号	公称尺寸/(mm×mm)	长度公差/mm	宽度公差/mm	叉孔高度尺寸/mm	公差/mm	载重量/kg
TP1	800×1 000	±3	±3	使用托盘搬运车 100;使用叉车或其他机具 70	±6	1 000
TP2	800×1 200					
TP3	1 000×1 200					

第四节 仓储货物的集装单元化

一、集装

集装,简言之,就是以最有效地实行物资搬运作为基本条件,把若干物品和包装货物或者零散货物恰当地组合,达到适合于装卸搬运设备和机械操作的程度,这种对货物处理过程叫做集装。集装从包装角度来看,是一种按一定单元将杂散物品组合包装的形态,属于大型包装。

在多种类型的产品中,对小件杂散货物很难像对机床、构件等产品一样进行单件处理,由于其杂、散,且个体体积、重量都不大,所以,总是需要将其进行一定程度的组合,才能有利于销售,有利于物流,有利于使用。如箱、袋等都是杂散货物的组合状态。

杂散货物的组合方式,是随着科学技术的进步而发展起来的。在科学不太发达,起重、装卸机具没有得到普遍采用的时代,装卸工作完全要依靠人来完成。杂散货物的组合包装主要受两个因素的制约,一个因素是包装材料,包装材料强度和材料自重约束了包装体的大型化;另一个是人力装卸能力的限制,包装必须限制在人的最大体能范围之下。所以,那时的组合体,重量一般在 50 kg 以下。

集装是材料科学和装卸技术两个方面有了突破进展之后才出现的,是整个包装技术的一大进展。

二、仓储货物的集装单元化

仓储货物的集装单元化也称为托盘货物单元化,是通过码盘机械将包装货物、袋装货物、桶(瓶)装货物和捆装货物,按照一定的方式逐件(逐个)在托盘上码放而成的,如图12.8所示。

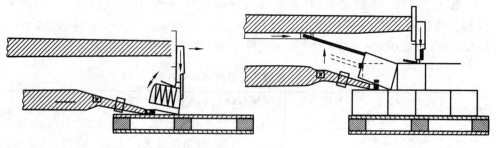

图 12.8　码盘机

码盘工作时要考虑托盘的面积和堆码货物的面积,要充分利用托盘面积并保证堆垛的稳定性。货物的单元的集装过程如图12.9所示。

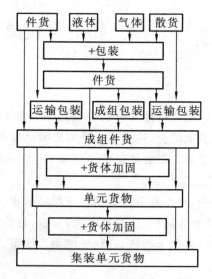

图 12.9　货物单元集装化流程

三、有托盘货体加固

有托盘货体的加固是保证货体稳固、防止塌垛的重要手段。常用的托盘货体紧固方法有捆扎、网罩加固、加框加固、夹摩擦材料加固、收缩或拉紧薄膜加固等方法,如图12.10所示。

第十二章 储存设备的应用与管理

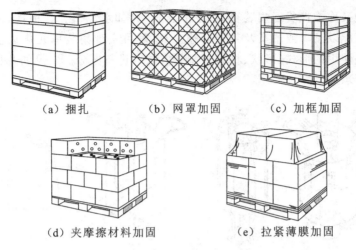

(a) 捆扎　　(b) 网罩加固　　(c) 加框加固

(d) 夹摩擦材料加固　　(e) 拉紧薄膜加固

图 12.10　常用托盘货体加固方法

常见的胶带加固设备如图 12.11 所示,该设备所用胶带的最大厚度为 200 μm,其工作效率为 150 托盘/h。工作时,货体放在转盘上,由电机驱动,胶带放在胶带架上,胶带架可以沿支柱上下运动。胶带架上带有独立驱动的两个拉伸滚筒,二者的转动速度构成一定关系,为胶带提供必要的拉伸力,并使胶带作用在货体上的力接近于零。

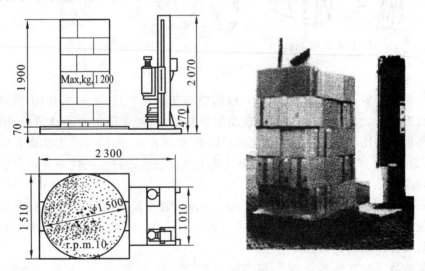

图 12.11　胶带加固设备

四、无托盘货物集装单元化

托盘货物的集装单元化的优点是可以用叉车完成货物的收发和运输,缺点是产生了码垛费用、空托盘返回费用和储存费用。为了克服这些缺点,有必要发展无托盘的货物集装单元化,如集装袋和与之配套的仓库。

集装袋又称柔性货运集装箱,适于散状货物,如水泥、化肥、粮食、饲料、砂糖、盐、纯碱等,配以叉车或吊车及其他运输工具,就可实现集装单元化运输。对集装袋一般可按使用的形式、形状、材料与制袋方法等进行区分。常见的几种集装袋如图 12.12 所示。

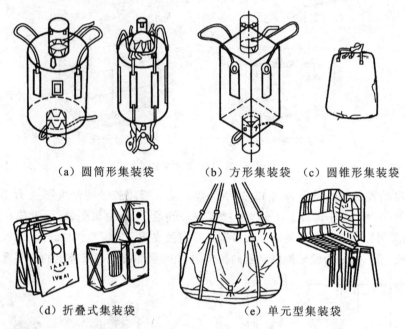

图 12.12　集装袋

集装袋一般可重复使用,其中尤以圆筒形集装袋使用得最广,如图 12.12(a)所示。近几年,由于方形集装袋有较高的装载效率,能保证运输的稳定性,同容量的方形集装袋比圆形集装袋的高度可以降低 20% 左右,所以方形集装袋发展非常迅速,如图 12.12(b)所示。圆锥形集装袋主要用来装载粒度比较小而排料困难的物料,如图 12.12(c)所示。

一次使用型集装袋多为圆形,其构造强度虽较重复使用型小得多,但足以保证一次使用的强度要求。在实际中往往不止使用一次,大多数可使用 5 次左右。它适于装载各种散状物料。

集装袋还有其他多种形式,但多属于专用性质,例如,图 12.12(d)所示是一种存放服装的折叠式集装袋;图 12.12(e)为单元型集装袋,它可集装各种袋装品,使之形成一个整体,再进行搬运,也可和托盘、集装箱等单元化器具配合,进行集装单元化运输。

集装袋的特点是结构简单、制造容易、不易破损、密封性能好、不易混入水分和杂质、重量轻、空回时可以折叠,所占空间很小。与传统的麻袋、纸袋搬运散装物料相比,集装袋可将装卸效率提高 2～4 倍。

第五节 仓储货架技术

一、货架的作用

货架泛指存放货物的架子。在仓库设备中,货架是指专门用于存放成件物品的保管设备。货架在仓库中占有非常重要的地位,随着现代工业的迅猛发展,物流量的大幅度增加,为实现仓库的现代化管理,改善仓库的功能,不仅要求货架数量多,而且要求其具有多功能,并能满足机械化、自动化要求。

货架在现代物流活动中起着相当重要的作用,仓库管理实现现代化,与货架的种类、功能有直接的关系。

货架的作用及功能表现在如下几方面。

(1) 货架是一种架式结构物,可充分利用仓库空间,提高仓库容利用率,扩大仓库储存能力。

(2) 存入货架中的货物互不挤压,物资损耗小,可完整保证物资本身的功能,减少货物的损失。

(3) 货架中的货物存取方便,便于清点及计量,可做到先进先出。

(4) 为保证储存货物的质量,可以采取防潮、防尘、防盗、防破坏等措施,以提高物资储存质量。

(5) 很多新型货架的结构及功能有利于实现仓库的机械化及自动化管理。

二、货架的分类方法

1) 按货架的发展分类

根据其发展,货架可分为以下两种:

(1) 传统式货架,包括层架、层格式货架、抽屉式货架、橱柜主货架、U形架、悬臂架、栅架、鞍架、气罐钢筒架、轮胎专用货架等;

(2) 新型货架,包括旋转式货架、移动式货架、装配式货架、调节式货架、托盘货架、进车式货架、高层货架、阁楼式货架、重力式货架、臂挂式货架等。

2) 按货架的适用性分类

根据其适用性,货架可分为通用货架和专用货架两种。

3) 按货架的制造材料分类

根据其制造材料,货架可分为钢货架、钢筋混凝土货架、钢与钢筋混凝土混合货架、木制货架、钢木合制货架等几种。

4) 按货架的封闭程度分类

根据其封闭程度的不同,货架可分为敞开式货架、半封闭货架、封闭式货架三种。

5）按结构特点分类

根据其结构特点,货架可分为层架、层格架、橱架、抽屉架、悬臂架、三脚架、栅型架等。

6）按货架的可动性分类

根据其可动性,货架可分为固定式货架、移动式货架、旋转式货架、组合货架、可调式货架、流动储存货架六种。

7）按货架的构造分类

根据其构造,货架可分为以下两种：

(1) 组合可拆卸式货架；

(2) 固定式货架,又分为单元式货架和贯通式货架。

8）按货架高度分类

根据其高度,货架可分为以下三种：

(1) 低层货架,高度在 5 m 以下；

(2) 中层货架,高度在 5～15 m；

(3) 高层货架,高度在 15 m 以上。

9）按货架重量分类

根据其重量,货架可分为以下三种：

(1) 重型货架,每层货架载重量在 500 kg 以上；

(2) 中型货架,每层货架（或搁板）载重量为 150～500 kg；

(3) 轻型货架,每层货架载重量在 150 kg 以下。

三、固定货架

1. 组合式货格货架

传统焊接货架是采用型钢焊接而成的,费工费料,且不易拆装。20 世纪 80 年代出现了各种组合式货架,这种货架美观经济、装拆方便,比相同规格的焊接式货架节约钢材,且能根据货物的大小随时调节尺寸,能适应仓储货物品种、规格、形式和大小的经常性变化,因而得到了快速发展。其基本构件是用薄壁钢板冲压或轧制而成的带孔立柱,再加上横梁、搁板和其他各种附件,就构成了组合式货格货架,如图 12.13 所示。

组合式货格货架的横梁与立柱的连接通过挂片或螺栓实现,挂片焊在横梁上且带有 2～3 个小钩,组装时将挂片的小钩挂到立柱的小孔中,如图 12.14 所示。

根据结构组成的不同,组合式货格货架又可分为搁板式、横梁式和牛腿式三种。搁板式货架储存的货物可以用尺寸大小统一的容器盛装,也可以以包装箱的形式直接放在搁板上,所用搁板可以是木板,也可是薄钢板,货物的上、下架作业均

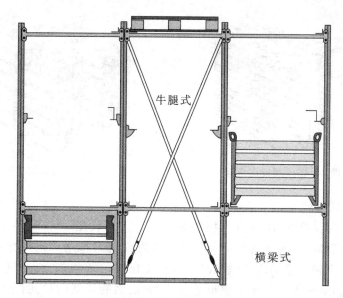

图 12.13　组合式货格货架

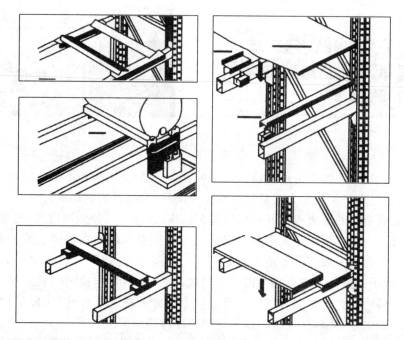

图 12.14　组合式货格货架的组装方式

由人工拣选完成,故也称为拣选式货架,如图 12.15 所示;与搁板式货架不同,横梁式货架上没有搁板,一般用来储存托盘单元货物,如图 12.16 所示;牛腿式货架也用于托盘单元货物的储存,但每个货格只能存放一个货物单元。

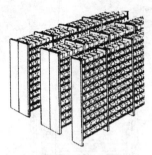
图 12.15 搁板式货架

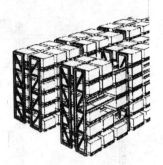
图 12.16 横梁式货架

2. 重力式货架

重力式货架(见图 12.17)的特点是每一个货格就是一个具有一定坡度的滑道。由叉车或堆垛机装入滑道的货物单元能够在重力作用下,自动地由入库端向出库端滑动,直到滑道的出库端或碰上滑道上已有的货物单元而停住为止。位于滑道出库端的第一个货物单元取走之后,在它后面的各货物单元便在重力作用下依次向出库端移动一个货位。

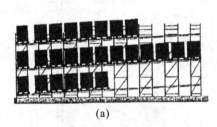
(a)

(b)

图 12.17 重力式货架

重力式货架的每个滑道只能存放一种货物,货物进入后始终处于流动状态,存取迅速,先进先出。故重力式货架适宜于少品种、大批量货物的储存。

重力式货架的滑道根据其滑动原理和结构的不同,可分为滚道式、气囊式和气膜式三种。为防止货物单元滑到出库端时与端挡或与前面货物产生冲击和碰撞,在滚道式滑道上一般每隔一定距离要安装一个限速器,以降低货物单元的滑行速度,从而减小碰撞时所产生的冲击力。同时,为保证出货作业的顺利完成,在出货端都设有停止器。气囊式和气膜式滑道则通过脉冲式充气和放气,使货物单元在滑道上时动时停,从而保证货物以平稳的速度滑到出库端。

对于滚道式重力货架,滑道坡度的大小是一个非常重要的参数,坡度的大小主要取决于货物单元底部的材质。对于木托盘,可取为 $3.0\%\sim3.5\%$,对于塑料托盘,可取为 $2.0\%\sim2.5\%$,对于钢质托盘,可取为 $1.5\%\sim2.0\%$。

重力式货架的优点是能充分利用仓库的面积,但滑道越长时,货架的下"死角"也越大,从而造成仓库的容积不能充分利用。由于重力式货架的进货端和出货端分别在不同的区域,对货架进行补货时不会影响货物的出货,所以在配送仓库的分拣区及工厂装配车间中应用广泛。重力式货架的出货及补货方式如图12.18所示。

3. 贯通式货架

采用货格货架,必须为作业机械安排工作巷道,因而会降低仓库单位面积的库容量。贯通式货架(见图12.19)两排货架之间无巷道,所有货架合并在一起,使同一层、同一列的货物互相贯通,托盘或货箱搁置于货架的牛腿上,叉车可直接进入货架每列存货通道内作业。这种货架比较适合于同类大批货物的储存。

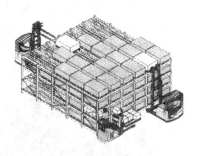
图12.18 重力式货架的出货及补货方式

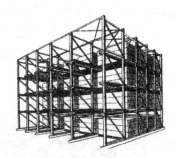
图12.19 贯通式货架

由于贯通式货架的巷道较窄,司机的视线较差,叉车进出巷道作业时容易与货架相碰而造成事故,因而产生了动力式贯通货架,如图12.20所示。在这种货架中,用链式输送机取代了传统贯通式货架的牛腿,货物放在链式输送机上,由输送机将货物从入库端送到货架的出库端,再由叉车在货架的出货端将货物取走。

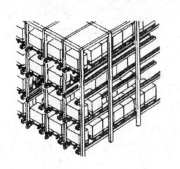
图12.20 动力式贯通货架

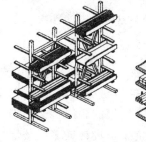
图12.21 悬臂式货架

4. 悬臂式货架

悬臂式货架(见图12.21)又称树枝形货架,由中间立柱向单侧或双侧伸出悬臂而形成。悬臂可以是固定的,也可以是可调节的,一般用于储存长料货物,如圆钢、型钢、木板和地毯等。此种货架可采用起重机起吊作业,也可采用侧面叉车或长料堆垛机作业。

5. 卫星小车式货架

卫星小车式货架也是一种贯通式货架，所不同的是在货架中还有一些能在各自通道内自行的小车。货架上的托盘放置在通道中两根水平轨道上，由穿梭小车在通道搬运货物，再由堆垛机或分配小车及升降机在通道口接过小车送出的货物（见图12.22、图12.23），从而沟通贯通式货架内处于不同层的存货通道之间及与出入库作业的联系。

通道内的穿梭小车可作为堆垛机或叉车及其他装卸搬运装置的卫星设备，故称为卫星小车，它加长了堆垛机或叉车货叉的作业深度和作业范围，在一条巷道的存取作业完成后，能由堆垛机或叉车转移到其他通道作业。采用卫星小车式货架时，所储存的货物可以是大批量少品种的货物，也可是中等批量多品种的货物，货物的存取可按先到先取或后到先取的原则进行，其最大处理能力可达240托盘/h。

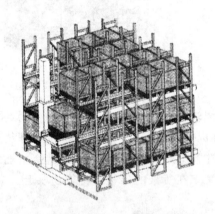
图12.22 堆垛机与卫星小车式货架

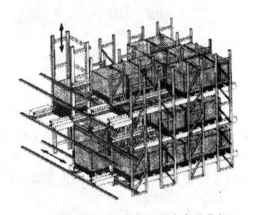
图12.23 分配小车与卫星小车式货架

6. 阁楼式货架

阁楼式货架（见图12.24）的特点是可充分利用仓储空间，适用于库房较高、货物较轻、人工存取且储货量大的情况，特别适用于现有旧仓库的技术改造，以提高仓库的空间利用率。货架的底层货架不但是保管物料的场所，而且是上层建筑承重梁的支撑（柱）。货架可设计成多层楼层（通常2~3层），配有楼梯、扶手和货物提升电梯等，适用于五金、汽配、电子元件等的分类储存。

7. 抽屉式货架

抽屉式货架内的货物储存在封闭的抽屉内，以分层保管，抽屉由薄钢板或木板制成，如图12.25所示。在仓库内，货架按列布置，抽屉可从货架中向巷道方向抽出。储存的货物一般是经过包装后放入抽屉的，其包装体积大小必须与抽屉容积相符。该货架具有防尘、防潮、避光等作用，用于贵重物品如刀具、量具、精密仪器、药品的存放。

·第十二章 储存设备的应用与管理·

图 12.24 阁楼式货架

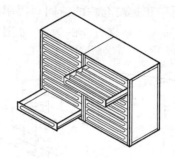

图 12.25 抽屉式货架

四、移动货架

1. 水平移动式货架

水平移动式货架的货架本体放置在轨道上,在底部设有行走轮或驱动装置,靠动力或人力驱动使货架沿轨道横向移动,如图 12.26 所示。因一组货架只需一条通道,大大减少了货架间的巷道数,所以在相同的空间内,移动式货架的储货能力要比货格式货架高得多。

在不进行出入库作业时,各货架之间没有通道相隔,排列紧密,货架全部封闭,并可全部锁住,可确保货物安全,同时又可防尘、防光。当进行存取货物时,使货架移动、相应的货架开启,成为人员或存取备的通道。

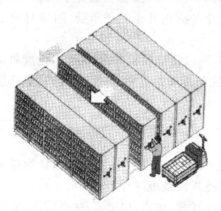

图 12.26 水平移动式货架

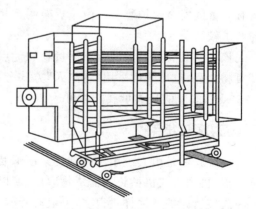

图 12.27 水平移动式货架的结构

为了减小运行阻力,移动货架一般采用钢轮支承,在钢轨上移动,如图 12.27 所示。对于载重较轻的或较矮的货架,可以采用人力驱动方式;对于载重较大的货架,必须采用动力驱动,并设置必要的安全保护装置。例如,在货架底部设缓冲停止器,使之一旦碰到障碍物,便可自动停止运动,避免挤伤滞留在通道内的拣货人员。

采用水平移动式货架,在存取作业时,需不断移动货架,所以存取货时间要比一般货架长,故水平移动式货架一般用于出入库作业频率很低的轻小货物的储存。

为近一步提高仓库的空间利用率,还可在这种货架上设置一个固定的拣货平台,并附加一个垂直方向的运动,如图12.28所示。

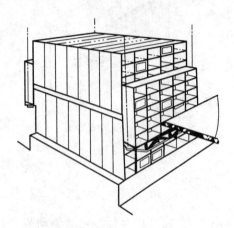

图12.28 有固定拣货平台的移动式货架

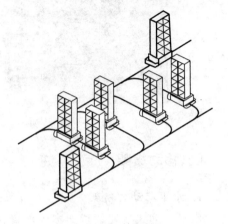

图12.29 自行式货架

2. 自行式货架

自行式货架不同于一般用于存放档案的人力驱动的水平移动货架,它是由轨道、底座和货架组成的。轨道安装于地面,每个货架的底座上有多个轮子,由电动机驱动沿轨道运行,如图12.29所示。

货架为通用货架,安装于底座上。整套装置可以手控、遥控或集中控制,并且具有完善的安全保护装置。由于货架的重量全都要由几个轮子承受,因而对轮子的要求较高。

该货架具有可灵活储存不同货物的优点,不仅适应包装货物,也适于托盘和长杆货物储存,也适于做采用"货到人"方式分拣的货架。目前其单元货物重量可达1 200 kg,底座的最大承载能力可达200 t。

五、旋转货架

传统仓库是由人或用机械到货架前取货,而旋转货架是将货架上的货物送到拣货点,再由人或机械将所需货物取出,所以拣货路线短,操作效率高。

旋转货架的货格样式很多,一般有货架式、盘式、槽式、提篮式、抽屉式等,如图12.30所示,可根据所存货物的种类、形状、大小、规格等的不同进行选择,货格可由硬纸板、塑料板、钢板制成。

旋转货架适用于以分拣为目的的小件物品的存取,尤其对于多品种的货物分拣更为方便。它占地面积小、储存密度大、易于管理。如采用计算机控制,可使操作员摆脱人工寻货的负担,避免看错、看丢的现象,提高分拣质量并缩短拣货时间。另外,由于拣货人员工作位置固定,故可按照人机工程的原理,设计操作人员的工作条件。这种货架的规模可大可小,企业可根据实际情况控制投资规模。

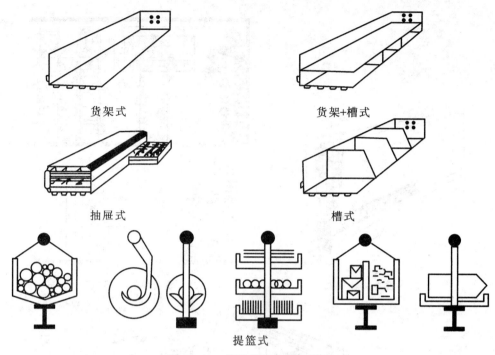

图 12.30 旋转货架的货格形式

旋转货架分为整体旋转式(整个货架是一个旋转整体)和分层旋转式(各层分设驱动装置,形成各自独立的旋转体系)两种,其中整体旋转式又分为垂直旋转式、水平旋转式两种。

1. 垂直旋转货架

这种货架本身是一台垂直提升机。提升机的两个分支上悬挂着成排的货格。根据操作命令,提升机可以正、反向回转,使需要拣取的货物停到拣选平台,如图 12.31 所示。

这种货架的高度一般为 2~3 m,为了利用空间也有高达 6 m 的。拣货平台可以是一个,也可设置多个;当高度有限制,而储存的货物种类较多,需要更多的货格时可采用图 12.32 所示的其他形式。

2. 水平旋转货架

水平旋转货架的原理与垂直旋转货架相似,只是货格在水平方向回转。各层货格同时回转的水平旋转货架称为整体水平旋转货架;各层可以独立地正、反向旋转的货架称为分层水平旋转货架。

整体水平旋转货架(见图 12.33)是由多个独立的货柜构成的,用一台链式输送机将这些货柜串联起来,每个货柜下方都有支承滚轮,上部都有导向滚轮。链式输送机运转时,带动货柜运动。需要拣取某种货物时,操作人员只需在控制台上给出指令,货柜便自动转到拣货点并停止,拣货人员就可从中拣选货物。

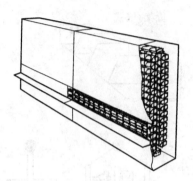

图 12.31 垂直旋转货架

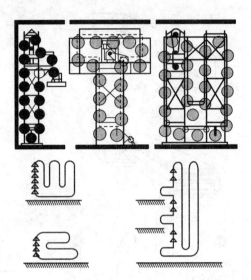

图 12.32 垂直旋转货架的其他形式

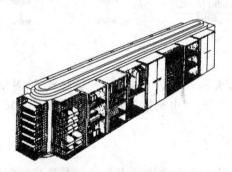

图 12.33 整体水平旋转货架

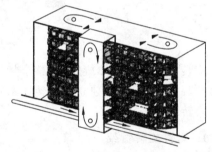

图 12.34 分层水平旋转货架

  分层水平旋转货架是由环状排列的货盘经多层重叠而成,如图 12.34 所示。每层的货盘都用链条串在一起,各层都有相应的轨道,由分设的驱动装置驱动,形成各自独立的旋转体系。这种货架可同时执行几个命令,效率高于整体水平旋转货架。

六、其他特殊货架

1. 24 小时塔

  由于 B2C 电子商务的快速发展,如今在德国有 63% 的人经常通过互联网订货,有 50% 的人每天都在互联网上购物,有 35% 的人希望能在 24 小时内收到所购货物。为了满足这种要求,德国多特蒙德大学物流研究所于 2002 年推出了分布式的 AS/RS 系统 24 小时塔。

24小时塔的推出较好地解决了"门到门"物流配送中的运输路线管理和运输成本控制问题,提高了配送效率,降低了配送成本,拉近了生产商与消费者之间的距离。整套系统由供货终端、环状货架、自动堆取装置、顾客身份认证系统组成,如图12.35所示。借助于这种分布式的AS/RS系统,顾客一通过互联网订货,生产商就将货物直接送到24小时塔,由塔内的计算机管理、控制系统通过堆垛机将货物送到确定的货位存放,不需要与顾客直接接触。顾客取货时,通过身份认证终端,就可取到自己所需要的货物。

图 12.35 24 小时塔

根据塔的规模大小,塔内有 200～600 个货位,货位深度方向可存两件货物,货物的重量一般为 50 kg。进货时,每小时可处理 300 件入库申请;出货时,每个出货申请的满足仅需 10～30 s,付款可通过电子货币进行。塔内设有温度控制装置,以对货物进行保鲜储存。

2. 自动货柜

自动货柜是集机电、信息和管理为一体的小型自动化仓库。它可充分利用仓库的高度空间,最大限度地优化储存管理,将它与其他外部自动化输送设备相连,就可形成一个高效、便捷的小型 AS/RS 系统。

自动货柜主要由货架、升降装置、信息控制系统和存取装置组成,如图 12.36 所示。

工作时,货柜内的升降装置缓慢下降复位并寻找基点,完毕后,操作终端显示待命信息。在用户输入命令信息(如存货、取货、查阅库存信息等)后,控制升降装置将货物送到经运算后所确定的货位,同时对货物的货位和货盘进行记忆,以备查询和取货。

3. 高速巷道小车货架

20 世纪 60 年代,世界上就出现了可以自装自卸的高层货架,如动力式贯通货架和穿梭小车式贯通货架等,较好解决了货架和货架作业机械的一体化问题。而高速巷道小车自动货架是德国乌尔姆大学于 2001 年 12 月份研制出来的一种用于仓库的高速装卸系统,这种货架的出现把自带动力货架的工作效率提高到了一个较高水平。

高速巷道小车货架是在同一条货架巷道的上方根据出入库频率的不同要求,在不同平面安装一台可以高速行驶和高速提升的自行式起重小车,小车通过四根

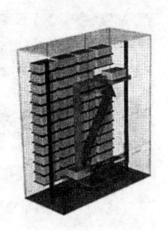

图 12.36　自动货架

钢丝绳与载货平台相连。进货时,小车开到出入库台的上方,由其他设备将货物放在载货平台上,然后由小车起升、运行将货物送入确定的货位;出货时过程则相反。与高架堆垛机相比,小车的自重轻,仅为 2 t,是高架堆垛机重量的 1/5,而且不需在巷道内敷设轨道。由于小车是通过钢丝绳与载货平台相连,在货架堆码层数继续增加时,只需改变钢丝绳的长度就可继续使用。因此,该设备具有极好的柔性,非常适合仓库扩容的要求。另外,由于巷道小车安装在不同的水平面,通过速度参数的优化,使每台小车的平均作业周期要优于高架堆垛机。

第六节　储存设备的选用与管理

储存设备选用设计步骤如图 12.37 所示。

物流配送中心储存商品种类多达数十万种,每种商品的发货量、储存方式、拣取单位和包装形式都不一样。为此,必须根据储存单位和拣取单位来区分商品,依据出入库量大小进行分类,以便选择适当的储存设备和提高作业效率。

在选择储存设备时,一般主要考虑经济性和效率及其他综合因素。

1) 物品特性

储存物品的外形、尺寸直接影响到货架规格的选择,物品重量关系到选择什么强度的货架,储存单位关系到用什么单位来储存。托盘、容器和单件物品所对应的货架类型是不同的。从发展的眼光看,储位数量应略有富余。这些数据通过储存系统分析才能得到。

2) 存取性

一般情况下,存取性与储存密度是矛盾的。储存密度大必然影响物品的存

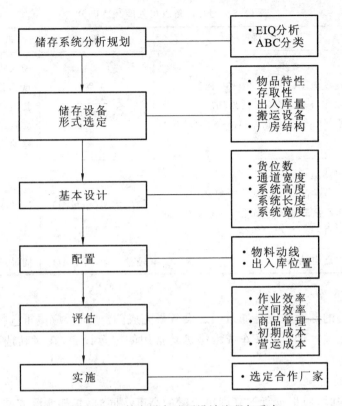

图 12.37 储存设备选用设计流程与重点

取性。有的货架形式有较高的储存密度,但储位管理较难,难以实现先进先出。自动化立体仓库可向高度发展,做到存取性和储存密度两者俱佳,但投资成本较高。为此,用户必须结合实际情况,优化选择。表 12.4 为储存设备选用考虑因素。

表 12.4 储存设备选用考虑因素

物品特性	存 取 性	出入库量	搬运设备	厂房结构
• 尺寸 • 重量 • 货位数 • 储存单位	• 储存密度 • 先进先出 • 货位管理	• 先进先出 • 存取频率 • 存取数量	• 配重式 • 跨立式 • 通道宽度 • 提升高度 • 提升重量 • 旋转半径	• 可用高度 • 梁柱位置 • 地板条件 • 防火设施

3)出入库量

出入库量是选择储存设备的重要指标,表 12.5 是各种储存设备出入库频率比较表。

表 12.5　储存设备以出入库频度区分

储存单位	高 频 度	中 频 度	低 频 度
托盘	托盘流动式货架(20～30托盘/h) 立体自动仓库(30托盘/h) 水平旋转自动仓库(10～60 s/单位)	托盘式货架 (10～15托盘/h)	驶入式货架(10托盘/h以下) 驶出式货架 推后式货架 移动式货架
容器	容器流动式货架 轻负载自动仓库(30～50箱/h) 水平旋转自动仓库(20～40 s/单位) 垂直旋转自动仓库(20～30 s/单位)	轻型货架(中量型)	托盘流动式货架
单品	单品自动拣取系统	轻型货架(轻量型)	抽屉式货架

4) 搬运设备

物流中心的储存作业是通过搬运设备来完成的。为此,应慎重选择搬运设备,以实现高效低成本运行。叉车或堆垛机是常用的搬运设备,在对其选型时必须考虑货架通道宽度。

5) 厂房结构

新建厂房时,应根据货架高度决定梁的高度。同时,货架实际安装条件对地板强度、地面平整度也有要求。此外,要考虑防火设施和照明设施等一系列问题。

背景知识

欧洲标准托盘简介

欧洲标准托盘采用实木或合成木材制成,对托盘的规格尺寸、承载能力、木材的种类、湿度、托盘钉的规格、外观都有统一规范的标准要求,符合 IPPC 及欧洲铁路联盟标准(UIC)规定。在托盘的几个部位和托盘钉头上都有特定的标识,每一批产品都必须通过瑞士通用公证行(SGS)的严格检验方能出厂。托盘在循环使用中,用户会按照统一的标准判定托盘是否需要维修或淘汰。统一的标准、严格控制的质量控制体系,保证了欧洲标准托盘在全世界范围内的安全使用和便捷顺畅的流通。

欧标托盘(欧洲标准托盘)的优势表现在如下几个方面。

(1) 商业价值　可重复使用的欧标托盘对欧美地区的进口商来说具有重大的商业价值,既可以直接转交给下一个客户继续使用,又可以与其他欧标托盘进行交换。

(2) 功能性　许多欧洲仓库和物流公司都具备自动搬运系统，只接受真正的、通过正式检验的欧标托盘。用其他托盘运送的货物到达这些公司时必须更换成欧标托盘，这就会造成巨大的成本和时间损失。而大部分高价值或危险品货物在欧洲通常都会由这些具有高端设备的公司处理。

(3) 低税率　根据欧盟制定的减少包装废弃物法令，欧盟国家对不可再利用的托盘征收很高的包装废物处理税，而欧标托盘无疑不在此列。

(4) 管理制度　在非营利性机构欧洲托盘协会的严格管理之下，欧标托盘的制造和维修在全世界都遵循统一标准，可确保长期、安全使用。

(5) 国际标准化组织认证　欧标托盘是获得国际标准化组织认证的六种托盘之一。

阅读并思考

1. 欧洲标准托盘有什么优势？
2. 欧洲标准托盘有哪几种规格？

本章综合练习题

名词解释

托盘　集装　集装单元化　货架

简答题

1. 物流中心的储存设备可分为哪几种形式？
2. 物流容器与托盘尺寸的系列配合关系是如何解决的？
3. 目前国内外常见的托盘可以划分为哪几类？
4. 如何实现无托盘的货物集装单元化？
5. 货架有哪些形式？货架的作用主要是什么？如何选择货架？
6. 什么是24小时塔？它的工作原理是什么？
7. 储存设备选用的一般步骤是什么？

第十三章 垂直提升机械的应用

学习目的

通过本章的学习,应了解垂直提升机械的作用和原理,了解载货电梯、液压升降机、板条式提升机、巷道式起重堆垛机、装卸堆垛机器人的类型与工作原理,熟悉垂直提升机械的运用与管理。

第一节 载货电梯

载货电梯一般由钢丝绳、链条和液压缸驱动,运送的对象是托盘货物、容器、件货或人。与起重机不同,电梯运送的货物是放在轿箱内,沿着垂直的(或倾斜的)、固定的导轨进行运输的,如图 13.1 所示。

钢丝绳牵引电梯的牵引绳的一端与轿箱相连,另一端与活动配重相连。轿箱和配重都在各自的导轨内行走。通过牵引绳的绕绳倍率,可使配重的行程变短,速度变低。

液压顶升电梯的轿箱的驱动采用多级油缸顶升,不需要活动配重,只能沿垂直方向运行。其特点是载重量大、运行平稳、停位精确,但提升距离有限。

倾斜式电梯的轿箱沿倾斜轨道运行。轿箱通过钢丝绳或链条牵引。轨道的坡度一般为 30°,多用在室外。只要电梯的载重能力和轿箱尺寸足够,搬运车辆也可单独或随同货物一起运送。载货电梯的载重能力可达 10 000 kg,速度一般在 0.3~4 m/s 之间;常用的载货电梯的载重量为 250~3 000 kg,其速度一般为 1 m/s。

为了保证电梯工作的安全,除需配备一般起重机常备的安全保护措施外,还必须在电梯的电器控制设备上增设钢丝绳断绳保护装置、轨道夹钳和缓冲装置等。

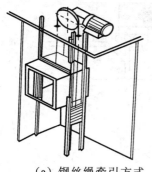 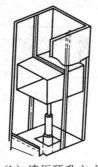 

(a) 钢丝绳牵引方式　　（b) 液压顶升方式　　（c) 倾斜式电梯

图 13.1　电梯

第二节　液压升降机

液压升降机是一种相对简单,且适应能力很强的起重机械。与其他起升设备相比,它速度低,能精确定位在各种高度,适合于不需要经常性提升货物的场所。按功能来分,液压升降机工作平台可分为起重平台及维修安装工作平台。最新的液压升降平台还装备有行走机构,可在轨道上行驶,在仓库中被广泛用做栋货设备。液压升降平台主要由载货平台、剪式支臂、液压油缸和电动油泵等组成,其升降由油缸驱动剪式支臂来完成,可在起升高度范围内的任意位置停止,将搬运人员和机械、货物一起运输,常用于楼层间的垂直运输、车辆的装卸、货架巷道内的储存或栋货作业。

液压升降机主要有单剪支臂液压机和双剪支臂液压机两种。单剪支臂液压机的起重能力为 500～10 000 kg,如图 13.2 所示;双剪支臂液压机又分为两种,一种的两个剪式支臂平行布置,另一种的两个剪式支臂垂直串联布置。平行布置的剪式支臂的液压机用于提升车辆或长大件货物,垂直布置的剪式支臂的液压机用在提升高度较大的场合。单剪支臂液压机的升降高度约为液压平台长度的 60%,双剪支臂液压机的升降高度是液压平台长度的 100%。电动油泵采用的是高压齿轮泵并带有超负荷保护装置。

图 13.2　单剪支臂液压升降机

维修安装工作平台一般用于设备的安装或维修。支臂一般为多层剪式支臂,如果配上多级伸缩油缸,其工作高度可达 25 m。液压升降机的工作方式如图 13.3 所示。

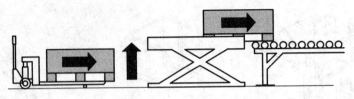

图 13.3　液压升降机的工作方式

第三节　板条式提升机

板条式提升机(见图 13.4)是在多层仓库内用于件货和托盘货物垂直运输的起重设备,其特点是占地面积小。板条式提升机是将若干根板条组成的载货台安装在四根无端链条上而形成,由板条组成的载货台具有足够的柔性,在链条运行过程中,可绕过链轮转向。提升过程中,载货台保持水平,回程时载货台由水平位置变成垂直位置,回程结束时,又恢复到水平位置,这样可减少提升机的占地面积。板条式提升机根据进货口和出货口的位置可分为 S 形的和 C 形的两种。S 形的进货口与出货口在不同方向,而 C 形的进货口与出货口在同一方向。C 形提升机的出货口和载货台的回程交叉,容易发生事故,而 S 形出货口的作业不受载货台回程的影响。

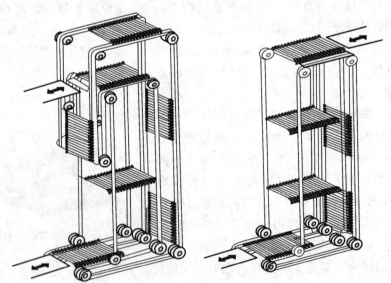

图 13.4　C 形和 S 形板条式提升机

板条式提升机工作时,每一个载货台运载一件货物。为了保证将货物准确地送到载货台上的规定位置,不发生货物跌落危险,一般在提升机入口处的前端装有光电管和限位开关,以进行自动控制。

板条式提升机的工作能力除与提升速度有关外,还取决于载货台的长度和提升货物的高度。提升机的提升速度大多在 1 m/s 之内,每小时能运送 3 000 件货物。

板条式提升机除了上面介绍的几种外,还包括图 13.5 所示的秋千式垂直提升机和图 13.6 所示的念珠式垂直提升机。秋千式垂直提升机不仅可解决垂直运输问题,还可解决水平运输问题;采用念珠式垂直提升机则可解决圆桶状货物的垂直提升问题。

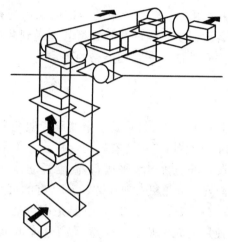

图 13.5　秋千式垂直提升机

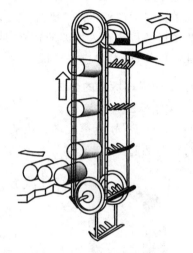

图 13.6　念珠式垂直提升机

第四节　巷道式堆垛机

早期的堆垛机是在桥式起重机的起重小车上悬挂一个门架(立柱)而形成的,其可利用货叉在立柱上的上下运动及立柱的旋转运动来搬运货物,通常称为桥式堆垛机。1960 年左右在美国出现了巷道式堆垛机。这种堆垛机利用地面的导轨上行走,可防止倾倒。其后,随着计算机控制技术和自动化立体仓库的发展,堆垛机的运用越来越广泛,技术性能越来越好,高度越来越大。目前,堆垛机的高度可以达到 40 m,事实上,如果不受仓库建筑和费用限制,堆垛机的高度可以不受限制。

立体仓库常用的巷道式堆垛机按有无导轨一般分为有轨巷道式堆垛机和无轨巷道式堆垛机两种;按结构形式可分为单立柱和双立柱堆垛机两种。此外,巷道式堆垛机按功能还可分为单元式堆垛机、拣选式堆垛机和拣选-单元混合式堆垛机。

(1) 单元式堆垛机,是对托盘(或货箱)单元进行入出库作业的堆垛机。

(2) 拣选式堆垛机,是由操作人员从货格内的托盘中存入(或取出)少量货物,进行出入库作业的堆垛机,其特点是没有货叉。

（3）拣选-单元混合式堆垛机具有单元式和拣选式堆垛机的综合功能。

一、巷道式堆垛机的用途和分类

巷道式起重堆垛机是立体仓库的主要存取作业机械，它是随着立体仓库的出现而发展起来的专用起重机械。

1. 巷道式堆垛机的用途

巷道式起重堆垛机的主要用途是在立体仓库高层货架的巷道内来回运行，将位于巷道口的货物存入货架的货格，或者取出货格内的货物并将其运送到巷道口。根据其使用特点，对巷道式堆垛机的结构和性能有一系列严格的要求。

2. 巷道式堆垛机的分类

1）有轨巷道式堆垛机

图 13.7 为有轨巷道式堆垛机的整机外观示意图，它是在中高层货架的窄巷道内进行作业的起重机，是自动化仓库的主要设备，又称为有轨堆垛机。它可沿着仓库内设置好的轨道水平运行，高度视立体仓库的高度而定。起重量一般在 2 t 以下，有的可达 4～5 t，高度一般在 10～25 m 之间，最高可达四十多米。使用有轨堆垛机可大大提高仓库的面积和空间利用率。

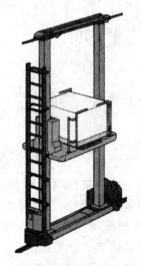

图 13.7 有轨巷道式堆垛机

2）无轨巷道式堆垛机

无轨巷道式堆垛机又称为三向堆垛叉车或高架叉车，其中高架叉车系列是为高货架而特别设计的叉车。它与有轨巷道式堆垛机的主要区别是，它可以自由地沿着不同的路径水平运行，不需要设置水平运行轨道。这种叉车的作业特点是可以沿三个方向——向前、向左及向右进行货物的存取操作。关于高架叉车的介绍参见装卸搬运机械相关内容。

二、巷道式堆垛机的基本构造

目前，在立体仓库中常用的堆垛机是有轨巷道式堆垛机，按具体结构可分为单立柱型巷道堆垛机和双立柱型巷道堆垛机。以单立柱型巷道堆垛机（见图 13.8）为例，它由运行机构、起升机构、装有存取货机构的载货台、机架（车身）和电气设备五个部分组成。

存取货装置是堆垛机的特殊工作机构，其取货部分的结构必须根据货物外形特点设计。最常见的是采用一副伸缩货叉，也可以是一块可伸缩的取货板，也可采

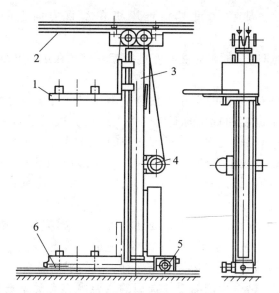

图 13.8 单立柱型巷道式堆垛机
1—载货台;2—上横梁;3—立柱;4—起升机构;5—运行机构;6—下横梁

用其他形式。伸缩货叉机构装在载货台上,载货台在辊轮的支撑下沿立柱上的导轨做垂直方向的运动,以实现货物的升降。

堆垛机的电气设备主要包括电力驱动、控制、检测和安全保护装置。在电力驱动方面多用交流电动机,如果对堆垛机的调速要求较高,则采用直流电动机。堆垛机的控制装置一般由可编程控制器、单片机、单板机和计算机等组成;控制装置的控制方式有手动、半自动和自动三种,其中自动控制方式包括机电控制和远距离控制两种。

堆垛机必须具有自动认址、货位虚实等检测及其他检测功能,其电力驱动系统要同时满足快速、平稳和准确三个方面的要求。

堆垛机的结构除需满足强度要求外,还要具备足够的刚性,并且需满足精度要求。为了保证人身及设备的安全,堆垛机除必须配备有完善的硬件及软件的安全保护措施外,还应根据实际需要,增设各种保护装置。

三、巷道式堆垛机的主要技术参数及选择

堆垛机的技术参数是表明堆垛机工作性能好坏的参数,一般包括质量参数、速度参数、尺寸参数等。

(1)载重量 载重量是指堆垛机能够装载的货物重量,一般为几十千克到几吨,其中载重量为 0.5 t 的堆垛机使用最广泛。

(2)运行速度 运行速度是指堆垛机在水平方向上的行驶速度,一般为 4~120 m/min。

(3) 起升速度　起升速度是指堆垛机在垂直方向上的提升速度,一般为 3~30 m/min。

(4) 货叉伸缩速度　货叉伸缩速度是指存取货叉在进行叉取作业时的水平伸缩速度。

(5) 尺寸参数　堆垛机的尺寸参数包括堆垛机的外廓尺寸(长、宽、高)、起升高度、最低货位极限高度和货叉的下挠度等。最低货位极限高度是指货叉在最低位置时其下表面到运行轨道安装水平面之间的垂直距离。堆垛机的货叉下挠度是指在额定起重量下,货叉上升到最大高度时,货叉最前端下弯的高度,这一参数反映了货叉抵抗变形的能力,它与货叉的材料、结构形式以及加工货叉的制造工艺等因素有关。

合理选择堆垛起重机的类型和主要使用性能参数,是正确使用堆垛起重机的重要前提条件,对提高装卸搬运的作业效率、充分发挥起重机械的有效功能、降低使用成本、提高经济效益、确保运行安全都有重要的现实意义。选型的基本要求是技术先进、经济合理、适合生产需要。选型的主要内容有类型选择、具体结构形式选择和技术性能参数选择、所需数量的确定、性能价格比评价、技术经济评估。在选型过程中应遵循的基本工作程序如图 13.9 所示。

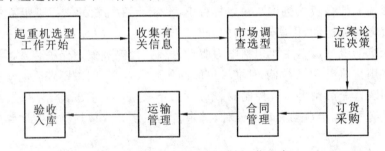

图 13.9　起重机选型的基本工作程序

第五节　装卸机器人

机器人是一种典型的机电一体化产品,在物流领域主要用于自动化仓库各输送装置之间的物料搬运,以及自动生产线各工序之间物料的搬运。

一、装卸机器人的用途和作业特点

1. 装卸堆垛机器人的用途

随着物流系统新技术的应用开发,装卸堆垛机器人得到了广泛应用。机器人在物流活动中主要用于完成以下作业。

(1) 搬运　被运送到仓库中的货物通过人工或机械化手段放到载货平台上

后,由具有智能系统的机器人将放在载货平台上的货物进行识别并分类,然后将货物搬运到指定的输送系统上。

(2) 堆垛和拣选 仓库中作业的机器人与典型加工制造工厂用的机器人有很大的不同,在加工制造工厂,机器人的动作是固定的,而仓库中的机器人的动作会因客户的要求不同而不同,因而仓库的机器人必须能够根据计算机控制系统发出的指令完成堆垛作业。同理,机器人还必须根据出库信息完成拣选作业。

2. 装卸机器人的作业特点

(1) 通用性 机器人的用途非常广泛,它除了可以进行搬运作业以外,还广泛应用于装配、焊接、探测等作业领域。

(2) 生产柔性 当生产环境发生变化时,如产品的品种和规格发生变化、生产工艺有了改进等,要求机器人实现新的操作,这时,只要对机器人软件系统进行改造即可,而硬件设备无须改变。

(3) 自动性 机器人完全依据其软件系统自动地进行一系列的动作,不需要人的参与,从而节省了劳动力。

(4) 准确性 机器人的各零部件的制作和安装都非常精确,同时机器人依据其软件系统进行工作,因而机器人的动作具有高度的精确性。

二、装卸机器人的类型

按照机器人的本体结构可将机器人分成以下五类。

1. 角坐标型机器人

角坐标型机器人(见图 13.10(a))具有三个互相垂直的移动轴线,其工作空间为一个长方体。其特点是结构简单、定位精度高,但占地面积大、工作范围小、灵活性差。

2. 圆柱坐标型机器人

圆柱坐标型机器人(见图 13.10(b))的水平臂能沿立柱上下移动和绕立柱转动,并能伸缩,作业空间为圆柱形。其特点是结构简单、占地面积小、操作范围较大、定位精度不高。

3. 球坐标型机器人

球坐标型机器人(见图 13.10(c))的手臂能上下俯仰、前后伸缩、绕立柱回转,其作业空间为一球体。其特点是作业灵活、作业范围大、结构复杂、定位精度不高。

4. 垂直多关节型机器人

垂直多关节型机器人(见图 13.10(d))由立柱、大小手臂和手爪组成,其中立柱与大臂间形成肩关节,大臂与小臂间形成肘关节,小臂与手爪间形成腕关节。其特点是动作灵活、工作范围大、占地面积小、通用性强、作业速度高。

5. 多关节型机器人

多关节型机器人(见图 13.10(e))除了具有垂直多关节机器人的特点以外,它的臂部和腕部均可绕垂直轴在水平面内旋转,末端工作部分可沿垂直轴上下移动。其特点是动作灵活、速度快、结构复杂、定位精度高。

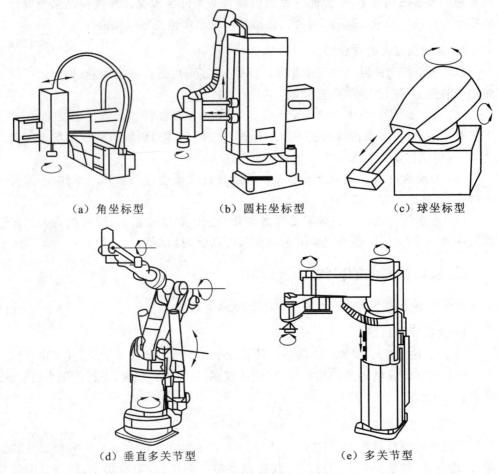

(a) 角坐标型　　(b) 圆柱坐标型　　(c) 球坐标型

(d) 垂直多关节型　　(e) 多关节型

图 13.10　机器人的五种常见类型

三、装卸机器人的结构组成

机器人主要由以下几部分组成。

1. 执行机构

执行机构的功能是抓取工件,并按照规定的运动速度、运动轨迹将工件送到指定的位置,然后放下工件。它由以下几部分组成。

(1) 手部　手部是机器人用来抓取工件或工具的部位,直接与工件或工具接触。有一些机器人将工具固定在手部,这样就无须安装手部了。

(2) 腕部　腕部是将手部和臂部连接在一起的部件。它的主要作用是调整手部的位置和姿态,并扩大臂部的活动范围。

(3) 臂部　臂部支撑手腕和手部,使手部的活动范围扩大。其中多关节机器人的臂部由大臂和小臂组成,二者由肘关节连接。

(4) 机身　机身又称立柱,是用于支撑臂部,安装驱动装置和其他装置的部件。

(5) 行走机构　行走机构是扩大机器人活动范围的机构,安装于机器人的机身下部,有多种结构形式,可以是轨道和车轮式,也可以是模仿人的双腿而成的。

(6) 头部　有一些机器人具有头部,用于安装视觉装置和天线。

2. 驱动系统

驱动系统是为机器人提供动力的装置。一般情况下,机器人的每一个关节设置一个驱动系统,它接受动作指令,准确控制关节的运动位置。

3. 控制系统

控制系统控制着机器人按照规定的程序运动,它可以记忆各种指令信息,同时按照指令信息向各个驱动系统发出指令。必要时,控制系统还可以对机器人进行监控,当机器人动作有误或者发生故障时会发出报警信号,同时还可以实现对机器人完成作业所需的外部设备的控制和管理。

4. 检测系统

检测系统主要是检测机器人执行系统的运动状态和位置,随时将执行系统的执行情况反馈给控制系统,并与设定的位置进行比较,然后通过控制系统进行调整,使执行系统以一定的精度达到设定的位置。

5. 人工智能系统

人工智能系统赋予机器人思维能力,包括学习、记忆、逻辑判断能力。

四、装卸机器人的主要技术参数

1. 抓取重量

抓取重量是指机器人在正常运行速度时所能抓取的重量。当机器人运行速度可调时,随着运行速度的增大,其所能抓取的工件的最大重量会减小。

2. 运动速度

运动速度与机器人的抓取重量、定位精度等参数有密切关系,同时也直接影响机器人的运动周期。目前机器人的最大运行速度在 1 500 mm/s 以下,最大回转速度在 120 mm/s 以下。

3. 自由度

自由度是指机器人的各个运动部件在三维空间坐标轴上所具有的独立运动的可能状态,每个可能状态为一个自由度。机器人的自由度越多,其动作越灵活,适应性越强,结构越复杂。一般情况下,机器人具有 3~5 个自由度即可满足使用要求。

4. 重复定位精度

重复定位精度是衡量机器人工作质量的一个重要指标,是指机器人的手部进行重复工作时能够放在同一位置的准确程度。它与机器人的位置控制方式、运动部件的制造精度、抓取重量和运动速度有密切的关系。

5. 程序编制与储存容量

程序编制与储存容量是指机器人的控制能力,用储存程序的字节数或程序指令数来表示。储存容量越大,机器人的适应性越强,通用性越好,从事复杂作业的能力越强。

背景知识

双货叉有轨巷道堆垛起重机的应用

有轨巷道堆垛起重机是自动化立体仓库最主要的作业机械,是随立体仓库的出现而发展起来的专用起重机(以下简称堆垛机),主要包括行走、升降和货叉三部分,通过三部分的协调工作完成货物在货架范围内的纵、竖和横向移动,实现货物的三维立体存取。堆垛机在国内烟草行业经过了从双立柱到单立柱、从链式提升到钢丝绳提升、从单伸到双伸的应用历程,走过了技术含量由低到高、设备类型由基本型到延伸型、设备功能由单一到复杂的路程。

下面以某卷烟厂易地技术改造项目中原料立体库的设计为例探讨双货叉堆垛机的应用问题。

一、工程概况

某卷烟厂易地技术改造项目,规划生产规模 100 万箱/年,并预留发展余地。工程占地 36 万余平方米,主要包括制丝工房、卷包工房、技术中心、办公楼等建筑。

制丝工房为主体两层建筑,原料立体库位于制丝工房端部,制丝生产线原料入口和主要设备在二层;根据场地条件,靠近原料立体库的物流道路标高与制丝工房二层平齐。所以,原料立体库的入、出库部分皆位于二层。

第十三章 垂直提升机械的应用

二、原料立体库设计条件

1. 建筑条件

根据建筑设计的需要,原料立体库(含入、出库区)的长度宜与制丝工房的宽度相同,为 114 m,高度宜与制丝工房相同,为梁下 19 m,原料立体库的宽度可根据自身设计需要调整增减。

2. 库容量条件

根据《卷烟厂设计规范》和目前生产运行的经验,库容量三天以上即能消除一般雨、雪天气对运输的影响,基本保证正常生产。这个库容量对于自动化立体库而言比较小。

3. 出入库流量条件

根据物流设计的一般优化原则,尽量避免不必要的货物搬动。若原料立体库的入库能力较小,不能与叉车卸货速度匹配,需用叉车先将烟叶包快速卸到地面,再用叉车单件入到原料立体库。采用这种做法时需经过两次搬运才完成卸车和入库,增加了不必要的工作量。所以,该库需要较大的入库能力,以解决一次搬运完成卸车入库问题。

三、方案设计

根据该原料立体库的设计条件和与制丝生产线的接口位置,货架区的长度和高度基本不可调整,所以库容量将随宽度即巷道数量的增减而增减,根据库容量的条件计算,宜为两个巷道。因为立体仓库将来很难扩充容量,根据总体规划预留发展余地的要求,宜适当增加库容量,目的有两个:对于近期而言,增加缓冲库存,提高安全性;对于远期而言,作为生产规模扩大的容量预留,并考虑到一台堆垛机出现故障时能保证出库,不影响制丝生产线的正常运行。所以,最后设计增加到三个巷道。

因为原料立体库的出库系统与自动化制丝生产线连接,出库流量相对稳定均衡,并且必须保证,所以该库的设计目标主要是在满足库存需求的情况下达到系统入库能力与运输、叉车卸货入库能力需求之间的平衡。根据设计计算,该库入库能力的瓶颈在于堆垛机。通过提高堆垛机行走、升降和伸叉的速度和加速度来提高整机能力效果不明显,因为堆垛机的速度和加速度已经比较高,继续提高会对安全性、故障率、噪声、机械性能等产生较大的负面影响。根据该卷烟厂的设计参数和汽车运输、叉车卸货能够接受的入库流量计算,如果采用单货叉堆垛机,需要五个巷道(为便于比较,采用同一厂家的单、双货叉堆垛机性能参数进行方案设计比较)。

可以看出,该库的出、入库流量与库容量之间存在较大矛盾。五个巷道的设计固然可行,但无疑会较大地增加投资。因为增加的不仅限于堆垛机的购买费用:增加堆垛机的台数就需要增加建筑面积,出、入库输送机的数量,以及货架、托盘等相关设施的数量,这样总投资就会增加很多。很明显,提高单台堆垛机的能力可以减少总投资,那么有没有更好的途径可用于提高单台堆垛机的能力呢?提高堆垛机能力的另一条途径是采用双货叉堆垛机,根据设计计算,如果采用双货叉堆垛机,仅三台即可达到五台单货叉堆垛机的出、入库能力。

为保证双货叉堆垛机的高效运行,需在储存货位的设计上保证相邻货位及货格的一致性。可在系统软件设计上通过设置优先级,进行算法优化,获得不同的存取优化策略,如采用先进先出、按批发货、均匀存放、分区存放,紧急优先出、入库。在保证储存期限的条件下,完成存二取二、存二取一、存一取二、单盘作业、就近存取,其中以存二取二策略优先,存二或取二以相邻两货位优先。在入库时最大可能保证一组(双货位)相邻货位存放相同原料(双货叉入),相邻组货位存放生产计划原料配方中不同原料(双货叉出),在只出库不入库的时间段,以不相邻货位双货叉出库为佳,以同时完成货位调整,为双货叉入库做好准备工作。

四、经济分析

采用双货叉堆垛机方案与采用单货叉堆垛机方案投资差额比较表如下。

项目	节约投资/万元
建筑面积减少 1 400 m^2	140
三台双货叉堆垛机代替五台单货叉堆垛机	186
输送机减少 22 台	25
货架减少 2 396 货位	62
托盘减少 2 396 个	62
合计	475

五、结论与讨论

(1) 双货叉堆垛机适用于库存量需求较小而出、入库能力需求较大的立体库系统,恰当地应用可以达到提高系统性能、降低系统投资的效果,具有良好的应用前景。

(2) 双货叉堆垛机单机能力计算比单货叉复杂得多,如单循环工况包括单存、单取、双存、双取,复合循环工况包括单存单取、单存双取、双存单取、双存双取,需综合计算和估算多种工况下其能力和概率,计算难度大、精度低。因为双货叉堆垛机远不如单货叉堆垛机应用广泛,所以针对该类堆垛机开发的计算机仿真软件市场较小,目前尚未有合适的仿真软件可用于帮助核对计算结果,有待投入使用后测试验证。

阅读并思考

1. 双货叉堆垛机与单货叉堆垛机相比较有何特点?

本章综合练习题

名词解释

垂直提升机械　　堆垛机

填空题

1. 液压升降机主要有_____和_____两种。
2. 板条式提升机根据进货口和出货口安排可分为_____和_____两种。
3. 堆垛机的技术参数是表明堆垛机工作性能好坏的参数,一般包括_____、_____和_____等。

简答题

1. 板条式提升机主要有哪两种？它们各自的特点是什么？
2. 巷道式堆垛机有几种类型？巷道式堆垛机的基本构造是什么？
3. 机器人的用途和作业特点是什么？
4. 如何对垂直提升机械进行选择和管理？
5. 堆垛机常用的安全保护措施有哪些？

部分练习题参考答案

填空题

1. 单剪支臂液压机　双剪支臂液压机
2. S形　C形
3. 质量参数　速度参数　尺寸参数

第十四章 分拣设备的分类及选型

学习目的

通过学习本章,应了解分拣设备的基本概念和作用,熟悉分拣设备系统的工作过程,了解分拣机械的主要类型,掌握分拣设备的选型原则。

第一节 分拣设备概述

在大型自动化仓库和配送中心中,分拣工作十分繁忙,为了实现大批量货物的高效率、少差错的拣选、分货、分放等作业,必须运用自动化程度较高的分拣设备。近年来,随着分拣技术的迅速发展,分拣系统的规模越来越大、分拣能力越来越高、应用范围越来越广,分拣设备已成为仓储设备中的重要设备。

分拣设备是完成仓库、配送中心拣选、分货、分放作业的现代化设备,是开展分拣、配送作业的强有力的技术保证。目前国内外出现的大容量的仓库和配送中心里,几乎都配备有自动分拣机。自动分拣机具有很高的分拣能力,能处理各种各样的货物。如日本福冈配送中心采用的灯光控制分拣系统,是一种较为先进的分拣系统,可对到达、中转、发送的货物进行灯光控制处理,分拣系统的处理量包括灯光控制系统及其他系统的处理量,一般日处理量为17 000个,冬夏旺季日处理量可达75 000个。分拣系统采用直线分拣机,方式为倾斜式托盘,分拣能力为8 160~10 880箱/h,分拣货物质量最大为50 kg,最小为0.1 kg。

实践表明,分拣设备具有劳动生产率高、自动化程度高、技术密集、分拣能力高等优点,它是现代仓库不可缺少的先进的设备,决定着仓库的作业能力和作业规模,反映着物流技术水平的高低。

根据分拣设备的作业性质,常把分拣设备分为拣选机械设备和分货机械设备两大类。

拣选机械设备主要包括拣选式叉车、拣选式升降机、拣选式巷道堆垛机等。使用回转货架,拣选货物单元重量一般在 100 kg 以下,拣选的生产率范围为 15~60 件/s,拣选的物品一般为 400~800 种,最高可达 2 000 多种。

现代仓库和配送中心的分货工作,大多由自动分拣机来完成。本章所介绍的分拣设备主要指的是自动分拣机。

分拣设备具有以下一些特点。

(1) 能连续、大批量地分拣货物。由于采用大生产中使用的流水线自动作业方式,自动分拣不受气候、时间、人的体力的限制,可以连续运行 100 h 以上,同时由于自动分拣设备单位时间分拣货物件数多,因此分拣能力是人工分拣系统的数倍。

(2) 分拣误差率很低。分拣误差率的大小主要取决于所输入分拣信息的准确性,分拣的准确程度又取决于分拣信息的输入机制。如果采用人工键盘或语音识别方式输入,则误差率在 3% 以上;如果采用条形码扫描输入,除非条形码的印刷本身有差错,否则不会出错。目前,分拣设备系统主要采用条形码技术来识别货物。

(3) 分拣基本实现了无人化。自动分拣设备系统能最大限度地减少人员的使用、减轻员工的劳动强度。分拣作业本身并不需要使用人员,能基本实现无人化作业。

第二节　分拣设备的基本构成与工作过程

一、分拣设备系统的构成

一个分拣设备系统主要由设定装置、控制装置、自动分拣装置、输送装置、分拣道口等五个部分构成。

1. 设定装置

设定装置的作用是在货物的外包装上贴上或打印上表明货物品种、规格、数量、货位、货主等的标签。根据标签上的代码,在货物入库时,可以确定货物入库的货位,在输送货物的分叉处,可以正确引导货物的流向;堆垛起重机可以按照代码把货物存入指定的货位。当货物出库时,标签可以引导货物流向指定的输送机的分支,以便集中发运。

设定装置所用标签代码的种类很多,在自动分拣机上可使用条形码、光学字符码、无线电射频码、音频码等。其中,条形码是国际通用码,应用极为广泛。

2. 控制装置

控制装置的作用是识别、接收和处理分拣信号,根据分拣信号的要求指示自动分拣装置对货物进行分拣。可通过磁头识别、光电识别和激光识别等多种方式将分拣信号输入到分拣控制系统中去,分拣控制系统对这些分拣信号进行判断并决定某一种商品该进入哪一个分拣道口。

3. 自动分拣装置

自动分拣装置的作用是根据控制装置传来的指令,对货物进行分拣,并把货物输送到按照货物的类型、尺寸、重量或按照货主等分类的输送机分支或倾斜滑道上去,完成货物的分拣输送。

一般的仓库或配送中心要在入库端、出库端、输送机分叉处设置若干个自动分拣机,引导货物的正确流向。

小型仓库或配送中心也可利用输送机进行分拣,由输送机连续输送货物,在输送机的有关位置设立分拣工位,配备分拣人员,根据标签、编号、色标等分拣标志进行分拣,并放入到边上的简易传递带或小车上。

4. 输送装置

输送装置的主要组成部分是传送带或输送机,其主要作用是将待分拣商品送至控制装置和分拣装置。在输送装置的两侧,一般要连接若干分拣道口,使分好类的货物滑下主输送机,以便进行后续作业。

大型仓库或配送中心设置的大型分拣输送机可以快速把货物分送到数十条输送分支上去,完成众多货主的配货工作,是配货发送场的主机。

5. 分拣道口

分拣道口是已分拣货物脱离主输送机(或主传送带)进入集货区域的通道。一般由钢带、皮带、滚筒等组成滑道,使商品从主输送装置滑向集货站台,工作人员在集货站台将该道口的所有货物集中后,或入库储存,或组配装车并进行配送作业。

以上五部分装置通过计算机网络连接在一起,配合人工控制及相应的人工处理环节,构成一个完整的自动分拣系统。

二、分拣设备系统的工作过程

自动分拣机一般由接受分拣指令的控制装置、把到达分拣位置的货物取出的搬运装置、在分拣位置把货物分送出去的分支装置和在分拣位置存放货物的暂存装置等组成。

分拣作业用的拣选机利用电子计算机,可在其显示盘上显示要求拣选货物的品种、数量、层数,分拣人员根据显示盘的指令,便可把拣选机升或降到指定位置,直接进行拣选作业。若采用的是回转货架,则在拣选过程中,计算机根据指令让货架回转,回转货架把下一个要拣选的货格回转到拣选位置,拣选完一种货物之后,只要按一下电钮,拣选机就上升或下降到下一个需要拣选的货架前,实现连续拣选。

各种分拣机分拣的程序基本相同。货物到达分拣点以前,先要经过输送、信号设定、合流、主传送带等工作过程。到达分拣点时,发出指令把货物传送到分拣机,由分拣机将货物分拣到指定的滑道。

为了把货物按要求分拣出来,并送到指定地点,一般需要对分拣过程进行控制。通常是把分拣的指示信息储存在货物或分拣机上。当货物到达时,分拣机将其识别并挑出,再开动分支装置,让其分流。控制方式分为外部记忆和内部记忆两种方式。外部记忆是把分拣指示标贴在分拣货物上,工作时用识别装置将其区分,然后进行相应的操作。内部记忆是在自动分拣机的货物入口处设置控制盘,操作者在货物上输入分拣指示信息,当货物到达分拣位置时,分拣机接收到信息,开启分支装置。

在设计分拣系统时,需要考虑的一个重要因素是控制方式的选择,它对分拣系统的分拣能力和成本有很大的影响。目前比较常用的分拣控制技术是扫描识别技术:在货场的固定位置上贴上某种标识,货物到达分拣位置时,用扫描仪对标识进行扫描识别,然后按预先设定的程序运行,将货物按指定路线运送到指定的滑道滑下,完成分拣作业。

采用自动分拣机使分拣设备系统的分拣处理能力大大提高,其分类数量更大,准确率更高。

第三节 分拣设备的主要类型

自动分拣机种类很多,分类方法也不尽相同,按其用途、性能、结构和工作原理,一般分为带式、托盘式、浮出式、悬挂式、滚柱式等多种类型。

一、带式分拣机

带式分拣机是利用输送带载运货物完成分拣工作的机械设备,按输送带的设置形式分为平带式分拣机和斜带式分拣机两种;按输送带的材料,又可分为胶带式分拣机和钢带式分拣机两种。如图14.1所示的是平钢带分拣机工作简图。

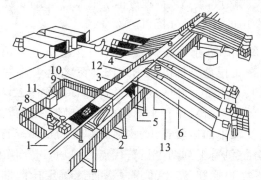

图 14.1 平钢带分拣机工作简图

1—编码带;2—缓冲储存器;3—平钢带;4—导向接板;5—过渡板;6—滑槽;7—编码键盘;8—监视器;9—货物检验器;10—消磁、充磁装置;11—控制柜;12—信息读出装置;13—满量检出器

平钢带分拣机分拣过程如下。

分拣人员阅读编码带上的货物地址，在编码键盘上按相应的地址键，携带有地址代码信息的货物即被输送至缓冲储存带上排队等待。

当控制柜中的计算机发出上货信号时，货物即进入平钢带分拣机。其前沿挡住货物探测器时，探测器发出货到信号，计算机控制紧靠探测器的消磁、充磁装置，首先对钢带上的遗留信息进行消磁，再将该货物的地址代码信息以磁编码的形式记录在紧挨货物前沿的钢带上，成为自携地址信息，从而保持和货物同步运动的关系。

在分拣机每一个小格滑槽的前面都设置了一个磁编码信息读出装置，用来阅读和货物同步运行的磁编码信息。当所读信息就是该格口滑槽代码时，计算机就控制导向挡板，快速地运动到钢带上方，导向挡板和钢带运动方向呈35°左右的夹角，可以顺利地将货物导入滑槽，完成分拣任务。

平钢带分拣机的适用范围较大，除了易碎、超薄货物及木箱外，其余货物都能分拣，最大分拣重量可达70 kg，最小分拣重量为1 kg，最大分拣尺寸为1 500 mm×900 mm×900 mm，最小分拣尺寸为50 mm×150 mm×50 mm，分拣速度可达5 000箱/h，甚至更高。该分拣机的主要优点是强度高、耐用性好、可靠性程度高；缺点是设置较多的分拣滑道较困难、系统平面布局较困难，另外其对货物的冲击较大、运行费用较高、价格较高。

斜带分拣机的最大优点是利用重力卸载，因而卸载机构比较简单，同时可设置较多的分拣滑道。

二、托盘式分拣机

托盘式分拣机使用十分广泛，它主要由托盘小车、驱动装置、牵引装置等构成。其中，托盘小车形式多种多样，有平托盘小车、V形托盘小车、交叉带式托盘小车等。传统的平托盘小车、V形托盘小车利用盘面倾翻、重力卸落货物，结构简单，但存在着上货位置不准、卸货时间过长的缺点，会造成高速分拣时不稳定及格口宽度尺寸过大等问题。

以下介绍几类常用的托盘式分拣机。

1. 交叉带式托盘分拣机

图14.2是交叉带式托盘分拣机的示意图。交叉带式托盘分拣机的特点是取消了传统的盘面倾翻、利用重力卸落货物的结构，而在车体上设置了一条可以双向运转的短传送带（称为交叉带），用它来承接由上货机送来的货物，由链牵引运行到相应的格口，再通过交叉带的运转，将货物强制卸落到左侧或右侧的格口中。

交叉带式托盘分拣机有下列两个显著优点。

（1）能够按照货物的质量、尺寸、位置等参数来确定托盘带承接货物的启动时间、运转速度的大小和变化规律，从而摆脱了货物质量、尺寸、摩擦系数的影响，能准确地将各种规格的货物承接到托盘中部位置。这样一来，就扩大了上机货物的规格范围，在业务量不大的中小型配送中心，可按不同的时间段落，处理多种货物，

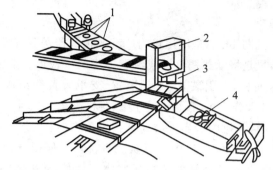

图 14.2　带式托盘分拣机示意图

1—上货机；2—激光扫描器；3—带式托盘；4—格口

从而可节省设备的数量和场地。

（2）卸落货物时，同样可以根据货物质量、尺寸及在托盘带上的位置来确定托盘的启动时间、运转速度，可以快速、准确、可靠地卸落货物，能够有效地提高分拣速度、缩小格口宽度，从而缩小机器尺寸，实现较好的经济效益。

托盘分拣机的适用范围比较广泛，它对货物形状没有严格限制，箱类、袋类，甚至超薄形的货物都能分拣，分拣速度可达 10 000 件/h。

2. 翻盘式分拣机

翻盘式分拣机（见图 14.3）是在一条沿分拣机全长的封闭环形导轨中设置一条驱动链条，并在驱动链条上安装一系列载货托盘而构成的，其工作原理为：将分拣物放在载货托盘上进行输送，当输送到预定分拣出口时，倾翻机构使托盘向左或向右倾斜，使分拣物滑落到侧面的溜槽中，从而达到分拣的目的。

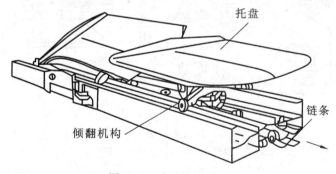

图 14.3　翻盘式分拣机

翻盘式分拣机各托盘之间的间隔很小，而且可以向左、右两个方向倾翻，所以这种分拣机可设有很多分拣口。由于驱动链条可以向上下和左右两个方向弯曲，因此，这种分拣机可以在各个楼层之间沿空间封闭曲线布置，总体布置方便灵活；分拣物的最大尺寸和质量受托盘的限制，但对分拣物的形状、包装材质等的适应性好，适用于要求在短时间内大量分拣小型物品的系统。

3. 翻板式分拣机

翻板式分拣机(见图 14.4)是用途较为广泛的板式传送分拣设备,其结构与翻盘式分拣机基本相似,只是将承载托盘做成没有边缘的平板形。翻板分拣机由一系列相互连接的翻板、导向杆、牵引装置、驱动装置、支承装置等组成,其工作原理如图 14.5 所示。当货物进入分拣机时,由光电传感器检测出其尺寸,连同分拣人员键入的地址信息一并输入计算机中。当货物到达指定格口时,符合货物尺寸的翻板即受控倾翻,驱使货物滑入相应的格口中。每块翻板都可由倾翻导轨控制向两侧倾翻。每次有几块翻板翻转,取决于货物的长短。货物翻落时,翻板依序翻转,可使货物顺利地进入滑道,这样就能够充分利用分拣机的长度尺寸,从而提高分拣效率。

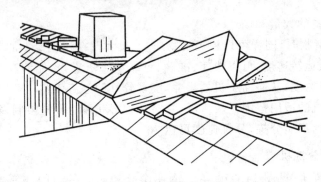

图 14.4 翻板式分拣机

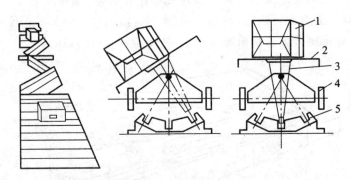

图 14.5 翻板式分拣机工作原理
1—货物;2—翻板;3—导向杆;4—链条走轮;5—导轨

翻板分拣机的适用范围大,可分拣箱类、袋类等货物。这种分拣机打破了托盘之间的界线,增强了对于大型分拣物的适用性,它的分拣速度可达 5 400 箱/h。但该分拣机分拣席位较少,只能直线运行,且占用场地较长,控制较复杂。

4. 翼盘式分拣机

翼盘式分拣机,如图 14.6 所示,其托盘由像鸟翼一样的两块板组成,中间由铰链连接。平时翼盘呈 V 字形,将被分拣物承载其中。分拣时,两块翼板分别向左、

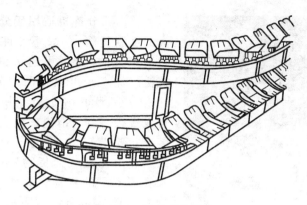

图 14.6 翼盘式分拣机

右翻转,使分拣物落入溜槽。这种分拣机可用于分拣易滚动的圆柱形物品。

5. 三维翻转式翻盘分拣机

三维翻转式翻盘分拣机(见图 14.7)与普通翻盘式分拣机的区别在于其倾翻机构比较特殊,它能使托盘在倾翻的同时还沿垂直轴旋转 90°,使其中的长形分拣物沿其长度方向滑入溜槽,这样可以减少分拣口开口尺寸,增加分拣口的数目。采用这种翻转方式还能使分拣物下落的速度减慢,从而减少对分拣物的冲击。

图 14.7 三维翻转式翻盘分拣机

三、浮出式分拣机

浮出式分拣机(见图 14.8)是把货物从主输送机上托起,从而将货物引导出主输送机的分拣机。根据其结构,可以分为滚轮浮出式分拣机和皮带浮出式分拣机两种。

滚轮浮出式分拣机主要由两排旋转的滚轮组成,滚轮设置在传动带下面,每排由 8~10 个滚轮组成。滚轮接收到分拣信号后立即跳起,使两排滚轮的表面高出主传送带 10 mm,并根据信号要求向某侧倾斜,使原来保持直线运动的货物在一瞬间转向,实现分拣。滚轮的排数也可为单排,设计时主要根据被分拣货物的重量来决定是采用单排还是双排。

浮出式分拣机分拣滑道多,输送带长,一般有 5 条左右的上料输送带。主传送带的速度为 100~120 m/min,比输送带的速度要快得多。

图 14.8　滚轮浮出式分拣机

浮出式分拣机适用于分拣包装质量较高的纸制货箱,一般不允许在纸箱上使用包装带,分拣速度可达 7 500 箱/h。该分拣机的优点是可以在两侧分拣,对货物的冲击力小,噪声和运行费用低,耗电少,并可设置较多分拣滑道。但它对分拣货物包装形状要求较高,只适合分拣底部平坦的纸箱和用托盘装的货物,不能分拣很尖的和底部不平的货物。此外,还不能分拣重物或轻薄货物,同时也不适用于木箱、软性包装货物的分拣。

四、悬挂式分拣机

悬挂式分拣机是用牵引链(或钢丝绳)做牵引件的分拣设备,用于分拣、输送货物,它只有主输送线路,吊具和牵引链是连接在一起的,如图 14.9 所示。悬挂式分拣机主要由吊挂小车、输送轨道、驱动装置、张紧装置、编码装置、夹钳等组成。分拣时,货物吊夹在吊挂小车的夹钳中,通过编码装置控制,由夹钳释放机构将货物卸落到指定的搬运小车上或分拣滑道上。

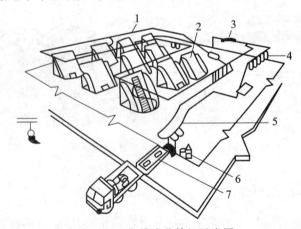

图 14.9　悬挂式分拣机示意图
1—吊挂小车;2—格口;3—张紧装置;4—货物;5—输送轨道;6—编码台;7—传送带

悬挂式分拣机可悬挂在空中,利用空间进行作业,适合于分拣箱类、袋类货物,对包装物形状要求不高,分拣货物重量大,一般可达 100 kg 以上,但该机需要专用场地。

五、横向推出式辊道分拣机

横向推出式辊道分拣机(见图 14.10)又称推块式分拣机,它以辊道输送机为主构成,在分拣口处的辊子间隙之间,安装有一系列由链条拖动的细长导板(推块),平时导板位于辊道侧面排成直线,不影响分拣物的运行。在分拣时,导板沿辊道间隙移动,逐步将分拣物推向侧面,进入分拣岔道。推块式分拣机呈直线布置,结构紧凑、可靠、耐用,使用成本低,操作安全,可以单、双侧布置。这种分拣机动作比较柔和,适用于分拣易翻倒或易碎的物品。

图 14.10　横向推出式辊道分拣机

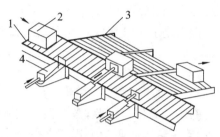

图 14.11　辊道式分拣机局部段落示意图
1—辊道;2—货物;3—支线辊道;4—推送器

该分拣机的横向推出装置也可以采用气缸推出式或摇臂推出式。气缸推出式辊道分拣机的每组辊子(一般由 3~4 个辊子组成,与货物宽度或长度相当)各自具有独立的动力,可以根据货物的存放和分路要求,由计算机控制各组辊子的转动或停止。在货物输送过程中需要积放、分路的位置均设置了光电传感器,以进行检测。如图 14.11 所示,当货物输送到需分路的位置时,光电传感器给出检测信号,由计算机分析,控制货物下面的那组辊子,使之停止转动,并控制气缸推送器动作,将货物横向推入相应路向的支线,实现货物的分拣工作。

第四节　分拣设备的选型原则

现代化分拣设备是仓库、配送中心的重要生产工具,正确选用和合理使用分拣设备,不仅能提高货物分拣效率和整个配送系统自动化程度,而且也是实现物流现代化和社会化的重要手段之一。因此,在选用分拣设备时,要根据仓库、配送中心的分拣方式、使用目的、作业条件、货物类别、周围环境等条件慎重地决策。一般来说,应考虑以下几个原则。

1)设备的先进合理性

在当前高新技术不断发展的条件下,设备先进性是选用时必须考虑的因素之一,只有采用先进的分拣设备,才能很好地完成现代配送作业,若使用不久就需要更新换代,则很难建立起行之有效的配送作业体制。因此,在选用分拣设备时,要尽量选用能代表该类设备发展方向的机型。同时,设备的先进性是相对的,选用先进设备不能脱离国内外实际和自身的现实条件,应根据实际条件,具体问题具体分析,选用有效、能满足用户要求的设备。实际上,选用分拣设备就是选用那些已被实践证明技术成熟、技术规格和指标明确,并能在性能上满足要求的分拣设备。

2) 经济实用性

选用的分拣设备应具有操作和维修方便、安全可靠、能耗小、噪声低、能保证人身健康及货物安全,以及所需投资少、运转费用低等优点。只有这样,才能节省各种费用,做到少花钱、多办事,提高经济效益。

3) 兼顾上机率和设备技术经济性

上机率是上机分拣的货物数量与该种货物总量之比。追求高的上机率,必然要求上机分拣的货物的尺寸、质量、形体等参数尽量放宽,这将导致设备的复杂化程度、技术难度及制造成本增加,可靠性降低。反之,上机率过低,必将影响设备的使用效果,增加手工操作的工作量,这样既会使设备的性能价格比降低,也会使分拣作业的效益降低。因此,必须根据实际情况,兼顾上机率和设备技术经济性两方面因素,确定较为合理的上机率和允许上机货物参数。

4) 相容性和匹配性

选用的分拣设备应与系统其他设备相匹配,并构成一个合理的物流程序,以使系统获得最佳经济效果。我国有个别配送中心购置了非常先进的自动分拣设备,但自动分拣货物与大量的人工装卸搬运货物极不相称,这样不可能提高分拣设备利用率,同时整体综合效益也不高。因此,在选用时,必须考虑相容性和协调性,实现分拣与其他物流环节的均衡作业,这是提高整个系统效率和保持货物分拣、配送作业畅通的重要条件。

5) 符合所分拣货物的基本特性

分拣货物的物理、化学性质及其外部形状、重量、包装等特性千差万别,必须根据这些基本特性来选择分拣设备,如浮出式分拣机只能用于分拣包装质量较高的纸箱等,以保证货物在分拣过程中不受损失。

6) 适应分拣方式和分拣量的需要

分拣作业的生产效率取决于分拣量大小及设备自身的分拣能力,也与分拣方式密切相关。因此,在选择分拣设备时,首先要根据分拣方式选用不同类型的分拣设备。其次,要考虑分拣货物批量大小,若批量较大,应配备分拣能力高的大型分拣设备,并可选用多台设备;而批量较小时,宜采用分拣能力较低的中小型分拣设备。另外,还应考虑对自动化程度的要求,可选用机械化、半自动化、自动化分拣设备,这样既能满足要求,又能发挥设备的效率。值得注意的是,不可一味地强调高技术和自动化,不结合当时、当地的实际条件,不从实际出发,否则不仅不能提高经济效益,还可能导致重大的损失和惊人的浪费。

总之,选用分拣设备时,要做好技术经济分析,尽量达到经济合理的要求,同时,还要考虑分拣作业方式、作业场地以及与系统匹配等综合因素,以保证分拣工作正常、安全运行,提高经济效益。

背景知识

国产扁平邮件分拣机系统

20 世纪 90 年代中期，国外已经广泛使用了扁平邮件分拣机，实现了扁平邮件分拣作业的机械化和自动化。但我国邮件的规格标准及处理方式与国外存在着较大差异，国外设备不能完全适应我国扁平邮件分拣的作业要求。根据对全国十多个邮政分拣中心进行的调查，结果表明，扁平印刷品邮件中，厚度在 30 mm 以下的邮件占到扁平印刷品邮件总量的 93%~95%。而国外设备分拣范围限制在 0.5~20 mm，上机率只为扁平印刷品邮件总量的 70% 左右，大量邮件只能手工分拣，处理效率较低。因此，尽快研究开发适合我国邮政实际的扁平邮件分拣系统就显得十分迫切和重要。

邮政科学研究规划院技术人员在认真分析了国外扁平邮件分拣设备的优缺点后，结合我国扁平邮件的形状特点，制订了项目总体技术方案，对关键技术进行攻关，研制出了扁平邮件分拣系统。该分拣系统（见图 14.12）包括人工供件输入模块、自动供件输入模块、驱动模块、主传输输出模块、张紧模块、主机中央控制模块和上位管理计算机模块等。

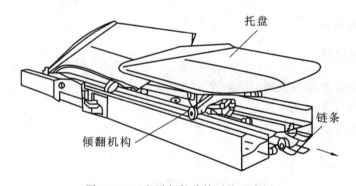

图 14.12　扁平邮件分拣系统示意图

扁平邮件分拣系统涉及光、机械、电子、计算机科学等方面的专业知识，发达国家为了保持其竞争优势，对其关键技术进行了封锁。在这种情况下，扁平邮件分拣项目开发人员发扬艰苦奋斗、不屈不挠的精神，结合国内邮件的特点，进行了大量的模拟试验，大胆创新，忘我工作，克服了资料匮乏的困难，终于解决了 OCR/OVCS 自动供件输入技术、扁平邮件分拣控制技术、分拣单元斗格垂直分拣技术等难题；同时，设计了主机驱动部分的同步供件装置，选择以时间作为同步设计的基点；分析计算了在同等时间条件下，各运动装置的速度、同步速比、部件尺寸，并确定了 18 格的投入轮与三个斗格的分拣小车、驱动大链轮、主传输道及其他相关运动部件的同步关系。与国外的同类设备相比,该设备的优点为:投入轮供件方式对邮件无损害,分拣机格口盒、袋兼容,处理邮件的最大厚度为 32 mm,可以解决 95%扁平邮件的上机问题,工作速度达 18 000 件/h,噪声也低于国外同类设备。此外该设备造价比国外设备低 40%以上,维护和备件费用也远远低于引进的国外设备。

阅读并思考

1. 何谓扁平邮件?国产扁平邮件分拣系统有哪些特点?

本章综合练习题

 名词解释

分拣设备

 **填空题**

1. 根据分拣设备的作业性质,常把分拣设备分为_____和_____两大类。

2. 分拣设备的主要特点是_____、_____和_____。

 **简答题**

1. 简述主要分拣机的特点和使用范围。
2. 分拣设备系统由哪几部分构成?
3. 简述分拣设备选用的基本原则。

部分练习题参考答案

填空题

1. 拣选机械设备　分货机械设备
2. 能连续、大批量地分拣货物　分拣误差率很低　分拣基本实现了无人化

第十五章 流通加工设备的应用

学习目的

通过本章的学习,应了解流通加工的作用和不合理的流通加工形式,熟悉常用的流通加工设备种类,了解包装机械的类型,了解其他流通加工机械的适用范围。

第一节 流通加工概述

流通加工是在物品从生产领域向消费领域流动的过程中,根据需要施加包装、分割、计量、分拣、印刷、贴标签等作业的总称,是在流通领域中对产品的辅助性加工。从某种意义来讲,它不仅是生产过程的延续,而且是生产本身或生产工艺在流通领域的延续。流通加工设备就是完成各项流通加工作业的专用机械设备。

一、流通加工的作用

通过流通加工设备改变和完善物品原有的形态,将生产和消费联系起来,有利于促进消费、维护产品质量、提高物流效率。利用流通加工设备进行流通加工的主要作用表现在以下几个方面。

(1) 提高原材料的利用率和加工效率。利用专门的流通加工设备对流通对象进行集中加工,采用集中下料的方法,可提高原材料的利用率。例如,北京、济南等城市对平板玻璃进行集中裁制、开片供应,玻璃利用率从原来的 60% 左右提高到了 85%~95%。在流通加工中采用专门的加工设备,既可提高加工质量,也可提高加工效率,降低加工费用和原材料成本。

(2) 提高产品档次,增加收益。在流通过程中,利用流通加工设备对流通对象进行简单的分装、包装,改变产品的外观和档次,可以提高其销售价格,从而增加收益。

(3) 充分发挥各种运输手段的作用。流通加工将从生产厂到消费环节的物品流通分成两个阶段,流通加工环节一般设置在消费地,因此,从生产厂到流通加工的第一阶段输送距离长,而从流通加工到消费环节的第二阶段距离短。第一阶段是在数量有限的生产厂与流通加工点之间的定点、大批量的远距离直达运输,可采用铁路、水路等廉价、大宗的干线运输手段。第二阶段多利用公路运输流通加工后的多规格、多用户、小批量产品,可实现"门到门"的末端配送。这样可以充分发挥各种运输手段的作用,加快运输速度、节省运力运费。

值得注意的是,不合理的流通加工形式,也会给生产流通带来负面影响。流通加工形式的不合理主要表现在以下方面。

(1) 流通加工地点设置得不合理。流通加工地点设置即布局状况是决定流通加工有效性的重要因素。一般而言,为衔接单品种大批量生产与多样化需求的流通加工,加工地设置在消费地,才能实现大批量的干线运输与多品种末端配送的物流优势。如果将流通加工地设置在生产地区则不合理:第一,多品种、小批量由生产地向消费地的长距离运输会出现不合理;第二,在生产地人为地增加了一个加工环节,同时增加了近距离运输、装卸、储存等一系列物流活动,这样还不如由原生产单位完成这种加工而无须设置专门的流通加工环节。

(2) 流通加工方式选择不当。流通加工方式包括流通加工对象、流通加工工艺、流通加工技术、流通加工程度等。流通加工方式的确定过程实际上是其与生产加工的分工过程。分工不合理,本来应由生产加工完成的任务,却由流通加工完成,本来应由流通加工完成的任务,却由生产过程去完成,都会造成不合理性。流通加工不是对生产加工的代替,而是一种补充和完善。因此,一般而言,如果工艺复杂、技术装备要求较高,或加工可以由生产过程延续或轻易解决的都不宜再设置流通加工,尤其不宜与生产过程争夺技术要求较高、效益较高的最终生产环节,更不宜利用一个时期市场的压迫力使生产加工变成初级加工或前期加工,而由流通企业完成装配或最终形成产品的加工。如果流通加工方式选择不当,就会出现与生产夺利的恶果。

(3) 流通加工作用不大,形成多余环节。有的流通加工过于简单,或对生产及消费者作用都不大,有时甚至造成流通加工的盲目性,同时又未能解决品种、规格、质量、包装等问题,相反却实际增加了环节。

(4) 流通加工成本过高,效益不好。流通加工之所以能够有生命力,其中一条重要原因是有较大的产出投入比,因而有效地起到了对生产加工的补充、完善作用。如果流通加工成本过高,则不能实现以较低投入实现更高使用价值的目的。因此,除了一些必需的、政策要求即使亏损也应进行的加工外,都应看成是不合理的。

二、流通加工作业的类型

从满足顾客需要和有利于配送的角度来看,流通加工的作业类型可分为以下类型。

1）满足需求多样化的加工

从需求角度看,顾客需求存在着多样化和动态化的特点,为了满足这种需求,经常是用户自己设置加工环节,例如,生产消费型用户的再生产往往从原料的初级处理开始。

从用户角度看,现代生产的要求,使生产型用户能尽量减少流程,尽量集中力量从事较复杂的技术性较强的劳动,而不愿意将大量初级加工包揽下来。这种初级加工带有服务性,由流通加工来完成,生产型用户便可以缩短自己的生产流程,使生产技术密集程度提高。对一般消费者而言,则可以省去烦琐的预处置工作,而集中精力从事较高级的、能直接满足需求的劳动。

2）保护产品的加工

在物流过程中,直到用户投入使用前都存在对产品的保护问题,要防止产品在运输、储存、装卸、搬运、包装等过程中遭到损失,使使用价值能顺利实现。保护产品的加工并不改变进入流通领域的"物"的外形和性质。这种加工主要采用稳固、改装、冷冻、保鲜、涂油等方式。

3）提高物流效率的加工

某些产品本身的形态使得对其进行物流操作困难,如鲜鱼的装卸、搬运、储存操作困难,过大设备搬运、装卸困难,气体物运输、装卸困难等。进行流通加工,可以使物流各环节易于操作,如将鲜鱼冷冻、将过大设备解体、将气体液化等。这种流通加工往往改变了"物"的物理状态,但并不改变其化学性质,并最终仍能恢复原物理状态。

4）促进销售的流通加工

流通加工可以从若干方面起到促进销售的作用。如将过大包装或散装物分装成适合一次销售的小包装的分装加工;将原来以保护产品为主的运输包装改换成以促进销售为主的装潢性包装,以起到吸引消费者、指导消费的作用;将零配件组装成用具、车辆以便于直接销售;将蔬菜、肉类洗净切块以满足消费者需求等等。这种流通加工可能是不改变"物"的本体,只进行简单改装的加工,也可能是组装、分块等深加工。

5）便于运输的流通加工

在干线运输及支线运输的节点设置流通加工环节,可以有效解决大批量、低成本、长距离干线运输和多品种、少批量、多批次末端运输及集货运输之间的衔接问题,在流通加工点与大生产企业间形成大配送,也可以在流通加工点将运输包装转换为销售包装,从而有效地衔接不同目的的运输方式。

三、流通加工设备的种类

从流通加工的任务上看,流通加工大多是对物品进行较为简单的多规格、多用户、小批量的初级加工,其中大部分需要借助于机械加工设备进行。流通领域物品的品种繁多,因此,流通加工设备的类型也很多。按照流通加工的方式不同,可以将流通加工设备分为包装机械、称量设备、标签印贴和条形码打印设备、切割机械设备等。

第二节 包装机械

包装是产品进入流通领域的必要条件,而实现包装的主要手段是采用包装机械。包装机械是指完成全部或部分包装过程的一类机器。运用高效率的包装机械,可以实现自动化和提高作业效率。随着时代的发展和技术的进步,包装机械在流通领域中正发挥着越来越大的作用。

一、包装概述

1. 包装的定义

我国国家标准 GB/T 4122.1—1996《包装术语 基础》中将包装定义为"在流通过程中保护产品、方便储运、促进销售,按一定技术方法而采用的容器、材料及辅助材料等的总体名称"。包装也指为了达到上述目的而在采用容器、材料、辅助材料的过程中施加一定技术方法等的操作活动。

按包装在流通领域中的作用,包装大致可以分为销售包装和运输包装两类。

(1) 销售包装 销售包装又称为商业包装或消费者包装,主要是根据商业零售业的需要,作为商品的一部分或为方便携带所做的包装。销售包装措施主要起美化、识别和促销作用,以利于商品的流通和销售。

(2) 运输包装 运输包装又称为工业包装,是以运输、保管为主要目的的包装。运输包装的主要作用是对流通产品在运输、搬运和保管过程起保护、定量的作用,以便于产品的装卸、运输和储存,提高作业效率。

在有些情况下,产品的运输包装同时又是销售包装。例如,家电产品的外包装兼有销售包装和运输包装两方面的作用。

2. 常用包装材料

1) 纸质包装材料

纸是传统的包装材料。造纸的原材料来自植物纤维,如木材、芦苇、稻草等,资源比较丰富。纸质包装具有质地轻、易加工、成本低、易回收处理的特点,广泛地应用于现代包装工业。

2) 木质包装材料

木质包装是指以木板、胶合板、纤维板为材料制成的包装,主要有各种木质托盘、木质包装箱等。由于木材资源有限,应尽量少用木材作为包装材料,推广应用蜂窝纸板、纸浆模塑和植物纤维等绿色包装材料和制品,替代木质托盘、木质包装箱等木材包装。

3）塑料包装材料

塑料是目前使用广泛的一种包装材料，具有气密性好、易于成形、防潮、防渗漏、耐酸碱腐蚀等优点。主要的塑料品种有聚乙烯（PE）、聚氯乙烯（PVC）、聚丙稀（PP）、聚偏二氯乙烯（PVDC）、聚苯乙烯（PS）等，这些品种的塑料包装材料广泛应用于食品、医药、日化、农副产品、建材、仪表和家电等产品的包装。为适应时代的发展，塑料包装材料除需满足市场对包装质量、效益等日益提高的要求外，还需节省资源，用后易回收利用或易被环境降解。为此，塑料包装材料正向高机能、多功能、环保，及采用新型原材料、新工艺、新设备，拓宽应用领域等方面发展。

4）金属包装材料

金属材料在产品包装材料中占有一定地位，广泛应用在食品、碳酸饮料、气雾剂、油脂等产品的包装上。常用的金属包装材料有马口铁、铝等，二者均可回收再加工。马口铁的价格较铝便宜，强度高，但容易生锈；铝质轻、对涂料的附着力强，保护性能好。

3. 常用包装技术

1）防震包装技术

防震包装技术是为了防止在产品装卸、运输过程中由于振动、冲击而损伤所采用的包装技术。通常在被包装产品和外包装之间插入各种吸震材料，吸震材料主要有泡沫塑料、气泡塑料薄膜等。

2）防潮及防水包装技术

防潮包装技术是为防止空气中的水蒸气造成产品发生变质、凝结、潮解、锈蚀和霉变所采用的包装技术；防水包装技术是防止包装中的产品受雨水或海水的侵蚀所采用的包装技术。常用的防潮、防水材料主要有各种经过防湿处理的纸系材料、塑料以及铝箔等。

3）防霉包装技术

防霉包装技术是在流通过程中，为防止霉变侵蚀包装及内装物品而采用的一种包装技术。防霉包装措施主要有以下几种：①采用防霉包装材料，常用的防霉包装材料主要有各种金属材料和钙塑等非金属材料；②采用五氯酚钠、水杨酰苯胺等药剂防霉；③将氮气或二氧化碳等气体充入密封包装防霉；④在包装内采用硅胶等干燥剂防霉。

4）防锈包装技术

防锈包装技术是为了防止金属材料及其制品在储运过程中产生锈蚀而采用的包装技术。金属防锈的主要方法是涂防锈油（剂）进行"油封"，或用防潮隔断材料覆盖，内置干燥剂进行密封包装。

5）防虫及防鼠包装技术

防虫及防鼠包装技术是为了防止包装内的物品被昆虫或鼠所损害而采用的包

装技术。主要是采用各种杀虫剂处理过的防虫包装材料防虫害,以及采用涂布或混入福美锌的纸、塑料薄膜等包装材料防鼠害。值得注意的是,在使用药剂处理过的包装材料时,应避免使其直接接触包装内的物品。

二、包装机械概述

除了产品的内在质量外,包装也是直接关系到产品营销成败的关键之一。包装机械化是提高包装工作效率和包装质量的重要手段,是促进产品生产与流通的积极措施。

1. 包装机械的分类

包装机械的种类很多,分类方法也很多。

(1)根据包装物和包装材料的供给方式,可以分为全自动包装机械和半自动包装机械。全自动包装机械由机械自动供给包装物和包装材料,半自动包装机械由人工供给。

(2)根据包装物的使用范围,可以分为通用包装机械、专用包装机械和多用包装机械。通用包装机械适用于多种不同类型产品的包装;专用包装机械仅适用于某一种特定产品的包装,具有较高的作业效率和包装质量;多用包装机械可以通过调整或更换机器上的某些部件,适应多种产品的包装要求。

(3)根据包装机械的功能,可以分为充填、计量、封口、裹包、捆扎、标记、清洗、灭菌等多种机械。

(4)按照包装的产品,可以分为食品、药品、工业品、化工产品、建材等类型的包装机械。

此外还可根据包装容器、包装大小、包装物形态等对包装机械进行分类。

2. 包装机械的基本组成

虽然包装机械的种类很多,结构也很复杂,但其基本结构一般都是由进给机构、计量装置、传动机构、执行机构、输送装置、动力装置、控制系统和机身等组成的。

(1)进给机构,是将包装材料和被包装物品整理、排列,并输送到预订工位的机械装置。

(2)计量装置,是对被包装物品进行计量的设备,主要有容积计量、重量计量、数量计量装置等。

(3)传动机构,起着传递动力的作用,以驱动包装机械的各执行机构动作,完成各种包装作业。

(4)执行机构,是直接完成各种包装操作的机构。

(5)输送装置,是将包装材料和被包装物品由一个工位传送至下一个工位的装置。

(6)动力装置,为包装机械提供工作的原动力,通常采用电动机。

(7)控制系统,由各种手动装置和自动装置组成,用以控制其他组成部分正常运转,是包装机械的核心。

(8)机身,又称机架,是用来安装、固定、支承包装机械的其他部分的基础件,要求机身具有足够的强度、刚度和稳定性。

3. 包装机械的作用

包装机械在物流领域起着相当重要的作用,主要体现在以下几个方面。

(1)降低劳动强度,提高生产效率。采用手工包装劳动强度大,采用机械化操作后,能够改善工人的劳动条件,大大提高生产效率。

(2)保证产品质量,提高包装的技术水平。采用机械包装,可以减少污染机会,保证了产品的质量。例如,采用真空、充气和无菌包装机械,可以延长食品的保质期。机械包装易于实现包装的规格化、标准化,被包装物品外观整齐、美观。

(3)节约原材料,降低成本。采用机械包装能防止物品散失,节约原材料。对于松散产品,如棉花、烟叶等,采用机械压缩包装,可减小物品体积,降低包装成本,有利于装卸、运输和保管作业,节约储运费用。

4. 包装机械的发展趋势

包装机械市场竞争日趋激烈,未来的包装机械正朝着以下方向发展。

(1)高自动化程度 将包装机械与计算机紧密结合,将实现机电一体化控制,将自动化操作程序、数据收集系统、自动检测系统更多应用于包装机械之中。机械、计算机、微电子、传感器等多种学科的先进技术融为一体,给包装机械设计、制造和控制带来了深刻的变化。

(2)高生产率 提高包装机械的机器转数和生产率是包装机械设计追求的重要目标。德国目前饮料灌装速度可高达1 200瓶/h,香烟包装速度可达12 000支/min;集制袋、称重、充填、抽真空、封口等工序于一体的世界上最高效的茶叶包装机速度可达350袋/min。

(3)良好的柔性和灵活性 随着市场竞争日益加剧,产品更新换代的周期已越来越短,因此要求包装机械具有好的柔性和灵活性,使包装机械的寿命远大于产品的寿命周期,这样才能符合经济性要求。许多专家预测,多用途、高效率、简洁化、组合化、可移动、更小型、更加柔性和灵活性将是未来包装机械发展的重要趋势。为使包装机械具有好的柔性和灵活性,更加需要提高自动化程度,大量采用电脑技术、模块化技术和单元组合形式。

(4)注重成套性和配套性 包装机械设备的成套性和配套性关系到包装机械的功能能否全部发挥,只重视主机生产,而不考虑配套设备完整,将使包装机械应有的功能不能发挥出来。因此,开发配套设备,使主机的功能得到最大的发挥,是提高设备的市场竞争力和经济性至关重要的因素。

三、常用包装机械

1. 充填机

充填机是将数量精确的产品充填到各种包装容器中的机械。按照计量方式的不同,充填机可以分为容积式充填机、计数式充填机和称重式充填机三种;根据包装产品的物理形态,又可以分为粉料充填机、颗粒物充填机、块状物充填机、膏状物充填机等。充填机械的基本构成包括供给装置、计量装置和下料装置等。

1) 容积式充填机

容积式充填机是将容积精确的产品充填到包装容器中的充填机械,适用于干料或膏状料的充填。该类结构简单、体积较小、计量速度快,但计量精度较低,因此适合于价格比较便宜的产品的包装作业。容积式充填机可以分为量杯式充填机、螺杆式充填机、计量泵式充填机等多种类型。量杯式充填机利用量杯来计量物料的容积,适用于颗粒较小且均匀的物料,计量范围一般以在 200 mL 以下为宜;螺杆式充填机利用螺杆螺旋槽的容腔来计量物料,适用于粉料、小颗粒状物料的计量;计量泵式充填机利用转鼓上的计量腔来计量物料,适用于颗粒状、粉状物料的计量,尤其适用于流动性好、无结块的细粉粒物品,如茶叶末、精盐等小定量值物料的包装计量。

2) 计数式充填机

计数式充填机是将数目精确的产品充填到包装容器中的充填机械,具有结构复杂、计量速度快的特点。常见的计数机构有长度式、容积式和堆积式等几种形式。长度计数式充填机主要用于长度固定的产品如饼干等食品的充填包装;容积计数式充填机通常用于等径、等长类产品如钢珠、药丸等产品的充填包装;堆积计数式充填机主要用于粮食、化工产品、水泥等大袋产品的计数包装。其他还有转鼓式、转盘式和推板式计数充填机,主要用于小颗粒产品如胶囊、药片的计数充填包装。

3) 称重式充填机

称重式充填机是将质量精确的产品充填到包装容器中的充填机械,如图 15.1 所示。该类充填机具有结构复杂、体积较大、计量速度低、但计量精度高的特点,主要适用于粉状、颗粒状和块状散装产品如水泥、粮食等的称重计量包装。根据称量机构的不同,可以分为无称斗式、单称斗式、多称斗式、电子组合式和连续式称重充填机等。

2. 灌装机械

灌装机械,如图 15.2 所示,是将定量的液体物料充填到包装容器中的充填机械,主要用于食品领域中对啤酒、饮料、乳品、酒类、植物油和调味品进行包装,也用于对牙膏、洗涤剂、矿物油和农药等化工类液体产品进行包装。包装所用容器主要有玻璃瓶、金属罐、塑料瓶、复合纸盒、复合纸袋等。

图 15.1　称重式充填包装机

图 15.2　液体定量罐装机

罐装机械的类型很多,按照灌装产品的工艺,可分为常压灌装机、真空灌装机、加压灌装机等。其主要结构包括包装容器的供给装置、罐装液料的供给装置和罐装阀等三部分。

（1）包装容器供送装置　其主要作用是将包装容器传送至灌装工位,并在灌装工序完成后,将容器输送出灌装机。

（2）灌装液料供送装置　其主要作用是将液料输送至灌装阀。根据罐装工艺不同,可以分为常压供料装置、压力供料装置和真空供料装置。

（3）灌装阀　其主要作用是根据灌装工艺要求切断或沟通液室、气室和待灌装容器之间液料流通的通道,是灌装机控制灌装的关键部件。不同的灌装工艺采用不同的灌装阀,主要有常压灌装阀、压力灌装阀、真空灌装阀等。

灌装机械通常与封口机、贴标机、打码机等联合使用。

3. 封口机械

封口机械是指在包装容器充填物料后对容器进行封口的机器。对包装容器进行封口可以将产品密封保存,以保证产品质量,避免产品流失。

由于包装容器的种类很多,制作包装容器的材料也很多,不同的包装容器有不同的封口方式。根据封口方式的不同,封口机可以分为以下几种类型。

（1）热压式封口机　热压式封口机（见图 15.3）是采用加热和加压的方式封闭包装容器的机器,主要用于各种塑料包装袋的封口。

（2）熔焊式封口机　它是通过加热使包装容器封口处熔化而将包装容器封闭的机器。常用的加热方式有超声波、电磁感应和热辐射等,主要用于封合较厚的包装材料等。

（3）缝合式封口机　它是使用缝线缝合包装容器的机器,主要用于麻袋、布袋、复合编织袋等的封口。

(4) 卷边式封口机　又称封罐机，是用滚轮将金属盖与包装容器开口处相互卷曲勾合以封闭包装容器的机器，主要用于罐头类食品的密封包装。

图 15.3　热压式塑料薄膜封口机　　　　图 15.4　旋合式封口机

(5) 旋合式封口机　旋合式封口机（见图 15.4）是通过旋转封口器材以封闭包装容器的机器，主要用于饮料、植物油、日化用品的包装封口。

(6) 液压式封口机　液压式封口机（见图 15.5）是用液压装置挤压金属盖使之变形而封闭包装容器的机器，主要用于酒类产品的包装封口。

(7) 结扎式封口机　结扎式封口机是使用线、绳等结扎材料封闭包装容器的机器，主要用于小包装件的集束封口，如糖果、面包等食品袋袋口的结扎。

4. 裹包机械

裹包机械是指用挠性包装材料（玻璃纸、塑料薄膜、复合膜、拉伸膜、收缩膜等）进行全部或局部裹包产品的包装设备，适合于对块状并具有一定刚度的物品进行包装，广泛用于食品、烟草、药品、日化用品、音像制品等的外包装。

图 15.5　液压式封口机

裹包机械的种类很多，结构也较复杂。常用的裹包机械的类型主要有以下几种。

(1) 折叠式裹包机　它是将挠性包装材料按照一定工艺方式折叠封闭的裹包机器，主要用于长方体物品的裹包，包装后外观规整、视觉效果好。

(2) 接缝式裹包机　它是将挠性包装材料按同面黏合的方式加热、加压封闭、分切的裹包机器，主要用于各类固定形状物品的单件或多件的连续枕形包装。

(3) 覆盖式裹包机　它是用两张挠性包装材料覆盖在产品的两个相对面上，采用热封或黏合的方法进行封口的裹包机器。

（4）缠绕式裹包机　缠绕式裹包机（见图15.6）是用成卷的挠性包装材料对产品进行多圈缠绕裹包的机器。

图15.6　缠绕式裹包机　　　　图15.7　透明膜电脑自动包装机

（5）拉伸式裹包机　它是使用拉伸薄膜、在一定张力下对产品进行裹包的机器，常用于将集积在托盘上的产品连同托盘一起裹包。

（6）收缩包装机　它是用热收缩薄膜对产品进行裹包封闭，然后再进行加热，使薄膜收缩后裹紧产品的裹包机器。收缩包装机又可分为烘道式、烘箱式、柜式、枪式等多种。透明膜电脑自动包装机（见图15.7）即为收缩包装机。

（7）贴体裹包机　它是将产品置于底板上，用覆盖产品的塑料薄片在加热和真空条件下紧贴产品，并与底板封合的裹包机器。贴体包裹可使被包装物品有较强的立体感。

5. 捆扎机械

捆扎机械是利用带状或绳状捆扎材料将一个或多个包件紧扎在一起的机器，属于外包装设备，如图15.8所示。对流通物品进行机械捆扎，可以起到减小物品体积、加固包件的作用，便于装卸、运输和保管。

捆扎机的类型较多，按自动化程度，可以分为自动、半自动和手提电动式捆扎机；按捆扎材料，可以分为塑料带、钢带、聚酯带和塑料绳捆扎机。目前我国生产的捆扎机基本上都是采用宽度为10~13.5 mm聚丙烯塑料带作为捆扎材料，利用热熔搭接的方法使紧贴包件表面的塑料带两端黏

图15.8　全自动捆扎机

合,从而达到扎紧包件的目的的。

各种类型的捆扎机的结构基本相似,主要由导轨和机架、送带机构、收带紧带机构、封接装置和控制系统组成。

6. 贴标机和打码机

贴标机(见图15.9)是将标签粘贴在包装件或产品上的机器。贴标机的基本组成包括供标装置、取标装置、涂胶装置、打印装置和连锁装置等。

打码机(见图15.10)是在产品包装上打印出产品批号、出厂日期、有效期等字样的机器。根据打码方式的不同,可以分为打击式和滚印式两种。

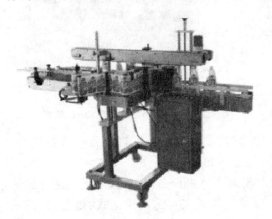

图15.9 贴标机

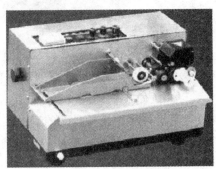

图15.10 打码机

第三节 其他流通加工机械

流通加工机械的种类很多,除包装机械外,还有许多其他类型的流通加工机械。根据流通加工的对象不同,这些流通加工机械还可以分为金属加工机械、玻璃加工机械、搅拌混合机械、木材加工机械等。

一、金属加工机械

流通领域的金属加工机械主要是指对金属进行剪切、弯曲、下料、切削加工的机械,应用较多的是剪板机和折弯机。由于钢铁厂生产的钢材都是按照统一规格生产的,规格和卷重较大,通过剪板机可以将大规格的钢材裁小、或剪切成毛坯,以降低销售起点,便于用户采购使用。在钢材流通领域采用金属加工机械进行集中下料加工,可以使钢材的利用率大大提高,减少废料和边角料;可保证批量和生产的连续性,提高效率、降低成本;可以使用户简化生产环节,节省设备和人员的投入。

1. 剪板机

剪板机(见图 15.11)主要用于金属板料、带料的剪切加工。钢板剪切机按照工艺用途,可分为多用途剪板机和专用剪板机;按照传动方式不同,可以分为机械传动式和液压传动式两种;按上、下刀片的相对位置,可以分为平刃剪板机和斜刃剪板机;按刀架运动方式,可以分为直线式和摆动式两种。

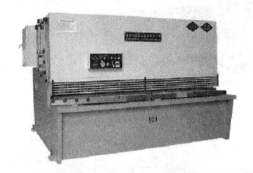

图 15.11　液压摆式剪板机

图 15.12　折弯机

2. 折弯机

折弯机(见图 15.12)主要用于板料、带料的折弯成形加工。

3. 冲剪机

冲剪机(见图 15.13)采用的机械传动机架为钢板焊接结构,有足够的强度和刚度,能对方钢、圆钢、槽钢、工钢、角钢进行剪切、冲孔、模剪。

二、玻璃加工机械

流通领域的玻璃加工机械主要是指对玻璃进行切割的各种专用机械。"集中套裁、开片供应"是

图 15.13　冲剪机

平板玻璃重要的流通加工方式。采用这种加工方式可以大大提高平板玻璃的利用率,使其由不实行套裁时的 60% 左右提高至 85%～95%;套裁中心按用户的需求进行裁制,有利于玻璃生产厂家简化规格,按单一品种大量生产,可简化生产工序,提高生产效率。

玻璃切割机的种类很多,大多数玻璃套裁中心都装备有全自动数控玻璃切割机(见图 15.14)。全自动数控玻璃切割机从取玻璃、切割玻璃到分离玻璃都由计算机自动控制,操作简单方便,生产效率高。该机可切割各种厚度的平板玻璃,同步带计数,切割精度高,适用于大批量高效切割。

此外,还有一种万能水切割机(见图 15.15),它适用于玻璃、石材等的切割加

工。万能水切割机采用超高压水枪进行切割加工,能够用于切割任意平面图形和文字,切割的物体表面平整、光洁,设备操作方便,无粉尘污染。

图 15.14 数控玻璃切割机

图 15.15 万能水切割机

三、混凝土搅拌机械

混凝土搅拌机械是将水泥、骨料、砂石和水均匀搅拌,制备混凝土的专用机械,主要包括混凝土搅拌机、混凝土搅拌站、混凝土输送车、混凝土输送泵、车泵等。

水泥流通加工的主要方式有两种。一种是将粉状水泥供给用户,由用户在工地现拌混凝土;另一种是将粉状水泥输送到使用地区的集中搅拌混凝土工厂,在那里搅拌成商品混凝土,然后供给各个工地或小型构件厂使用。后一种流通加工方式的经济技术效果要优于前一种。它把水泥的使用从小规模的分散状态改变为大规模集中加工状态,可以大大提高混凝土的生产效率;采用集中配料、集中搅拌,可以保证混凝土的配比、质量稳定。

1. 混凝土搅拌站(楼)

混凝土搅拌站(见图 15.16)是用来集中搅拌混凝土的联合装置。其主要特点为:机械化、自动化程度高,因此生产效率高;能够保证混凝土的质量和节省水泥。常用于混凝土工程量大、施工周期长、施工地点集中的大、中型工程的工地。

2. 混凝土搅拌机

混凝土搅拌机适用于各类中小型预制构件厂及公路、桥梁、水利、码头等工业及民用建筑工程,除作为单机使用外,还可与配料机组合成简易搅拌站。如图15.17所示为移动式混凝土搅拌机。

图 15.16　大型混凝土搅拌站

图 15.17　移动式混凝土搅拌机

3. 混凝土搅拌运输车

混凝土搅拌站所生产的混凝土需要输送到施工现场,并且在输送过程中,混凝土拌和物不得发生分层离析与初凝。混凝土搅拌输送车就是适用这一要求的专用机械,如图15.18所示。

在20世纪70年代后期,我国逐渐采用了混凝土集中搅拌、商品化供应的方式。混凝土由专门的混凝土搅拌站提供,由混凝土搅拌运输车运送到各施工场所。一个搅拌站可以为半径在20 km以内的工地提供预拌混凝土。预拌混凝土主要用于城市公用、民用建筑中。目

图 15.18　混凝土搅拌车

前,预拌混凝土的年消耗量,小城市约为1×10^6 m^3,中等城市为$1\times10^6\sim3\times10^6$ m^3,大城市为$3\times10^6\sim5\times10^6$ m^3,特大城市超过5×10^6 m^3,将这些预拌混凝土从搅拌站运到施工工地是预拌混凝土使用中的重要一环。按每辆混凝土搅拌运输车每年可运输预拌混凝土1.5×10^6 m^3计,每个城市就需要几十到几百辆混凝土搅拌运输车,这就造就了一个特殊的运输行业——混凝土运输业,其主要特点如下。

(1) 专业性强。预拌混凝土的运输必须由专门的混凝土搅拌运输车来完成。混凝土搅拌运输车属于一种特种重型专用运输车辆,要求能够自动完成装料和卸料,运输过程中要对车内的预拌混凝土不停地进行搅拌,以保证预拌混凝土的质量。

(2) 服务性强、均衡性差。预拌混凝土的运输是直接为建筑工地服务的,一切工作必须围绕用户(工地)的施工进度来安排。只要用户施工需要,就必须马上将预拌混凝土送到用户指定的地点,真正做到"二十四小时随叫随到",不能提前,也不能推迟,否则不但将造成预拌混凝土的浪费,还会给企业的信誉带来负面影响。

(3) 时间性强。预拌混凝土生产出来以后一般必须在两小时以内被使用到工作面上(这个时间要求因预拌混凝土的型号不同而有所不同,个别特殊型号的预拌混凝土必须在二十分钟内使用),在此时间内搅拌不能停止,一个工作面完工前预拌混凝土的供应不能中断。这些要求必须一环扣一环地得到严格满足,没有灵活掌握的余地。

(4) 运距短。一般合理的运距在 20 km 以内。

根据以上特点,在混凝土搅拌运输车选型时要注意的要点如下。

(1) 使用要可靠。将混凝土装入车内以后,要求在两小时或更短的时间内将其卸到工作面上,在此期间必须不停地搅拌;如果在规定时间内不能运到工地或因各种原因停止搅拌,车内混凝土就会报废,严重的会导致混凝土凝固在车内,造成搅拌运输车报废。这对搅拌运输车的可靠性提出了严格的要求,绝对不允许搅拌运输车在工作时发生停机的故障,因此进行混凝土搅拌运输车选型时首先要考虑的就是车辆必须十分可靠,关键部位如发动机和传动、驱动装置发生故障的可能性越低越好。

(2) 装载量要合适。从理论上说,运输车辆的装载量越大,运输效率越高,但这也会导致车辆购置成本直线上升和通过性下降。装载量为 $8\sim 9 \ m^3$、8×4 底盘的混凝土搅拌运输车要比装载量为 $6\sim 7 \ m^3$,6×4 底盘的价格贵 $30\%\sim 40\%$,同时,建筑工地一般地域狭小,临时施工道路路况很差,必须充分考虑到大车尤其是半挂车行动不便的问题。因此,确定车辆的装载量时一定要综合考虑各方面的因素,不可顾此失彼。

(3) 混凝土贮罐及进、出料口要耐磨。沙和砾石是混凝土的主要组成成分,它们易使混凝土贮罐及进、出料口在工作时磨损严重。一般情况下,采用低合金钢制造的混凝土贮罐使用寿命为 $50\ 000\sim 80\ 000 \ m^3$,混凝土贮罐内的螺旋叶片寿命只有 $30\ 000\sim 40\ 000 \ m^3$。国产混凝土贮罐一般由高强度低合金钢钢材制成,比普通 A3 钢材耐磨性高 $1\sim 2$ 倍。一些进口混凝土贮罐采用锰硼专用耐磨钢材,并且在易磨损部位镶耐磨材料加固,因此其使用寿命比低合金钢制造的又高 1 倍。由此可知,采用的材料不同,混凝土贮罐及进、出料口的工作寿命则大不相同。

(4) 机构设计合理,操作方便,混凝土贮罐卸料彻底。如果卸料不完全,留在罐内的混凝土就会越积越多,使贮罐容量减小,并且清理十分困难。

(5) 售后服务要好。混凝土搅拌运输车是一种专用重型车辆,保有量少,配件来源少,与一般通用汽车相比,对厂家的售后服务依赖性较大,因此,厂家是否能提供方便快捷可靠的售后服务,是选型中必须考虑的重要因素。

(6)价格要合理。在满足上述要求的前提下再考虑价格因素。装载量为 $6\sim7\ m^3$,6×4 底盘的混凝土搅拌运输车是性能价格比最高的车型,装载量为 $10\sim12\ m^3$ 的半挂车次之,装载量为 $8\sim10\ m^3$、8×4 底盘的性能价格比最低,因此一般选用 $6\sim7\ m^3$ 的混凝土搅拌运输车。另外,为满足个别大型工程的需要,可适当配少量 $10\sim12\ m^3$ 的半挂车。这样可以兼顾各种需要,是比较合理的配置方式。

目前我国使用的混凝土搅拌运输车大多是采用装载量为 $6\sim7\ m^3$ 的车型,以产地来区分,有三种类型。一是用国产汽车底盘,如山东斯太尔、内蒙奔驰、重庆红岩等重型车底盘,安装利用引进技术生产的驱动装置及国产混凝土储罐。这样的配置价格较低,配件供应有保障,修理费用也较低,但使用中的故障率较高。二是底盘和驱动装置采用进口的,其他设备采用在国内生产安装的。如底盘可以采用日本产三菱、五十铃、日产、日野或欧洲产奔驰、沃尔沃、依维柯、斯堪尼亚等15吨级的汽车底盘;驱动装置的关键部件如液压泵、液压阀、液压马达等从国外名牌厂家进口;其他如混凝土储罐等在国内生产组装。这样配置的价格高于全国产配置,但系统的可靠性较高,由国内生产厂家提供技术支援,配件供应可以保证,性能价格比比较高,因此在国内得到了比较广泛的采用。三是全进口,质量无可非议,但价格昂贵、配件昂贵、技术服务不一定及时;还有一些在东南亚拼装生产的杂牌车则质次价高,配件及服务均无保障。

4. 混凝土输送泵车

混凝土输送泵车是在拖式混凝土输送泵基础上发展起来的一种专用机械设备,如图15.19所示。混凝土输送泵车的应用,将混凝土的输送和浇筑工序合二为一,可节约劳动和时间;可同时完成水平和垂直运输,省去了起重设备。

图15.19 混凝土输送泵车

四、木材加工机械

木材加工机械即对木材进行加工的机械,主要有如下几种。

1. 磨制、压缩木屑机械

木材是容重轻的物资,在运输时会占用相当大的容积,往往使车船满装而不能满载,同时装车、捆扎也比较困难。从林区外送的原木中有相当一部分是造纸树。美国采取在林木生产地就地将原木磨成木屑,然后将其压缩,使之成为容重较大、容易装运的物块,最后运至靠近消费地的造纸厂的办法,取得了良好的效果。根据美国的经验,采取这种方法可比直接运送原木节约一半的运费。

2. 锯木机械

在流通加工点利用木锯机等机械可将原木锯裁成各种规格的锯材,将碎木、碎屑集中加工成各种规格板,还可以根据需要进行打眼、凿孔等初级加工。将原木集中下料,按用户要求供应规格料,可以使原木利用率提高到95%,出材率提高到72%左右,有相当好的经济效果。

木工锯机是用有齿锯片、锯条或带齿链条切割木材的机床。锯机按刀具的运动方式可分为以下几种:

(1) 刀具做往复运动的锯机,如线锯机和框锯机;

(2) 刀具做连续直线运动的锯机,如带锯和链锯;

(3) 刀具做旋转运动的锯机,如各种圆锯。

图15.20所示为框锯机,图15.21所示为木工带锯,图15.22所示为木工圆锯。

图15.20 框锯机　　图15.21 木工带锯　　图15.22 木工圆锯

背景知识

联合利华茶叶产品的软包装

世界知名的立顿(Lipton)黄牌精选红茶和立顿中国茶系列,包含了多种软包装材料。展现在消费者面前的袋泡茶共由四种包装材料组成:一是克重在200 g左右的纸吊牌,由6~8色柔性印刷后,模切卷绕成卷;二是棉线;三是袋泡茶专用滤纸;四是金属铝钉。这几种材料现在几乎都依赖进口,每一种材料都通过了美国

FDA 认证,充分保证了食品的安全,因为食品的安全在很大程度上依赖于包装材料的卫生安全。

立顿品牌在 2004 年出品了三个中国口味的散茶,包括立顿茉莉花茶,立顿毛峰和立顿铁观音茶。这三款茶的包装都采用了屋顶式纸盒并有一个叶子状的开窗结构。纸盒里面则采用了最新包装工艺的开窗式真空镀铝袋,袋型为风琴袋。

为了达到市场要求和设计需求,当时开发屋顶式纸盒面临三个主要问题。首先是开整个窗结构的最终确定。在中国乃至全世界,通过特殊工艺(化学原理)洗掉铝的工艺都还不是特别成熟。包装开发人员拿到的样品具有一定的缺陷,经过和供应商多次尝试,终于取得了比较满意的效果。其次,为了取得较好的包装效果,就必须采用比较透明的材料,最终选定了具有热封性又具有极佳透明性的 CPP 材料。再次,袋子的开窗结构必须与屋顶盒的开窗恰好对齐。而茶叶的特性是经过运输后会有一定的断裂层叠,体积会缩小,也就是说,如果开窗结构设计得不合理的话,经过长途运输后,刚生产出来时与中盒的开窗相对应的袋子的开窗结构就可能会下沉,露出铝的颜色,就不具有开窗的透明效果;而开在袋子上的窗户结构又不能过大,否则就失去了阻隔的功能。设计这款包装既要考虑到良好的开窗效果,又要考虑到一定的阻隔和保香作用,同时还要考虑到茶叶的特性。经过多次的尝试,立顿茶叶包装的开发人员才得到了最终货架上让人心动的包装效果。

阅读并思考

1. 对用于茶叶包装用的材料,在技术上有哪些要求?

 本章综合练习题

 名词解释

流通加工　　包装

 填空题

1. 按照流通加工的方式不同,可以将流通加工设备分为_____、_____、_____等。

2. 按包装在流通领域中的作用,包装大致可以分为_____和_____两类。

3. 现代物流中常用的包装技术有_____、_____、_____、_____和_____。

4. 流通领域的金属加工机械主要是指对金属进行_____、_____、_____、_____的机械。

5. 平板玻璃的重要的流通加工方式是_____。

简答题

1. 流通加工的作用主要体现在哪几个方面？不合理的流通加工形式主要有哪些？
2. 流通加工作业的主要类型有哪些？
3. 在物流领域，包装机械的主要作用有哪些？
4. 计量填充机械有哪些主要类型，各自的特点是什么？
5. 在流通加工领域，对钢材、木材、混凝土采取集中下料，按需供给有哪些优点？

部分练习题参考答案

填空题

1. 包装机械　称量设备　标签印贴和条形码打印设备　切割机械设备
2. 销售包装　运输包装
3. 防震包装技术　防潮及防水包装技术　防霉包装技术　防锈包装技术　防虫及防鼠包装技术
4. 剪切　弯曲　下料　切削加工
5. 集中套裁、开片供应

第十六章 物流信息技术设备的应用

学习目的

通过本章的学习,应了解现代物流信息技术包含的基本内容,熟悉条形码技术的标准并了解条形码技术的设备、工作原理和应用,熟悉射频技术的标准并了解射频技术的设备、工作原理和应用,熟悉全球卫星定位和地理信息系统技术的设备和应用,熟悉计算机网络硬件的基本知识,了解电子数据交换技术标准和发展状况。

第一节 条形码技术设备

一、条形码技术概述

条形码是将一组宽度不等的多个黑条和白条按一定编码规则排列,用以表达一定的字符、数字及符号信息的图形标识符。条形码在国际包装上的应用是包装现代化及包装标志国际化的一个方面。当今国际贸易中,竞争十分激烈。商品要进入各国的超级市场,除了商品的质量、包装要符合要求外,商品包装上还必须具备符合国际规范的条形码标志,否则,该商品只能进入低档商店。因而,条形码的研究和应用已成为目前国际包装业的一个重要课题。

条形码技术是在计算机的应用实践中产生和发展起来的一种自动识别技术。它是为实现对信息的自动扫描而设计的,是实现快速、准确而可靠地采集数据的有效手段。条形码技术的应用解决了数据录入和数据采集的瓶颈问题,为提供链管理提供了有力的技术支持。

条形码技术的作用具体体现在:它是实现各行业自动化管理的有力武器,有助于进货、销售、仓储管理一体化;是实现电子数据交换、节约资源的基础;是及时沟通产、供、销的纽带和桥梁;是提高市场竞争力的工具;可以节约消费者的购物时间,扩大商品销售额。

条形码技术提供了一种对物流中的物品进行标识和描述的方法,借助自动识别技术、销售点(POS)终端系统、电子数据交换等现代技术手段,企业可以随时了解有关产品在供应链上的位置,并及时做出反应。在欧美等发达国家兴起的有效客户响应(ECR)、快速响应(QR)、自动连续补货(ACEP)等供应链管理策略,都离不开条形码技术的应用。条码是实现销售点终端系统、电子数据交换、电子商务、供应链管理的技术基础,是物流管理现代化、提高企业管理水平和竞争能力的重要技术手段。

二、条形码技术设备和原理

1. 条形码的阅读器

条形码的制作和识别需要一套专用设备。早期的条形码是由专用的条形码制作设备来制作完成的,成本较高。近几年,国内大多数用户都使用计算机打印条形码,比较方便,成本也比较低。条形码的识别是由光电阅读器将条形码字符翻译为计算机用代码(ASCII 码),然后用计算机对数据进行处理而实现的。阅读器发出一道光对条形码进行扫描,因黑色条纹吸收光线,白色条纹反射光线。阅读器接收反射回来的光线,将其转变为电信号并加以翻译,由此实现对条形码的阅读。

目前,条形码阅读器的种类比较多,按光源分有普通光阅读器、电荷耦合器件(CCD,charge coupled device)阅读器、激光阅读器;按物理结构分为手持式(光笔、枪式)阅读器、固定式(槽式、盒式)阅读器;按扫描方式分有固定光束阅读器、移动光束阅读器等。常见的条形码阅读器有光笔扫描器、手持式 CCD 扫描器和手持式激光扫描器等。

1) 光笔扫描器

光笔扫描器用红外光做光源,使用时必须用光笔扫过条形码标签的表面方能进行识别。采用光笔扫描器阅读条码时需将光笔按一定速度和斜度(一般是 30°)划过条形码,需要用户有一定的经验。这种扫描器的优点是价格便宜、结实耐用、耗电量小;缺点是工作距离和扫描深度都较小,因此需要光笔和被扫描的条码接触,条码上至多允许有一层保护膜覆盖。光笔扫描器多用于超市、仓库、图书馆和银行。

2) 槽式扫描器

槽式扫描器是一种固定安装、固定光速的接触式扫描器。它的工作距离和扫描深度都很小,只允许印有条码符号的卡片或证件在槽内移动。它靠手持条码符号移动来实现扫描,多用于考勤、保安记录、图书借还、银行查账等,这种扫描器不受所扫描的条形符号长度的限制,价格便宜。

3) 手持式 CCD 扫描器

CCD 扫描器是利用光电耦合原理,对条码印刷图案进行成像,然后再译码,从而实现扫描的。它的优势是无转轴、马达,使用寿命长,价格便宜。

选择CCD扫描器时,最重要的是两个参数:

(1) 景深　由于CCD的成像原理类似于照相机,如果要加大景深,则相应地要加大透镜,从而使CCD体积过大,不便操作。优秀的CCD应无须紧贴条码即可识读,而且应体积适中,操作舒适。

(2) 分辨率　如果要提高CCD分辨率,必须增加成像处光敏元件的单位元素。低价CCD一般是500像素,识读EAN、UPC等商业码已经足够,对于别的码制识读就会困难一些。中档CCD以1024像素为多,有些甚至达到2048像素,能分辨最窄单位元素为0.1 mm的条码。

4) 手持式激光扫描器

手持式激光扫描器又称为激光枪,是利用激光二极管作为光源的单线式扫描器,它主要有转镜式和颤镜式两种。转镜式的代表品牌是SP400,它采用高速马达带动一个棱镜组旋转,使二极管发出的单点激光变成一线。颤镜式的制作成本低于转镜式,但这种原理的激光枪的扫描速度不易提高,一般为33次/s。个别型号,如POTI-CON可以达到100次/s,其代表品牌为Symbol,PSC和POTI-CON。激光扫描器以激光为光源,灵敏度较高,对条形码的清晰度要求不高,特别适用于不同形状的物品(如表面不规则的物品)上条形码的识别。常用于生产流水线、物品自动分类等场合,但它价格较高,使用有一定的限度。商业企业在选择激光扫描器时,最重要的是要注意扫描速度和分辨率。

2. 条形码阅读器的技术参数与组成

在选择条形码阅读器时,重要的两个技术参数是扫描分辨率和扫描深度。扫描分辨率是指分辨条码符号最窄元素的宽度。条码符号最窄元素的宽度取决于现有的印刷技术、光学元件的工艺水平和光学系统的聚焦能力。通常将能分辨0.15~0.3 mm的光电扫描器称为高分辨率扫描器;能分辨0.3~0.45 mm的光电扫描器称为中分辨率扫描器;能分辨0.45 mm以上的光电扫描器称为低分辨率扫描器。选择扫描器时应考虑到扫描器的分辨率与条码符号最窄元素的匹配。一般选择扫描器光电的直径(椭圆形光点的短轴)为条码符号中最窄元素宽度的0.8~1。扫描器的扫描深度是指扫描器可有效读取条码符号的范围,它由扫描器的光学系统设计所决定。扫描器的工作距离是指扫描器到条码符号之间必要的正常距离。扫描深度是指最大的工作距离与最小的工作距离之差。扫描深度是条码符号的最窄元素z的函数。z值越大,则扫描深度就越大。因此,可以通过增大条码符号最窄元素的宽度来延长扫描深度。通常所说的扫描深度是指在给定的分辨率状态下的扫描距离范围。图16.1给出了扫描器的结构及作用范围示意图。

3. 扫描器组件及读取原理

不同颜色的物体所反射的可见光的波长不同,白色物体能反射各种波长的可

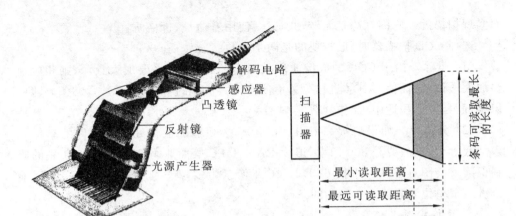

图 16.1　扫描器组成及作用范围

见光,黑色物体则吸收各种波长的可见光。如图 16.2 所示,当条形码扫描器光源发出的光经光阑及凸透镜 1 后,照射到黑白相间的条形码上时,反射光经凸透镜 2 聚焦后,照射到光电转换器上,于是光电转换器接收到与白条和黑条相应的强弱不同的反射光信号,并转换成相应的电信号输出到放大整形电路。黑条、白条的宽度不同,相应的电信号持续时间长短也不同。但是,由光电转换器输出的与条形码的黑条和白条相应的电信号一般仅 10 mV 左右,不能直接使用,因而先要将光电转换器输出的电信号送放大器放大。放大后的电信号仍然是一个模拟电信号,为了避免条形码中有疵点和污点而导致错误信号,在放大电路后需加一整形电路,把模拟信号转换成数字电信号,以便计算机系统能准确判读。整形电路的脉冲数字信号经译码器译成数字、字符信息。它通过识别起始、终止字符判别出条形码符号的码制及扫描方向;通过测量脉冲数字电信号 0、1 的数目判别出黑条和白条的数目,通过测量 0、1 信号持续的时间判别黑条和白条的宽度,这样便可得到被辨读的条形码符号的黑条和白条的数目及相应的宽度和所用码制,根据码制所对应的编码规则,将条形符号转换成相应的数字、字符信息,通过接口电路传送给计算机系统进行数据处理与管理,便完成了条形码辨读的全过程。

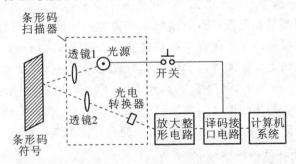

图 16.2　扫描器读取原理图

译码器是条码符号自动识别系统的核心。译码器的主要技术指标有译码范围、与各种扫描器连接的通用性、与计算机通信的接口能力等。按供电方式和数据传输方式的不同可将译码器分为联机式、便携式、无线便携式三类。联机式译码器由交流电源供电,译码器和计算机之间用电缆连接并将翻译的信息送入计算机,此种译码器通常安装在固定位置并靠近扫描器;便携式译码器储存器容量较大,可带到数据采集现场,并将采集的数据存入译码器,然后再将数据送入计算机主机。无线便携式可以将数据通过无线电波实时地传送到计算机上。

三、条形码技术的应用

由于条形码技术具有输入速度快、信息量大、准确度高、成本低、可靠性强等优点,因而发展十分迅速。在仅仅 40 年的时间里,条形码技术已广泛应用于交通运输业、商业贸易、生产制造业、仓储业等生产及流通领域。条形码技术不仅在国际范围内为商品提供了一套完整的代码标识体系,而且为供应链管理的各个环节提供了一种通用的语言符号。

条形码技术在现代物流企业中主要应用在如下几个方面。

1)生产企业原材料供应管理

随着市场需求日益多元化,企业的生产模式已经从过去的大批量、单品种的模式向小批量、多品种的模式转移,正逐步推行柔性生产和实现个性化生产,这就对原材料的供应和管理提出了更高的要求。在生产企业原材料供应管理中利用条形码技术的作用:一是对采购的生产物料按照行业及企业规则建立统一的物料编码;二是对需要进行标识的物料打印条形码标,以便于在生产管理中对物料的单件跟踪;三是利用该技术,对仓库进行基本的进、销、存管理,根据生产需要,及时进行原材料和部件的供应,并及时补充库存,控制库存数量,有效地降低库存成本;四是通过原材料和部件编码,建立质量检验档案,保证原材料和部件供应质量。

2)装卸搬运管理

装卸搬运是物流企业一项很重要的职能,在这一环节中,货品种类繁多,信息量大,包装规格不同,且经常不能确定条形码标签的方向和位置,因此,这一系统对条形码技术的应用提出了较高的要求。一是必须保证扫描器每秒扫描的次数,并能够进行数据重组,保证得到完整的信息;二是由于装卸搬运的自然环境一般较差。因此,要保证扫描器在较高和较低温度下都能够正常工作,保证扫描器的使用寿命;三是要对通过条形码显示的信息、装卸搬运货物与作业单的信息进行进一步核实,以提高装卸搬运的准确性。

3)货物跟踪管理

货物跟踪系统是指物流运输企业利用条形码和电子数据交换技术及时获取有关货物运输状态的信息,如货物品种、数量,货物在途情况、交货期间、发货地和到达地,货物的货主、送货责任车辆和人员等的系统。物流企业在向货主取货、装货时,在物流中心重新集装运输时,在向顾客配送交货时,都可利用扫描仪自动读取货物包装或者货物发票上的物流条形码等货物信息,通过公共通信线路、专用通信线路或卫星通信线路把货物的信息传送到总部的中心计算机进行汇总整理,由中心计算机集中处理所有被运送货物的信息。这样,顾客可以对货物的状态随时进行查询,物流企业可以即时确认货物交付给顾客的时间,从而提高运送货物的准确性和及时性,提高服务水平。如果再进一步运用地理信息系统和全球定位系统,在运输工具上安装实时跟踪系统,就可以实现对货物运输状态的实时查询和跟踪。

4) 仓储管理

利用条形码方案可对仓库中的每一种货物、每一个库位作出书面报告,可定期对库区进行周期性盘存,并在最大限度减少手工录入的基础上,确保将差错率降至零,且高速采集大量数据。一是根据货物的品名、型号、规格、产地、牌名、包装等划分货物品种,并且分配唯一的编码。二是将仓库分为若干个库房,并将每一个库房分为若干个库位,明确定义存货空间;按仓库的库位记录仓库货物库存,在产品入库时将库位条形码号与产品条形码号一一对应。三是通过采集入库、出库、移库、盘库数据,使仓库货物库存更加准确。

5) 配送中心管理

配送中心的主要功能就是完成对商品的筛选、包装和分拣工作。配送中心管理最典型的模式是沃尔玛配送中心的管理模式。在配送中心,无处不用到条形码技术,一是在商品进入配送中心时进行信息采集,完成对商品的筛选;二是根据配送要求,对商品进行重新分包、分拣,并打印新的条码;三是根据订单,对同一批货物集中包装,再次打印新的条形码并送运。每一次采集所得的信息,都及时输入中心计算机,中心对每一单配送进行实时监控,确保配送的准确性和及时性。

第二节 射频识别技术设备

一、射频识别技术及标准

1. 射频技术的特点及其分类

射频(RF,radio frequency)识别技术的基本原理是电磁理论。射频系统的优点是不局限于视线,识别距离比光学系统远。射频识别卡具有可读写能力,可携带大量数据,难以伪造且有智能。

射频识别技术产生于 20 世纪 80 年代,90 年代后进入实用化阶段。射频识别标签与识读器之间利用感应、无线电波或微波进行非接触双向通信,实现标签储存信息的识别和数据交换。目前,射频识别技术是自动标识与数据采集领域最热门的技术,但是各厂商的格式一直不兼容。

射频识别技术最突出的特点是可以进行非接触识读(识读距离从十厘米至几

十米)、可识别高速运动物体、抗恶劣环境能力强,一般污垢覆盖在标签上都不会影响标签信息的识读,保密性强、可同时识别多个识别对象等,应用领域广阔。常用于移动车辆的自动识别、资产跟踪、生产过程控制等。由于射频标签较条码标签成本高,目前在物流过程,很少像条码那样用于消费品的标识,而多数用于物流器具,如可回收托盘、包装箱的标识。

射频标识系统一般包括三个构件:天线、无线收发器(带解码器)、以电子形式编制了唯一信息的异频雷达收发器(称为射频标签)。

天线发射无线信号激活标签并读写其上的数据。天线标签和无线收发器间的桥梁——天线有各种形状和大小,可置入门框内来接收通过门的人或物品上的标签数据,或固定在高速公路的收费站来检测交通流量。如果希望连续记录多个标签时,天线产生的电磁场可维持不变。如果不需要持续讯问;可由传感设备来激活电磁场。

天线可与无线收发器和解码器集成起来组成手持式或者固定式阅读器(讯问器)。阅读器发射出的无线电波波长可为 2.5 cm～30 m,通常依赖于其输出能力和所用频率。当射频标签通过电磁场时探测阅读器的激活信号。阅读器对标签的集成电路内编码的数据进行解码并将数据传送给主机处理。

射频标签也有各种形状和大小。植入皮下的动物跟踪标签的直径只有铅笔头大,长 1 cm。标签可做成螺丝钉状,用来识别树木或木制品;或做成信用卡状,用于访问者控制。商店内商品上附着的防盗用的塑料标签就是射频标签,用于跟踪联运集装箱或重型机器、卡车和铁路车辆的 12 cm×10 cm×5 cm 的大型异频雷达收发器也是射频标签。

射频标签可分成主动式和被动式两类。主动式标签由内部电池供电,一般是可读写的。其储存容量取决于应用的要求,某些系统可达到 1MB。流程式制造业所用的读写型射频标签可向机器发出指令并接收机器报告的性能数据,这种编码后的数据作为所标记零件的历史数据。电池供电的主动式标签通常阅读范围更大,代价是更大的体积、更高的成本和有限的寿命(不超过十年,与现场温度和电池类型有关)。

被动式射频标签不需要单独的外部电源,其工作能量来自阅读器。被动式标签比主动式标签更轻巧、更便宜,并且寿命几乎是无限的。但其阅读范围较小,需要高能阅读器。只读标签一般是被动式的、内置不可更改的标识数据(通常为 32～128 bit)。与一维条形码的作用一样,只读标签仅作为数据库的关键字,由数据库来储存可变的产品信息。

射频识别系统也可按其频率范围进行划分。30～500 kHz 的低频系统阅读范围小,系统成本也低,多用于访问者控制、物品跟踪和动物标识。850～950 MHz 和 2.4～2.5 GHz 的高频系统的阅读范围更大(30 m 以上),阅读速度更高,用于铁路车辆跟踪和自动收费,但系统成本也更高。

射频识别系统最重要的优点是非接触作业。它能穿透雪、雾、冰、涂料、尘垢和无法使用条形码的恶劣环境阅读标签;阅读速度极快,大多数情况下不到 100 ms。主动式射频识别系统具有较高的读写能力,可用于流程跟踪或维修跟踪等交互式业务。

尽管与条形码相比成本较高,但射频识别标签还是在自动数据采集和标识领域获得了广泛应用。

2. 射频识别标准

射频识别系统的主要问题是没有兼容的标准。射频识别系统的主要厂商提供的都是专用系统,导致不同的行业采用的是不同厂商的频率和协议标准。目前射频识别标准处于割据状态,铁路、公路、航空等领域都有其各自的标准。这种混乱的状况已经影响了整个射频识别行业的发展,并增加了跨行业应用时的成本。

欧美的很多组织已经着手解决这个问题,并有望在彼此竞争的射频识别系统间寻找出某些共性。1996 年国际自动识别协会(AIM Global)的美国分会已组成临时工作组开始制定射频识别标准,美国国家标准局(ANSI)的"全国信息技术标准委员会(NCITS)"召集了主要的射频识别厂商和用户起草 2.45 GHz 频率的草案,供国际标准化组织采用(国际标准化组织已经采用动物跟踪国际标准,即 ISO 11784 和 ISO 11785)。

正像标准化刺激了条形码技术的快速增长和广泛应用,射频识别系统厂商的合作对射频识别技术的发展和推广也是非常重要的。

二、射频识别技术的应用

美国和北大西洋公约组织(NATO)在波斯尼亚的"联合作战行动"中,吸取了"沙漠风暴"军事行动中大量物资无法跟踪造成重复运输的教训,不但建成了战争史上投入战场最复杂的通信网,还完善了识别跟踪军用物资的新型后勤系统。无论物资是在订购之中、运输途中、还是在某个仓库储存着,通过该系统,各级指挥人员都可以实时掌握所有的信息。

射频识别技术适用于物料跟踪、运载工具和货架识别等要求非接触数据采集和交换的场合,由于射频标签具有可读写能力,对于需要频繁改变数据内容的场合尤为适用。射频识别技术一般用于访问者控制、店铺的防盗系统、物品和库存跟踪、自动收费、野生和家养动物的跟踪、居室防盗系统、制造流程管理、联运集装箱和空运货物跟踪、航运与铁路车辆跟踪等。近年来美国国防部已加大了在后勤方面应用射频识别技术的投资,将射频标签用做海地、索马里和波西尼亚等军事行动中联运集装箱的电子载货单。

我国射频识别技术的应用也已经开始,一些高速公路的收费站口,使用射频识别技术可以实现不停车收费,我国铁路系统采用射频识别技术记录货车车厢编号的试点已运行了一段时间,一些物流公司也正在准备将射频识别技术用于物流管理中。

射频识别识读器与标签之间的耦合方式有静电耦合、感应耦合和微波三种。

静电耦合系统,识读距离在 2 mm 以下,常见的信息钮就是以静电耦合方式获取信息的,可用于固定货物的巡检等。

感应耦合系统识读器天线发射的磁场无方向性,可以不考虑货物上射频标签位置和方向,常用于移动物品的识别、分拣。

微波射频识别系统识读微波的方向性很强,一般用于高速移动物体,如运输车辆的识别。

物流过程应用的一般是感应耦合方式的射频识别系统。感应耦合射频识别系统的工作过程通常如下:射频识读器的天线在其作用区域内发射能量形成电磁场,载有射频标签的物品在经过这个区域时被读写器发出的信号激发,将储存的数据发送给识读器,识读器接收射频标签发送的信号,解码获得数据,达到识别的目的。由于射频识别技术的应用涉及使用频率、发射功率、标签类型等诸多因素,目前尚没有像条形码那样形成在开环系统中应用的统一标准,因此主要是在一些闭环系统中使用。

1. 智能托盘系统

系统组成中的射频识读器安装在托盘进出仓库必经的通道口上方,每个托盘上都安装有射频标签,当叉车装载着托盘货物通过时,计算机通过识读器了解货物出入库情况,如图 16.3 所示。叉车通过时,射频识读器自动识读装载托盘上的射频标签。包装箱上方是识读器天线,可识读包装箱上固定的射频标签。

(a)叉车装载着托盘货物通过通道口情形　　(b)包装箱上固定的射频标签

图 16.3　智能托盘系统

2. 通道控制系统

以某汽车制造业的仓库为例,其创造性地使用射频识别"红、绿信号"系统,控制 3 500 个仓库进出的包装箱。这些包装箱上固定着射频标签,包装箱里是需要特殊标识的原材料。射频标签固定在包装箱上,是各个包装箱的唯一标识。在包装箱进出口处安装了射频识读器,识读器天线固定在上方。当包装箱通过天线所在处时,系统将标签记录信息与主数据库信息进行比较,正确时绿色信号亮,包装箱通过,如果不正确,则激活红色信号,同时将时间和日期记录在数据库中。

3. 气瓶防盗系统

在气瓶防盗系统运行的每个气瓶上都装有射频标签(见图 16.4(a))。装有气瓶的卡车通过装有射频识读器的出口(见图 16.4(b))时,识读器可同时识别每个气瓶上的标签信息,如有非注册气瓶,可认为是被盗气瓶,将限制其运出。该系统还可同时获取气瓶的年检信息。

气瓶防盗系统充分利用了射频识别系统可识别高速移动物体及可同时识别多个标签的特点,可实现气瓶运输过程中多气瓶的实时监控与防盗。

(a) 气瓶上装有射频标签　　　　(b) 通道门上方的射频识读器

图 16.4　气瓶防盗系统

第三节　GPS 和 GIS 设施与设备

GPS 具有功能多、精度高、覆盖面广,定位速度快等特点,信息传输采用全球移动通信(GSM)公用数字移动通信网,构筑在国际互联网这一最大的网上公共平台上,具有开放度高、资源共享程度高等优点。而在 GIS 中具有完整的 GIS 物流分析软件,其集成了车辆路线模型、最短路径模型、网络物流模型、分配集合模型和设施定位模型等。

物流管理的最终目标是降低成本、提高服务水平,这需要物流企业及时、准确、全面地掌握运输车辆的信息,对运输车辆实现实时监控调度。现代科技、通信技术的发展,GPS/GIS 技术的成熟和 GSM 无线通信技术的广泛应用,为现代物流管理提供了强大而有效的工具。3G(GPS/GIS/GSM)对物流企业优化资源配置、提高市场竞争力,将会起到积极的促进作用。

一、全球卫星定位系统(GPS)

1. GPS 概况

GPS 是美国从 20 世纪 70 年代开始研制,历时 20 年,耗资 200 亿美元,于

1994年全面建成的,是具有在海、路、空进行全方位实时三维导航与定位能力的新一代卫星导航与定位系统。

GPS系统是由分布在6个轨道面上的24颗卫星组成的星座,如图16.5所示。GPS卫星的轨道高度为20 000 km,卫星上装有10~13个高精确度的原子钟。地面上有一个主控站和多个监控站,定期对星座的卫星进行精确的位置和时间测定,并向卫星发出星历信息。用户使用GPS接收机同时接收4颗以上卫星的信号,即可确定自身所在的经纬度、高度及精确时间。

图16.5 美国全球定位系统星座

2. GPS的组成

GPS系统主要包括三大组成部分,即空间星座部分、地面监控部分和用户设备部分。

1) 空间星座部分

空间星座部分是由21颗工作卫星和3颗在轨备用卫星组成的卫星星座,亦即(21+3)GPS星座。24颗卫星均匀分布在6个轨道平面内,轨道平面相对于赤道平面的倾角为55°,各个轨道平面之间交角60°。每个轨道平面内的各卫星之间的交角为90°,任一轨道平面上的卫星比西边相邻轨道平面上的相应卫星超前30°。

GPS卫星处在20 000 km的高空,当地球相对于恒星自转一周时,它们绕地球运行两周,即绕地球一周的时间为12恒星时。这样,对于地面观测者来说,每天将提前4 min见到同一颗GPS卫星。每颗卫星每天约有5个小时在地平线以上,同时位于地平线以上的卫星数量随着时间和地点的不同而不同,最少可见到4颗,最多可见到11颗。在用GPS信号导航定位时,为了计算观测站的三维坐标,必须观测4颗GPS卫星,称为定位星座。这4颗卫星在观测过程中的几何位置分布对定位精度有一定的影响。对于某地某时,甚至不能测得精确的点位坐标,这种时间段称为间隙段。但这种时间间隙段是很短暂的,并不影响全球绝大多数地方的全天候、高精度、连续实时的导航定位测量。GPS 工作卫星的编号和试验卫星基本相同。

2) 地面监控部分

GPS 工作卫星的地面监控系统目前主要由分布在全球的 1 个主控站、3 个信息注入站和 5 个监测站组成。对于导航定位来说,GPS 卫星是一动态已知点。卫星的位置是依据卫星发射的星历,即描述卫星运动及其轨道的参数算得的。每颗 GPS 卫星所播发的星历,是由地面监控系统提供的。卫星上的各种设备是否工作正常,以及卫星是否一直沿着预定轨道运行,都要由地面设备进行监测和控制。

地面监控系统另一重要作用是使各颗卫星处于同一时间标准——GPS 时间系统标准下。这就需要地面站监测各颗卫星的时间,求出时钟差,然后由地面注入站发给卫星,再由卫星用导航电文发给用户设备。GPS 的空间部分和地面监控部分是用户广泛应用该系统进行导航和定位的基础,均为美国所控制。

3) 用户设备部分

用户设备部分即 GPS 信号接收机。

(1) GPS 信号接收机的任务　GPS 信号接收机的任务是捕获按一定卫星高度截止角所选择的待测卫星的信号,并跟踪这些卫星的运行,对所接收到的 GPS 信号进行变换、放大和处理,以便测量出 GPS 信号从卫星到接收机天线的传播时间,解译出 GPS 卫星所发送的导航电文,实时地计算出观测站的三维位置,甚至三维速度和时间,最终实现利用 GPS 进行导航和定位的目的。

(2) GPS 信号接收机的工作原理　静态定位时,GPS 接收机在捕获和跟踪 GPS 卫星的过程中固定不变,接收机高精度地测量 GPS 信号的传播时间,利用 GPS 卫星在轨的已知位置,解算出接收机天线所在位置的三维坐标;而动态定位时则是用 GPS 接收机测定一个运动物体的运行轨迹。装载 GPS 信号接收机的运动物体称为载体(如航行中的船舰、空中的飞机、行驶的车辆等)。载体上的 GPS 接收机天线在跟踪 GPS 卫星的过程中相对地球而运动,接收机用 GPS 信号实时地测得运动载体的状态参数(瞬间三维位置和三维速度)。

接收机硬件和机内软件以及 GPS 数据的后处理软件包构成完整的 GPS 用户设备。GPS 接收机的结构分为天线单元和接收单元两大部分。对于观测地型接收机来说,两个单元一般分成两个独立的部件,观测时将天线单元安置在观测站上,接收单元置于观测站附近的适当地方,用电缆线将两者连接成一个整机。也有的将天线单元和接收单元制作成一个整体,观测时将其安置在测站点上。

(3) GPS 信号接收机的特点　GPS 接收机一般用蓄电池供电,同时采用机内/机外两种直流电源。设置机内电池的目的在于更换外电池时不中断连续观测。在用机外电池的过程中,机内电池自动充电。关机后,机内电池为随机存取储存器供电,以防止丢失数据。

目前,各种类型的 GPS 接收机体积越来越小,重量越来越轻,便于野外观测。GPS 接收器现有单频与双频两种,但由于价格因素,一般使用者所购买的多为单频接收器。接收机接收 GPS 卫星广播出来的定位信号,由接收机中的运算单元解算出使用者目前位置。一般 GPS 接收机只接收信号不发射信号,可提供全球 24 小时的定位服务,也不受天气状况的影响。由于其采用展频(高速跳频)技术,更不易受到他人信号的干扰。

GPS 接收机无论其体积大小,都有许多组件关系到它的性能表现。例如,以可同时接收卫星数量而言,有些 GPS 接收机是四卫星级的,有些是六卫星级的,而目前 GPS 则大多数是 12 卫星级的,且有同步及异步接收之分。大体上卫星数量的多寡和锁定数据的速度有关。当 GPS 安装在交通工具一类天空被遮蔽的地点时,必须使用外接天线来接收来自卫星的信号。通常 GPS 卫星的频率因为高达 1.6 GHz,它的天线体积通常不会太大。有些天线具有信号放大的线路,可以接续较长的电缆线到 GPS 接收机,这一类的天线通常体积会比较大些。

3. GPS 的应用

GPS 的军用定位精度小于 10 m,民用定位精度小于 100 m。美国在海湾战争、科索沃战争和阿富汗战争中广泛使用了 GPS。在物流领域,GPS 将会越来越普遍地应用于各个环节,包括用于汽车自定位、跟踪调度、陆地救援,用于内河及远洋船队最佳航程和安全航线的测定、航向的实时调度、监测及水上救援,用于空中交通管理、精密进场着陆、航路导航和监视,用于铁路运输管理,用于军事物流等。

在长途班车、旅游客车、危险品运输车辆上安装车载 GPS 后,通过中心监控系统可以对车辆进行实时监控,对管理部门监督驾驶员的超速行车、疲劳驾驶行为,提高运输生产组织水平等具有积极的辅助管理作用;同时,监控中心可实现对正处于超速、抛锚等情况的长途营运车的报警功能,从而降低交通事故的发生率,对于提高运输、生产的安全性具有积极的意义。

4. GPS 的市场前景

国内业界已有多家厂商投入 GPS 的研制,国内业界看好汽车导航定位系统市场及未来之通信手机(cell phone)定位系统市场。汽车导航定位系统可用于从现在位置至已选定之目的地间,设定一个导航路径,配合交通电子地图寻找并在最短时间内、经过最短距离到达目的地。也可用于附近相关周边设施(医院、加油站、公务机关位置、风景区等设施)的寻找,如通过空间分析软件规划出私人旅游、公交车路线、货运物流等行进的最短路线。另外,利用此系统,可为车辆驾驶人员提供行车动态,帮助车辆服务厂商紧急救援、拖吊,在车辆失窃时与警方合作共同追踪寻找失窃车辆等。

国内现阶段的 GPS 仍在起步中,其产品以汽车导航定位系统为主,对有意从事 GPS 产品开发的厂商而言,除了应使产品具备应有的功能外,还需进行产品的导/散热、产品在不同国度气候的放置及操作的温度做严苛温度筛选试验、车辆运输震动筛选试验、防电磁干扰(EMI,electromagnetic interference)试验等环境试验。温变率宜在 5～10 ℃之间,以使未来产品更能适用于任何环境温度。

二、地理信息系统(GIS)

1. GIS 的定义及特征

地理信息系统有时又称为地学信息系统或资源与环境信息系统,是一种特定的十分重要的空间信息系统。它是在计算机硬、软件系统支持下,对整个或部分地球表层(包括大气层)空间中的有关地理分布数据进行采集、储存、管理、运算、分析、显示和描述的技术系统。地理信息系统处理、管理的对象是多种地理空间实体数据及其关系,包括空间定位数据、图形数据、遥感图像数据、属性数据等,用于分析和处理在一定地理区域内分布的各种现象和过程,解决复杂的规划、决策和管理问题。

通过上述的分析和定义可提出 GIS 的如下基本概念。

(1) GIS 的物理外壳是计算机化的技术系统,它又由若干个相互关联的子系统构成,如数据采集子系统、数据管理子系统、数据处理和分析子系统、图像处理子系统、数据产品输出子系统等,这些子系统的优劣、结构直接影响着 GIS 的硬件平台、功能、效率、数据处理的方式和产品输出的类型。

(2) GIS 的操作对象是空间数据,即点、线、面、体之类有三维要素的地理实体。空间数据的最根本特点是每一个数据都按统一的地理坐标进行编码,实现对其定位、定性和定量的描述,这是 GIS 区别于其他类型信息系统的根本标志,也是其技术难点所在。

(3) GIS 的技术优势在于它的数据综合、模拟与分析评价能力,可以得到常规方法或普通信息系统难以得到的重要信息,实现地理空间过程演化的模拟和预测。

(4) GIS 与测绘学和地理学有着密切的关系。利用大地测量、工程测量、矿山测量、地籍测量、航空摄影测量和遥感等技术可为 GIS 中的空间实体提供各种不同比例尺和精度的定位数;通过电子速测仪、GPS 技术、解析或数字摄影测量工作站、遥感图像处理系统等现代测绘技术的使用,可直接、快速和自动地获取空间目标的数字信息产品,为 GIS 提供丰富和更为实时的信息源,并促使 GIS 向更高层次发展。地理学是 GIS 的理论依托。有学者断言:"地理信息系统和信息地理学是地理科学第二次革命的主要工具和手段。如果说 GIS 的兴起和发展是地理科学信息革命的一把钥匙,那么,信息地理学的兴起和发展将是打开地理科学信息革命的一扇大门,必将为地理科学的发展和提高开辟一个崭新的天地。"GIS 被誉为地学的第三代语言——用数字形式来描述空间实体。

GIS 按研究的范围大小可分为全球性的、区域性的和局部性的;按研究内容的不同可分为综合性的与专题性的。同级的各种专业应用系统集中起来,可以构成相应地域同级的区域综合系统。在规划、建立应用系统时应统一规划这两种系统的发展,以减小重复浪费,提高数据共享程度和实用性。

2. 地理信息系统的组成

1) 硬件组成部分

(1) 计算机主机,包括屏幕、键盘、鼠标等。

(2) 输入设备,包括数字化仪、扫描仪、测绘仪器等。

(3) 储存设备,包括软盘、硬盘、磁带和光盘等。

(4) 输出设备,包括显示器、绘图机、打印机等。

2) 计算机软件系统

GIS 软件主要有 ESRI 公司的 ARC/INFO、MapInfo 公司的 MapInfo、Autodesk 公司的 AutoCAD Map 和 Autodesk World 国外软件及 GeoStar、MapCAD、CityStar 等国产软件。这些都基于 Windows98/NT 平台的比较优秀的 GIS 软件,这些软件以其各自的特点应用于不同领域,并正向着各自的方向前进。MapInfo 公司的 MapInfo Professional 是目前世界上比较完备、功能强大、全面直观的桌面地理信息系统。

GIS 的计算机软件系统可以按功能分为五个部分。

(1) 数据输入 数据是 GIS 的血液。数据输入的目的是将现有的地图、航空相片、遥感图像、文本资料等转换成 GIS 可以处理与接收的数字形式,使系统能够识别、管理和分析。

(2) 数据管理 数据管理部分是 GIS 的心脏。在 GIS 的核心部分,有一个巨大的地理数据库,它必须能管理储存于 GIS 中的一切数据,具有数据库的定义、维护、查询、通信等功能。

(3) 空间分析 空间分析是 GIS 的大脑,它是 GIS 区别于一般事务数据库和其他一些系统的重要特征。通过对 GIS 中空间数据的分析和运算,能为 GIS 的具体应用提供分析处理后的信息。

(4) 数据输出 将 GIS 中的数据经过分析、转换、处理、组织,以某种用户可以理解的形式(如报表、地图等)提供给用户(还可以直接通过互联网传给网络用户),这就是 GIS 数据输出部分的任务。

(5) 应用模块 应用模块是指应用于某种特定任务的 GIS 软件模块,在 GIS 的基础软件(或称工具软件)中是不具备的,但往往是用户关心的,如房地产管理、自然灾害分析等。

通过将 GIS 软件模块化,可以根据不同的用户目的,实现完全不同的功能,如城市规划的应用模块和水资源调查的应用模块,在功能上就完全不一样。GIS 的应用模块是为用户的事务性工作直接服务的,往往带有辅助决策的性质。

3) 地理数据

数据是 GIS 的血液,没有数据 GIS 就无法运行。地理数据是具有空间定位的自然、社会、人文、经济等方面的数据,可以是图形、图像、文本、表格、数字、声音等,是用户通过数字化仪、扫描仪等设备输入到 GIS 的地理数据库中的。

GIS 中数据的质量直接影响到 GIS 分析结果的可靠性。由于数据是随着时间不断老化的,为了使 GIS 能有效、可靠地发挥作用,必须不断地更新 GIS 地理数据库中的数据。更新数据就需要投入,因此,GIS 是需要不断地投入资金的。如果 GIS 中的数据是"垃圾",那么其输出的结果也将是"垃圾",数据的可靠性不会因为昂贵的设备和高级的技术人才而改变。

GIS 的数据输入部分主要是存在于地图、遥感相片等载体中的空间数据,是描述目标的空间位置、几何形态以及与其他目标的空间关系的数据。例如描述一幢房子位置和形状的坐标数据。空间数据通常是通过测绘手段获取的(包括地图、遥感、GPS 等)。属性数据是指描述空间目标的社会或自然属性的数据,如房子的房主、建筑年代、建筑材料等。在建立 GIS 的最初阶段,数据采集和转变的经费往往高达整个系统费用的 70%～80%。

4)管理和操作人员

任何先进技术的引进和开发应用,都需要掌握该技术的人才的参与。对 GIS 的管理和操作人员应进行培训,使他们能以与传统手工操作不同的、新的方式思维和工作。

3. GIS 技术的应用

GIS 在物流活动中主要应用于物流分析,即利用 GIS 强大的地理数据功能来完善物流分析技术。国外公司已经开发出利用 GIS 为物流分析提供专门分析的工具软件。完整的 GIS 物流分析软件集成了车辆路线模型、最短路径模型、网络物流模型、分配集会模型和设施定位模型等。GIS 可与相关信息技术结合为一门综合性技术,而且 GIS 的应用需要利用和集成其他技术,同时其他信息技术的应用也需要 GIS。

GPS 被认为是 21 世纪影响人类社会的十二大技术之一。然而,GPS 必须与 GIS 结合。特别是智能化汽车和道路系统(IVHS)的建设,将为 GIS 和 GPS 的应用开辟新的途径。

根据 GIS 所应用的领域可将其划分为:地籍信息系统(CIS)、基于影像的信息系统(IBIS)、土地信息系统(LIS)、自然资源管理信息系统(NR2MIS)、市场分析信息系统(MAIS)、规划信息系统(PIS)、空间信息系统(SIS)、空间决策信息系统(SDIS)、城市信息系统(UIS)和交通运输地理信息系统(GIS2T)等。尽管现存的地理信息系统软件很多,但它的应用归纳概括起来不外乎两种情况。一是利用 GIS 系统来加工和管理用户的数据;二是在 GIS 的基础上,利用它的二次开发技术开发用户专用的地理信息系统。以下是 GIS 的一些具体的应用。

(1)将 GIS 作为空间数据库管理系统。GIS 目前采用野外数字测图、手工和扫描数字化、遥感与摄影测量等方式采集空间数据,并有效地对这些数据进行数据库管理、更新、维护,进行快速查询检索,以多种方式输出决策所需的地理空间信息。

(2) GIS在综合分析评价与模拟预测中的应用。利用GIS可以综合分析现实世界各个侧面的思维评价结果，得到综合分析评价结果；也可以模拟自然过程、决策和倾向的发展，对比不同决策方案的效果以及可能产生的后果，以作出最优决策，避免和预防不良后果的发生。

(3) GIS的空间查询和空间分析功能的应用。这种应用以原始图为输入，而查询和分析结果则是以原始图经过空间操作后生成的新图件来表示，在空间定位上仍与原始图一致。因此，也可将其称为空间变换。这种空间变换包括叠置分析、缓冲区分析、拓扑空间查询、空间集合分析(逻辑交运算、逻辑并运算、逻辑差运算)。

(4) GIS在专题地图制图中的应用。地理信息系统的发展是从地图制图开始的，因而GIS的主要功能之一是用于地图制图，建立地图数据库。与传统手工制图方式相比，利用GIS建立起地图数据库，可以达到一次投入、多次产出的效果。它不仅可以为用户输出全要素地形图，而且可以根据用户需要分层输出各种专题。

(5) 建立专题信息系统和区域信息系统。专题信息系统如水资源管理信息系统、矿产资源信息系统、草场资源信息系统、水土流失信息系统和煤气管网GIS系统(目前上海正在建立这一系统)等。区域信息系统主要以区域综合研究和全面的信息服务为目标，可以有不同的规模，其特点是数据种类多、功能齐全，通常具有较强的开放性。

(6) GIS与遥感图像处理系统相结合的应用。遥感数据是地理信息系统的重要信息源，目前大多数GIS系统已嵌入图像处理功能，并把它作为了一个子模块。

第四节　通信与网络技术设备

一、计算机网络概述

1. 计算机网络的定义

计算机网络是利用通信链路(传输介质)和通信设备把分散在不同地点的具有独立功能的多个计算机系统互连起来，按网络通信协议相互通信，在网络软件控制下实现网络资源共享和数据通信的系统。

2. 计算机网络的类型

根据网络的覆盖范围，网络类型通常可划分为局域网、城域网、广域网等类型。

(1) 局域网　局域网络简称LAN，它是某一个单位在某一个小范围内(即某一幢大楼、某一个建筑物、物流公司的某一个办事处)组建的计算机网络，一般在方圆10 km范围内。该网络具有组网方便、使用灵活、操作简单等特点。它起源于20世纪80年代初期，是随着微型计算机的大量使用而迅速发展起来的一种新型的网络技术。

(2) 广域网　广域网络简称WAN，它是一种涉及范围较大的远距离计算机网络,即在一个地区、一个省、一个自治区、一个国家以及它们之间甚至在全世界范围内建立的计算机网络。因此,又将广域网称为远程网。因为广域网传输的距离远,所以传输的装置和介质由电信部门提供。例如,长途电话线、微波和卫星通道、光缆通道等,也有使用专线电缆的。广域网络由多个部门或多个国家联合建立,规模大,能够实现较大范围内的资源共享。

（3）城域网　城域网指介于广域网和局域网之间的一种网络。

3. 计算机网络的组成

计算机网络的结构包括数据通信系统(通信子网)和数据处理系统(资源子网)两个部分,如图 16.6 所示。

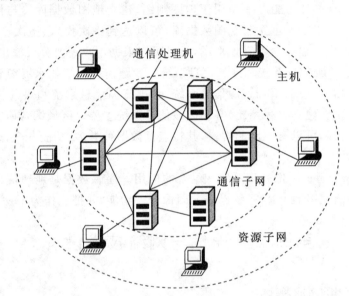

图 16.6　计算机网络结构的典型模型

资源子网负责数据处理,向网络用户提供各种网络资源和网络服务。它包括以下内容。

1) 主计算机

主计算机是连接于网络上、供用户使用的计算机的集合,用来运行用户的应用程序,为用户提供资源和服务,又称节点,一般由具有较高性能的计算机担任。

2) 服务器

服务器用于对数据文件进行有效储存、读取以及传输,并执行读、写、访问控制以及数据管理等操作。

3) 终端

终端直接面向用户,实现人-机对话,用户可通过它与网络进行联系。终端包括键盘、显示器、电话、传真和微机。

4) 通信控制设备

通信控制设备包括集中器(HUB)、信号变换器(如调制解调器)。

二、局域网、广域网的组成及特性

局域网一般由服务器,用户工作站,传输介质三部分组成,如图16.7所示。

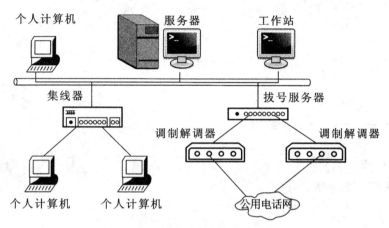

图16.7 局域网硬件组成示意图

操作系统提供硬盘、文件数据及打印机共享等服务功能,是网络控制的核心。从应用来说,较高配置的兼容机都可以用做文件服务器,但从提高网络的整体性能,尤其是从网络的系统稳定性来说,还是以选用专用服务器为宜。目前常见的网络操作系统主要有 Netware,Unix 和 Windows NT 三种。

广域网覆盖范围广,传输速率相对较低,是以数据通信为主要目的的数据通信网。广域网的组成如图16.8所示。通常,公共数据通信网是由政府通信部门建立和管理的,这也是它区别于局域网的重要标志之一。很多国家的通信部门都建立了公共电话交换数据网(CSPDN)、公共分组交换数据网(PSPDN)、数字数据网(DDN)、综合业务数字网(ISDN)和帧中继网(FR)等,以此为基础提供电路交换数据传送业务、分组交换数据传送业务、租用电路数据传送业务、帧中继数据传送业务和利用公共电话网的数据传达业务。中国的邮电部门已建立 PSPDN 和 DDN,并开放了分组数据、租用电路和部分的帧中继服务。

三、传输介质的选择

传输介质主要是指计算机网络中发送者和接收者之间的物理通路,其中有通信电缆,也有无线信道,如微波线路和卫星线路。而局域网的典型传输介质是双绞线、同轴电缆和光缆。

1. 双绞线

双绞线是由按规则螺旋结构排列的两根绝缘线组成的,如图16.9所示。线是

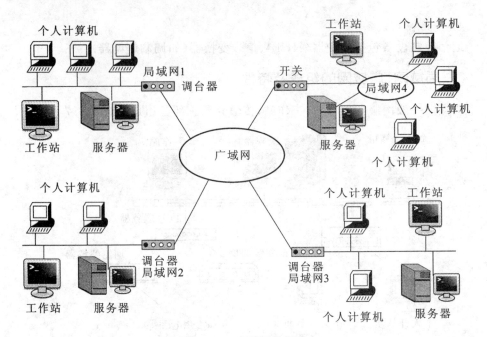

图 16.8　广域网的组成

铜质的或者是用铜包着的钢,用于传输模拟、数字信号。其既可以用于点到点的传输,也可以用于多点之间的传输。双绞线分非 E 屏蔽双绞线 UTP(unshielded twisted pair)和屏蔽双绞线 STP(shielded twisted pair)两种。目前,在局域网中,大多数使用的是 UTP。双绞线是两根绝缘导线互相绞结在一起的一种通用的传输介质,它可减少线间电磁干扰,适用于模拟、数字通信。在局域网中,UTP 被广泛采用,其传输速率取决于芯线质量、传输距离、驱动和接收信号的技术等。如令牌环网采用第三类 UTP,传输速率最高可达 16 Mbps,10Base-T 采用的三类 UTP 速率达 10 Mbps,100Base-T 采用的五类 UTP 传输速率达 100 Mbps。

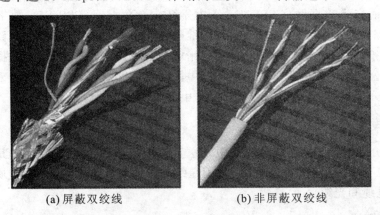

(a) 屏蔽双绞线　　(b) 非屏蔽双绞线

图 16.9　双绞线

UTP价格较低,传输速率满足使用要求,适于在办公大楼、学校、商厦等干扰较小的环境中使用,但不适于在噪声大、电磁干扰强的恶劣环境中使用。

2. 同轴电缆

同轴电缆由一空心金属圆管(外导体)和一根硬铜导线(内导体)组成,如图 16.10 所示。内导体位于金属圆管中心,内外导体间用聚乙烯塑料垫片绝缘。

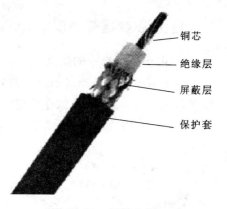

图 16.10 同轴电缆

在局域网中使用的同轴电缆共有 75 Ω、50 Ω 和 93 Ω 三种。RG59 型 75 Ω 电缆是共用天线电视系统(CATV)采用的标准电缆,它常用于传输频分多路 FDM 方式产生的模拟信号,频率可达 300~400 MHz,称为宽带传输,也可用于传输数字信号。50 Ω 同轴电缆分粗缆(RG-8 型或 RG-11 型)和细缆(RG-58 型)两种。粗缆抗干扰性能好,传输距离较远;细缆价格低,传输距离较近,传输速率一般为 10 Mbps,适用于以太网。RG-62 型 93 Ω 电缆是 Arcnet 网采用的同轴电缆,通常只适用于基带传输,传输速率为 2~20 Mbps。

3. 光缆

光缆是光纤电缆的简称,是传送光信号的介质,它由纤芯、包层和外部的一层增强强度的保护层构成,如图 16.11 所示。纤芯是采用二氧化硅掺以锗、磷等材料制成,呈圆柱形。外面包层用纯二氧化硅制成,它可将光信号折射到纤芯中。光纤分单模和多模两种,单模只提供一条光通路,多模有多条光通路,单模光纤容量大,价格较贵,目前单模光纤芯连包层尺寸约 8.3 μm/125 μm,多模纤芯常用的为 62.5 μm/125 μm。光纤只能做单向传输,如需双向通信,则应成对使用。

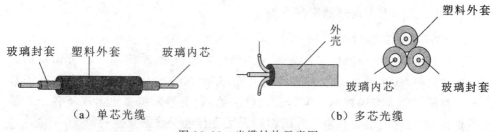

(a) 单芯光缆　　　　　　　　　　(b) 多芯光缆

图 16.11 光缆结构示意图

光缆是目前计算机网络中最有发展前途的传输介质,它的传输速率可高达 1 000 Mbps,误码率低,衰减小,传播延时很小,并有很强的抗干扰能力,适宜在信号泄漏、电气干扰信号严重的环境中使用,所以备受人们青睐。光缆适用于点-点链路,所以常应用于环状结构网络,其缺点是成本较高,还不能普遍使用。

四、电子数据交换技术

1. 电子数据交换的定义

电子数据交换是指按照同一规定的一套通用标准格式,将标准的经济信息,通过通信网络传输,在贸易伙伴的电子计算机系统之间进行数据交换和自动处理的技术。图16.12是通用电子数据交换系统组成示意图。

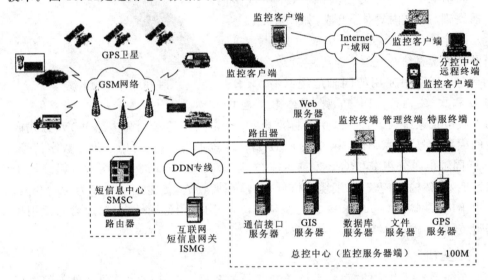

图16.12 电子数据交换系统结构示意图

实施电子数据交换技术的潜在益处很多。最主要的益处是减少了公司在处理文档方面的工作,提高了数据传输速度和准确性,使领导层能把更多精力集中在战略决策方面。同时,实施电子数据交换技术能降低运营成本。实施电子数据交换技术可提高数据传输速度和准确性,扩大信息含量,缩短订货采购提前期,使得库存水平降低,因此大大地降低库存费用。

2. 电子数据交换标准

美国是电子数据交换技术的发源地,1970年代初期,美国的一些公司从提高事务处理效率,从而提高竞争力的目的出发,开始在公司与公司之间交换电子数据。随着使用电子交换数据技术的公司越来越多,也越来越多地出现了各个系统互不相容、系统内的组织和系统外的组织无法进行电子数据交换的情况,于是一种共同的交流标准亟待确立。现行的各种电子数据交换技术标准就是共同的交流标准,翻译,它使得遵循这一标准的企业与组织能进行电子数据交换作业流程见图16.13所示。发送方在自己的计算机系统中输入商业文件,然后转换成平台文件,再通过翻译形成标准文件,对标准文件加封后传输,接收方收到加封文件后解封,变成标准文件,再翻译成平台文件,然后通过对照形成用户文件。

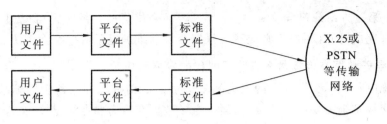

图 16.13　电子数据交换作业流程图

电子数据交换标准主要分为以下几种：
(1) 基础标准；
(2) 代码标准；
(3) 报文标准；
(4) 单证标准；
(5) 管理标准；
(6) 应用标准；
(7) 通信标准；
(8) 安全保密标准。

电子数据交换的标准有许多，广泛应用的有 ANSI X12 和 UN/EDIFACT，其中 ANSI X12 是由美国国家标准委员会制定并颁布实施的，而 UN/EDIFACT(EDI for administration commerce and transport)是由欧洲贸易委员会制定并颁布实施的，目前在国际上应用最广泛，我国也已加入了"亚洲 EDIFACT 理事会"。另外还有一些行业电子数据交换标准，如食品行业、汽车行业、零售行业等。

3. 电子数据交换系统的类型

到目前为止，使用最多的电子数据交换系统主要有两种：单对多电子数据交换系统和增值网络(VAN)。

单对多电子数据交换系统中的"单"往往是大型的制造商，大型零售商。其优点是系统的拥有者具有控制整个系统的能力，缺点是系统的建立、管理及维护需花很高的费用。

价值增值系统(VAN,value-added network)，也称第三方系统。它是目前最受欢迎的电子数据交换系统，在这个系统中，所有的顾客、供货商信息都经过第三方系统。同单对多系统相比，价值增值系统具有很多优点。

(1) 不同时性。对于单对多系统，只有发送方与接收方同时开机时，信息的传输才能完成，而价值增值系统则不同，它为每个接收方准备了一个邮箱，第三方把发送方的信息转到相应接收方的邮箱中，因此，接收方可以随时查看自己的邮箱。

(2) 第三方向用户提供了一些易学易使的应用系统，相比复杂的电子数据交换标准而言，可以降低用户的启动费用，减少培训费用。

(3) 用户选择面广，在第三方系统中，有许多供货商或客户可供选择。

(4)第三方系统包含单对多,一个顾客多个供货商系统一样可以通过价值增值系统来完成,而且用户不必花费大量资金管理维护电子数据交换系统。

4. 电子数据交换技术在互联网时代的发展和应用

实施电子数据交换存在的最大问题仍然是启动费用和运营费用偏高,建立电子数据交换系统需要巨大的资金,运行电子数据交换需要专线连接,文件格式是专门的标准文件格式,这一切都不利于电子数据交换技术的发展。信息技术和互联网的发展为电子数据交换带来了新的发展机遇。目前提出的发展方案主要有两种:一是在互联网上实施电子数据交换,代替通过价值增值系统实施电子数据交换;二是实施互联网上的电子商务,以取代电子数据交换。

1)电子数据交换技术在供应链管理过程中的应用

电子数据交换是一种信息管理或处理的有效手段,它是对供应链上的信息流进行运作的有效方法。进行电子数据交换的目的是充分利用现有计算机及通信网络资源,提高贸易伙伴间通信的效益,降低成本。

2)电子数据交换技术在我国的应用现状以及发展前景

电子数据交换应用获益最大的是零售业、制造业和配送业。在这些行业中的供应链上应用电子数据交换技术使传输发票、订单过程达到了很高的效率。在零售业、制造业和运输业中,电子数据交换主要用于发票和订单处理,而这些业务代表了这三个行业的核心业务活动——采购和销售。电子数据交换在密切贸易伙伴关系方面有潜在的优势。

目前,我国电子数据交换技术的应用尚处于起步阶段,同国外相比还有很大差距。随着社会主义市场经济体系的逐步建立,国内市场将同国际接轨并融为一体,逐渐成为国际市场的一部分。为了保持并进一步增强我国在国际市场上的贸易竞争能力,促进我国供应链管理的不断发展,我们必须迎头赶上世界电子信息产业发展的潮流,不失时机地大力发展电子数据交换技术。

背景知识

联华超市与光明乳业之间的自动要货系统

2002年11月,联华超市与光明乳业之间建立了自动要货系统上。联华各门店在每天晚上12点之前汇总当天光明乳业的牛奶销售和库存信息,并在次日9点前将该数据传送至联华总部电子数据交换系统,将这些数据处理后在当天12点加载到光明乳业有效客户反应系统上。光明乳业收到数据后,根据天气、销售、促销指标等因素进行订单预测。经预测的订单产生后,该公司开始做发货准备,并将订单数据发送到联华总部电子数据交换系统;联华门店当日晚上 9 点前将收到收货信息,光明乳业在第三天上午 6 点半以前将所订的牛奶送到联华各门店。联华门店在收到货物后,除了在收货单据上签收外,还必须在当日中午 12 点之前将收货信息自动导入管理信息系统。自动订货系统的推行,既保证了牛奶这一冷链商品在门店销售中的鲜度,又扩大了销售。

阅读并思考

1. 什么是电子数据交换系统?谈谈你对它的理解。

2. 结合联华超市与光明乳业的成功经验,你认为电子数据交换系统能给企业带来哪些收益?

本章综合练习题

名词解释

条形码　射频识别　地理信息系统　全球定位系统　计算机网络　电子数据交换

填空题

1. 目前,条形码阅读器的种类比较多,按光源分有_____、_____、_____;按物理结构分为_____、_____;按扫描方式分有_____、_____等。常见的条形码阅读器有_____、_____和_____等。

2. 射频标识系统一般包括三个构件:_____、_____、_____。

3. 计算机网络根据网络的覆盖范围,通常可划分为_____、_____、_____等类型。

4. 局域网的典型传输介质通常采用_____、_____和_____。

简答题

1. 现代物流对物流信息技术有哪些基本要求?
2. 简述条形码技术在物流领域的应用。
3. 简述射频识别技术的基本原理。
4. 简述 GPS 的原理。
5. 简述 GIS 的定义及组成。
6. 为什么我国 GPS 行业发展缓慢?

部分练习题参考答案

填空题

1. 普通光 CCD 激光 手持式 固定式 固定光束 移动光束 光笔扫描器 手持式CCD扫描器 激光扫描器
2. 天线 无线收发器（带解码器） 射频标签
3. 局域网 城域网 广域网
4. 双绞线 同轴电缆 光缆

参考文献

[1] 王国华.中国现代物流大全(C 现代物流技术与装备)[M].北京:中国铁道出版社,2004.
[2] 张弦.物流设施与设备[M].上海:复旦大学出版社,2006.
[3] 王金萍.物流设施与设备[M].大连:东北财经大学出版社,2007.
[4] 谢家平.物流设施与设备[M].北京:中央广播电视大学出版社,2007.
[5] 江春雨.物流设施与设备[M].北京:国防工业出版社,2008.
[6] 孟初阳.物流设施与设备[M].北京:机械工业出版社,2003.
[7] 邓爱民,张国方.物流工程[M].北京:机械工业出版社,2002.
[8] 明平顺.汽车运输专用车辆[M].北京:人民交通出版社,1998.
[9] 陈涣江.汽车运用基础[M].北京:机械工业出版社,2002.
[10] 关强,胡永举.交通运输技术管理[M].北京:人民交通出版社,2004.
[11] 姜宏.物流运输技术与实务[M].北京:人民交通出版社,2003.
[12] 沈志云.交通运输工程学[M].北京:人民交通出版社,2001.
[13] 现代物理管理课题组.运输与配送管理[M].广州:广东经济出版社,2002.
[14] 陈宏勋.管道物料输送与工程应用[M].北京:化学工业出版社,2003.
[15] 王绍周.管道运输工程[M].北京:机械工业出版社,2004.
[16] 严大凡.输油管道设计与管理[M].北京:石油工业出版社,1986.
[17] 李峻利.运输工程[M].北京:人民交通出版社,1994.
[18] 周全申.现代物流技术与装备实务[M].北京:中国物资出版社,2002.
[19] 魏国辰.物流机械设备的运用与管理[M].北京:中国物资出版社,2002.
[20] 陈伟兴.装卸搬运车辆[M].北京:人民交通出版社,2001.
[21] 真虹,朱云仙.物流装卸与搬运[M].北京:中国物资出版社,2004.
[22] 孙凤英.物流技术与管理[M].北京:机械工业出版社,2004.
[23] 张晓川.现代仓储物流技术与装备[M].北京:化学工业出版社,2003.
[24] 蒋正雄,刘鼎铭.集装箱运输学[M].北京:人民交通出版社,2002.
[25] 宗蓓华,真虹.港口装卸工艺学[M].北京:人民交通出版社,2003.
[26] 刘昌棋.物流配送中心设计[M].北京:机械工业出版社,2001.
[27] 秦明森.物流技术手册[M].北京:中国物资出版社,2002.
[28] 朱学敏.起重机械[M].北京:机械工业出版社,2003.
[29] 倪庆兴,王涣勇.起重机械[M].上海:上海交通大学出版社,1990.
[30] 孙凤兰,马喜川.包装机械概论[M].北京:印刷工业出版社,1998.

[31]　陈国琴,任顺妹,林玳玳.国际包装[M].北京:对外经济贸易大学出版社,1994.
[32]　钱难能.当代测试技术[M].上海:华东化工学院出版社,1992.
[33]　宋远方.供应链管理与信息技术[M].北京:经济科学出版社,2000.
[34]　薛华成.管理信息系统[M].3版.北京:清华大学出版社,2002.
[35]　机械工程师手册编委会.机械工程师手册[M].2版.北京:机械工业出版社,2000.
[36]　张建斌,孙启鹏.我国物流设备发展趋势[J].综合运输,2004(8):28—30.

后记

随着经济全球化的发展和科学技术的突飞猛进,涌现出了一批适应时代发展的新兴产业。物流产业是经整合传统产业和集成高新科技而形成的一个发展迅速的新兴产业,已成为全球经济发展的主要热点和新的经济增长点。近年来,以物流中心、配送中心、第三方物流等为代表的现代化物流正在我国蓬勃兴起,与此同时,物流设施与设备也得到了相应的发展,物流设施与设备的现代化水平不断提高,越来越趋于信息化、智能化、标准化、集成化、人性化、绿色化。物流设施与设备的不断创新和发展,使物流设施与设备的内容越来越丰富、越来越复杂。一个高效的物流系统离不开先进的物流技术和先进的物流管理。先进的物流技术是通过物流设备与设施体现的,而先进的物流管理也必须依靠现代高科技手段来实现。

一个现代化的物流管理人员不一定要懂得如何设计制造物流设施与设备,但必须了解物流设施与设备的基本构成与特点,掌握如何应用物流设施与设备。因此,系统地研究和介绍物流设施与设备的概念、构成、特点、性能、管理等,对于物流设施与设备的合理选择与配置以及正确使用和管理就显得尤为重要。《物流设施设备应用与管理》教材主要是面向实践性本科和高等职业技术教育的物流管理、物流设备专业,着重介绍了运输、装卸搬运、仓储、配送、包装和流通加工、信息技术设施设备的作用、类型、功能、技术性能参数及其配置与管理等,内容全面、数据翔实。

全书共分16章。概述部分主要介绍了物流设施与设备的地位、分类、应用、发展趋势以及管理等内容;物流运输设施设备应用与管理部分主要介绍了公路、水路、铁路、航空和管道五种运输设施和运输设备的特点、选型与管理等;物流装卸搬运设备应用部分主要介绍了起重机、集装箱专用装卸搬运设备、连续输送设备和搬运车辆的类型、选型与管理等内容。配送中心设施设备应用部分主要介绍了储存设备、提升机械、分拣机械、流通加工设备的类型及应用等内容。物流信息技术设备应用部分主要介绍了条形码技术设备、射频技术设备、GPS和GIS设施与设备、通信与网络技术设备等内容。

本书由上海第二工业大学张弦担任主编,广东松山职业技术学院吴东泰、宁波城市职业技术学院李济球、上海对外贸易学院沈雁和上海第二工业大学林海晨担任参编。其中张弦编写了本书第一、二、三、四、五、六、十六章;吴东泰编写了第七、十章;李济球编写了第十一、十二章;沈雁编写了第八、九、十五章;林海晨编写了第

十三、十四章。

  在编写本书的过程中,编者参考了大量专家学者的文献、著作等资料,特对这些文献著作的作者表达诚挚的谢意。上海第二工业大学黄中鼎教授主审了本书,提出了许多建设性的修改意见,在此表示深深的感谢。由于物流设施与设备涉及的知识面很广,编者经验水平有限,本教材难免存在错误和疏漏,望广大读者批评指正。

编 者

2008 年 12 月

教学支持说明

"21 世纪全国高等学校物流管理专业应用型人才培养系列规划教材"系华中科技大学出版社"十一五"规划重点教材。

为了改善教学效果,提高教材的使用效率,满足高校授课教师的教学需求,本套教材备有与纸质教材配套的教学课件(PPT 电子教案)。

为保证本教学课件及相关教学资料仅为教师个人所得,我们将向使用本套教材的高校授课教师免费赠送教学课件或者相关教学资料,烦请授课教师填写如下授课证明并寄出(发送电子邮件或传真、邮寄)至下列地址。

地址:湖北省武汉市珞瑜路 1037 号华中科技大学出版社发行公司市场部
邮编:430074
电话:027—87557436
传真:027—87542424
E-mail:yingxiaoke2007@163.com

------------------------✂------------------------

证　　明

兹证明_____大学_____系/院第_____学年开设的_____课程,采用华中科技大学出版社出版的_____编写的_____作为该课程教材,授课教师为_____,学生共计_____个班共计_____人。

授课教师需要与本书配套的教学课件为:
授课教师的联系方式
联系地址:_____
邮编:_____
联系电话:_____
E-mail:_____

　　　　　　　　　　　　　　系主任/院长:_____(签字)
　　　　　　　　　　　　　　　　(系/院办公室盖章)
　　　　　　　　　　　　　　_____年_____月_____日

图书在版编目(CIP)数据

物流设施设备应用与管理/张弦主编. —武汉:华中科技大学出版社,2009年10月
ISBN 978-7-5609-5576-6

Ⅰ.物…　Ⅱ.张…　Ⅲ.物流-设备管理-高等学校:技术学校-教材　Ⅳ.F252

中国版本图书馆 CIP 数据核字(2009)第 133922 号

物流设施设备应用与管理　　　　　　　　　　　　　张　弦　主编

策划编辑:周小方　陈培斌　　　　　　　　　　　　　封面设计:刘　卉
责任编辑:姚同梅　　　　　　　　　　　　　　　　　责任监印:朱　玢
责任校对:朱　玢

出版发行:华中科技大学出版社(中国·武汉)
　　　　　武昌喻家山　邮编:430074　电话:(027)81321913

录　排:武汉正风图文照排中心
印　刷:武汉华工鑫宏印务有限公司

开本:710mm×1000mm　1/16　　印张:22.5　　插页:2　　字数:373 000
版次:2009 年 10 月第 1 版　　　　印次:2018 年 1 月第 4 次印刷　　定价:38.00 元
ISBN 978-7-5609-5576-6/F・496

(本书若有印装质量问题,请向出版社发行部调换)